邊鎮糧餉

明代中後期的邊防經費與國家財政危機，
1531-1602

賴建誠　著

中央研究院
聯經出版公司

秋風行送劉帶川分憲榆林

頻年戰骨未曾收，

居者勞勞戍者愁，

驕虜秋高時寇邊，

西風一動勞宸憂。

王崇古《公餘漫稿》卷1

聞警

初聞胡騎近神州，殺氣遙傳薊北秋。

間道絕須嚴斥堠，清時那忍見氈裘。

臨戎虛負三關險，推轂誰當萬里侯？

抱火寢薪非一日，病夫空切杞人憂。

《張居正集》第4冊頁277

嘉靖34年(1555)9月俺答犯宣大時聞訊所作

秦人備胡築長城，長城一築天下傾，至今笑齒猶未冷。

豈知明人防北狄，專藉築城為長策。

不曰長城曰邊牆，版築紛紛無時息。

東方初報牆功完，西方又傳虜寇邊。

虜入潰牆如平地，縱橫飽掠無所忌。

虜退復興版築功，朝築暮築竟何利。

帥臣徒受內府金，川原空耗司農費。

我聞漢人卻虜得陰山，匈奴不敢窺幽燕。

又聞唐人踰河城受降，突厥不敢掠朔方。

自古禦胡在扼險，豈在萬里築垣牆。

屢朝廟算皆如此，奈何獨笑秦始皇。

萬斯同《明史樂府》

轉引自李漱芳(1936)

〈明代邊牆沿革考略〉頁2-3

序

明朝亡於財政敗壞，而財政敗壞起於邊餉劇增，這本是史家共識，然具體的情況與確實的數據，能深入討論者不多，近三十年來僅有黃仁宇的著作，較為史林稱道。賴教授以經濟學家治史，頗能就其所長，解讀《萬曆會計錄》及潘潢、楊俊民、魏煥、茅元儀等明代大臣學者提出之軍馬錢糧數據，討論供給邊餉的各種財源，分析明朝邊軍、邊餉管理的困境，並聯繫到國家興亡的議題上。可說是繼黃仁宇之後的又一具重要學術價值之力作。

這本書的優點，首在選題之重要。賴教授選了一個明史、軍事史及財政史的重大問題，在現今史學界討論食衣住行及情色等社會文化史的流行趨勢中，賴教授堅持史學注重軍國大事的傳統，可謂史林之異數。明朝建立之後，蒙古雖退到北邊草原與沙漠，但勢力仍然很大，始終威脅著北邊的安全，最嚴重時甚至還兩度包圍北京；因此，北邊邊防是明朝政府的頭等大事。供應邊軍需求的邊鎮糧餉，就成為最受重視的財政項目，而為支出的最大宗。明初邊餉以軍屯、民運糧、京運糧及開中鹽引支付，基本上以實物支應，比較不受市場經濟供需及物價波動的影響。但是到了明代中期以後，一方面是軍隊自給的軍屯系統崩壞，邊餉幾乎完全依靠朝廷的供應；一方面，順應市場經濟的發展，供應邊餉之實物支給系統，逐漸大部分為支給銀貨的系統所取代。開中鹽引也在成化、弘治年間，因應市場經濟而變革制度；明初是商人運送糧餉至邊軍駐防區，依公告的鹽糧交換率，取得鹽引與鹽貨，運到指定的行鹽區賣鹽；新的運司納銀制，是商人不必運軍需至邊區，直接在管理鹽場的運司衙門，就近納銀，取得鹽引與

鹽貨，成為專業鹽商，不必兼營軍需供應。從此，邊餉供應制度，遂從明初以軍屯、民運糧、京運糧及開中鹽引支付，改為由太倉銀庫支給之年例銀為主，占太倉銀庫年支出比例高達76.29%，甚至在軍情緊急鹽引開中收入折成銀兩，解送太倉銀庫，成為國庫收入占27.31%，而為財政收入之大宗時，支出比例曾高達97.25%，而為財政支出之大宗。因此，邊防經費可謂影響明朝財政最重要的項目，為瞭解明代國家財政危機，賴教授具體探討邊防經費的《邊鎮糧餉》，誠具卓見。

這本書的第二個優點，在解讀史料和分析方法。這也是賴教授超越討論邊餉的同行學者之處，借助他的經濟學專業素養，使他在解讀相關史料和處理財政數據上，能有獨特的見解與發現。首先，賴教授釐清《萬曆會計錄》的性質，是一部低估邊鎮實際需求之預算書，是規畫性的收支項目與數額，而非執行之後的實際數額。由於對於數據史料性質的瞭解，使他在估算時，避免了七十年代一些經濟學家治中國經濟史計量估算時，將所有帳面上的數據一律當作實際數據處理的錯誤。數據資料性質沒搞對，再好的計量公式，也無能為力，"garbage in, garbage out"是也。賴教授點到治中國經濟史、財政史，處理數據資料的困難與解決之道，他深知資料的局限，在第一篇第四章的結論〈釐清與省思〉說道：「各邊鎮總兵的說法會較可靠，各邊鎮的幕僚與高層行政人員會更清楚，但不會有這種數字流傳下來。」實際的帳，至少流傳至今的明朝史料是很難找到的；於是「我們能做的，是從各邊鎮向朝廷的奏書(疏)，看出困窘的狀況與原因」。但這不表示《萬曆會計錄》完全不可信用，它還是一套有系統的財務數據，「至少可以看到邊防經費的規劃結構」，是「理解邊鎮糧餉問題的踏腳石」。從此出發，運用《萬曆會計錄》萬曆10年前後十三邊鎮的軍馬錢糧數據，配合戶部尚書潘潢〈查核邊鎮主兵錢糧實數疏〉(嘉靖29年)的嘉靖10年與28年九邊軍馬錢糧數據、魏煥《皇明九邊考》(嘉靖21年)的嘉靖18年前後九邊軍馬錢糧數據、戶部尚書楊俊民〈楊司農奏疏〉(萬曆22年)的萬曆21年十三邊鎮的軍馬錢糧數據、曾任經略遼東兵部右侍郎楊鎬幕客的茅元儀《武備志》(天啟元年)的萬曆30年前後十三邊鎮的軍馬錢糧數據

等，探討嘉靖10年至萬曆39年（1531-1602）七十年間邊餉結構性的特徵與變動的趨勢。第二篇「邊鎮糧餉解析」是本書的主體，不但敘述與估算各邊鎮的「軍馬錢糧數額」，而且分別估算與討論各項邊鎮糧餉財源：屯田與屯糧、民運糧餉、邊鎮漕糧、鹽法與邊儲、京運年例銀等，並論述俸糧與折銀、修邊經費及其他雜項收入，最後並對各項糧餉財源作綜合比較。

　　這本書的第三個優點，在不但估算各項邊餉數額及論述邊餉各項問題，而且進一步論述大臣們面對邊餉各項問題，分析其原因，討論其建議。這種論述方式，不但論述決策的經過，且論其利病，有助於發揮史學所以經世之功用。在討論「邊引與邊儲」時，賴教授就舉了七位明朝大臣，論述他們對鹽法弊端的認識與建議。例如嘉靖初因大禮議竄紅的桂萼與霍韜及錢薇，他們論述邊儲與鹽法敗壞的原因，均歸咎於成化、弘治年間開始實行的運司納銀制。當時戶部以糧價低落，從明初粟一石銀一兩，降至二錢；明初輸粟一石於邊倉可以支鹽一引，如今只要五分之一的銀兩便可得鹽一引。於是改採運司納銀制，訂了一個官商雙贏的辦法，「課銀四錢二分，支鹽一引」，引價銀四錢二分可在市場上買到粟二石多；則引價降了一半多，粟增加一倍多。運司貪得引價銀，遂大為增引，正引不足應付，乃大行餘鹽；真是「價多而商人得易辦之便」，甚為划算。但邊區納粟開中商人換得鹽引，雖在糧價上得利，卻仍要附加運費，而行鹽市場又因運司增引，發生「排擠性的壅塞後果」，甚為不利；於是邊區因「商賈耕稼積粟無用，遂撤業而歸」，開中鹽法因此而壞。有鑑於此，他們都具體建議恢復開中舊制，「鹽引仍徵粟」。在第三篇「管理與困境」中，賴教授又舉于謙、楊鼎、韓文、胡宗憲、王崇古等十二位大臣為例，論述他們針對邊餉日虛所總結出來的原因，評估他們提出之建議，何者「並無多少原創性」，何者「聽起來順理成章，官商民皆便」，何者「所言較實，建議的對策也合情理」。最後論述他們所提對策難有實效的原因，認為他們雖「都看到了要點」，但「因為基本的問題是結構性的：邊鎮防線過長，軍士人數過多，內地補給有限，糧食轉運路途遙遠。困難度大，成本太高」；因此，「邊餉日虛是明代國防的長期結構性困擾，不易因某人

的某項對策就能挽回或改變，這也是逼使明朝走向敗亡的過程之一」。賴教授這樣的論斷是有說服力的。

　　賴教授的這本書，先在〈楔子〉中交代問題意識、檢討相關文獻，然後對邊軍指揮體系、邊鎮歷史及財政歲出入與邊餉，作一綜觀介紹；解析邊餉之財源與相關制度，及邊餉之支出實況；最後討論邊餉管理及其困境，並有十個「附錄」解析相關文獻。其章節安排理路清晰，文字通順，說理清楚。書中運用許多圖表分析說明相關數據，據此顯現明代後期邊餉與財政之實況，並對邊餉相關的整個體系之統合運作機制，突破過去學者所作之靜態敘述，而注意機制之動態運作，均為其過人之處。正文之後所附十篇「附錄」解析幾份重要史料，也相當精彩可觀。總之，本書是明代財政史、軍事史之力作，值得一讀。

徐泓

民國九十七年二月十二日於景美仙跡岩下二閑居

目　次

第三篇　困境與省思

地圖目次

表目次

第一篇
綜觀概述

第1章
楔子

　　錢穆在《國史大綱》第37章的末3頁，對明代財政問題有簡潔深刻的分析，摘要引述如下。「明室財政，自英宗〔1435-49〕後即失紲。其弊端之大者，一曰內府。明自孝宗〔1487-1505〕以後，內府供奉漸廣。(……至嘉隆間，光祿歲用逾四十萬，廚役多至四千一百餘名。……)王室之驕奢，與內官之跋扈相為因果，牽引至於無極。乃至如傳奉冗官之薪俸。(……)內府工匠之餼廩。(……)皆歲增月積，有加無減。(……)」

　　「二曰宗藩。唐宋宗親，或通名仕版，或散處民間。明則分封列爵，不農不仕。(……)正德間，已有親王三十，郡王二百十五，將軍中尉二千七百。嘉靖四十一年御史林潤言，天下歲供京師糧四百萬石，而各藩祿米歲至八百五十三萬石，全輸不足供諸府祿米之半。隆萬之際，郡王二百五十一，將軍七千一百，中尉八千九百五十一，郡主縣主郡君縣君七千七十三。此林潤所謂年復一年，愈加繁衍，勢窮弊極，將何以支也。(……中州舊食河東鹽，以改食淮鹽，河東引遏不行，邊餉因此大紲。……)」

　　「三曰冗官，而尤冗者則在武職。景泰中張寧言，京衛帶俸武職，一衛至二千餘人，通計三萬餘員。歲需銀四十八萬，米三十六萬，他折俸物動經百萬。耗損國儲，莫甚於此。而其間多老弱不嫻騎射之人。嘉靖中劉體健疏，歷代官數，漢七千八百員，唐萬八千員，宋極冗，至三萬四千員。本朝……至正德世，文官二萬四百，武官十萬，衛所七百七十二，旗軍八十九萬六千，廩膳生員三萬五千八百，吏五萬五千，……其祿俸糧約數千萬。天下夏秋稅糧大約二千六百六十八萬四千石，出多入少。」

　　「王府久缺祿米，衛所缺月糧，各邊缺軍餉，各省缺俸廩。此後文武

官益冗，兵益竄名投占，募召名數日增，實用日減。積此數盡，民窮財盡。於是明代便非亡不可。」

一、問題與視角

1.邊鎮糧餉與財政危機

以上是錢穆對明代中葉財政敗壞原因的精采剖析；雖然他未對邊鎮糧餉做單獨解說，但兩次提到「邊餉因而大絀」、「各邊缺軍餉」。錢穆的要點，是析述政治制度上的缺陷，對財政危機的直接影響，這是人為不贓與制度性的不健全。單是內府、宗藩、冗官這三項就有這麼嚴重的後果，可想見各地鯨吞蠶食財政果實的事項，必然還有許多。另有一種說法：「天下有三大憂，……宗藩……邊防、河患是也。」(《西園聞見錄》卷47「宗藩後」)

我在本書內的要點，是要說明：(1)北方外患對明代中後葉的嚴重威脅，邊防經費因而劇增；(2)國家各項財政捉襟見肘的窘境；(3)這兩項因素交互作用後，所造成的惡性循環。邊鎮糧餉是明代國家財政的一大負擔，而邊防與財政危機是一體的兩面，有人說明代亡於邊防，這個議題的重要性無需贅言。

舉個具體的例子。依據《萬曆會計錄》(萬曆10年，1582)卷17-29，十三邊鎮官軍與糧餉額數的編制，在萬曆初期(1570年代)有官軍人數近70萬(686,523)，各項軍費糧餉內，單是銀兩就高達八百多萬(8,279,165兩，詳見第12章表12-4)。這八百多萬兩是承平時期消耗的銀兩數額(糧料及諸多實物未計在內)，就要比萬曆6年太倉撥給各邊鎮的年例銀總額(3,223,046兩，詳見第2章表2-4第16項)高2.57倍左右；若遇到邊警或有戰事，那必然就更耗銀兩了。換個指標來看，這八百多萬兩是萬曆6年太倉銀庫收入3,676,181兩(詳見第2章表2-3第23項)的2.25倍左右。這兩項指標在在顯示：邊鎮糧餉的諸多項目中，單是銀兩這一項(數額較易估算)，對國家財政耗竭的壓力，就可能不亞於錢穆所指出的內府、宗藩、冗官(數額不易估算)。

　　田村實造在《明代滿蒙史研究：明代滿蒙史料研究篇》(1963)裡，把明代與蒙古之間的關係，約略分為三個時期。第一期是洪武、永樂、宣德、正統年間(1368-1449)，此時期明朝的政治力和軍事力尚足以壓制蒙古族。第二期是景泰、天順、成化、弘治、正德、嘉靖年間(1450-1566)，也就是從土木之變(1449)後到嘉靖45年，約120年之間。也先劫走英宗皇帝之後，蒙古族就不斷地侵擾明朝，不但失去河套地區，甚至連京師也幾乎被攻下，此時期雙方的主導權在蒙古部族。第三期是隆慶、萬曆、天啟時期(1567-1627)，明蒙雙方開始和解(隆慶和議)、朝貢、封土、互市，保持較和平的經濟往來(參見松本隆晴(2001)《明代北邊防衛体制　研究》頁219)。

　　為什麼選嘉靖10年至萬曆30年(1531-1602)這段期間來研究？最主要的考慮，是因為有5項系統性的軍馬錢糧數額史料(詳見下一小節的解說)，可用來呈現1531-1602這70年間，邊鎮糧餉的結構與變動趨勢。這個時段所對應的外敵，是北方俺答之大患，始於嘉靖10年，息於萬曆10年(1582，俺答死，張居正逝)[1]。之後的20年間，漢蒙雙方大致維持著均衡的局面；北方外患的威脅逐漸鬆緩，雖然仍有大小不一的衝突，但已沒有土木之變和庚戌之變(嘉靖29年，1550)那種直逼京城的狀況。

　　萬曆30年之後，北患就逐漸轉向遼東地區。萬曆46年(1618)之後，遼東軍事狀況危急，有過剿餉、練餉、遼餉等「三餉」加派(共4次)。這些既複雜又驚人的軍事費用，清水泰次(1919)〈明末　軍餉〉、林美玲(1987)〈遼餉與晚明財政〉、唐文基(1990)〈「三餉」加派：明末反動的財政政策〉、楊永漢(1998)《論晚明遼餉收支》已有相當程度的研究。近十多年來，大陸影印出版許多與明代財政相關的原始資料，例如畢自嚴《度支奏議》就是相當重要的文獻。其中的「新餉司」(36卷)與「邊餉司」(11卷)，是研究「崇禎初年邊鎮糧餉」的重要資料，但那是另一本專書的研究題材。

　　萬曆末期之後的邊鎮餉額雖大，但虛耗、拖欠、侵吞的情況嚴重，實

1　俺答死期有兩說：一是萬曆9年12月，二是萬曆10年2月。

徵額的統計數字並不可靠，而且又是亡國前的特殊狀況，不能和正常時期的軍費結構相比擬。萬曆末期之後，尤其是遼東危急之後，基本上已是無力回天的狀態。分析此時期的邊鎮糧餉與國家財政危機，雖然統計資料更豐富，情節更驚心動魄，但那已是在屋倒牆塌的階段，所具備的分析意義，不能與本書所研究時段（嘉靖10年至萬曆30年），那種互有勝敗、媾和、封王、離間、互市的拉鋸狀態相提並論。

　　整體而言，各邊鎮在萬曆初年的糧餉狀況雖不充裕，也有各式各樣的管理與運作問題，但至少還能應付戰事。萬曆30年之後呢？我沒有掌握全面性的史料，也沒有深入探討過，但大致可以知道，以大環境惡化的趨勢看來，萬曆40年之後大概就不堪聞問了。以遼東鎮的開原城為例，主管該城的馮瑗在《開原圖說》首頁就有悲悽的陳述：「國家設官非不詳也，人情憚孤危、厭涼薄，故掛冠者眾，請纓者杳杳也。缺官廢事動經歲年，衝圍之常耳，非有殊異之擢，恐不能來死綏之士。至於營堡蕭條，即墩臺碁布，僅其名耳。額軍耗矣，招募無幾也，其誰與守？訓練雖勤，稽查雖嚴，顧四錢月餉歷三季而始得，枵腹荷戈，安責禦戎哉？觀斯圖者，寧不為開原慮乎？」。

　　努爾哈赤在萬曆44年（1616）稱帝（後金天命元年，廟號為清太祖），馮瑗的陳述大概就是此時寫的（確切年份不明）。他所說的應是實情，我們也可以推測，這個時期其他十二邊鎮的狀況也應類近，就算情況稍佳，也無法久撐。

　　簡言之，嘉靖初期至萬曆30年代的北方外患雖然嚴重，邊鎮糧餉對國家的財政負擔也很沉重，但那還是一個可以努力挽救或能使情勢緩和的時期。本書所處理的嘉靖、隆慶、萬曆時期，一方面學界已有許多優秀的相關研究（例如韋慶遠（1999）《張居正和明代中後期政局》）；二方面又有《會計錄》、《皇明九邊考》這些重要的原始資料可以運用；三方面更有許多相關文獻與文集影印出版。在多方面條件俱備之下，邊鎮糧餉與國家財政危機這個題材，就有相當程度的可行性與必行性。

　　嘉靖10年之前，沒有系統性的邊鎮糧餉資料傳世。明末崇禎時期，雖

有畢自嚴編的《度支奏議》（119卷），但那已是國家敗亡之際，非屬常態支出。宋元兩代以及之前的朝代，都無完整的邊鎮資料傳世；到了清朝，邊鎮問題已屬次要。因此嘉靖至萬曆時期的史料，就成為了解中國歷史上邊鎮國防支出的重要資料。

2.軍馬錢糧數額

有5項系統性的軍馬錢糧數額史料，可用來呈現1531-1602這70多年間，邊鎮糧餉的結構與變動趨勢。（1）潘潢〈查核邊鎮主兵錢糧實數疏〉（嘉靖29年，1550），內有嘉靖10年與28年的九邊軍馬錢糧數；（2）魏煥《皇明九邊考》（嘉靖21年，1542），卷2-10內有嘉靖18年前後的九邊軍馬糧餉數；（3）《萬曆會計錄》（萬曆10年，1582），卷17-29記載萬曆10年前後十三邊鎮的軍馬錢糧；（4）楊俊民〈楊司農奏疏〉（萬曆22年，1594），記載萬曆21年十三邊鎮的軍馬錢糧；（5）茅元儀《武備志》（天啟元年，1621），卷204-8記載萬曆30年前後的十三邊鎮軍馬糧餉。

這5項史料提供6個時點的數據：嘉靖10、18、28年、萬曆10、21、30年。雖是單年的橫斷面數據，但應已能呈現結構性的特徵與變動的趨勢。本書以這5項資料為基礎，佐證諸多相關史料，探究邊鎮官兵與糧餉數額的變化，以及與財政相關聯的諸多問題。

運用這些史料時較大的困擾是：《九邊考》、《會計錄》、《武備志》所記載的事項不盡相同，年份時常不明確，對相同事項的數字又不一，屢屢引起判斷上的困擾。還有一個不同面向的困擾：雖然《九邊考》和《會計錄》是根據朝廷的資料，但和現實狀況可能很有差距，可靠度不是很高，但因為沒有更好的數字可用，也無可奈何。再以《武備志》為例，它所記載的官兵糧餉資料，並未說明出自何處，可靠度有多高呢？這可以有兩種看法。（1）《武備志》並非朝廷資料，照理應比《九邊考》和《會計錄》更不可靠，所以只能當作對照性的參考，不能太當真。（2）不管這3項資料是否出自朝廷，它們在相當程度上都偏離實況，所以應把這3套史料對等並用，因為我們的分析目標，是邊鎮糧餉的結構與趨勢性的變

化，而非絕對精確的數字。

我選擇第(2)種態度。這3項資料中，最具官方性質的是《會計錄》，那是經由戶部編製多年、皇帝親自批准的國家帳冊(詳見本書附錄5)；而《九邊考》與《武備志》則是官員或個人積極作為的成果。我的做法是：(1)本書以《會計錄》為核心性的資料；(2)以《九邊考》、《武備志》作為對照性的資料；(3)以潘潢〈查核邊鎮主兵錢糧實數疏〉、楊俊民〈楊司農奏疏〉作為補充性的資料。

二、相關文獻

因篇幅限制，只能從以下各類的文獻中，挑選較具代表性的著作稍作解說，依目前已知的著作年份排序。

1.邊防兵書

劉申寧(1990)《中國兵書總目》。這本書目一開頭就有3項便利的索引：主題分類、書名、著者。在主題分類索引目錄內，「邊防」(頁28-9)和本書的主題最直接相關。在頁28可以看到，從洪武至崇禎之間，有69項與邊防相關的書目。編者給每項書目編碼(但號碼的排序有時不規則)，分述作者、出版年、每頁行數與每行字數、裝訂格式、在各地的館藏狀況(可能的話)、作者簡介、各種已知的抄本或印本，等等。這69項中有些是明史學界較熟知的，有些現在已有影印本，例如魏煥《皇明九邊考》(10卷)、鄭文彬《籌邊纂議》(8卷，1590年刻本)。但有些相當重要、目前已影印者並未列在書目內，例如劉效祖(1576)《四鎮三關志》。簡言之，劉申寧編的這本兵書總目，是理解明代邊防主要文獻的必備資料。

2.邊鎮類

畢恭(正統8年，1443)《遼東志》(9卷)、李輔(嘉靖44年，1565)《全遼志》(6卷)。正統8年(1443)，遼東都指揮司僉事畢恭編輯《遼東志》9

卷，弘治元年(1488)「始為刊行」(第1次刊本，綱目68項，影印本有165頁)。嘉靖8年「復事修改至16年告成」(第2次刊本)。嘉靖44年(1565)，巡按御史李輔重修，據第2次刊本，增入嘉靖16年以後的事蹟，改名為《全遼志》6卷(第3次刊本，綱目簡化為19項，但內容豐富，影印本有214頁)，嘉靖45年刊行[2]。合觀這兩志，能掌握明初至嘉靖末期遼東的基本狀況。

與糧餉相關的部分，在《遼東志》是卷3「兵食志」，內有武備、邊略、財賦、徭役4項，每項之下又分好幾項目。《全遼志》則在卷2內有賦役、邊防、兵政、馬政等4志。這些志內的多項數字，很可以用來和《萬曆會計錄》卷17遼東的糧餉數字相對比。楊暘(1993)《明代東北史綱》頁375-83對《遼東志》和《全遼志》有詳細解說，可參照。

許論(天啟元年，1621)《九邊圖論》(1卷)。霍冀在《九邊圖說》的序言內，說「本(兵)部尚書許綸(論)先為禮部主事時，曾奏上《九邊圖考(論)》(時間未詳，應在嘉靖中，1539年左右)，嗣後本司主事魏煥亦曾續之(即《皇明九邊考》，嘉靖21年，1542)，迄今近30年。……」。目前尚未能確認本書的著作年份，只知是天啟元年(1621)刊印。此書50頁不到，內附12張地圖，以及對遼東、薊州、宣府、大同(附三關)、榆林(延綏)、寧夏、甘肅、固原等9邊鎮的解說。許論對各鎮都只有寥寥數頁的概述，深度遠比不上魏煥《九邊考》，也比張雨《邊政考》明顯遜色。此書對明代邊鎮問題的研究助益有限。

魏煥(嘉靖21年，1542)編纂《皇明九邊考》(10卷)。對邊鎮考察的諸

2　有一項資料足以反證，《全遼志》的內容不是止於嘉靖44年(1565)。《全遼志》卷3〈職官〉頁8是歷任鎮守總兵的名單，其中李成梁的名字出現兩次。第2次的名字下有簡注：「復任，見前。」《明史》卷238〈李成梁傳〉記載，萬曆29年李76歲時復任總兵8年。《全遼志》記載李成梁的復任，必然是在萬曆30年(1602)之後補上的，而非如上所述，是嘉靖45年第3次刊行時就能預知的事。此項資料是何時補上的？有可能是日後重刻時添上的。《遼東志》的書末附有〈日本翻刻《遼東志》序〉，說明這是大正元年(1912)10月，侯爵前田利為說此書「殆無傳本，余家幸藏之，因翻刻以公諸世」，〈例言〉的第2條說：「本書原本往往有紕繆，然無異版可校，今以21史及《全遼志》等，反復勘正。」《全遼志》的版面與《遼東志》相同，應是同時重刻的。李成梁的復任資料，是何時載入《全遼志》？尚待詳考。

多著作中，這是流傳最廣的文獻。此書是魏煥「採集堂稿，博採邊疏，詢諸邊將、譯使，有所聞，遂書之冊，積久編次成書」。首卷內分「鎮戍通考」、「經略通考」、「番夷通考」，這3項內又細分成幾目。第2至10卷分述遼東、薊州、宣府、大同、三關、榆林、寧夏、甘肅、固原等9邊鎮。每鎮內都有7項主題：疆域、保障、責任、軍馬、錢糧、邊夷、經略。其中與糧餉相關的兩項，是軍馬與錢糧。這是嘉靖18年(1539)前後的資料，相對於《會計錄》卷17-29的內容，還是稍顯粗略。依書首的引言，魏煥時任兵部職方清吏司主事，此司「掌天下地圖、城隍、鎮戍、烽堠之政」；但書中所附的地圖，比同時代張雨《邊政考》(嘉靖26年，1547)要簡略許多。

張雨(嘉靖26年，1547)《邊政考》(12卷)。張雨編撰此書時(嘉靖25年)，任甘肅監察御史，出版時(嘉靖26年)任陝西監察御史。全書12卷將近400頁，地圖多幅且詳盡。卷1至4為三邊四鎮諸衛(榆林、寧夏、固原、西寧等)的兵力與守備狀況。其中的「部領」是各衛的守備編制，「兵食」是官兵人數與糧餉額。此書以西北為主，不是13邊鎮的全面性資料。卷5至12以西域、西羌各族為主，與本研究較不相干。明代總論邊鎮的書刊，除了魏煥《九邊考》與許論《九邊圖論》，大都是偏重某區域的著作(例如劉效祖《四鎮三關志》、楊時寧《宣大山西三鎮圖說》)，張雨《邊政考》就是以西北邊境為主題。

鄭曉(嘉靖31年，1552)《皇明北虜考》(1卷)。《國朝典彙》卷170「北虜」，是洪武至隆慶年間，對北患最完整的編年大事記載，篇幅長達230頁。鄭曉《皇明北虜考》是個理想的簡明版(52頁)，重要的事件已充分掌握。但這個簡明版有個小缺點：只記到嘉靖29年(1550)，《國朝典彙》版則記到隆慶6年(1572)。萬曆之後的北患大事，要查吳柏森(1993)編《明實錄類纂‧軍事史料卷》(頁35-320「滅元拒蒙」，共285頁，上自開國，下迄崇禎4年)。請參照本書的附錄10〈邊鎮大事記〉。

霍冀撰、兵部輯(隆慶3年，1569)《九邊圖說》(不分卷)。這是兵部尚書霍冀與屬下，在隆慶3年11月以兵部名義呈給皇帝的圖說，旨在解說「各鎮之地利險夷、各邊之兵馬多寡」。這本《圖說》共315頁，地圖占大多頁

數，兵馬的編制記載相當簡略。以遼東鎮為例，文字部分只有4頁（頁6-9），地圖則從頁10到57。其餘各鎮的狀況類似。較有助益的項目，是各鎮都有簡要的「馬、步、官軍」數，以及「年例兵銀」數。這是隆慶3年的數字（稍嫌簡略），可用來和《九邊考》（魏煥編纂，嘉靖21年，1542）、茅元儀輯《武備志》（天啟元年，1621，卷204-8〈鎮戍〉，內容是萬曆30年代的資料）相對比。

劉效祖（萬曆4年，1576）《四鎮三關志》（10卷）。四鎮是：薊州、昌平、真保、遼東；三關是：居庸、紫荊、山海。此書是萬曆2至4年（1574-6），由當時總督四鎮的劉效祖（原任陝西按察司副使），所主持完成的四鎮三關現況匯報，以及重要的相關史料彙編。全書分10卷，每卷下皆分3節，共1,100頁左右（約75萬字）。10卷的內容依次是：建置、形勝、軍旅、糧餉、騎乘、經略、制疏、職官、才賢、夷部。其中與邊鎮糧餉較直接相關的，是卷3「軍旅」內的版籍、營伍；卷4「糧餉」內的民運、京帑、屯糧；卷5「騎乘」內的額設、兌給（附互市、胡馬）、賠補；卷6的「經略」和卷7的「制疏」（這是理解四鎮三關體制、運作方式、主要公文、朝廷指示的背景性文獻）。卷8（職官）、卷9（才賢）、卷10（夷部），則是間接的輔助性史料。此書所載的邊鎮糧餉，是萬曆元年（1573）的狀況（見「凡例」頁1-2），可用來與萬曆10年的《會計錄》對比，看各項數字在6年間的變動。

王國光（萬曆10年，1582）輯《萬曆會計錄》（43卷）：卷17-29餉額。這是記載邊鎮糧餉內容最完整的資料，以萬曆初年為主，需要其他史料來補充說明嘉靖與隆慶時期的狀況。《會計錄》的結構與內容，請參閱本書附錄5。卷17-29分述13個邊鎮的相關事項與數字，是本書最主要的基礎資料，也是本書第2篇的分析對象。13鎮由東而西是：遼東、薊州、永平、密雲、昌平、易州（附井陘）、宣府、大同、山西、延綏、寧夏、甘肅、固原。卷17-29內記載的13件相關事項是：官軍與糧餉額數、屯糧、民運、漕糧、鹽引與鹽課、京運年例銀、俸糧則例、修邊經費、倉廒、開納、撫夷與犒賞、馬價、職儲。以下是這13卷的幾項特性。

（1）卷17-29內「原額」的年代未見說明，大概是嘉靖末或隆慶初的數

字，但這也只是猜測。「現額」的資料，只能視為萬曆初期(1570-80年代)的大略數字。其中的銀兩數字或許較精確，但其他諸項的數字，在觀念上要理解為「配額」或「預算額」，而非「實額」，尤其糧料的數目與品質更是不能單看數字；官軍與馬騾數也要打不同的折扣，因為逃亡或病倒的不少。真正能在前線作戰的，依陳文石(1972)〈明代馬政研究之一：民間孳牧〉的研究，以及Huang (1970): "Military Expenditures in 16th Century Ming China"頁39的描述，恐怕有功能的兵馬比例不高。類似的疑問，在屯糧、民運、鹽課諸方面也都有。

(2)就各項資料的品質而言，俸糧的記載最完整，因為那是具體的條例，照抄羅列即可。最讓人失望的是倉廒項，各鎮都只有倉名而無具體的內容的記載(例如：滿倉體積、所積何物、空倉比例等等)。當然，倉廒的內容各季不同，難以確記，但也應知曉上述3個要點，否則朝廷與兵、戶兩部如何知曉各地倉廒的大略狀況？

(3)另一項原先期望較高，但記載過於粗略的是「撫夷」項。這是另一種作戰方式，重要性甚至不比硬碰硬的軍事對仗低，但《會計錄》對此項只有少數幾鎮的粗略記要，對理解此問題的助益有限。鹽引與鹽課方面的資料，因這方面的研究已多(如劉清陽1985〈明代開中制度下商人的社會作用〉)，助益也有限。

(4)助益最大的，是京運年例銀方面的資料。這個題材到目前為止，仍以寺田隆信(1962a)〈明代における邊餉問題の一側面：京運年例銀について〉的研究較具代表性，但他未用到《會計錄》的資料，詳見本書第8章的分析。

(5)這13卷除了各項數字，也記載諸邊鎮在歷朝發生過的重要事項，列在「沿革事例」欄內。這些內容屬於動態性的史料，可用來輔助靜態性的統計數字。這些文件的基本性質，是各邊鎮負責人與朝廷之間的公文往返，以及歷朝的聖旨和戶部尚書的批示。

(6)卷17-29的資料多達325頁(頁664-989)，每頁又分上下兩欄，內容相當豐富。這13卷的豐富記載，尚未見有人做過系統性的分析。

　　徐學聚（萬曆11年進士，萬曆間編）《國朝典匯》（200卷）。所輯史實，上自洪武開國，下至隆慶6年。200卷中與邊防相關的有：卷147「邊臣功罪」、卷148「冒濫軍功」、卷155至159「兵餉、屯田、馬政、互市、邊備（九邊說）」、卷170「北虜」、卷171「河套」。上述諸卷中，以卷170「北虜」所占篇幅最多（頁8107-8336，共230頁），詳述洪武至隆慶年間，北患與明朝的互動過程，也收錄主要的外交文獻，可說是鄭曉（1552）《皇明北虜考》的詳細版。全書採編年記事體，方便查索某年某事的內容，在資料的重要性、齊全性、方便性上，都是不可或缺的。

　　楊時寧（萬曆31年，1603）編《宣大山西三鎮圖說》（3卷）。此書對宣府、大同、山西這3大重鎮做深入解說，全書共286頁。每鎮各有單卷，主要的內容是：(1)錢糧歲額，(2)說明鎮內諸堡的地圖與守備兵力。此書有兩項功能：(1)與《會計錄》並觀，可對比萬曆10年與30年之間，此3鎮錢糧歲額的變動；(2)更重要的，是詳述此3鎮諸堡的位置與守備狀況。13邊鎮雖然很重要，但連結這些邊鎮的，是位在其間的諸多重要城堡。此書對3鎮本身的解說並無特出之處，反而對3鎮轄區內諸城堡的敘述，才是本書的特色。

　　郭造卿（萬曆38年，1610）《盧龍塞略》（20卷）。盧龍不屬於13邊鎮，有何可說之處？葉向高在此書的序言內說：「今九塞所急，惟薊與遼，而盧龍介二鎮之間，相為輕重。謀薊者不憂夷而憂虜，謀遼者不憂虜而憂夷，盧龍兼之。此非一面之利害也，故舉盧龍而遼、薊可睹矣；舉遼、薊而諸邊亦約略見矣。」作者郭造卿（1532-93）曾在薊門都護戚繼光幕下，在薊鎮遊歷16年，有《燕史》、《薊略》等著作，對戚繼光主政時期的薊鎮了解相當深入。萬曆38年（1610），其子郭應寵（字汝承）節錄《燕史》、《薊略》中有關邊政的內容，得到兵部尚書王象乾、禮部尚書葉向高的協助，刊印為《盧龍塞略》。

　　全書20卷分為10部：經（守邊經略）、譜（志沿革）、表（明防區）、紀（歷朝經略事蹟）、傳（鎮守都督與征禦英烈）、考（兵屯、撫夷、修邊、戎具、貢酋之要）、議（漕鹽、戰器、守邊之謀）、阨（地形險要）、譯（邊塞民情、

夷俗、名物品類）。與邊鎮糧餉相關的篇幅不多，在卷14「考部」下的「兵考」，列舉薊鎮與永鎮的「原額」與「現額」，6頁不到。戚繼光在薊州時威震四方，門下諸多能人，郭造卿在薊州鼎盛時，對盧龍地區下了功夫研究。戚之後的主管對此書稿未能贊賞，一直到萬曆末期遼東情勢轉緊時，才正視此書的重要性。盧龍雖非重鎮，但本書幫助我們明瞭一個次要邊鎮的複雜內容與運作方式。

徐日久（萬曆間）集《五邊典則》（24卷）。1953年中央民族學院圖書館以重金購得此書，1985年影印出版，主編吳豐培寫了解說性的序言，並介紹此書編者徐日久的生平（浙江西安人，萬曆26年進士）。全書24卷，卷1至4為薊、遼；卷5至8為宣、大；卷11至18為陝西；卷19至23為西南；卷24為倭。所載事項起自洪武，下至嘉靖、隆慶，歷時200餘年。此書採分類編年體，基本史料是當時的《實錄》，整體而言有兩項功能。(1)依《實錄》的內容編纂五邊情事，把相關史料集中，方便查索；(2)內文可用來增補現存鈔本《明實錄》之不及。就13邊鎮而言，《五邊典則》以薊、遼、宣、大4重鎮以及陝西為主體，有不少邊鎮並未觸及，這是缺點；優點是可以較集中地見到《實錄》內的相關記載。

茅元儀（天啟元年，1621）輯《武備志》（240卷，卷204-8鎮戍）。綜述邊鎮的將領、城堡台墻、兵馬、糧餉。《武備志》（卷204-8〈鎮戍〉）對九邊鎮的排列法，與《會計錄》卷17-29不同：薊鎮（包括薊州、昌平、保定、密雲、永平、易州、井陘等7處；本鎮邊界自遼東鎮邊起，西至宣府鎮邊止，長一千餘里）、遼東、宣府、大同、山西、延綏、寧夏、固原、甘肅（詳見本書第3章的前言）。卷204-8「鎮戍」所記載的事項，未明確說明「原額」、「現額」是指何年份，在引用與判斷上會產生困擾。我認為「原額」的資料，應是根據《萬曆會典》卷129-31，因為數字完全相同。「現額」則可視為萬曆30年(1602)前後的情況，因為《武備志》卷205頁2記載遼東鎮的「歲運」時，有「萬曆25年以來」的說法；卷208頁2記載固原鎮的歷史背景時，有「萬曆26年出兵」的說法，這是〈鎮戍〉（卷204-8）中出現最晚的年份。

3.奏議、文編類

萬表（嘉靖33年，1554）《皇明經濟文錄》（41卷）。《明經世文編》是崇禎11年（1638）編成的，在此之前84年萬表編了《皇明經濟文錄》。後來完成的《文編》，應比萬表所能收輯的更完備，為何還要用萬表的《文錄》呢？原因是：《文編》是依個人的文集方式編排，若非有現代的索引，不易迅速查索各項主題；而《文錄》是以主題為綱，蒐集不同作者在不同時點對同一類主題的見解。

與邊防相關的文獻，分布在好幾項類別內：卷6-7〈戶部〉內有「論屯邊」、「論屯種」、「論糧運」這類的事；卷8〈禮部〉內有「夷情疏」、「止夷貢疏」這類的討論；卷11-13〈兵部〉內可遍見邊務、邊計、禦虜這類的情事。在「六部」之外，《文錄》卷32-41是與邊鎮最直接相關的部分：卷32〈九邊通考〉、33〈遼東〉、34〈薊州〉、35〈宣府〉、36〈大同〉、37〈三關〉、38〈榆林〉、39〈寧夏〉、40〈甘肅〉、41〈固原〉。這32-41卷共228頁（776-1003），專談洪武至嘉靖中葉的九邊情事。很少見到這麼集中編輯九邊文錄的方式，對本研究提供不少便利。

若詳細對比《文錄》和《文編》的內容，與邊防相關的條目中有多少比例是重複選輯？我沒有逐條對比過，無法提供確切的答案。這兩套資料的內容有不少重複，例如魏煥、許論這類重要人士的主要文章，確實重複選輯了；但也有不少較次要的人物，例如《文錄》卷39〈寧夏〉內的齊之鸞、卷40〈甘肅〉內的郭紳，他們的文章就沒在《文編》內出現。

簡言之，與邊防相關的文集，《文錄》與《文編》是最重要的資料，有相輔相成的功能。這兩套文集收錄不少重要人物對邊防的主要見解，但有不少嘉靖、隆慶、萬曆（初年）的名臣（如嚴嵩、徐階、高拱、張居正），對邊防的深刻體驗並未充分收入，必須另在個人的文集內搜尋。以張居正為例，他在隆慶朝與萬曆前10年的角色非常關鍵，《張居正集》（1987-94, 4冊）內的信函，很可以用來說明13邊鎮的各種情勢變化，以及管理上的諸多問題。

　　王一鶚（萬曆16年，1588）《總督四鎮奏議》（10卷）。兵部左侍郎王一
鶚在萬曆10年10月丁憂回籍，13年8月聖旨：「王一鶚著以原官兼都察院右
僉都御史，整飭薊州等處邊備，兼巡撫順天等府地方。」同年10月另有
旨：「王一鶚著以原官總督薊、遼、保定等處軍務，兼理糧餉。」這10卷
奏議，就是王一鶚在萬曆13至15年間，總督四鎮的奏議全文。俺答與張居
正在萬曆10年相繼去世後，邊患問題逐漸轉到遼東。從王一鶚的奏議可以
看到，四鎮的緊張狀況在萬曆13-15年時已較鬆馳，所奏之事以業務性的報
告和請示為主。就算有些小型的軍事衝突也不嚴重，例如卷4呈報說：「虜
亦見有兵馬出口，隨即遁去，並無入犯內地。其軍丁被殺6名，砍傷3
名，……。」（頁511）這項史料的時間，正好在本書研究的時期。王一鶚在
總督四鎮之後，於萬曆15至19年間擔任兵部尚書。

　　陳子龍（崇禎11年，1638）等選輯《明經世文編》（508卷、補遺4卷）。
這是眾所周知的重要文編，它的編輯過程、內容、意義、優缺點，在吳
晗（1962）〈影印《明經世文編》序〉內，已有明確解說。對研究者最便利
的地方，是中華書局的影印本（1962），在第6冊末增了2項附錄。第1項索引
是「作者姓名索引」：原書卷1之前的「姓氏爵里總目」，人名繁多，不易
查索，中華本的索引依姓氏排序，指出某位作者的生平可在哪裡查到，以
及他的文章位於此書的第幾頁。

　　第2項索引是依主題分類：政治（內分29個主題）、文教（10個主題）、武
備（12個主題）、皇室（12個主題）。與本書直接相關的部分，在政治類內有
11〈理財〉、16〈倉儲〉、19〈鹽課〉；在武備類內，除了最後兩項（11
〈治安〉、12〈海防〉）外，其餘10項都相關：軍政、將帥、軍伍、糧草、
軍器、馬政、城堡、屯田、京營、邊防。單就「武備」內的第10項「邊
防」來說，在索引內（頁31-41）又細分6類：邊議、邊政、綏輯、韃靼、女
真、西域。北京中華書局的編輯群提供非常好的服務，讓使用者很容易從6
大冊內迅速找到資料。這項索引也讓我們明確地看到：在56頁的索引內，
單是邊防就占了11頁，這種重要性是在逐頁翻閱《文編》時，未必能立即
體驗到的事。

此外，明代還有些奏議集，也能見到不同人士對邊防的各種觀點，例如：吳亮《萬曆疏鈔》（50卷）、汪□《皇明奏疏類鈔》（61卷）、孫旬《皇明疏鈔》（70卷）、張瀚《皇明疏議輯略》（37卷）、陳九德《皇明名臣經濟錄》（18卷）、陳子壯《昭代經濟言》（14卷）、陳仁錫《皇明世法錄》（92卷）、陳其愫《皇明經濟文輯》（23卷）、黃仁溥《皇明經世要略》（5卷）、黃訓《名臣經濟錄》（53卷）、顧爾行《皇明兩朝疏抄》（12卷），參見本書末參考書目內的「奏議與文編」。本書的參考書目內，羅列不少明代大臣的文集，例如譚綸《譚襄敏奏議》（10卷）、嚴嵩《南宮奏議》（30卷），這些內容對理解邊鎮情事很有助益。

4.現代研究

目前學界對邊鎮糧餉的研究還相當不足，主要的研者是黃仁宇和梁淼泰。這兩位都用到《會計錄》中的幾項數字，但不知何故都未詳用卷17-29中的豐富統計數字。Huang（1970）: "Military Expenditures in 16th Century Ming China"綜談16世紀的軍事開支（費用），一方面所涵蓋的時間太長，二方面他把十三邊鎮的費用，和國內眾多衛所的費用併在一起討論，綜述全國的軍事支出。這種寫法，（1）使得全文的主軸不夠清晰，支題雜多；（2）他只在3處提到《會計錄》（頁44, 46, 47），但都是籠統狀況的解說。此文不能算成功之作，顯得浮淺表面。Huang（1974）: *Taxation and Governmental Finance in 16th Century Ming China*（即黃仁宇2001《十六世紀明代中國之財政與稅收》）第7章第3節內，只有1小節（3頁不到）談「北邊軍鎮的供應」（中譯本頁337-40），也無深度可言。

梁淼泰寫了3篇估算九邊軍馬錢糧數額的文章：（1994）〈明代九邊的餉數並銀估〉、（1996）〈明代「九邊」餉中的折銀與糧草市場〉、（1997）〈明代「九邊」的軍數〉。這3篇的主要貢獻，是提出5項較有系統的數字：（1）軍數，（2）餉數，（3）估銀，（4）折銀，（5）糧草。他的研究和我想做的主題最直接相關，我們的差異點在於：（1）他著眼在整個明代，要看長期的變化，這是較寬而淺的做法；我把焦點放在明代中後葉的70年間（1531-

1602)，是較窄而深的做法。(2)他所做的眾多表格都無標題，也未在表下註明數字來源。(3)從明初(永樂)談到明末(崇禎)，在有限的頁數內塞入過多的細節，看得眼花撩亂。(4)基本上都是在做靜態的「估算」，而非深入分析各項要點的「內在運作機制」。

梁淼泰(1994)編了6個附表，估算明代九邊的各項糧餉數。這是一篇很費心力的統計研究，但因所涵蓋的年代甚長、項目甚多，各節既無標題，文章寫得又細瑣。以作者對相關材料的熟習程度，若稍講究鋪陳排列，說服力必然大增。從腳註中可看出作者對史料的掌握豐富，雖然提到《會計錄》卷17-29(梁淼泰1994:54)，但並未運用到其中的豐富統計數字，也未用到《九邊考》和《武備志》的重要資料，他的主要史料是《明實錄》和《明經世文編》。另見本書第12章第3節的詳細解說。

全漢昇、李龍華(1973)〈明代中葉後太倉歲出銀兩的研究〉，研究明代中葉之後，太倉(國庫)的歲出銀兩。他們的表6計算出，1548-1617年間軍費占太倉歲出銀數的百分比：最低的是萬曆14年(1586)，占53.37%；最高是萬曆40年(1612)，占97.25%；其他年份多在60%與85%之間起伏。此表中「軍費」的定義因資料性質而異，但從萬曆初年起，幾乎都是指邊餉而言，可見邊鎮餉額對財政的負擔(參見本書第2章表2-5、2-6)。

全、李(1973)的表6只計算銀兩的部分，其實邊鎮餉額還包括許多實物項目。這些複雜的實物數額，在梁方仲(1980)《中國歷代戶口、田地、田賦統計》乙表58〈明代九邊兵餉額數〉(頁376-7)有很詳細的表格列述。這是從《明會典》和《會計錄》以及諸多史書編成的，內分原餉額與現餉額兩大類，之下再細分主兵與客兵的各項屯糧、草料、鹽、京運銀等等，項目繁多。優點是：各種項目在各邊鎮的數額一目瞭然。他所根據的數字，是《會典》卷28頁541-55，這和《會計錄》的記載(萬曆6年數字)相同，但表達方式不完全一樣。此外，他說是「九邊」，其實共有14鎮(十三鎮之外，另附井陘鎮)。梁淼泰(1994:50)對梁方仲的乙表58有4點批評(主要是表中各項數字的年份不一)，還糾正此表內的幾項錯誤，這些冗長的技術細節不擬在此摘述。另見本書第12章第2節的詳細解說。

韋慶遠(1999)《張居正和明代中後期政局》對隆慶時期的邊患解說較詳細(頁364-93)，但對嘉靖朝的邊患甚少著墨。嘉靖朝的上半段，雖非他的主要分析對象，但隆慶朝的邊患延續自嘉靖時期，不可斷然切分。此外，在談軍事的第14章有兩節(頁650-62)談到邊防問題，但他幾乎只引用張居正的觀點，未談其他大臣的不同見解，也很少觸及軍馬錢糧的議題。這個例子旨在說明，十三邊鎮的糧餉問題，以及明代中後葉的國家財政危機，都還有許多空檔可以填補。

松本隆晴(2001)《明代北邊防衛體制の研究》，可視為日本明代史學界對北邊防衛問題研究的代表。但這是一本論文集(1983-98之間出版的，以及幾篇未發表過的研究)，不是專題的系統論著，內容有一半以上與邊鎮問題相關，有相當的參考價值。

蕭立軍(2001)《明代中後期九邊兵制研究》，是和本書主題最接近的研究。蕭立軍在「自序」頁8說，這是一本軍事史方面的著作，主題是明代中後期的九邊兵制。我的研究主題，也是屬於明代中後期的九邊十三鎮，但不是以軍事史為主旨，而是探討邊鎮糧餉與國家財政危機之間的關係。蕭立軍在他的書內，有3個地方也談到邊鎮糧餉的問題：(1)第2章第5節「明初北邊的防禦工事和糧餉供應」；(2)第4章第4節「九邊的糧餉管理系統：戶部督餉郎中及諸道、通判」；(3)第5章第1節「軍費來源及軍餉發放」。

我在寫本書初稿時，參閱過蕭立軍在1994年、1998年所發表的3篇論文，但要到2005年春季修改書稿時，才見到他在2001年出版的專書；一方面得以和他的內容相對比，二方面也增廣了我對九邊鎮戍兵制的理解。我從蕭立軍書中所吸取的主要知識，不是在邊鎮糧餉方面，而是他對邊鎮鎮戍兵制的解說。我在這方面的知識有限，所涉獵的相關史料不足，所以我一方面藉著他的成果，來添增本書附錄6和附錄7的內容，二方面也請讀者參閱他在這方面的系統性解說。

下列的明代史著作惠我良多：孟森(1982)《明清史講義》、Twitchett and Mote eds.（1988, 1998)《劍橋中國明代史》、韋慶遠(1999)《張居正和

明代中後期政局》。軍事史方面，范中義、王兆春、張文才、馮東禮 (1998)《明代軍事史》（上下冊），是相當完整的綜述；毛佩奇、王莉 (1994)《中國明代軍事史》，是較簡潔的入門；吳柏森(1993)編《明實錄類纂・軍事史料卷》，是編年體的官方史料。

幾本基礎的明代蒙古史相當有助益：內蒙古社科院歷史所蒙古族通史編寫組編的《蒙古族通史》（1991，中冊）、和田清(1984)《明代蒙古史論集》、萩原淳平(1998)《明代蒙古史研究》、薄音湖和王雄(1994、2000)編輯點校《明代蒙古漢籍史料匯編》（1、2輯）、薄音湖(1998)《明代蒙古史論》、田村實造(1954-9)編《明代滿蒙史料：明實錄抄》（10冊）、田村實造(1963)編《明代滿蒙史研究：明代滿蒙史料研究篇》。

與邊鎮糧餉相關聯的主題很多，各自牽扯到明代經濟史上的許多小子題。有一部辭典可以查索這些專有名詞（例如「子粒銀」、「改兌米」），解說清晰簡明，相當方便：戴逸(1993)主編《二十六史大辭典》第2冊〈典章制度卷〉內的「食貨編」，頁479-514是明代部分。其中的「詞條」既不依筆劃排序，也不全依主題分類，這是明顯的缺失。

三、綜述與摘要

就手法而言，我對邊鎮糧餉問題的處理方式，可以分兩個層次：一是靜態資料的表格呈現，註明資料出處，說明不同的來源與不同的數字要如何取捨。這和梁淼泰的手法相似。二是把這些表格與數字當作靜態的骨架，需要花精神的部分，是在其上加添肌肉（各邊鎮的組織、管理方式、人員輪替法）、血管（如何運送物資、糧食、兵士）、心臟（國家財政的收支與軍費撥付）、大腦（朝廷與大臣的見解、決策和爭執）、神經系統（各部門間的協調）。要點是能做出動態的「統合運作機制」解說，說明各部門之間如何衝突與協調。要這麼做，才能使「國家」這個角色，和「死數字」結合起來，寫出具有可讀性和有脈絡深度的作品。

以下綜述本書各篇各章的要點。第2章〈歲入歲出與邊防經費〉，根據

基本的經濟史料，以及前人的研究成果，綜述：(1)明代經濟結構在洪武、弘治、萬曆年間的變化，主要是從戶、口、田地面積3項來呈現；(2)說明洪武、弘治、萬曆年間全國的財政收支結構；(3)以萬曆6年為例，說明皇室與太倉銀庫歲入、歲出的項目與數額；(4)嘉靖至崇禎年間，太倉銀庫的歲入與歲出額；(5)嘉靖至萬曆年間，軍事經費占太倉庫收支比例的變化。本章在性質上屬於背景的綜述解說，基本的手法是以統計表格的呈現，加上簡潔的解說來呈現上述諸項議題。

　　第2篇有10章(3-12)，主旨是運用5套史料，來顯示從嘉靖10年至萬曆30年前後(1531-1602)，這段大約70多年間，十三邊鎮各項糧餉、兵力數額的各種狀況與變化。(1)《九邊考》(嘉靖21年，1542)卷2-10；(2)潘潢〈查核邊鎮主兵錢糧實數疏〉(嘉靖28年，1549)；(3)《會計錄》(萬曆10年，1582)卷17-29；(4)〈楊司農奏疏〉(萬曆21年，1593)；(5)《武備志》(天啟元年，1621)卷204-8。第12章是對這5套史料的綜合比較。

　　第2篇內的10章，逐項分析官軍額、糧餉數、屯糧、民運、漕糧、鹽引與鹽課、京運年例銀、俸糧則例、修邊經費、其他雜項(邊鎮茶引、馬市與馬價、撫夷與犒賞、開納、倉廒等)。各邊鎮的狀況不一，某些邊鎮有的項目(如薊州的「撫夷」)，在其他諸鎮不一定有，這些差異會在各章中細說。

　　從另一個角度來看，第2篇的10章可以分成5類問題：(1)軍馬錢糧數額的具體內容(第3章)；(2)邊餉供應的主要來源(第4至第8章)：屯田與屯糧、民運糧餉、邊鎮漕糧、鹽法與邊儲、京運年例銀；(3)與邊防相關的費用：修邊經費(第10章)、其他雜項(第11章)；(4)邊餉的支給方式：俸糧與折銀(第9章)；(5)綜合比較(第12章)。

　　第3篇有2章(13-14)。第13章是糧餉的限制與對策。第1節的主旨，是從宏觀的角度，來看「邊儲日虛」的結構性變化，以及邊臣曾經提過哪些基本的對策。第2節從另一個角度，來看原本已有先天結構困難的邊餉，還碰到哪些人為的侵蝕：貪污、驕縱、奢侈。第3節延續第2節的主題，探討一個較獨特的現象：邊鎮將領中有一部分向高官贈賄以取得職位的，稱為「債帥」。本節分兩部分：先整理出與債帥相關的史料記載，然後估算債

帥對邊餉的侵蝕程度。這方面的研究只有谷口規矩雄(1996)〈明末北邊防衛における債帥について〉。我認為他的估算結果，由於基本假設的失誤，以及對邊鎮餉銀的低估，而誇大了債帥對邊餉的侵蝕程度。第4節從12篇奏疏中，選出能說明邊儲日虛的分析，以及這些邊臣所提出的對策，來評論他們的想法是否能解決邊餉不足的問題。

第14章是總結與省思。本章討論4個與邊鎮相關的整體性議題。首先是一個較外圍但讀者必然關心的問題：邊鎮軍兵的戰鬥能力如何？綜合戚繼光與其他朝野人士的觀察，答案是負面的。第2節說明，若從朝廷的立場來看，「北虜」只是一個較嚴重的環節，朝廷還要應付「南倭」的龐大軍費，也要維持全國規模不小的軍隊，此外還有各地沒完沒了的動亂與叛變。在有限的資源與幾乎無窮盡的需求下，十三邊鎮的軍費長期普遍性缺乏，也就不足為怪了。第3節綜述邊鎮地區的各種弊端，從這些龐雜的缺失看來，13邊鎮必然無法發揮應有的禦敵效果。第4節對全書的主旨作一個總評。

有人說「明代亡於邊防」，這種說法或許聳人聽聞，但分析嘉靖、隆慶、萬曆年間，邊防軍費占國庫支出的比例之後，我得到3項結論：(1) 13邊鎮糧餉是國家財政危機的主因；(2)若無邊鎮的負擔，政府的財政結構應該會有明顯的改善；(3)若無北虜的侵擾，明代中後葉的經濟會有更好的榮景，朝代的壽命也能顯著地延長。

書末有10項附錄，都是背景資料的整理與說明，分兩部分：(1)至(4)是重要的統計數字解析；(5)至(10)是與邊鎮相關的背景：《會計錄》的結構與內容、明代軍事體系與邊防指揮、13邊鎮簡史、邊鎮鎮守總兵表、管理的問題與困境、邊鎮大事記，供讀者翻閱查索。因篇幅所限，附錄1至10不刊出，大要如下。

(1)潘潢〈查核邊鎮主兵錢糧實數疏〉解析。據《明史・七卿年表2》，潘潢是嘉靖28年10月任戶部尚書，29年7月調南京，在任9個月左右。這篇疏文收在《經世文編》卷199〈潘簡肅公文集3〉(頁2062-79)，內容是嘉靖10至28年(1531-49)之間，宣府等9邊鎮的軍馬錢糧。此疏值得注重的地方，

在於它的「實數」面。原疏是流水帳式的記載，讀後忘前，一片茫然。若把此疏改寫成本附錄的表格形式，除了方便閱讀，還可用來和《九邊考》、《會計錄》、《武備志》的數據相對照，用來檢驗「預算與實況」的差距。用現代的語言來說，〈實數疏〉就是戶部「審計」各邊鎮的軍馬錢糧之後，向朝廷所奏的報告書。這是對嘉靖10年至28年間的回溯性審查，可以看出其中有不少是陳年的「亂帳」，有缺（軍）的，也有多（馬）的。從表面的文字看來，〈實數疏〉格式統一、內容固定，但拆解成9個表格之後，因可以一目瞭然，也就暴露出許多缺陷：有資料性的不完整，有體例性的不一致，更困擾的是，有時不易判斷某鎮某項的確實數額。

（2）〈神宗實錄卷51〉解析。〈明神宗顯皇帝實錄卷之51〉（頁1161-82）內，萬曆4年(1576)6月戊辰條記載「戶部上各鎮歲報錢糧數目」。內容是13邊鎮的糧(石)、料(石)、煤炒(石)、草(束)、銀(兩)數目，內含4要項：舊管（亦稱「元管」，即期初結存）、新收（即本期收入）、開除（亦稱「已支」，即本期支出）、實在（亦稱「現在」，即期末結存）。這種記載方式稱為「四柱冊」。「舊管」加「新收」減「開除」等於「實在」。這種四柱式的記載，在體例上不易與《九邊考》、〈實數疏〉、《會計錄》、《武備志》的內容相提並論。

　　〈神宗實錄卷51〉內無官兵數、無馬騾驢數、多了煤炒數、糧與料分開計算。各鎮的「歲額」，竟然只有固原鎮的資料完整，薊州、永平、密雲、昌平鎮的歲額都只有銀兩數。昌平鎮的「實在」項內完全無數字。山西鎮內有多項應說明比上年多或少的數額，也都缺資料。這種情形在遼東鎮也同樣嚴重。這種數據的品質讓人缺乏信心，不知當時戶部從各邊鎮收到這種報表，能據以做何事或發揮哪些功能。

（3）《太倉考》（萬曆8年，1580）解析。《太倉考》是戶部所編製的國庫報告書，屬於集體作業，向朝廷奏呈時，由戶部尚書張學顏（萬曆年7月上任至11年4月）具名。全漢昇、李龍華(1972)〈明代中葉後太倉歲入銀兩的研究〉、(1973)〈明代中葉後太倉歲出銀兩的研究〉，是研究明中葉後太倉歲入、歲出銀兩數額的重要長篇論文，但文內諸多表格中，與萬曆8年

相關的條目都未見引用《太倉考》，應是那時尚未能得見。我會注意到《太倉考》，是因為附錄4〈楊司農奏疏〉(約萬曆23年)內的第2節首段提及此書：「謹即《太倉考》所載先年邊餉，……。」為何楊尚書不引用《會計錄》(萬曆10年)的數字？《會計錄》是皇帝批准後頒行天下的官方文書，位階應該比《太倉考》高；但從戶部尚書的立場來看，看前幾任尚書的「內帳」應較切合實際狀況。

《會計錄》是從萬曆初年一直進行到10年初才完成，戶部為何要在8年另編《太倉考》？可能是因為《會計錄》尚未出版，戶部需要先編一本由皇帝核准的國庫帳，在核定全國與邊鎮的收支時，才有個憑據。《太倉考》與《會計錄》內有許多項目的數字不符，張尚書在決策時是根據「內帳」(《太倉考》)，或是採取「頒行省直、邊鎮，一體遵守」的《會計錄》？我猜他是採《太倉考》，繼任的戶部尚書大概也一樣。

(4)楊俊民〈邊餉漸增供億難繼酌長策以圖治安疏〉解析。據《明史·七卿年表二》，楊俊民是萬曆19年(1591)8月任戶部尚書，27年(1599)4月致仕，在任將近8年。這篇奏疏收在《經世文編》卷389〈楊司農奏疏〉(頁4205-15)，內容是報告萬曆21年(1593)13邊鎮的軍馬錢糧狀況。奏疏的主旨是：「去歲太倉收過各項銀四七二萬三千兩有奇，放過各項銀三九九萬九千七百兩有奇，而邊餉十居其八，且多額外之需。臣不勝私憂過計，謹即《太倉考》所載先年邊餉，及去年所發數目，一一較量，為皇上陳之。」

若拿楊俊民的奏疏，和附錄1潘潢的〈實數疏〉對比，可以看到萬曆23年時，楊尚書的主要關懷是太倉空乏，一方面報告十三邊鎮的年例銀項目，二方面建議應裁刪哪些數額。相對地，嘉靖29年時潘尚書的關懷，是較全面地檢討九邊鎮糧餉的各種項目，除了年例銀還分析各種經費、糧料的數字與來源地，可據以看出各邊鎮的糧餉，是如何撥解轉運來的；也可看出本鎮的資源，以及需要靠外地支援的狀況。這就提供了重要的「運作面」分析。潘尚書在嘉靖中期國力與財政較健全時，所用的是中性的分析語調，提供相當有用的分析；這和楊尚書的擔憂、保守、裁刪姿態，讓讀者感受到鮮明的對比。

（5）《萬曆會計錄》的結構與內容。本書以《會計錄》的統計數字為主
要基礎，必須說明這項史料的內容與性質。《會計錄》記載萬曆初年政府
的各項收支：收入方面，主要是田賦和鹽茶錢諸法以及關鈔商雜稅；支出
方面，以文武官俸祿和各鎮軍餉額為主，兼及宗藩祿糧與皇室開支等等。
本附錄解說中國歷代編製會計錄的方法與特點，之後分析《會計錄》的結
構與內容，說明它的史料特性，在研究明代中後葉經濟史時，它與《明實
錄》、《明會典》之間如何互補，它對明代中葉經濟史研究的助益與限
制。

（6）軍事體系與邊防指揮。以8個主題綜述明代的軍事體系，以及朝廷
對北方邊鎮的指揮體制。第1節析述全國性的軍權結構，說明五軍都督府和
兵部的職掌，以及兩者之間在運作上的關係。第2節綜述都司與衛所的意
義、布署的原則、編制上的層級關係。第3節說明邊鎮的兵士來源，第4節
概說軍餉的來源和制度。在邊防指揮方面，第5節解說督撫制的緣起、編
制、功能；第6節列表陳述邊鎮的督撫轄區；第7節是邊鎮地區的總督年
表；第8節是邊鎮的統率指揮體系。本附錄在性質上是借用學界的研究成
果，以簡潔輕快的手法，作背景性的綜觀概述。

（7）十三邊鎮史略。析述十三個邊鎮的歷史背景，解說它們的地理位
置、形勝、沿革、戰略意義、軍事指揮編制：遼東鎮、薊州鎮、永平鎮、
密雲鎮、昌平鎮、易州鎮、宣府鎮、大同鎮、山西鎮、延綏鎮、寧夏鎮、
甘肅鎮、固原鎮。缺點是：遼、薊、宣、大這些超級大鎮的資料較全，其
他諸鎮的史料較不齊全深入，篇幅上有明顯的落差，可讀性也會遞減。

（8）管理的問題與困境。處理幾個與邊鎮財政較間接，但與邊鎮行政管
理密切相關的題材。第1節分析軍士逃亡的內外在因素，以及因而引起的相
關問題：逃軍的比例高低、對防衛與戰力的影響、如何拘捕逃兵，以及如
何補充兵源。第2節談兩個管理上常見的問題：冒名與占役。也就是說，權
貴人士如何侵用官兵名額與冒領月俸，軍隊如何雇用人頭，虛報軍士名額
這類的弊端。第3節舉例說明邊鎮的將領與軍官，如何以敗報勝、以小功報
大捷這類的詐飾行為。第4節分析軍士的月糧不足、生存有困難時，有過哪

些求糧索餉的喧嘩鬧事，甚至引起多次兵變的記載。

（9）邊鎮鎮守總兵表。鎮守總兵在位階上並非邊鎮的最高指揮官，上面還有（例如薊遼）總督與巡撫，嘉靖18年（1539）之前還有「鎮守內宦」（參見附錄6第8節）。但日常的軍事指揮與戰時的攻守，還是以鎮守總兵為首腦。鎮守總兵是正二品官，較有名者（如戚繼光），容易查出任期與事蹟，但大多數未必有線索可尋。十三邊鎮中，永平、密雲、昌平、易州這4鎮在歸類上常附屬於薊州鎮，依我所知，這4鎮中昌平有鎮守總兵（專護陵寢），其餘並無。我從已掌握的十三邊鎮地方志，找到8個邊鎮的鎮守總兵名單，大同、甘肅2鎮的資料尚待補充。需說明的是：(1)各地方志的記載體例不一，(2)各地總兵的確切任期不一定明確。

（10）邊鎮大事記：洪武元年至崇禎4年（1368-1631）。旨在對主要年代與重要大事提供簡便的翻查，不做詳細解說。表內的首欄是西元，次欄是與之對應的皇帝年號，第3欄是主要的攻守爭戰情事。

本書內人物的基本背景資料，大都取自《經世文編‧姓氏爵里總目》（頁58-102），較細節的資料，則從《明人傳記資料索引》查證。全書較難處理的事項，是需要從大量的明代奏議、文編、文集內，找出與邊鎮相關的線索；從最基本的《明經世文編》（504卷，近5,600頁）看起，到各式各樣上百種類的奏議、文編、個人文集。這是點點滴滴型的工作，隨時會有瑣碎但重要的線索出現。雖然現在有電子資料庫可以在網路上檢索，明代文編與文集也有不少紙本可以翻查，但熟悉明代史料的專家眾多，我很容易被看出遺漏與缺失。

本書所處理的糧餉議題，只是九邊十三鎮運作的諸多面向之一，還有許多不夠明白的問題（例如外交、軍事、貿易），需要進一步的研究。此外，十三邊鎮之間的狀況差異很大，需要對個別邊鎮做更深入的探索，每個邊鎮都值得寫一本專書。與邊鎮問題相關的史料，實在是多得不得了；由於本書的篇幅已經過大，我被迫捨棄不少較間接的材料。希望我對糧餉的初步整理工作，能給日後研究邊鎮問題的學者，提供一些參考與便利。我是經濟學界出身，斗膽跳進這個大題材，尚請明史專家海涵指正。

第2章
歲入歲出與邊防經費

本章根據基本的經濟史料，以及前人的研究成果，綜述：(1)明代經濟結構在洪武、弘治、萬曆年間的變化，主要是從戶、口、田地面積3項來呈現。(2)說明洪武、弘治、萬曆年間全國的財政收支結構。(3)以萬曆6年為例，說明皇室與太倉銀庫歲入、歲出的項目與數額。(4)嘉靖至崇禎年間，太倉銀庫的歲入與歲出額。(5)嘉靖至萬曆年間，軍事經費占太倉庫收支比例的變化。本章在性質上屬於背景的綜述解說，基本手法是以統計表格的呈現，加上簡潔的解說來呈現上述諸項議題。

一、經濟結構的變化

明代的經濟統計，在梁方仲(1980)《中國歷代戶口、田地、田賦統計》內有很詳細的數字與圖表，詳列各朝的戶口、田地、稅糧，然後計算各項的平均數、百分比、變動幅度等等。這些圖表分布在甲表51-73(頁185-247)、乙表28-60(頁331-79)、表說16-17(頁502-8)、統計圖4(頁518-9)。這些詳細的統計，很能表現出明代的經濟結構變化。我把梁方仲的甲表65-67(頁200-1)綜合為表2-1，當作粗略的概觀。這個簡單的表格不需細說，但詮釋時需有下列的理解。

(1)此表是根據《明實錄》的統計，取各朝的數字平均值。這是以帝位的替換來切取數字，而非以經濟性的觀點(例如景氣變動)作為切取點，純是遷就史料的性質(據各朝實錄所載的數字)，沒有經濟邏輯的根據。梁方仲基本上是把各種來源的數字(《實錄》、《會典》、諸多不同史書與史

料），編纂成容易閱讀的表格，並解說主要的資料來源，以及各項史料的不同記載，有時他會在表後加上宏觀的背景解說。這是毅力型的耐煩工夫，做

表2-1　明代戶、口、田地的總平均值與變動幅度，1368-1627

	戶數	口數	田地(百畝)
1368-98(洪武)	10,669,399	58,323,933	3,771,231
1402-24(永樂)	9,867,204	53,165,705	—
1425(洪熙)	9,940,566	52,083,651	4,167,707
1426-35(宣德)	9,783,231	51,468,284	4,199,760
1436-49(正統)	9,535,021	52,730,601	4,232,140
1450-6(景泰)	9,462,126	53,578,081	4,248,815
1457-64(天順)	9,403,357	54,325,757	4,249,753
1465-87(成化)	9,146,327	62,361,424	4,783,650
1488-1505(弘治)	10,000,043	51,152,428	8,279,382
1506-21(正德)	9,274,406	60,078,326	4,697,233
1522-66(嘉靖)	9,602,368	62,594,775	4,311,429
1567-72(隆慶)	10,008,805	62,537,419	4,677,710
1573-1620(萬曆)	10,080,241	56,305,050	11,618,948
1621-27(天啟)	9,835,426	51,655,459	7,439,319

	每戶平均口數	每戶平均畝數	每口平均畝數	戶(%)	口(%)	田地(%)
1368-98(洪武)	5.47	35.3	6.5	100.00	100.00	100.00
1402-24(永樂)	5.39	—	—	92.48	91.16	—
1425(洪熙)	5.24	41.9	8.0	93.17	89.30	110.51
1426-35(宣德)	5.26	42.9	8.2	91.69	88.25	111.36
1436-49(正統)	5.53	44.9	8.1	89.35	90.41	113.55
1450-6(景泰)	5.66	44.9	7.9	88.68	91.86	112.69
1457-64(天順)	5.78	45.2	7.8	88.13	93.14	112.69
1465-87(成化)	6.82	52.3	7.7	85.72	106.92	126.85
1488-1505(弘治)	5.12	82.8	16.2	93.73	87.70	219.54
1506-21(正德)	6.48	50.6	7.8	86.93	103.01	124.55
1522-66(嘉靖)	6.52	44.9	6.9	90.00	107.32	114.32
1567-72(隆慶)	6.25	46.7	7.5	93.81	107.22	124.04
1573-1620(萬曆)	5.61	115.8	20.6	94.01	96.54	308.09
1621-27(天啟)	5.25	75.6	14.4	92.18	88.57	197.27

資料來源：梁方仲(1980)《中國歷代戶口、田地、田賦統計》，頁200-1，甲表65-7。

了很多扎實的基礎工作，方便日後的研究者。

(2)就各項數字的可靠度來說，現代先進國家的經濟統計，都容許專業上的誤差。在電腦時代尚有精確度的爭議，我們對14-17世紀的經濟統計，應該有更大的寬容度。除了技術上的誤差，還有概念上的差別。何炳棣(1995)《中國歷代土地數字考實》對「丁」和「畝」的見解相當精闢，支持這些觀點的數據也很扎實。他認為清初的丁不是成丁，不能據以推算全國人口總數，而「以糧起丁」或「以田起丁」是明初規定的，所以明代歷朝的丁口數字，很有可能不是真正的人口，而是稅口。他也認為「畝」其實不是「面積畝」，而是「稅畝」，是納稅的單位(頁iv)。他在同書第4章〈明清土地數字考實〉和第5章〈從納稅單位到耕地面積〉，都有很詳細的論證。也就是說，判讀表2-1時要先有上述的理解，才不會被這些簡化的數字誤導。

(3)此表最後的3欄，是以洪武朝的平均數當作100%，對比各朝戶、口、田地的變化。以戶與口為例，竟然不增反少，田地面積也起伏過大，都有可疑之處。洪武之後戰亂較少，人戶田地應都與時俱增，不增反減的主因是逃稅匿報：「田沒於兼併，賦詭於飛隱，戶脫於投徙；承平既久，姦偽日滋，其勢然也。」(《會計錄》卷1頁21)

二、財政收支的結構

可以從3個層次來談財政收入(簡稱「歲入」)的結構。

1.全國每年應收稅額

第1個層次是全國的稅收總額：這是從浙江、江西等13個布政司(省級單位)，與從南北直隸(國家直轄的南北兩京)所徵收的夏稅秋糧(見表2-2)。繳納的方式有兩種：(1)收繳實物；(2)用銀、鈔、錢、絹來「折色」。

夏稅與秋糧(田賦)是中國政府最主要的稅收來源，明代13布政司與南北直隸的田賦，在《萬曆會典》卷24-25(稅糧一、二)內，有下列綜合性的

記載。(1)洪武26年(1393)夏稅秋糧的米、錢鈔、絹3項總額，其下分述：(a)浙江等13布政司，(b)應天等14府，(c)廣德等4州的米、錢鈔、絹3項。(2)弘治15年(1502)「13布政司并直隸府州的夏稅秋糧數」，項目比洪武年間繁多，難以一目了然。其下分述：(a)浙江等13布政司，(b)順天等24府，(c)廣德等4州的各項夏稅秋糧。以上是《萬曆會典》卷24的內容。卷25記載萬曆6年(1578)「13布政司并直隸州」的夏稅秋糧數，項目比弘治年間更繁，其下分述13布政司、24府、4州的各種項目與數額。

　　《萬曆會典》的數字雖已簡化，但仍過繁，又以朝代各自分列，無法一目了然歷朝的異同。梁方仲在《中國歷代戶口、田地、田賦統計》的「表說16-17」(頁502-6)，用兩個大表格簡化這些複雜的事情。在表說16內，他對比洪武、弘治、萬曆3朝夏稅與秋糧的項目，可以簡要看出三朝稅目的變動，但缺點是只能看到項目而無數字。在表說17內，他把諸項稅收的來源，以表列的方式說明各輸納區域的分配，例如「絲麻並荒絲」這項，在弘治15年是從浙江、陝西、四川3地課徵的，但萬曆6年時只在浙江課徵。這兩個表格簡明地呈現出，明初、中葉、明末夏秋兩稅的內容與課征地域，提供了方便的查索。

　　可惜梁方仲未列出數額，無法看出各項稅額在三朝的總額，也無法看出各項稅額在3朝之間的變化。梁方仲對此兩表的解說，在頁506有概觀性的說明，若要看更進一步的分析，可參見他在《中國近代經濟史研究集刊》1935年3卷1期的〈明代兩稅稅目〉，以及同期的〈明代戶口田地及田賦統計〉表25到表33(這些表格的內容相當詳細)。

　　《會計錄》卷1頁11-5記載洪武、弘治、萬曆夏稅秋糧的項目與數額，但解讀時有些困擾。為了節省篇幅，各項目之間無斷行，且全用大寫數字(零壹貳)書寫，這可能是為了避免因筆誤所造成的困擾。優點是：(1)這才是原文(尤其是萬曆朝的數字)，後來轉抄在《萬曆會典》卷24-25頁420、425-7、441-3內，改用一、二、三數字表達，眉目清晰易讀。(2)《會計錄》內有對比萬曆與弘治年間，同一稅目在數量上的增減額度，無對比者是新添的稅項。(3)另有「起運上送」與「地方存留」的百分比，可大略知

曉中央與地方的分配額。我從《會計錄》卷1頁11-5整理出3個表格，羅列洪武、弘治、萬曆夏稅秋糧的項目與數額，方便前後查對；但因甚占篇幅，又與邊鎮糧餉的關係間接，所以未附在此。

　　依《會計錄》卷1頁11-5的記載，洪武年間的稅目只有米麥、錢鈔、絹3項，而我們在《太祖洪武實錄》卷140、176、206、214、230內，可以看到更細的稅收記載。以卷206洪武23年12月的記載為例：「收天下稅糧米麥豆各三千一百六十萬七千六百餘石；布七十三萬五千八百三十餘匹，絲綿、棉花絨、茶、鉛、鐵、朱砂、水銀等物一百三十六萬三千八百九十餘斤，錢鈔四百七萬六千五百九十八錠，黃金二百兩，白金二萬九千八百三十餘兩。」可見《萬曆會典》與《會計錄》對洪武年間的記載，只是粗略的資料。

　　弘治15年的稅項，在《會計錄》內已明顯增多，但卻難據以判定比洪武年間嚴苛多少。在夏稅內有幾點可注意：(1)弘治15年比洪武26年晚了109年，人口與耕地應已俱增，但米麥與絹的稅額反而減少。(2)有不少小額的瑣項，如幣帛絹1疋、紅花11斤，大明帝國實在不必在全國夏稅項內細舉這些瑣項。在秋糧項內：(1)米數也比洪武年間少，(2)仍有租粗麻布2疋、牛租米19石等瑣項。全國稅收的記載，竟然能精確到「絹比洪武年間多了2丈9尺8寸」；這是做事精確，但也未免矯情。若《會計錄》所記載的是配額性質(規定應徵課的額數)，那何必到「比弘治多9尺」？若是實徵額，又何必精確到「紅花11斤13兩5錢」？現代有電腦課徵技術，尚不知逃漏多少，16世紀初期的稅務效率精確至此，恐怕是文筆的意義大於實質的掌控度。

　　我從《會計錄》內對萬曆6年的記載，得到幾項簡要的觀察：(1)弘治15年到萬曆6年，間隔76年，人口、田土、行政機構皆增，而夏稅與秋糧的米麥總額都比弘治時少，這可能是精簡徵稅(行一條鞭法)的結果。(2)萬曆時新增不少課徵項目，如絲綿、稅絲、人丁絲、農桑絲等等的折絹。(3)瑣項仍多，如秋糧內的改科絲折米，竟然不到一石、租苧麻布比弘治多9尺、蕒鈔2錠、差發馬5匹，等等。

　　以上的觀察，是根據《會計錄》的資料。梁方仲在《統計》甲表51-

64（頁185-98）內，運用歷朝實錄的資料，表列洪武14年（1381）到熹宗6年（1626）之間的戶、口、田地畝數、田賦（夏稅秋糧）數字，解說清晰、考證翔實，也很值得參閱。這些表格也有可以斟酌的地方：（1）《萬曆會典》和《會計錄》內的相關數字未列入，例如，甲表51內只列洪武14與24年的資料，而《萬曆會典》（卷19, 24, 25）和《會計錄》（卷1頁11）內，有洪武26年的數字則未引用入。（2）甲表59內，弘治15年（1502）的數字，與《會計錄》（卷1頁11-12）的數字不符，差距還不小。（3）甲表63萬曆朝的數字只有萬曆30年（1602），卻未用到《會計錄》萬曆6年的詳細資料。但梁方仲的做法有一項優點：依《實錄》編年的數據，製成「時間序列」型的表格，據以劃出變化的趨勢線（附錄圖4頁518-9的「歷代戶口、田地升降比較統計圖」），可以看出這些項目在整個明代的總體性趨勢。表2-2根據梁的資料，呈現明

表2-2　明代夏稅與秋糧的總額、南北直隸與13布政司的百分比，1393-1578

年份	夏稅麥			秋糧米		
	洪武26年（1393）	弘治15年（1502）	萬曆6年（1578）	洪武26年（1393）	弘治15年（1502）	萬曆6年（1578）
總額	4,712,900石	4,625,594石	4,605,243石	24,729,450石	22,166,666石	22,033,171石
北直隸	7.50%	3.89%	3.88%	3.30%	1.90%	1.91%
南直隸	21.01%	20.37%	20.49%	25.26%	22.56%	23.00%
13布政司	71.49%	75.74%	75.63%	71.44%	75.54%	75.09%
浙江	1.81%	3.31%	3.32%	10.79%	10.64%	10.76%
江西	1.68%	1.89%	1.91%	10.45%	11.41%	11.47%
湖廣	2.94%	2.84%	2.87%	9.40%	9.19%	9.21%
福建	0.01%	0.02%	0.02%	3.95%	3.84%	3.86%
山東	16.41%	18.49%	18.57%	7.30%	9.00%	9.06%
山西	15.02%	12.51%	12.85%	8.47%	7.65%	7.82%
河南	11.80%	13.37%	13.40%	6.64%	7.98%	8.00%
陝西	14.36%	15.69%	15.01%	5.00%	5.43%	4.74%
四川	6.91%	6.69%	6.73%	3.00%	3.23%	3.26%
廣東	0.11%	0.13%	0.13%	4.22%	4.56%	4.51%
廣西	0.04%	0.07%	0.05%	1.99%	1.92%	1.68%
雲南	0.40%	0.73%	0.77%	0.24%	0.48%	0.49%
貴州	—	—	—	—	0.21%	0.23%

資料來源：梁方仲(1980)《中國歷代戶口、田地、田賦統計》，頁344-5，乙表35。

代夏稅與秋糧的總額、南北直隸與13布政司的百分比。

2.歲入總額的分布

第2個層次，是觀察全國歲入總額的分布情形。表2-2列舉洪武、弘治、萬曆3朝，13布政司和南北直隸的夏稅秋糧數目，與分布的百分比，方便對比3個時點的變動。這表格簡明易懂，也可以顯現各地的貧富狀況，析述如下。

(1)從表2-2的「總額」項，可以看到全國麥米歲入的預算額，從洪武到弘治到萬曆，都是不增反減；連張居正的目標，都是要使「原額可以漸復」。(2)北直隸的麥在洪武年間占7.5%，但從弘治到萬曆都是3.89%；米從洪武的3.3%降到弘治的1.90%，之後維持到萬曆都未更動。(3)南直隸的麥，在21.01%與20.37%間小幅變動；米則在25.26%與22.56%之間，整體而言是穩定的。(4)13布政司的米麥兩項，都只有小幅變動，兩百年間維持穩定的結構。(5)再看13個布政司的情形，整體而言：(a)洪武和弘治年間有較大的落差，有增有減，例如浙江的麥從1.81%增到3.31%，山西則從15.02%減到12.51%，其餘升減不一。(b)相對地，弘治到萬曆的變動就很少，麥米兩項都類似。

13布政司與南北直隸，把這些夏稅秋糧依規定「存留」某個比例，其餘的要「起運」到南京或北京，供皇室與國家的諸項開支。起運的項目與數額，在《會計錄》卷26頁477-82有詳細規定，我也做了比較表，因篇幅多而未附上。從起運的規定可以看到，除了送到南北兩京外，較特殊的項目是起運到各邊鎮。試舉兩例：(1)山東布政司不必解送到南京，但須起運秋糧米到「邊倉454,867石」。(2)山西布政司也不必解送南京，但須解夏稅麥90,140石到邊倉、秋糧米豆471,617石到邊倉、撥運米84,017到三關鎮。邊鎮糧餉是第2篇的主題，屆時詳述。

3.中央歲入額

現在來談第3個層次的歲入：夏稅秋糧中有哪些項目起運到京城與邊

鎮？送給了哪些機構？數額有多少？表2-3可以回答這些問題，但只能舉萬曆6年(1578)為例 [1]，因為這是《會計錄》卷1頁16-9才有的獨特記載，並無洪武、弘治年間的資料可相互對比 [2]。

表2-3的第2至第19項，是皇宮內各類倉庫、諸王府、各行政單位每歲可配到的項目與數額。表2-3中較特殊的單位是：(1)第1項「內承運庫」，可說是「宮廷用度」的歲入額；(2)第20項是京師附近倉庫，以及防衛京師的薊州、密雲等邊鎮的米糧歲入額；(3)第22項是解送到13邊鎮米、豆、草的折銀842,379兩(比第1項「內承運庫」內的「金花銀1,012,729兩」還少)；(4)尤其重要的是第23項：太倉庫的歲入額3,676,181兩，這是由27項不同來源的收入所組成。

解讀表2-3時，有幾項要點說明：(1)這些歲入是從全國各地以稅收的方式徵得，主要是夏稅、秋糧、關鈔船商魚課等等。這些稅收有部分存留地方自用，其餘起運到京後，分發到各庫局、司、寺、府、監、所(見1-19欄)、各倉庫和邊鎮(20-22欄)、太倉銀庫(23欄)。(2)第1-22欄內有金、銀和多項實物，單位各異，難以通比。(3)某些數目有點奇怪，例如14欄惜薪司的白熟糯米只有15石，紅棗卻有15,570斤。(4)有些是每年派發，並無定數，例如21欄的祿米倉，以及23欄第4項(府部等衙門祿俸米折銀)。(5)有些是輪年派徵，例如9欄內官監的第4項草紙稻草，以及23欄第18到24項，都是輪年解銀。

最重要的是太倉銀庫(第23欄)，等於是現代的國庫，都是以銀兩為單位。此欄內共有27項，我算出各項的百分比，方便對比重要性。萬曆6年約

---

1 萬曆6年(1578)正值張居正當國的頂峰，在他強勢主導之下的經濟效率應該不差。但也有人認為不會很理想，因為當時的經濟結構已出現弱狀，地方抗稅抵制的事常有所聞，張居正的強勢作為，只不過是迴光返照而已。

2 下諸表中有不少名詞(例如「金花銀」、「子粒銀」、「改兌米」)，現代人不易掌握瞭解，在此也不便一一注釋。有一部辭典可以查索這些專有名詞，解說清晰簡明，相當方便：戴逸(1993)主編《二十六史大辭典》，第2冊〈典章制度卷〉內的「食貨編」，頁479-514是明代部份。其中的「詞條」既不依筆劃排序，也不全依主題分類，這是明顯的缺失。

表2-3　萬曆6年(1578)皇室與太倉銀庫的歲入項目與數額

(1)內承運庫	(2)承運庫	(3)供用庫	(4)甲字庫
(1)慈寧、慈慶、乾清三宮子粒銀共49,425兩 (2)金花銀共1,012,729兩 (3)金2,000兩 (4)硃砂46斤	本色絹148,129疋	(1)白熟粳米82,452石 (2)芝麻8,223石 (3)黃綠黑豆共3,697石 (4)黃白臘共147,384斤 (5)芽葉茶共88,081斤 (6)燈草蒲枝共5,500斤 (7)穀草57,970束 (8)鹽241,666斤	(1)銀硃烏梅等料共412,222斤 (2)闊白三梭布33,000疋 (3)闊白棉布362,411疋 (4)苧布47,774疋 (5)紅花30,000斤 (6)水銀229斤

(5)丁字庫	(6)丙字庫	(7)廣惠庫	(8)天財庫
(1)生漆桐油等料共301,704斤 (2)黃牛皮983張	(1)絲綿共314,064兩，又絲224斤 (2)地畝綿花絨156,186斤 (3)米折綿花絨218,691斤	(1)河西務等7關鈔，輪年約解本色鈔共29,284,400貫；折色銅錢59,777,100文 (2)京衛屯鈔56,940貫	正陽等9門，本色鈔共665,080貫；折色銅錢2,432,850文

(9)內官監	(10)尚膳監	(11)酒醋麵局	(12)司苑局
(1)白熟細粳米1,700石 (2)白熟粳米11,125石 (3)青白鹽134,500斤 (4)薰薦稻草50,000斤 (5)草紙稻草100,000斤（輪年派徵）	(1)川椒1,001斤 (2)蜀秫粟穀共216石（解京糧廳收倉坐撥放支）	(1)白熟糯米11,500石 (2)小麥7,300石 (3)黃綠黑豆共7,100石 (4)穀草44,000束 (5)稻皮500石 (6)麴108,800斤	(1)黑豆1,950石 (2)穀草70,272束

(13)寶鈔司	(14)惜薪司	(15)光祿寺	(16)涇汝景三王府
(1)稻草245,000斤 (2)香油45斤	(1)白熟糯米15石 (2)紅棗15,570斤	(1)白熟粳米53,000石 (2)白熟糯米14,000石 (3)細粟山黃米共57,570石 (4)大小麥并菽麥共32,650石 (5)芝麻6,700石 (6)黃綠赤黑豌豆共11,896石 (7)蜀秫粟穀稻穀共11,350石 (8)廚料果品共1,078,040斤，共折價銀35,976兩 (9)青白鹽共152,000斤 (10)鹽滷2,400斤	養贍白粳米共3,500石

(13)寶鈔司	(14)惜薪司	(15)光祿寺	(16)涇汝景三王府
		(11)麵44,000斤，折銀4,400兩 (12)上林苑監解子粒銀4,465兩	

(17)太常寺	(18)國子監	(19)犧牲所	(20)京、通2倉并薊、密等鎮
(1)小麥折銀 200兩 (2)豬價銀 1,200兩	(1)小麥200石 (2)綠豆300石 (3)本色鈔175,290貫，折色銅錢350,580文	糯稻穀250石	(1)漕糧共4,000,000萬石 (2)京衛屯豆共23,184石

(21)祿米倉	(22)各邊鎮
府部等衙門并神樂觀糙稉米共40,462石(每年派無定數)	山東、河南并北直隸8府，赴部轉文送納麥、米、豆、草、鹽鈔等項折銀，除改解太倉轉發外，實該銀共842,379兩

(23)太倉銀庫〔相當於國庫〕	
說明： (1)太倉銀庫每年約共收銀3,676,181兩。 (2)各項末的(%)，是占太倉銀庫3,676,181兩的百分比。	
(1)派剩麥米折銀，共257,025兩(6.99%) (2)絲綿、稅絲、農桑絹折銀，共90,681兩(2.46%) (3)綿布、苧布折銀，共38,613兩(1.05%) (4)府部等衙門祿俸米折銀，共26,850兩(每年派無定數)(0.73%) (5)馬草折銀，共353,240兩(9.60%) (6)京5草場，草折銀共63,040兩(1.71%) (7)各馬房倉麥豆草折銀，共200,738兩(5.46%) (8)戶口鹽鈔折銀，共46,902兩(1.28%) (9)薊、密、永、昌、易、遼東6鎮民運改解銀，共853,819兩(解部轉發)(23.23%) (10)各鹽運司并各提舉司餘鹽、鹽課、鹽稅等銀，共1,003,876兩(27.31%) (11)神樂觀麥米折銀1,177兩(0.03%) (12)黃白臘折銀，共68,324兩(1.86%) (13)壩大等馬房，子粒銀共23,439兩(0.64%) (14)備邊并新增地畝銀，共45,135兩(1.23%)	(17)張家灣宣課司約解商稅正餘銀2,479兩(0.07%)；銅錢2,887,700文 (18)河西關務鈔關，輪年約解折色船料銀8,000兩(0.22%)；每年商稅銀約4,000兩(0.11%)(萬曆8年增到28,100兩)；船鋪戶經濟牙稅銀約4,000兩(0.11%) (19)臨清鈔關，輪年約解折色商稅銀83,800兩(2.28%) (20)滸墅鈔關，輪年約解折色船料銀39,900兩(1.09%) (21)九江鈔關，輪年約解折色船料銀15,300兩(0.42%) (22)淮安鈔關，輪年約解折色船料銀22,700兩(0.62%) (23)揚州鈔關，輪年約解折色船料銀12,900兩(0.39%) (24)北新鈔關，輪年約解折色船料

(23)太倉銀庫〔相當於國庫〕	
(15)京衛屯牧地增銀，共18,355兩(0.50%) (16)崇文門宣課分司約解商稅正餘銀16,662 　　兩(0.45%)；銅錢18,877,700文；豬口牙 　　稅銀2,429兩(0.07%)	銀36,800兩(1.00%) (25)泰山香稅銀20,000兩(0.54%) (26)贓罰銀171,700兩(4.67%) (27)商稅、魚課、富戶、曆日、民壯、 　　弓兵，并屯折、改折、月糧等項 　　銀，約共144,292兩(3.93%)

資料來源：《會計錄》1:16-9。

說明：「以上歲入止計起運京、邊，其存留地方者，見各省府項下。」（《會計錄》1:19）

表2-4　萬曆6年(1578)皇室與太倉銀庫的歲出項目與數額

(1)公侯駙馬伯	(2)吏部等衙門	(3)光祿、太常等寺觀院局	(4)錦衣等78衛所
祿米折銀16,561兩(0.39%)	(1)官吏監生支奉米約40,385石 (2)官員每年約支銀44,660兩(1.06%)；銅錢3,341,650文	(1)約支本色米64,728石 (2)折色銀10,807兩(0.26%) (3)光祿寺廚役約支冬衣布折銀1,422兩(0.03%)	(1)約支本色米2,018,714石 (2)折色銀216,884兩(5.13%) (3)折奉并折絹布銀268,397兩(6.35%) (4)軍士冬衣布折銀82,121兩(1.94%) (5)本色棉花257,080斤 (6)倉庫草場官每年約支本色米20,441石，折色銀2,134兩(0.05%)

(5)內府各監局庫	(6)宛大貳縣孤老	(7)五軍	(8)巡捕營
民匠每年約支本色米1,532石；折色銀152兩(0.0001%)	(1)每年約支本色米15,117石 (2)冬衣本色布4,164疋	(1)每年約支本色米120,996石 (2)冬衣布折銀2,230兩(0.05%) (3)本色棉花6,590斤 (4)出征、防守官軍口糧米43,051石 (5)馬匹約支本色料24,430石；草800,628束；銀79,639兩(1.89%)	(1)官軍家丁支口糧7,300石 (2)馬匹草料折銀29,810兩(0.71%)

(9)錦衣旗手等	(10)騰驤四衛營	(11)中都留守司等	(12)京5草場
捕盜馬匹草料折銀16,818兩(0.40%)	馬匹支草料折銀14,859兩(0.35%)	班軍行糧并做工鹽糧折銀50,410兩(1.19%)	支銀16,271兩(0.39%)

(13)御馬參倉等	(14)太常寺	(15)內官監寶鈔司
支銀148,403兩（3.51%，每年增減不一）	豬價銀570兩（0.001%）	買稻草銀949兩（0.02%）

(16)宣府等十三鎮年例銀共3,223,046兩（76.29%）
（1）宣府鎮296,000兩；（2）大同鎮450,638兩；（3）山西鎮206,300兩；（4）延綏鎮377,515兩；（5）寧夏鎮39,294兩；（6）固原鎮63,721兩；（7）甘肅鎮51,497兩；（8）遼東鎮409,984兩；（9）薊州鎮424,892兩（軍門撫夷銀28,800餘兩）；（10）密雲鎮394,037兩；（11）永平鎮241,858；（12）昌平鎮175,541兩（內扣撥易州鎮銀32,101兩，實該銀143,440兩）；（13）易州鎮59,000兩（附井陘鎮3,970兩）。

資料來源：《會計錄》1:19-21。

說明：每項銀兩之後的%，是占本表銀兩總額4,224,730兩的百分比。

收銀3,676,181兩，最重要的來源是鹽稅收入（第10項，27.31%）；其次是第9項「6邊鎮民運改解銀」（23.23%），兩者合占50.54%。第3名是第5項「馬草折銀」（9.60%），第4名是第1項「派剩麥米折銀」（6.99%），第5名是第7項「各馬房倉麥豆草折銀」（5.46%）。商稅、關鈔的比重（16-24項）共占6.85%，就算把第27項的商稅魚課等雜稅計入，也只共占10.76%。

內府諸庫中，以第1欄「內承運庫」得銀最多：三宮共得銀近5萬兩，尚不過分。但此庫內有金花銀1百多萬兩，幾近太倉銀庫的三分之一，皇室費用未免過高。朱東潤（1945）《張居正大傳》頁317對此事的描述是：「本來宮中金花銀，按年由戶部送進一百萬，自〔萬曆〕六年起，已經增為一百二十萬了，七年以後，神宗又開始需索。居正看到戶部尚書張學顏感覺困難，便毅然地把責任負起，疏稱：『……伏望皇上將該〔戶〕部所進揭帖，置之座隅，時賜省覽。總計內外用度，一切無益之費，可省者省之，無功之賞，可罷者罷之，務使歲入之數，常多於所出，以漸復祖宗之舊，庶國用可裕，而民力亦賴以少寬也。』」

4.中央歲出額

現在來看歲出的部分。表2-4說明中央政府16項開支的用途與額數，計算單位有銀兩、銅錢、棉花、米等項目，有些已折算成銀，米、棉花仍以

石、斤計，所以較難以綜觀。我把表2-4內用銀兩支付的項目加總起來，共計4,224,730兩。第1至15欄可說是首都各部門的諸項費用，合計1,001,679兩，約是第16欄十三鎮軍費的三分之一。

歲出中最重要的是第16欄「邊鎮糧餉」：76.29%。依《會計錄》卷1頁21記載，萬曆6年(1578)13邊鎮糧餉的總額是3,223,046兩。這筆龐大的數額從何處來？「以上各邊鎮年例銀兩，內除奏留、改解、贓罰、事例、商稅等銀扣抵外，餘數太倉補發。餘各省存留支用，與各邊鎮民屯本色不在內。」這表示說：十三邊鎮所需的322萬多兩，雖然由不同的來源支付，但若有不足或有戰況或有額外需求，最後還是要靠太倉撥發。

5.盈虧

表2-3和表2-4是從中央政府(包括皇室)的角度來看，我們能據以得出萬曆6年國庫收支的盈虧狀況嗎？很難做得精確，因為這兩表內各項收支的單位相當複雜(有銀兩、有實物)，難以明細計算盈虧。

有一種假設性的計算方式。(1)由於各項實物(如米綿絹油等)之間難以精確加減，所以我只用以銀兩為單位的項目，來計算中央政府(包括皇室)的盈虧。(2)表2-3的欄1(內承運庫)內有金花銀1,012,729兩，這也是徵稅得來的，應計入。(3)欄7、8、18(廣惠庫、天財庫、國子監的收入)是鈔貫，單位不易確切換算成銀兩，暫不計入。(4)欄22各邊鎮有842,379兩，這是要轉發出去的國防費用，不能算收入；其他有一些較小數額的銀兩，如欄15光祿寺內第8、11、12三項，以及欄17太常寺的兩項，這些消費性的項目可暫不計入。(5)欄20內有400萬石米，折銀之後也可值百萬銀兩，也暫不計入。

所以如果簡化地只計算表2-3內的3大項歲入額(欄1的兩項共1,062,144兩、欄22的842,379兩，以及欄23的3,676,181兩)，合計共5,580,704兩。再來看表2-4的支出銀兩數額，共計4,224,730兩。如果這種簡略計算方式可以接受，那麼萬曆6年朝廷中央尚有盈餘1,355,974兩。這和一般人對明代財政惡

化的說法相反，或許是張居正治國的優秀表現吧[3]！

　　《會計錄》（1:22上）對萬曆6年歲入歲出的結論是：「但今年所入本折各色通計一千四百六十一萬有奇，錢鈔不與焉。所出除入內府者六百萬，餘數莫可稽。」此處的1,461萬並未說明如何算得，表2-3內的項目繁雜，也不知如何折算成此數。再說，入內府者是六百萬，也不知是如何算得。如果「餘數莫可稽」，又如何確知「壹歲之入不足供壹歲之出」？依《會計錄》的書寫方式，大概不易計算出確切的盈虧額，我把這些記載改寫成表2-3與表2-4的形式後，所得的結果和《會計錄》的結語相反：萬曆6年的銀兩收支，在中央政府（國庫）方面是有盈餘的。

　　這項結果也和全漢昇、李龍華（1973）〈明代中葉後太倉歲出銀兩的研究〉頁205表7的結論相反。基本的差異是原則性的：他們只算太倉而未計入皇室與諸府庫的收支。另一項差異是技術性的。在他們的表7（1973:205）中，萬曆6年（1578）太倉的歲入銀是3,559,800兩，而他們在1972:141的表3中，太倉各項歲入銀數的總額是3,676,181兩。兩者不符的原因是：3,559,800兩是根據《皇明經世文編》第20冊（卷325）頁393的張居正〈看詳戶部進呈揭帖疏〉（全、李1972〈明代中葉後太倉歲入銀兩的研究〉頁128）。他們也知道這和《會計錄》卷1所載的3,676,181兩不符，但仍採用張居正的數據。

　　在歲出銀兩數方面，他們用的數字是3,888,400兩，這是根據全、李（1973:178）的資料得出，其實應該要根據（1973:195）表5的4,224,730兩才對（這個數字和我的表2-4相同）。依照他們的算法，萬曆6年太倉虧了328,600兩。若用他們1973表5和1972表3的數字計算，太倉應虧548,569兩（=4,224,730 - 3,676,181）。

　　唐文基（1991）《明代賦役制度史》頁120的表13，估算嘉靖28年（1549，比萬曆6年早29年）的財政收支情形。他未明說這是只算中央政府，或是把全國都計入。他表中的項目和表2-3、表2-4大異，所以無法對比。唐

3　見朱東潤（1945）《張居正大傳》第12章〈元老底成功〉，說明萬曆6年張居正清
　　丈田畝與增加國庫收入的貢獻。

文基根據潘潢〈會議第一疏〉(《明經世文編》第198卷),所整理出來的數字是:1549年的收入共3,952,744兩,支出4,078,235兩,赤字125,491兩。全、李(1973:205)對同一年(1549)的數字是:歲入3,957,116兩,歲出4,122,727兩,歲虧165,611兩。

我對這個問題的看法是:每位研究者所根據的史料不同,對哪些項目應否記入見解不一,其中最大的差別項,是表2-3第1項「內承運庫」(「宮廷用度」的鉅額歲入),我認為應該計入國家的歲入,因為這總是從民間徵收來的。但從另一個角度來看,《會計錄》是國家財政預算書,而非實際收支的數字,不應據以計算國用的盈虧額。我認為萬曆初年的國用應該有盈,這和張居正掌政有密切關係。

其實朝中大臣對國計問題一直都有隱憂,這可在《會計錄》卷1「歲出」最後兩段(1:21-2)看到。大臣認為問題在於:「現額視先朝增者少減者多。」原因何在?「田沒於兼併,賦詭於飛隱,戶脫於投徒,承平既久,姦偽日滋,其勢然也。」建議「清丈田糧」以使「原額可漸復」。

另一項大問題,是國庫收支未能有效監督:「本年收入……通計一千四百六十一萬有奇,……除入內府者六百萬,餘收莫可稽也。」但呈進《會計錄》的大臣另有隱憂:「雖歲稔時康已稱難,繼況天災流行,地方多虞,蠲賑逋欠,事出意外,又安能取盈也。」建議皇室「懷已安已之慮,清冗費冗食之源,去浮從約,以復祖制,臣等深於朝廷有至望焉。」

以上的表格與內容分析,說明了:(1)明代的經濟結構變遷(表2-1);(2)全國歲入的總額(表2-2);(2)13布政司與南北直隸占全國歲入的百分比(表2-2);(3)以萬曆6年為例,起運至京城與邊鎮之後,在各單位的分配狀況(表2-3);(4)太倉的歲入總額,以及各項銀兩來源的比例(表2-3);(5)萬曆6年13邊鎮年例銀的數額(表2-4)。解讀表2-3、表2-4的歲入與歲出後,明確地感覺到:若無龐大的國防支出,中央政府的財政應屬寬裕。

三、太倉銀庫的歲入與歲出

太倉庫屬於戶部，正統7年(1442)設立，最初只收貯南直隸蘇州、常州府解送戶部的草價銀，以及各處變賣緝獲私鹽、車、船的銀兩。後來各地的派剩麥米折銀，以及各項稅納的折銀，還有籍沒家產、援例上納的各項銀兩，也都解送戶部太倉。因為專收銀兩，所以太倉又稱為銀庫。正德之後，太倉成為國家財賦的重要收付機構，太倉的盈虧是顯示財政狀況最重要的指標。

全、李(1972、1973)兩篇長文，探討明中葉至明末太倉銀兩的：(1)歲入歲出總數，(2)盈虧狀況，(3)主要收入與支出項目，(4)解說中葉後國家財政窘困的因素與政策，以及為何終於難挽頹勢的結構性問題。他們的研究年代縱跨125年(1518-1643)，政治、經濟、軍事問題在此期間起伏變化多次。這兩篇研究幾乎是半部明代財政收支史，在架構上、面向上、子題上都很壯觀，可由此看出長期性的結構變化。若非史料熟習，難以掌控這麼龐雜的題材。

表2-3、2-4的資料顯示，太倉與邊鎮糧餉的關係非常密切。以下借用全、李(1972, 1973)的研究成果，說明：(1)正德至崇禎(1518-1642)之間，太倉歲入歲出銀兩的數額與變化幅度(本節)；(2)嘉靖27年至萬曆45年

表2-5　明代中葉後太倉銀庫的歲入歲出銀兩數比較，1518-1642

		歲入銀兩	歲出銀兩	盈虧約數
1518-27(約)	正德15年(約)	約2,000,000	約1,330,000	盈670,000
1528	嘉靖15年	1,300,000	2,410,000	-1,110,000
1548及前數年	嘉靖27年	2,000,000	約3,470,000	-1,470,000
1549	嘉靖28年	3,957,116	4,122,727	-165,611
1551	嘉靖30年	2,000,000	5,950,000	-3,950,000
1552	嘉靖31年	2,000,000	5,310,000	-3,310,000
1553	嘉靖32年	2,000,000	5,730,000	-3,730,000
1554	嘉靖33年	2,000,000	4,550,000	-2,550,000
1555	嘉靖34年	2,000,000	4,290,000	-2,290,000

		歲入銀兩	歲出銀兩	盈虧約數
1556	嘉靖35年	2,000,000	3,860,000	-1,860,000
1557	嘉靖36年	2,000,000	3,020,000	-1,020,000
1563	嘉靖42年	2,200,000	3,400,000	-1,200,000
1564	嘉靖43年	2,470,000	3,630,000	-1,150,000
1565（約）	嘉靖44年	2,200,000	3,700,000	-1,500,000
1567	隆慶1年	2,014,200	5,530,000	-3,515,800
1568	隆慶2年	2,300,000	4,400,000	-2,100,000
1569	隆慶3年	2,300,000	3,790,000	-1,149,000
1570	隆慶4年	2,300,000	3,800,000	-1,500,000
1571	隆慶5年	3,100,000	3,200,000	-100,000
1573	萬曆1年	2,819,153	2,837,104	-17,951
1577	萬曆5年	4,359,400	3,494,200	盈865,200
1578	萬曆6年	3,559,800	3,888,400	-328,600
1581（約）	萬曆9年	3,704,281	4,424,730	-720,449
1583	萬曆11年	3,720,000	5,650,000	-1,930,000
1586（約）	萬曆14年	3,890,000	5,920,000	-2,030,000
1589（約）	萬曆17年	3,390,000	約4,390,000	-1,000,000
1590（約）	萬曆18年	3,740,500	4,065,000	-324,500
1592（約）	萬曆20年	4,512,000	5,465,000	-953,000
1593（約）	萬曆21年	4,723,000	3,999,700	盈723,300
1600（約以前）	萬曆28年	4,000,000	4,500,000	-500,000
1602（約）	萬曆30年	4,700,000	4,500,000	盈200,000
1604	萬曆32年	4,582,000	4,582,000	約數，供參考
1605	萬曆33年	3,549,000	3,549,000	約數，供參考
1617	萬曆45年	3,890,000	4,219,029	-329,029
1620	萬曆48年	5,830,246	6,086,692	-256,446
1621	天啟1年	7,552,745	8,568,906	-1,016,161
1622	天啟2年	4,968,795	5,927,721	-958,926
1623	天啟3年	7,893,137	10,776,982	-2,883,845
1625	天啟5年	3,030,725	2,854,370	盈176,335
1626	天啟6年	3,986,241	4,279,417	-293,176
1628	崇禎1年	7,064,200	9,568,942	-2,504,742
1630	崇禎3年	9,136,357	9,500,628	-364,271
1631	崇禎4年	12,249,195	11,125,252	盈1,123,943
1634	崇禎7年	12,812,000	12,153,000	盈659,000
1639	崇禎12年	約20,000,000	約20,000,000	約數，供參考
1642	崇禎15年	約23,000,000	約23,000,000	約數，供參考

資料來源：全漢昇、李龍華(1973)〈明代中葉後太倉歲出銀兩的研究〉，頁205-6，第7表。

(1548-1617)間，軍事經費占太倉歲出銀兩的比重（第4節）。

從表2-5的「歲入」項可以看到，從中葉至明末為止，太倉每年收進的銀兩數，有非常明顯增加的趨勢。我們沒有資料來說明太倉歲入的歷年組成內容，但表2-3第23欄可以透露出基本結構，這是萬曆6年(1578)的例子。我們看到，第10項「各鹽運司并各舉司餘鹽、鹽課、鹽稅」是最重要的來源(27.31%)。為何鹽銀是太倉的首要收入？鹽稅自秦漢以來就很重要，另一項較近的原因，是開中法在弘治5年(1492)有了重要變革：商人只要到鹽運司納銀，就可以領引取鹽，之後鹽運司將這筆銀兩彙送戶部太倉。嘉靖元年(1522)之後的規定更鬆，太倉的鹽銀比例因而更高了。這個現象持續到明末，尤其在天啟、崇禎年間，鹽課加派的數字更是大增。

從盈虧的角度來看，表2-5顯示，在1518-1642的120多年之間，只有7個年份是「盈」(1518, 1577, 1593等)，其餘都是虧，赤字額度各年不一。這是個重要問題，需要專文深入分析，無法在此提出簡單的解說。我們要問的是：這麼大筆的銀兩，到底花在哪些項目上？

針對這個問題，表2-4可以回答萬曆6年的狀況。(1)第16欄說十三邊鎮的年例銀，占總歲出的3/4以上(76.29%)；(2)第4欄說錦衣等78衛所的銀兩經費，占總歲出的13.47%，這兩項合計89.76%(=76.29% + 13.47%)。若把第7欄「五軍」(1.89%)、第8欄「巡捕營」(0.71%)、第9欄「錦衣旗手」(0.40%)，和上述的89.76%加在一起，我們會看到：這些安內攘外的編制，共耗去太倉銀兩的92.81%！我沒有其他年份的資料，但有理由相信，這個數字在表2-5中各年的歲出項目內，大概相當穩定，在明末天啟與崇禎年間，甚至還要更高（參見表2-6）。

四、軍事經費的比重

從國家總歲出的角度來看，萬曆初年時皇室每年約有120萬兩的經費（見表2-3第1欄「內承運庫」），這當然是一大筆負擔。皇帝有時還會「詔取」太倉銀入內承運庫，造成「宮庫通國庫」的困擾。尤其在皇帝大婚禮

時(如萬曆本人),或在皇室子女嫁娶時,都會有大筆的耗費,試舉一例。
萬曆27至29年(1599-1601)間,戶部提取太倉銀290多萬兩,為宮廷辦這些喜
事(全、李1973:222-5有較完整的記載)。單看這些金額,數目當然很大,但
若和軍費相對比,卻又顯得相當次要。皇室的開支非本書主題,就此打
住。

　　本書的主題是十三邊鎮糧餉,太倉每年都要撥「年例銀」給邊鎮,萬
曆6年的總額是322萬多兩(見表2-4第16項)。從本書第二篇各章的內容,可
以明白年例銀只是邊鎮經費的一部分,根本不夠用,還要靠鹽引、漕運、
民運等各種管道來補充。現在把範圍縮小,單看太倉(國庫)歲出總額中,
軍費所占的比例。所謂的軍費,是在年例銀之外,還有募軍、防秋、設
伏、客兵、馬料等等費用。

表2-6　明代中葉後軍費占太倉歲出總數的比例,1548-1617

年份	(1)太倉歲出銀兩數	(2)太倉支付軍費銀兩數	(2)÷(1)=%
嘉靖27年(1548)	3,170,000	2,310,000	66.57
軍費支出包括募軍、防秋、擺邊、設伏、客兵、馬料、商舖料價、倉場糧草,以及補歲用不數等項。			
嘉靖28年(1549)	4,122,727	2,210,000	53.65
軍費指的是京運的「邊費」。			
嘉靖43年(1564)	3,630,000	2,510,000	69.15
同上。			
隆慶1年(1567)	3,710,000	2,360,000	63.31
軍費銀數僅指本年邊餉銀,而歲出總數則包括邊餉與京俸祿米草等項折銀。			
隆慶1年(1567)	5,530,000	4,180,000	75.61
同年補發年例銀182萬兩,歲出與邊支均告上升,軍費的比重也隨著增加。			
隆慶3年(1569)	3,790,000	2,400,000	63.33
軍費僅指「京運年例」。			
隆慶4年(1570)	3,800,000	2,800,000	73.68
軍費指的是「邊餉」。			
萬曆5年(1577)	3,494,200	2,600,000	74.41
軍費指的是「主客兵年例等銀」。			
萬曆6年(1578)	4,224,730	3,223,051	76.29
軍費是根據《會計錄》計算出來的額定年例,而不是當年的實際支出。			
萬曆14年(1586)	5,920,000	3,159,400	53.37

年份	(1)太倉歲出銀兩數	(2)太倉支付軍費銀兩數	(2)÷(1)=%
軍費指的是「各邊年例」。			
萬曆18年(1590)	4,065,000	3,435,000	84.50
軍費指的是「各邊年例等銀」。			
萬曆28年(1600)	4,500,000	4,000,000	88.89
軍費指的是「京運年例」。			
萬曆29年(1601)	4,700,000	4,000,000	85.11
軍費指的是太倉庫銀額內支出的九邊年例的歲費。			
萬曆40年(1612)	4,000,000	3,890,000	97.25
軍費指的是「邊餉」。			
萬曆45年(1617)	4,219,029	3,819,029	92.49
軍費指的是「歲出邊餉」，而歲出總數則包括邊餉與庫、局內外等項用度。			

資料來源：全漢昇、李龍華(1973)〈明代中葉後太倉歲出銀兩的研究〉，頁196-7，第6表。

　　表2-6說明嘉靖27年(1548)到萬曆45年(1617)間，太倉所支付的軍費銀兩數，以及不同年代軍費所包含的項目。若以表2-6的軍費銀兩數(第2欄)，除以太倉的歲出額(第1欄)，會得出相當驚人的百分比：最低是萬曆14年(1586)的53.37%。此表中只有兩個年份低於60%；有3個年份在60% - 70%之間；從萬曆18年(1590)之後，都超過85%，甚至有高到97.25%者。這個表顯示一個明確的訊息：明代的財政垮在軍費上，沒有一個國家能長期撐得起這種國防支出。

五、釐清與省思

　　本章旨在說明全國歲入歲出的結構(表2-2、2-3、2-4)，以及邊防軍費占中央政府歲出的比重(表2-5、2-6)。全、李(1973:196-221)對明中葉後軍費急劇膨脹的因素，有很深入的探討。他們的視角是全國性的軍經費，邊防當然是其中的大要項。全、李的前導性研究，幫助我們看清全貌，本書因而能進一步，把焦點放在過去較少深入探討的邊鎮糧餉問題上。

　　若要單看十三邊鎮的年度經費(年例銀)，那就只有表2-4第16欄的數字，可用來顯示萬曆6年的例子：十三邊鎮的年例銀(3,223,046兩)，占當年太倉歲出的76.29%。若依表2-6的趨勢來看，我們有理由推測：邊鎮年例銀

占太倉歲出的比例，在萬曆初年之後只會越來越高。

以下有5項與邊鎮糧餉相關的觀念，須要強調與釐清。

(1)年例銀只是邊鎮糧餉中的一部分，從本書第2篇的諸章可以看到，13邊鎮的條件與狀況不一，年例銀占邊鎮耗費的比重在各鎮不同，但都必須靠屯糧、民運、漕運等方法來補充。所以表2-6第2欄的歷年軍費數額，必然遠低於各邊鎮的實際耗用。兩者的實際差距有多大？不知道。

(2)為什麼不知道各邊鎮的實際經費額？因為《會計錄》在性質上屬於國家的財政預算書，是規劃性的收支項目與數額，而非執行之後的實際數額。所以我們不能把表2-6的數字，視為真正的邊防經費，也不能以《會計錄》卷17-29內邊鎮糧餉的數字(即本書第2篇內的統計表格)，當作實際的耗費，因為那只是預算額。

(3)如果應該這樣理解的話，那誰才知道邊鎮的實際耗費數字？各邊鎮總兵的說法會較可靠，各邊鎮的幕僚與高層行政人員會更清楚，但不會有這種數字流傳下來，因為其中有太多說不清楚的「黑帳」、「混帳」、「亂帳」。我們能做的，是從各邊鎮向朝廷的奏書，看出困窘的狀況與原因。

(4)這麼說的話，本書第2篇內諸章的數字都不可盡信？是的。那為何還要研究《會計錄》的統計數字？因為沒有比《會計錄》更好、更有系統的數字可用。從《會計錄》的統計，至少可以看到邊防經費的規劃結構；雖不全然符合實況，但若無《會計錄》的資料，那就連理解邊鎮糧餉問題的踏腳石都沒有了。

(5)若非張居正強勢主掌國政、清丈田畝，就不會在萬曆初年出現《會計錄》這麼詳細的財政預算書。從歲出的角度來看，《會計錄》是一部低估邊鎮實際需求的預算書，因為十三邊鎮真正需要的經費大都未能提供。從歲入的角度來看，《會計錄》記載的各項歲入額，會比實際的歲收額低，因為：(a)民間的實際稅負，通常高過《會計錄》的規定；(b)萬曆10年(1582)張居正逝後，全國財政狀況益發窘困，各項實際稅收額會比編製《會計錄》時還高。

第二篇
邊鎮糧餉解析

第3章
軍馬錢糧數額

一、史料解說

1.主要史料

　　明代的文獻中，記載邊鎮軍馬錢糧的史料非常龐雜，大致有三種資料型態。(1)各地方志內的「兵食」或「兵政」志，例如《遼東志》（嘉靖16年）、《全遼志》（嘉靖44年）、《宣府鎮志》（嘉靖40年）內的「軍儲考」和「兵籍考」。(2)邊鎮志內的「軍馬與錢糧考」，例如許論《九邊圖論》（天啟元年）、張雨《邊政考》（嘉靖26年）、霍冀《九邊圖說》（隆慶3年）、劉效祖《四鎮三關志》（萬曆4年）、楊時寧《宣大山西三鎮圖說》（萬曆31年）、郭造卿《盧龍塞略》（萬曆38年）。這些邊鎮志內通常有軍、馬、民運、京運、屯糧等項目的數額。

　　以上兩類史料的撰寫目的，是記載當時各鎮的狀況，供朝廷(兵部)與邊鎮指揮官的參考。這些著作的年份落差頗大，加以各地狀況差異甚多，所記載的重點項目自然不能統一。對現代的研究者而言，這兩類史料適合深入探討個別的邊鎮，但不易運用來呈現全國性的邊鎮糧餉結構，更難用以顯現出長期的結構性變化。

　　第(3)類史料，是與諸邊鎮業務相關的巡撫、總督、兵部主事、尚書等各級官員，對軍馬錢糧諸項情事的奏疏。這類文獻已有相當程度彙集在萬表(嘉靖33年)編的《皇明經濟文錄》（41卷）、王一鶚(萬曆16年)《總督四鎮奏議》（10卷）、陳子龍(崇禎11年)選輯《明經世文編》（508卷）。以《明

經世文編》書末的「分類目錄」為例，在「武備」項之下有「糧草」目，內含36條與邊鎮糧餉相關的奏疏。再以《皇明經濟文錄》為例，唐龍〈大虜住套乞請處補正數糧草以濟緊急支用疏〉（嘉靖初年間，頁928-32），對成化至正德年間榆林（延綏）地區的糧餉數額，有長期的結構性分析。這類奏議的內容最貼近實況，但都是一時、一地的個別問題與數字，不易據以拼湊出全國性、結構性、長期性的邊鎮糧餉圖像。

上述3類史料的性質，屬於「個別狀況」、「無全盤性」甚至是「相當雜亂」。本書所要探討的是各邊鎮糧餉的「總額」，在「較長時段內」與「國家財政危機」之間的關係。在這種明確的需求下，所能運用的史料必須具備2項特性：(1)在同一史料內，9(或13)邊鎮的資料俱全；(2)最好由同一(組)人編纂，才能顧慮到撰寫體例與糧餉內容項目的一致性。

在這個標準下，只有5項史料符合需求：(1)魏煥《皇明九邊考》(1542，嘉靖21年)、(2)潘潢〈查核邊鎮主兵錢糧實數疏〉(1550，嘉靖29年，詳見附錄1的解析)、(3)《萬曆會計錄》(1582，萬曆10年)、(4)〈楊司農奏疏〉(1593，萬曆21年，詳見附錄4的解析)、(5)《武備志》(1602，萬曆30年)。這5項史料的優點是：(1)各鎮的資料齊備，容易相互比較；(2)這5項史料跨越70多年，可據以觀察半個多世紀之間邊鎮糧餉的結構性變化。本書第3章與12章第1節，就是運用這5套史料所得的分析成果。但這5套史料有個大缺點：除了潘潢〈實數疏〉，基本上都是朝廷的官方預算編列額，而非實際的需求(或耗費)數額。

2.其他史料

為何其他記載邊鎮糧餉的史料不適用？〈明神宗實錄卷51〉頁1162-82記載此年「各鎮歲報錢糧數目」，以頁1175-7遼東鎮的歲額為例：「糧十五萬二百九十七(150,297)石，料十萬七千五百七十八(107,578)石，銀三十七萬二千八百四十一(372,841)兩，……。」記載糧、料、銀、草、布、煤這6項的數額。這種記載應是最可靠的「當年實帳」，而且還列出「比上年」增或減多少數額，不是很具體可用的數字嗎？(詳見附錄2的解析)何必捨真

實的數字，而去遷就《九邊考》、《會計錄》、《武備志》這種「預算額」，而非實際的支出數額呢？

《實錄》的資料有個缺點：《實錄》著重「歲報錢糧數目」（糧、料、草、布、煤、銀），然而邊鎮經費項目繁多（略見表3-1.1、3-1.2），對各邊鎮而言更重要的官兵數、馬騾數、漕糧、民運、屯田、客兵費用等等，《實錄》對這些項目很少觸及，因為這不是它的功能與目的。《實錄》所記載的，是較狹義的「錢糧歲報」，我們必須看《九邊考》、《會計錄》、《武備志》這類以邊鎮為主體、有較完整收支項目的史料。《實錄》的數字有何功能？要查某年的某項特殊事件就必須靠它，例如萬曆4年頁1183記載：「戶部議改折保定府額解宣鎮本色米麥五千八百一十餘石，從之。」簡言之，《實錄》的資料方便查詢個別問題，缺點是以錢糧數額為主，而錢糧數額只是邊鎮諸多兵馬與經費中的部分項目而已。

另一個例子也是萬曆4年（1576）的資料，這是劉效祖《四鎮三關志》（參見第1章第2節內的解說）頁116的「遼鎮糧餉」，正好可以和上述《實錄》萬曆4年的記載相對比。《實錄》是從中央政府「支付者」的角度，來記載錢糧的項目與數字，而《四鎮》則從邊鎮「收受者」的角度來記載。《四鎮》內遼東鎮的糧餉有3個項目：民運、京帑、屯糧（附鹽法）。單就「民運」來說：「（1）歲額銀十五萬七百十（150,710）兩：（a）山東布政司歲解銀十三萬三千三百九十（133,390）兩，（b）山東鹽運司歲解銀一萬六千三百八十五（16,385）兩，（c）永平府歲解銀九百三十五（935）兩。（2）本色地畝綿花絨三百四十六（346）斤。（3）永平府歲解（綿）花三百四十六（346）斤。」同樣是萬曆4年的邊鎮糧餉，《實錄》（支付者）的記載方式，和《四鎮》（收受者）的記載方式，因項目差異太大，根本無法相對比。

現代的研究者應該採用哪一種才較接近實況？當然是《四鎮》的記載。再說，《會計錄》的記載方式（參見表3-1.2），和《四鎮》的記載方式相同，這就更說明為何不宜採用《實錄》的資料：（1）只有狹義的錢糧，缺乏兵、馬、鹽、漕的資料；（2）沒有解說哪筆經費是從何處（山東或永平府）解運，而只有整體數字，看不出內在的財政調度關係（從何處解運撥給）。

　　下個問題：為何不全都用《四鎮》這類的記載？因為：(1)這只有4鎮的數字，其他諸鎮的狀況不明；而《九邊考》、〈實數疏〉、《會計錄》、《武備志》都有完整的9(13)邊鎮資料；更重要的是，數字之外還有許多背景解說。(2)《會計錄》、《武備志》會比較現額與原額的差別(見表3-1.2、3-1.3)。(3)《會計錄》是張居正當國的頂峰時期，重新全面檢討所釐訂的數額，各鎮之間的糧餉額都經過比對與調整，其他史料則無此優點。

　　其他還有一些史料，例如第1章第2節解說過的《邊鎮考》(嘉靖26年，1547，只談3邊4鎮)、《四鎮三關志》(萬曆4年，1576)、《宣大山西三鎮圖說》(萬曆31年，1603)，都各自有官兵的編制與糧餉數字。但對本書而言，這3套史料有個共同的缺點：正如它們的書名所顯示，並不是9(13)邊鎮的完整資料，而是偏重不同的地區。雖然不便用這些資料來做全面性的對照，但它們都是填補《九邊考》、〈實數疏〉、《會計錄》、《武備志》空檔的好材料。

　　上述的《邊鎮考》、《四鎮三關志》、《宣大山西三鎮圖說》，以及《遼東志》(正統8年，1443，9卷)、《全遼志》(嘉靖44年，1565，6卷)，還有另一個特點：對本鎮內各衛、所、關、堡、衛、塞、所、營、撥路的糧餉，有相當細部的數字。本書所分析的層次，限於朝廷與13邊鎮之間的糧餉關係；對衛、所及之下軍事單位的糧餉關係，因須針對某個邊鎮(例如遼東鎮)作更基層的深入分析，所以不在本書所探討的範圍。

　　根據上述的解說，從幾個不同的角度來看，《九邊考》、〈實數疏〉是顯現嘉靖前、中期(10-28年)，九邊鎮糧餉歲額最具代表性的資料。萬曆初年呢？我不知道有比《會計錄》更系統的資料(附錄2〈神宗實錄卷51〉是萬曆4年的資料，但並不可靠)。萬曆中期呢？附錄4〈楊司農奏疏〉是惟一的資料。萬曆晚期呢？《武備志》是最簡明完整的資料。所以本章就以這5項為基礎史料，並不是說它們的數字最好或最可靠，而是它們最簡明完整，方便用來顯現這70多年間，邊鎮糧餉的結構與長期變化的幅度。

　　以下各節依十三邊鎮的順序，逐一對比嘉靖前期、中期、萬曆初期、萬曆晚期，各邊鎮的軍馬糧餉數額。本章旨在提供宏觀性的數據，各節的

內容以統計表格為主，輔以簡要的說明。與糧餉相關的各項內容（民運、京帑、屯糧、鹽法等項），將在第4至11章中分析，第12章會對本篇諸章(3-11)的內容，提出綜述性的對比。

本章的表格眾多，但都簡明易讀，因此只對第2節「遼東鎮」做示範性的解說。第3節以下的表格因判讀方式雷同，不擬多述以省篇幅。我對本章內容的整體觀察，會在章末的第15節綜述。

二、遼東鎮

表3-1.1說：嘉靖18年前後，遼東鎮的編制官軍有87,402員名，由3類軍人組成，以「常操馬步官軍」為主(64,280員名)。再看錢糧的部分：(1)最重要的是「本鎮屯糧」(205,965兩)；(2)其次是朝廷撥發的「年例銀」(15

表3-1.1　嘉靖18年(1539)前後遼東鎮的軍馬錢糧數額

(1)常操馬步官軍人等		64,280員名	
(2)守墩空官軍人等		8,625員名	
(3)冬操夏種官軍人等		14,497員名	
	合計	87,402員名	
錢糧	數額	折銀	得銀
(1)山東歲入本鎮			
(1.1)夏稅秋糧折布	320,000疋	每疋3錢	96,000兩
(1.2)鈔麥	180,000石	每石1.5錢	27,000兩
(1.3)花絨	70,000斤	每斤0.5錢	350兩
(1.4)又花絨	62,000斤	每斤0.6錢	372兩
(1.5)草	253,563束	每束0.09錢	2,282兩
(2)山東運鹽司折鹽布	46,063疋	每疋3錢	13,819兩
(3)永平府鹽鈔折銀	-----	-----	911兩
(4)本鎮屯糧	259,990石	各折不等	205,965兩
(5)年例銀			150,000兩
(6)額派客兵引鹽銀			27,225兩
(7)補歲用不敷引鹽銀			24,139兩
(8)本鎮本色秋青草	3,585,260束		-----

現額合計：(1)官軍87,402員名；(2)馬騾匹頭數不詳；(3)銀548,063兩；(4)糧料439,990石(已折銀)。
資料來源：《九邊考》卷2頁7, 13。

萬兩）；這兩項合計超過35.5萬兩，占本鎮總銀兩54.8萬的65%。(3)若把山東的歲入和折鹽布加總起來，共得139,823兩，占54.8萬兩的25.5%，可見山東對遼東鎮的貢獻有多重要。(4)其餘細項不俱說。

魏煥在《九邊考》卷1的「凡例」，說表3-1.1的資料來源是：「軍馬登耗數目，取諸嘉靖十八、九年(1539-40)各邊開報手冊；錢糧定數取諸戶部各司手本。」表3-1.1的內容以錢糧為主，是當時重要的官方依據，雖然年代不明確，但應可視為嘉靖18年前後的官方撥發數。

我把《會計錄》卷17卷首兩頁的內容，轉製成表3-1.2的簡易形式。這是萬曆6年(1578)的官方編製數額，但因《會計錄》是萬曆10年才正式頒行，所以在表中都記為「10年前後」。這是預算書的性質，我們不知道實際執行後偏離此表的程度，只能說這是朝廷在承平時期，計畫撥發給遼東鎮的糧餉數額。表內首欄的「原額」，未註明是何年或何朝的數字，暫且存疑，目前只能把此表當作萬曆初年整體的糧餉結構看待。表3-1.2內的各項條目內容，其中還有許多背景與變化，這些會在第4至11章中逐一評析。

表3-1.2是過度簡略的資料，無法展現官兵、馬騾、糧餉在遼東鎮25衛2

表3-1.2　萬曆10年(1582)前後遼東鎮的軍馬錢糧數額

原額(年代不明)	現額	説明
(1)官軍94,693名	(1)主兵官軍83,324名	(1)比原額減10,820員名(計算錯誤，應是減11,369員名)
(2)馬77,001匹	(2)馬騾41,830匹頭	
(3)屯糧700,000石	(3)屯糧	
(4)民運	(3.1)料279,212石	(2)比原額減35,251匹頭
(4.1)布320,000疋	(3.2)荒田糧折銀431兩	
(4.2)花絨140,000斤	(4)民運銀共159,842兩	(3.1)比原額減420,788石
(5)鹽141,548引	(5)兩淮、山東鹽共111,402引(該銀39,076兩)	
(6)京運銀10,000兩	(6)京運年例銀(連客兵)409,984兩	(5)比原額減30,146引
	(7)京運年例銀(40,000兩)，加添遊兵、防工、家丁行糧料草銀(62,058兩)，共發102,058兩	(6)比原額增399,984兩

現額合計：(1)官兵83,324名；(2)馬騾41,830匹頭；(3)銀711,391兩；(4)糧料279,212石。
資料來源：《會計錄》卷17:664-5。

州的分佈狀況。《會計錄》只記載邊鎮糧餉的整體結構，不提供衛、州(以及之下各級層)的細節資訊，幸好有《全遼志》(嘉靖16年，1537)和《遼東志》(嘉靖44年，1565)的資料，可進一步對比1537-78的40年間，遼東鎮與戶口、屯田、各項餉額相關記載。這些細項不在本書範圍內，不俱引。

表3-1.3是萬曆30年前後的數字，官軍數與馬驢數都只有原額，而無現額。所謂的「原額」，應該就是表3-1.2內萬曆10年的數字：因為兩表的官軍數只差16員名，馬騾數一字不差。

接下來要把嘉靖10年至萬曆30年間，各邊鎮軍馬錢糧數的合計額併為表3-1.4，方便比較。第(1)項官兵員名的變化不大，除了嘉靖10年稍少(7萬餘名)，其餘都是8萬餘名；萬曆年間幾乎不變。第(2)項馬騾數，在萬曆年間已經固定下來了。

差異較明顯的是銀兩總數：嘉靖10年是39.4萬，18年是54.8萬；萬曆10

表3-1.3　萬曆30年(1602)前後遼東鎮的軍馬錢糧數額

原額	
(1)官軍	94,693員名
(2)實在	83,340員名
原額馬	77,001匹
現額馬驢	41,830匹頭
原額	
(1)屯糧	700,000石
(2)民運布	320,000疋
(3)花絨	140,000斤
(4)鹽引	141,548引
(5)京運銀	10,000兩
現額	
(1)主兵屯糧料	279,212石
(2)荒田糧折銀	432兩
(3)民運銀	159,843兩
(4)鹽引	111,402引
(5)京運年例銀	307,925兩
(6)客兵年例銀	102,059兩

現額合計：(1)官兵83,340員名；(2)馬驢41,830匹頭；(3)銀570,259兩；(4)糧料279,212石。

資料來源：《武備志》「鎮戍」卷2頁9-11。

表3-1.4 遼東鎮的軍馬錢糧數額對比：1531, 1539, 1549, 1582, 1593, 1602

	嘉靖10年(1531)	嘉靖18年(1539)	嘉靖28年(1549)
(1)官兵	70,451 名	87,402 名	81,443 名
(2)馬騾	49,961 匹頭	不詳	60,128 匹頭
(3)銀	394,870 兩	548,063 兩	498,944 兩
(4)糧料	不詳	439,990石(已折銀)	166,987石(已折銀)

	萬曆10年(1582)	萬曆21年(1593)	萬曆30年(1602)
(1)官兵	83,324 名	83,324 名	83,340 名
(2)馬騾	41,830 匹頭	41,830 匹頭	41,830 匹頭
(3)銀	711,391 兩	937,700 兩	570,259 兩
(4)糧料	279,212 石	379,200 石	279,212 石

資料來源：
(1)嘉靖18年：表3-1.1之下的合計額。
(2)嘉靖10、28年：附錄1表3之下的合計額。
(3)萬曆10、30年：表3-1.2至3-1.3之下的合計額。
(4)萬曆21年：附錄4表1之下的合計額。

年有71.1萬，21年則有93.7萬。為何有這麼大的差異？用在何處？嘉靖時期遼東鎮無客兵(由他處調來支援、防守、打仗的軍隊)[1]，萬曆時才有(表3-1.2萬曆10年、表3-1.3萬曆30年都有客兵的年例銀)。附錄4表1能較清楚說明此點：除了共通的「(3)京運主兵年例銀167,967兩」之外，還有額外的「(5)京運客兵年例銀80,288兩」、「(6)防修邊工行糧銀18,000兩」、「征倭銀420,000兩」、「新添銀45,078兩」。單是「征倭銀420,000兩」，就是一大筆新項目，所以表3-1.4內萬曆21年的銀兩數，才會高達93.7萬。

1　主兵是各鎮衛所直屬的常備軍團，是有編制有糧餉名冊的官兵；客兵是臨時增援部隊招募來的，是編制外無糧餉名冊的軍隊，主要靠京運銀和鹽糧開中所得的銀兩來支付(寺田1962b:258)。以萬曆48年至天啟元年之間的遼東部隊為例，全部共有16萬多名，內有主客兵兩種，主兵花費少，每名月餉不過1兩2錢；客兵花費較大，每名「本、折、行、坐糧，通計月支之數，得費三兩六錢有奇」。客兵募自各地，「水兵當調於閩浙，騎兵當遠募於邊陲，步兵當招徠於畿輔，總數約兩萬名」(唐文基1990:980)。

在糧料方面，表3-1.1內有439,990石(=180,000 + 259,990)，但因已俱折銀，不能重複計算。萬曆10年和30年的糧料數都是279,212石，可見這是編列額。糧料的狀況較瑣碎，不擬細述。

三、薊州鎮

《九邊考》把薊州、永平、密雲、昌平、易州等5鎮的軍馬錢糧併記在卷2內，當做1個邊鎮處理。我把這些數字轉製成表3-2.1。魏煥是以「九邊」(9個邊鎮)來處理，而《會計錄》則把這5鎮的軍馬錢糧個別分計(共有13個邊鎮)。依《九邊考》所得的薊州鎮軍馬錢糧(表3-2.1)，因而無法和根據《會計錄》所得的表3-2.2相互比較。此外，依《九邊考》製的表3-2.1說「本鎮無額派鹽引」，也無額派的年例銀；但依《會計錄》所製的表3-2.2，卻有這兩項的數額。

表3-2.1　嘉靖18年(1539)前後薊州、永平、密雲、昌平、易州5鎮
　　　　的軍馬錢糧數額

項目	數額
(1)薊州、永平、山海、密雲等處，沿邊關營操守官 　軍舍餘民人， 　其中：	50,371員名
(a)實在馬步官軍	45,226
(b)事故官軍	5,145
(2)永平、山海等處，關營操守官軍舍餘民人， 　其中	38,619員名
(a)實在馬步官軍	34,828
(b)事故官軍	3,241
(3)密雲、古北口等處，關營操守官軍	12,303員名
(a)實在馬步官軍	10,389
(b)事故官軍	1,914
合計	101,293員名
(1)糧	460,800石
(2)料豆	67,500石
(3)草	403,000束

項目	數額
(4)官員布絹折鈔銀	20,000兩
(5)軍士該支冬衣棉布	121,600疋
(6)棉花絨	66,300斤
(1)山東、河南、北直隸司府起運本鎮錢糧數目	
(1.1)夏稅秋糧麥豆	34,588石
(1.2)布	133,900疋
(1.3)棉花	81,500斤
(1.4)絹	2,500疋
(1.5)海運兌軍米	240,000石
	(本色10萬，折色14萬石)
(1.6)民屯、軍屯	
(a)折色草并秋青草共折銀	216,960兩
(b)夏稅秋糧本色(絹？)	11,049,200石(！)
(c)草	97,684束
(2)本鎮鹽引	原無額派
(3)本鎮年例銀	原無額派

現額合計：(1)官兵101,293名；(2)馬騾匹頭數不詳；(3)銀236,960兩；(4)糧料11,852,088石。

資料來源：《九邊考》卷3頁11-12。《九邊考》把薊州、永平、密雲諸鎮的軍馬錢糧數額合併計算，而在《會計錄》內則是各鎮分別計算，因此無法與表3-2.2相比較。

表3-2.2　萬曆10年(1582)前後薊州鎮的軍馬錢糧數額

原額(年代不明)	現額	說明
(1)官軍39,339員名	(1)主兵官軍34,658員名	(1)比原額減4,681員名
(2)馬10,700匹	(2)馬6,399匹	(2)比原額減3,301匹
(3)屯糧116,600石	(3)民運銀9,731兩	(4)比原額減190,000石
(4)民運	(4)漕糧50,000石	(5)比原額增374,892兩
(4.1)糧110,000石	(5)京運年例銀共424,892兩	(1.1)比原額減63,030石
(4.2)布100,000疋	客兵(調遣不常無定數)	
(4.3)棉花100,000斤	(1)屯糧	
(5)漕糧240,000石	(1.1)料53,568石	
(6)鹽引銀13,581兩	(1.2)折色地畝馬草銀16,448兩	
(7)京運銀50,000兩	(2)民運	
	(2.1)銀18,024兩	
	(2.2)山東民兵工食銀56,000兩	
	(2.3)遵化營民壯工食銀4,464兩	
	(3)鹽引銀13,581兩	
	(4)京運	
	(4.1)年例銀208,766兩	
	(4.2)撫夷銀15,000兩	

原額(年代不明)	現額	説明
	(4.3)賞軍銀13,800兩	

現額合計：(1)官兵34,658員名；(2)馬6,399匹；(3)銀780,706兩；(4)糧料103,568石。

資料來源：《會計錄》卷18:690。

表3-2.3　萬曆30年(1602)前後薊州鎮的軍馬錢糧數額

原額官軍	39,339員名
現額	31,658員名
原額馬	10,700匹
現額	6,399匹
原額	
(1)屯糧	116,600石
(2)民運糧	110,000石
(3)布	100,000疋
(4)棉花	100,000斤
(5)漕糧	240,000石
(6)鹽引銀	13,581兩
(7)京運銀	50,000兩
現額	
(1)主兵民運銀	9,731兩
(2)漕糧	50,000石
(3)京運年例銀	216,126兩
(4)客兵屯糧料	53,568石
(5)折色地畝馬草銀	16,449兩
(6)民運銀	18,025兩
(7)山東民兵工食銀	56,000兩
(8)遵化營民壯工食銀	4,464兩
(9)鹽引銀	13,581兩
(10)京運年例銀	208,766兩
(11)撫夷銀	15,000兩
(12)賞軍銀(係萬曆4年數，以後不等)	13,800兩

現額合計：(1)官兵31,658員名；(2)馬6,399匹；(3)銀571,942兩；(4)糧料50,000石。

資料來源：《武備志》「鎮戍」卷1頁16-8。

表3-2.4　薊州鎮的軍馬錢糧數額對比：1531, 1539, 1549, 1582, 1593, 1602

	嘉靖10年(1531)	嘉靖18年(1539)	嘉靖28年(1549)
(1)官兵	42,900 名	101,293 名	47,853 名
(2)馬騾	15,000 匹頭	10,700 匹頭(原額)	11,726 匹頭
(3)銀	201,438 兩	236,960 兩	307,081 兩
(4)糧料	201,674 石	11,852,088 石	209,200 石

	萬曆10年(1582)	萬曆21年(1593)	萬曆30年(1602)
(1)官兵	34,658 名	31,658 名	31,658 名
(2)馬騾	6,399 匹頭	6,399 匹頭	6,399 匹頭
(3)銀	780,706 兩	480,580 兩	571,942 兩
(4)糧料	103,568 石	90,300 石	50,000 石

資料來源：
(1)嘉靖18年：表3-2.1之下的合計額。
(2)嘉靖10、28年：附錄1表8之下的合計額。
(3)萬曆10、30年：表3-2.2至3-2.3之下的合計額。
(4)萬曆21年：附錄4表2之下的合計額。

四、永平鎮

　　第4節(永平鎮)至第7節(易州鎮)，皆無嘉靖年間的軍馬錢糧數額。因為這4鎮在嘉靖28年之前都隸屬於薊州鎮，所以《九邊考》和潘潢〈實數疏〉，都把永平、密雲、昌平、易州的資料，併記在薊州鎮內。

表3-3.1　萬曆10年(1582)前後永平鎮的軍馬錢糧數額

原額(年代不明)	現額	說明
(1)官軍22,307員名	(1)主兵官軍39,940員名	(1)比原額增17,633員名
(2)馬6,083匹	(2)馬騾15,008匹頭	(2)比原額增8,925匹
(3.1)屯糧料35,782石	(3)南兵官軍2,931員名	(5)比原額減2,261石
(3.2)折色銀5,627兩	(4)馬騾83匹頭	(6.2)比原額減49,523兩
(4)民運	(5)屯糧料33,521石	(7)比原額增213,185兩
(4.1)糧料27,713石	(6)民運	(8)比原額減2,432兩
(4.2)折色銀77,617兩	(6.1)糧料27,713石	(10)比原額增90,464兩
(5)折色漕糧56,000石(該銀41,600兩)	(6.2)折色銀28,094兩	
(6)京運銀28,672兩	(6.3)民壯工食銀12,618兩	
(7)鹽引42,500引(該銀30,000兩)	(7)京運年例銀241,858兩	
	(8)屯草折銀3,229兩	
	(9)民運本色草301,922束	
	(10)京運銀119,136兩	

現額合計：(1)官兵42,871員名；(2)馬騾15,008匹頭；(3)銀404,935兩；(4)糧料61,234石。
資料來源：《會計錄》卷19:726。

表3-3.2 萬曆30年（1602）前後永平鎮的軍馬錢糧數額

原額官軍	22,307 員名	
現額	39,940 員名	
原額馬	6,083 匹	
現額馬驢	15,080 匹頭	
原額		
(1)屯糧料	35,782 石	
(2)折色銀	5,628 兩	
(3)民運糧料	27,713 石	
(4)折色銀	76,618 兩	
(5)漕糧	56,000 石	
折銀	(41,600 兩)	
(6)京運銀	28,673 兩	
(7)鹽引	42,500 引	
現額		
(1)主兵屯糧料	33,521 石	
(2)民運糧料	27,713 石	
(3)折色銀	28,090 兩	
(4)民壯工食銀	12,618 兩	
(5)京運年例銀	122,722 兩	
(6)客兵屯草折銀	3,230 兩	
(7)民運本色草	301,922 束	
(8)京運銀	119,137 兩	

現額合計：(1)官兵39,940員名；(2)馬驢15,080匹；(3)銀285,797兩；(4)糧料61,234石。
資料來源：《武備志》「鎮戍」1頁17-20。

表3-3.3 永平鎮的軍馬錢糧數額對比：1582, 1593, 1602

	萬曆10年(1582)	萬曆21年(1593)	萬曆30年(1602)
(1)官兵	42,871名	33,911名	39,940名
(2)馬驢	15,008匹頭	13,506匹頭	15,080匹頭
(3)銀	404,935兩	266,000兩	285,797兩
(4)糧料	61,234石	61,500石	61,234石

資料來源：
(1)萬曆10、30年：表3-3.1、3-3.2之下的合計額。
(2)萬曆21年：附錄4表3之下的合計額。

五、密雲鎮

表3-4.1　萬曆10年（1582）前後密雲鎮的軍馬錢糧數額

原額（年代不明）	現額	說明
(1)官軍9,605員名	(1)主兵官軍33,569員名	(1)比原額增23,964員名
(2)馬2,032匹	(2)馬騾13,120匹頭	(2)比原額增11,088匹頭
(3)屯糧4,627石	(3)屯糧	(3.1)比原額增2,019石
(4)民運糧55,000石	(3.1)料6,646石	(5)比原額增139,810石
(5)漕糧15,000石	(3.2)地畝銀292兩	(6)比原額增379,037兩
(6)京運銀15,000兩	(4)民運銀10,953兩	
	(5)漕糧154,811石*	
	(6)京運年例銀394,037兩	
	(7)民運	
	(7.1)稅糧改徵黑豆銀16,345兩	
	(7.2)歸農民壯工食銀918兩	
	(8)漕糧50,000石	
	(9)京運銀233,961兩	

現額合計：(1)官兵33,569員名；(2)馬騾13,120匹頭；(3)銀656,506兩；(4)糧料211,456石。

資料來源：《會計錄》卷20:739。

*《會計錄》卷20:739作「漕糧104,811石」，而萬曆8年《太倉考》卷7之3頁806作「154,811石」，據改。

表3-4.2　萬曆30年（1602）前後密雲鎮的軍馬錢糧數額

原額官軍	9,605員名
現額	33,569員名
原額馬	2,032匹
現額馬騾	13,120匹頭
原額	
(1)屯糧	4,627石
(2)民運糧	55,000石
(3)漕糧	15,000石
(4)京運銀	15,000兩
現額	
(1)主兵屯糧料	6,647石
(2)地畝銀	290兩
(3)民運銀	10,953兩
(4)漕糧	104,811石（據《太倉考》為154,811石）
(5)京運年例銀	160,075兩

(6)客兵民運稅糧改徵黑豆銀	16,346兩
(7)歸農民壯工食銀	918兩
(8)漕糧	50,000石(隆慶6年添撥)
(9)京運銀	233,962兩

現額合計：(1)官兵33,569員名；(2)馬驢13,120匹頭；(3)銀422,544兩；(4)糧料161,458石。
資料來源：《武備志》「鎮戍」1頁17，20-1。

表3-4.3　密雲鎮的軍馬錢糧數額對比：1582, 1593, 1602

	萬曆10年(1582)	萬曆21年(1593)	萬曆30年(1602)
(1)官兵	33,569名	52,502名	33,569名
(2)馬驢	13,120匹頭	20,768匹頭	13,120匹頭
(3)銀	656,506兩	478,670兩	422,544兩
(4)糧料	211,456石	168,100石	161,458石

資料來源：
(1)萬曆10、30年：表3-4.1、3-4.2之下的合計額。
(2)萬曆21年：附錄4表4之下的合計額。

六、昌平鎮

表3-5.1　萬曆10年(1582)前後昌平鎮的軍馬錢糧數額

原額(年代不明)	現額	説明
(1)官軍14,295員名	(1)主兵官軍19,039員名	(1)比原額增4,744員名
(2)馬3,015匹	(2)馬驢5,625匹頭	(2)比原額增2,610匹頭
(3)屯糧3,232石	(3)屯糧	(5)比原額增19,272石
(4)民運糧13,000石	(3.1)折色銀2,428兩	(7)與(6)同名異項
(5)漕糧20,000石	(3.2)地畝銀557兩	
	(3.3)秋青草折銀128兩	
	(4)民運銀20,704兩	
	(5)漕運39,272石(隆慶6年	
	[1572]添撥漕糧150,000石)	
	(6)京運年例銀96,373兩	
	(7)京運年例銀47,066兩	

現額合計：(1)軍兵19,039員名；(2)馬驢5,625匹頭；(3)銀167,256兩；(4)糧料189,272石。
資料來源：《會計錄》卷21:756。

表3-5.2　萬曆30年(1602)前後昌平鎮的軍馬錢糧數額

原額官軍	14,295員名
現額	19,039員名
原額馬	3,015匹
現額馬驢	5,625匹頭
原額	
(1)屯糧	3,233石
(2)民運糧	12,000石
(3)漕糧	20,000石
現額	
(1)主兵屯糧折色銀	2,428兩
(2)地畝銀	578兩
(3)秋青草折銀	129兩
(4)民運銀	20,705兩
(5)漕糧	39,272石
隆慶6年(1572)添撥	150,000石
(6)京運年例銀	96,374兩
(7)客兵京運年例銀	47,066兩

現額合計：(1)官兵19,039員名；(2)馬驢5,625匹頭；(3)銀167,280兩；(4)糧料189,272石。
資料來源：《武備志》「鎮戍」1頁17，21-3。

表3-5.3　昌平鎮的軍馬錢糧數額對比：1582, 1593, 1602

	萬曆10年(1582)	萬曆21年(1593)	萬曆30年(1602)
(1)官兵	19,039 名	28,875 名	19,039 名
(2)馬驢	5,625 匹頭	8,737 匹頭	5,625 匹頭
(3)銀	167,256 兩	269,570 兩	167,280 兩
(4)糧料	189,272 石	39,200 石	189,272 石

資料來源：
(1)萬曆10、30年：表3-5.1、3-5.2之下的合計額。
(2)萬曆21年：附錄4表5之下的合計額。

七、易州鎮

表3-6.1　萬曆10年(1582)前後易州鎮的軍馬錢糧數額

原額(年代不明)	現額	說明
(1)官軍29,308員名	(1)主兵官軍34,697員名	(1)比原額增5,385員名
(2)馬1,199匹	(2)馬驢4,791匹頭	(2)比原額增3,592匹頭
(3.1)屯糧13,637石	(3)屯糧	(3.1)比原額增9,440石

原額(年代不明)	現額	説明
(3.2)折色銀4,469兩	(3.1)料23,077石	
(3.3)秋青草27,250束(折銀544兩)	(3.2)地畝銀664兩	
(4)民運糧68,050石	(4)民運銀306,297兩	
	(5)京運銀59,000兩	

現額合計：(1)官兵34,697員名；(2)馬騾4,791匹頭；(3)銀365,961兩；(4)糧料23,077石。
資料來源：《會計錄》卷22:774。

附表3-6.1　萬曆10年(1582)前後井陘鎮的軍馬錢糧數額
（此鎮糧餉附載於易州鎮之下）

(1)屯糧	14,689石
(2)屯豆	24石
(3)地畝銀	8,198兩
(4)民運	
(4.1)本色米麥	17,832石
(4.2)折色銀	48,545兩
(5)客兵：京運年例銀	3,970兩

現額合計：(1)官兵人數不詳；(2)馬騾匹頭數不詳；(3)銀60,713兩；(4)糧料32,545石。
資料來源：《會計錄》卷22:792。

表3-6.2　萬曆30年(1602)前後易州鎮的軍馬錢糧數額

原額	
(1)屯糧	13,638石
(2)折色銀	4,470兩
(3)秋青草	27,250束
折銀	(544兩)
(4)民運糧	68,050石
現額	
(1)主兵屯糧料	23,077石
(2)地畝銀	665兩
(3)民運銀	327,129兩
(4)客兵京運銀	59,000兩

現額合計：(1)官兵員名不詳；(2)馬騾匹頭不詳；(3)銀386,794兩；(4)糧料23,077石。
資料來源：《武備志》「鎮戍」1頁23-4。

附表3-6.2　萬曆30年(1602)前後井陘鎮的軍馬錢糧數額

現額	
(1)主兵屯糧	14,689石
(2)屯豆	24石

(3)地畝銀	8,198兩
(4)民運本色米麥	17,832石
(5)折色銀	48,545兩
(6)客兵京運年例銀	3,970兩

現額合計：(1)官兵員名不詳；(2)馬騾匹頭不詳；(3)銀60,713兩；(4)糧料32,545石。

資料來源：《武備志》「鎮戍」1頁24。

表3-6.3　易州鎮的軍馬錢糧數額對比：1582, 1593, 1602

	萬曆10年(1582)	萬曆21年(1593)	萬曆30年(1602)
(1)官兵	34,697名	34,697名	不詳
(2)馬騾	4,791匹頭	4,791匹頭	不詳
(3)銀	365,961兩	474,880兩	386,794兩
(4)糧料	23,077石	23,000石	23,077石

資料來源：

(1)萬曆10、30年：表3-6.1、3-6.2之下的合計額。

(2)萬曆21年：附錄4表6之下的合計額。

附表3-6.3　井陘鎮的軍馬錢糧數額對比：1582, 1602

	萬曆10年(1582)	萬曆30年(1602)
(1)官兵	不詳	不詳
(2)馬騾	不詳	不詳
(3)銀	60,713兩	60,713兩
(4)糧料	32,545石	32,545石

資料來源：附表3-6.1、附表3-6.2之下的合計額。萬曆21年無資料。

八、宣府鎮

表3-7.1　嘉靖18年(1539)前後宣府鎮的軍馬錢糧數額

官軍	58,062員名
(a)實在官軍	54,909員名
(b)事故官軍	3,153員名
馬(原額)	45,543匹
馬價銀	50,000兩
山東、山西、河南、北直隸歲入本鎮	
(1)夏稅糧	547,481石
(a)每石折銀1兩	(527,481兩)
(b)內含粟米2萬石，每石折銀8錢	(16,000兩)
(2)折布	189,618疋

大約每疋折銀3錢	(56,880兩)
(3)綿花絨	37,500斤
大約每斤折銀8分	(3,000兩)
(4)草	700,000束
大約每束折銀7分	(49,000兩)
(1)本鎮屯草	443束
大約每束折銀1分	(4兩)
(2)戶口食鹽鈔折銀	11,793兩
(3)年例銀	80,000兩
(4)額派客兵引鹽銀	26,600兩
(5)補歲用不敷引鹽銀	89,045兩
(6)河東運司鹽價銀	80,000兩
(7)本鎮屯糧	62,302石
(8)草	156,186束
(9)團種糧	3,100石
(10)草	53,700束

現額合計：(1)官兵58,062員名；(2)馬45,543匹；(3)銀939,803兩；(4)糧料65,402石。

資料來源：《九邊考》卷4頁8, 12-3。

表3-7.2 萬曆10年（1582）前後宣府鎮的軍馬錢糧數額

原額(年代不明)	現額	說明
(1)官軍151,452員名	(1)主兵官軍79,258員名	(1)比原額減72,194員名
(2)馬55,274匹	(2)馬騾駝驢33,147匹頭	(2)比原額減22,127匹頭
(3)屯糧254,000石	(3.1)屯糧132,038石	(5.1)比原額增15,113引
(4)民運	(3.2)折色銀22,826兩	(6)比原額增245,000兩
(4.1)本色米麥270,000石	(4)民運折色銀787,233兩	
(4.2)折色銀60,000兩	(5.1)淮蘆鹽145,113引(該銀	
(5)鹽200,000引	58,299兩)	
(6)京運銀50,000兩	(5.2)河東運司鹽價銀76,778兩	
	(6)京運年例銀296,000兩	
	(7)淮蘆鹽70,000引(該銀	
	26,600兩)	
	(8)京運年例銀171,000兩	

現額合計：(1)官兵79,258員名；(2)馬騾駝驢33,147匹頭；(3)銀1,438,736兩；(4)糧料132,038石。

資料來源：《會計錄》卷23:795。

表3-7.3 萬曆30年（1602）前後宣府鎮的軍馬錢糧數額

原額官軍	151,452員名
現額	79,258員名
原額馬	55,274匹

現額馬騾駝驢	33,147匹頭
原額	
(1)屯糧	254,000石
(2)民運本色米麥	270,000石
(3)折色銀	60,000兩
(4)鹽	200,000引
(5)京運銀	50,000兩
現額	
(1)主兵屯糧	132,038石
(2)折色銀	22,826兩
(3)民運折色銀	787,233兩
(4)淮蘆鹽	145,113引
該銀	(58,299兩)
(5)河東運司鹽價銀	76,777兩
(6)京運年例銀	125,000兩
(7)客兵淮蘆鹽	70,000引
該銀	(26,600兩)
(8)京運年例銀	171,000兩

現額合計：(1)官兵79,258員名；(2)馬騾駝驢33,147匹頭；(3)銀1,267,735兩；(4)糧料132,038石。
資料來源：《武備志》「鎮戍」2，頁21-3。

表3-7.4　宣府鎮的軍馬錢糧數額對比：1531, 1539, 1549, 1582, 1593, 1602

	嘉靖10年(1531)	嘉靖18年(1539)	嘉靖28年(1549)
(1)官兵	不詳	58,062名	82,974名
(2)馬騾	不詳	45,543匹頭	28,693匹頭
(3)銀	913,250兩	939,803兩	1,138,355兩
(4)糧料	不詳	65,402石	271,281石(已折銀)

	萬曆10年(1582)	萬曆21年(1593)	萬曆30年(1602)
(1)官兵	79,258 名	78,924 名	79,258 名
(2)馬騾	33,147 匹頭	32,904 匹頭	33,147 匹頭
(3)銀	1,438,736 兩	935,200 兩	1,267,735 兩
(4)糧料	132,038 石	188,100 石	132,038 石

資料來源：
(1)嘉靖18年：表3-7.1之下的合計額。
(2)嘉靖10、28年：附錄1表1之下的合計額。
(3)萬曆10、30年：表3-7.2至3-7.3之下的合計額。
(4)萬曆21年：附錄4表7之下的合計額。

九、大同鎮

表3-8.1 嘉靖18年(1539)前後大同鎮的軍馬錢糧數額

本鎮并各路城,原操及新添設弘賜等5堡,馬步官軍、舍餘、土兵、壯勇	59,909 員名
原額馬	46,944 匹
正德7年起至14年(1512-9)止,7次共領過馬	19,000 匹
馬價銀(以後年分未經清查)	215,000 兩
本鎮歲入糧料、布花,本鎮屯糧、屯草及京運年例,通共銀: 內含	775,189 兩
山西布政司起運	
(1)夏稅秋糧料	291,475 石
每石折銀1兩	(291,475 兩)
(2)夏稅秋糧折布	182,500 疋
每疋折銀3錢	(54,750 兩)
(3)綿花絨	80,000 斤
每斤折銀8分	(6,400) 兩
(4)馬草	2,444,850 束
每束折銀8分	(195,588 兩)
河南布政司起運小麥	96,000 石
(每石折銀4錢)	(38,400 兩)
本鎮	
(1)屯糧	127,721 石
大約每石折銀8錢	(102,177 兩)
(2)屯草	176,411 束
(3)秋青草	370,210 束
大約每束折銀3分	(16,399 兩)
京運	
(1)年例銀	70,000 兩
(2)例鹽	70,000 斤

現額合計:(1)官兵59,909員名;(2)馬46,944匹(原額),馬價銀215,000兩;(3)銀775,189兩;(4)糧料515,196石(俱已折銀)。

資料來源:《九邊考》卷5頁7-10。

表3-8.2 萬曆10年(1582)前後大同鎮的軍馬錢糧數額

原額(年代不明)	現額	說明
(1)官軍135,778員名	(1)主兵官軍85,311員名	(1)比原額減50,467員名
(2)馬騾驢51,654匹頭	(2)馬騾驢35,870匹頭	(2)比原額減15,784頭

(3.1)屯糧513,904石 (3.2)草169,190束 (3.3)秋青草1,760,000束 (4)民運 　(4.1)山西米麥豆418,860石（該銀37,500兩） 　(4.2)草600,000束 (5)京運年例銀50,000兩 (6)鹽引80,000引	(3)屯糧 　(3.1)本折126,744石（該銀16,648兩） 　(3.2)牛具銀8,332兩 　(3.3)戶口鹽鈔銀1,079兩 　(3.4)草251,296束（該銀1,056兩） 　(3.5)秋青草191,960束（折銀5,758兩） (4)民運 　(4.1)糧586,475石（該銀456,713兩） 　(4.2)草2,444,850束 　(4.3)荒草銀21,600兩 (5)淮蘆鹽113,804引 (6)京運年例銀450,638兩 (7)京運銀181,000兩 (8)淮蘆鹽70,000引	(3.1)比原額減糧387,160石 (3.2)正德5年始增，原額無 (3.3)嘉靖32年始增，原額無 (3.4)比原額增82,106束 (3.5)比原額減1,568,040束 (4.1)比原額增167,614石 　　（原額增419,213兩） (4.2)比原額增1,844,850束 (4.3)嘉靖38年始增，原額無 (5)比原額增33,804引 (6)比原額增400,638兩

現額合計：(1)官兵85,311員名；(2)馬騾驢35,870匹頭；(3)銀1,142,824兩；(4)糧料應有713,219石（已折銀）。

資料來源：《會計錄》卷24:840。

表3-8.3　萬曆30年(1602)前後大同鎮的軍馬錢糧數額

原額馬步官軍	135,778員名
現額馬步官軍	85,311員名
原額馬驢	51,654匹頭
現額馬驢	35,870匹頭
原額糧餉	
(1)屯糧	513,905石
(2)草	169,190束
(3)秋青草	1,760,000束
(4)民運山西米麥豆	418,860石
(5)京運年例銀	50,000兩
(6)鹽	80,000引
現額	
(1)主兵屯糧本折共	126,744石
(2)牛具銀	8,333兩
(3)戶口鹽鈔銀	1,079兩
(4)草	251,296束
(5)秋青草	191,960束
(6)民運糧	586,475石

(7)草	2,444,850 束
(8)荒草銀	21,600 兩
(9)淮蘆鹽	43,805 引
(10)京運年例銀	269,638 兩
(11)客兵京運銀	181,000 兩
(12)淮蘆鹽	70,000 引

現額合計：(1)官兵85,311員名；(2)馬騾驢35,870匹頭；(3)銀481,650兩；(4)糧料713,219石。

資料來源：《武備志》「鎮戍」卷3頁13-5。

表3-8.4　大同鎮的軍馬錢糧數額對比：1531, 1539, 1549, 1582, 1593, 1602

	嘉靖10年(1531)	嘉靖18年(1539)	嘉靖28年(1549)
(1)官兵	58,620名	59,909名	81,529名
(2)馬騾	21,880匹頭	46,944匹頭(原額)	25,647匹頭
(3)銀	992,460兩	775,189兩	1,043,953兩
(4)糧料	不詳	515,196石(已折銀)	515,196石(已折銀)

	萬曆10年(1582)	萬曆21年(1593)	萬曆30年(1602)
(1)官兵	85,311 名	85,311 名	85,311 名
(2)馬騾	35,870 匹頭	35,870 匹頭	35,870 匹頭
(3)銀	1,142,824 兩	886,090 兩	481,650 兩
(4)糧料	713,219石(已折銀)	78,100 石	713,219 石

資料來源：

(1)嘉靖18年：表3-8.1之下的合計額。

(2)嘉靖10、28年：附錄1表2之下的合計額。

(3)萬曆10、30年：表3-8.2至3-8.3之下的合計額。

(4)萬曆21年：附錄4表8之下的合計額。

十、山西鎮

　　在錢糧方面，《九邊考》卷6頁11說：「本鎮糧草皆山西布政司供給，與固原事體同。」從同書卷10固原鎮的「錢糧考」，得知固原鎮是由陝西布政司的歲入供應(詳見第14節)。魏煥說山西鎮「與固原事體同」，應是指錢糧數額。但若對比萬曆10年山西鎮與固原鎮的軍馬錢糧數額(表3-9.2、表3-13.2)，兩者又大不相同。既然魏煥說山西鎮「與固原事體同」，又無其他史料可佐證，我就把固原鎮嘉靖18年(1539)前後的軍馬錢糧數額，複

製到表3-9.1內。

　　本鎮官軍與額馬的編制有27,547員名，在代州、雁門、寧武、偏頭三關，并八角、三岔、五塞、神池、老營等堡，及備冬河曲、保德等處，常操、輪操并冬操、夏種、禦冬。上述各關、營、堡的分布，詳見《九邊考》卷6頁7-10。三關的原額馬是9,665匹，正德5年起至12年止(1510-7)，二次關過馬900匹，馬價銀30,000兩，以後年分未經清查。

表3-9.1　嘉靖18年(1539)前後山西鎮的軍馬錢糧數額

馬步官軍、舍餘共	27,547員名
(a)實有官軍、舍餘	22,093員名
(b)事故等項官軍、舍餘	5,454員名
原額馬 (正德5年起至12年止(1510-7)，二次關過馬900匹，馬價銀30,000兩，以後年分未經清查)。	9,665匹
本鎮糧草皆山西布政司供給，與固原事體同(《九邊考》卷10頁9-13)。	
(1)夏稅秋糧共	225,449石
各折不等，共折銀	(167,396兩)
(2)草	283,236束
折銀	(81,619兩)

現額合計：(1)官兵27,547員名；(2)馬9,665匹(原額)；(3)銀249,015兩；(4)糧料225,449石(已折銀)。

資料來源：《九邊考》卷6頁7-11。

表3-9.2　萬曆10年(1582)前後山西鎮的軍馬錢糧數額

原額(年代不明)	現額	說明
(1)官軍25,287員名	(1)主兵官軍55,295員名	(1)比原額增30,008員名
(2)馬騾6,551匹頭	(2)馬騾24,764匹頭	(2)比原額增18,213匹頭
(3)屯糧800石	(3)屯糧	(3.1)比原額增27,792石
(4)民運	(3.1)本色28,592石	(4.1)比原額減46,511石
(4.1)本色米豆68,033石	(3.2)折色銀1,030兩	(5)比原額增44,391引
(4.2)草600,000束	(3.3)秋青草95,086束	(7)比原額增186,300兩
(5)鹽120,000引	(4)民運	(8)與(7)同名異項
(該銀30,000兩)	(4.1)本色米豆共21,522石	
(6)京運銀20,000兩	(4.2)折色銀362,120兩	
	(5)淮浙、山東鹽164,391引	
	(共銀57,832兩)	
	(6)鹽課銀64,259兩	

原額(年代不明)	現額	説明
	(7)京運銀206,300兩 (8)京運銀73,000兩	

現額合計：(1)官兵55,295員名；(2)馬騾24,764匹頭；(3)銀764,541兩；(4)糧料50,114石。

資料來源：《會計錄》卷25:879-80。

表3-9.3　萬曆30年(1602)前後山西鎮的軍馬錢糧數額

原額官軍	25,287員名
現額官軍	55,295員名
原額馬騾	6,551匹頭
現額馬騾	24,764匹頭
原額	
(1)屯糧	800石
(2)民運本色米豆	68,033石
(3)草	600,000束
(4)鹽	120,000引
(5)京運銀	20,000兩
現額	
(1)主兵屯糧本色	28,592石
(2)折色銀	1,031兩
(3)秋青草	95,086束
(4)民運本色米豆	21,522石
(5)折色銀	362,121兩
(6)淮浙山東鹽	164,391引
(共銀)	(57,832兩)
(7)河東鹽課銀	64,259兩
(8)京運銀	133,300兩
(9)客兵京運銀	73,000兩

現額合計：(1)官兵55,295員名；(2)馬騾24,764匹頭；(3)銀691,543兩；(4)糧料50,114石。

資料來源：《武備志》「鎮戍」卷3頁24-6。

表3-9.4　山西鎮的軍馬錢糧數額對比：1531, 1539, 1549, 1582, 1593, 1602

	嘉靖10年(1531)	嘉靖18年(1539)	嘉靖28年(1549)
(1)官兵	不詳	27,547 名	37,818 名
(2)馬騾	不詳	9,665 匹頭(原額)	11,714 匹頭
(3)銀	90,168 兩	249,015 兩	838,325 兩
(4)糧料	1,605,746 石	225,449 石(已折銀)	398,292 石(已折銀)

	萬曆10年(1582)	萬曆21年(1593)	萬曆30年(1602)
(1)官兵	55,295 名	51,746 名	55,295 名
(2)馬騾	24,764 匹頭	22,660 匹頭	24,764 匹頭
(3)銀	764,541 兩	675,480 兩	691,543 兩
(4)糧料	50,114 石	50,100 石	50,114 石

資料來源：
(1)嘉靖18年：表3-9.1之下的合計額。
(2)嘉靖10、28年：附錄1表7之下的合計額。
(3)萬曆10、30年：表3-9.2至3-9.3之下的合計額。
(4)萬曆21年：附錄4表9之下的合計額。

十一、延綏鎮

表3-10.1　嘉靖18年(1539)前後延綏鎮的軍馬錢糧數額

本鎮所管34城堡常操、新募、輪班、冬操、夏種、并事故等項，原額馬步、騎操官軍共	58,067員名
本鎮原額馬	22,219匹
正德元年起至8年(1506-13)止，三次共領過	5,480匹
馬價銀(以後年分未經清查)	(30,000兩)
陝西布政司歲入本鎮	
(1)夏稅秋糧本色共	79,305石
(2)折色共	211,980石
各折不等，共折銀	(184,658兩)
(3)本色馬草	556,086束
河南布政司歲入本鎮布豆折銀	33,000兩
本鎮	
(1)本色屯種	66,135石
(2)屯草	73,211束
(3)秋青草	733,460束
年例銀與新增募軍年例銀共	40,000兩
額派客兵引鹽銀	29,750兩
補歲用不數引鹽銀	33,089兩
募軍引鹽銀	29,520兩

現額合計：(1)官兵58,067員名；(2)馬22,219匹(原額)；(3)銀350,017兩；(4)糧料145,440石。
資料來源：《九邊考》卷7頁6-8。

表3-10.2　萬曆10年(1582)前後延綏鎮的軍馬錢糧數額

原額(年代不明)	現額	說明
(1)官軍80,196員名	(1)主兵官軍53,254員名	(1)比原額減26,942員名

(2)馬45,940匹	(2)馬騾32,133匹頭	(2)比原額減13,807匹頭
(3)屯糧	(3)屯	(3.1)比原額減9,358石
(3.1)料65,845石	(3.1)糧料56,487石	(3.2)比原額增18,133束
(3.2)草43,372束	(3.2)草61,505束	(3.3)比原額減78兩
(3.3)地畝銀1,124兩	(3.3)地畝銀1,046兩	(4.1)比原額減182,174石
(4)民運糧280,000石	(4)民運	(4.2)這是在民運料內，而
(5)淮浙鹽200,000引	(4.1)糧97,826石	(3.1)是在屯糧料內
(6)京運銀100,000兩	(4.2)草7,942束	(6)比原額增277,515兩
	(4.3)折色銀197,433兩	
	(5)淮浙鹽共226,482引(該	
	銀67,625兩)	
	(6)京運年例銀共377,515兩	
	(7)淮浙鹽70,000引(該銀	
	29,750兩)	
	(8)京運年例銀20,250兩	

現額合計：(1)官兵53,254員名；(2)馬騾32,133匹頭；(3)銀693,619兩；(4)糧料154,313石。

資料來源：《會計錄》卷26:902-3。

表3-10.3　萬曆30年(1602)前後延綏鎮的軍馬錢糧數額

原額官軍	80,196員名
現額官軍	53,254員名
原額馬	45,940匹
現額馬騾	32,133匹頭
原額	
(1)屯糧料	65,845石
(2)草	43,372束
(3)地畝銀	1,124兩
(4)民運糧	280,000石
(5)淮浙鹽	200,000引
(6)京運銀	100,000兩
現額	
(1)主兵屯糧料	56,487石
(2)草	61,505束
(3)地畝銀	1,416兩
(4)民運糧料	97,826石
(5)草	7,942束
(6)折色銀	197,433兩
(7)淮浙鹽	156,482引
(該銀)	(67,626兩)
(8)京運年例銀	357,265兩
(9)客兵淮浙鹽	70,000引

（該銀）	（29,750兩）
(10)京運年例銀	20,250兩

現額合計：(1)官兵53,254員名；(2)馬騾32,133匹頭；(3)銀673,740兩；(4)糧料154,313石。

資料來源：《武備志》「鎮戍」卷4頁7-9。

表3-10.4　延綏鎮的軍馬錢糧數額對比：1531,1539,1549,1582,1593,1602

	嘉靖10年(1531)	嘉靖18年(1539)	嘉靖28年(1549)
(1)官兵	41,451 名	58,067 名	44,036 名
(2)馬騾	17,426 匹頭	22,219 匹頭(原額)	20,557 匹頭
(3)銀	247,658 兩	350,017 兩	513,135 兩
(4)糧料	145,440 石	145,440 石	145,440 石

	萬曆10年(1582)	萬曆21年(1593)	萬曆30年(1602)
(1)官兵	53,254 名	36,230 名	53,254 名
(2)馬騾	32,133 匹頭	26,567 匹頭	32,133 匹頭
(3)銀	693,619 兩	605,010 兩	673,740 兩
(4)糧料	154,313 石	156,300 石	154,313 石

資料來源：

(1)嘉靖18年：表3-10.1之下的合計額。

(2)嘉靖10、28年：附錄1表4之下的合計額。

(3)萬曆10、30年：表3-10.2至3-10.3之下的合計額。

(4)萬曆21年：附錄4表10之下的合計額。

十二、寧夏鎮

表3-11.1　嘉靖18年(1539)前後寧夏鎮的軍馬錢糧數額軍

本鎮3路各城營堡，原額馬步、守城，及冬操、夏種、舍餘、土兵并備禦官軍共	70,263員名
本鎮原額馬	19,595匹
正德2年起至13年(1507-18)止，4次共領過馬	2,500匹
馬價銀(後續領者未經清查)	70,000兩
陝西布政司歲入本鎮	
(1)夏稅秋糧共	133,405石
各折不等，共折銀	(120,095兩)
(2)夏稅秋糧共	10,400石
每5斗折小綿布1疋，共折布	20,800疋
(3)馬草	161,240束
本鎮	

(1)屯糧	175,946石
(2)屯草	230,200束
(3)秋青草	2,630,080束
年例銀	40,000兩
額派客兵引鹽銀	29,000兩
補歲用不數引鹽銀	101,508兩

現額合計：(1)官兵70,263員名；(2)馬19,595匹（原額）；(3)銀290,603兩；(4)糧料186,346石。

資料來源：《九邊考》卷8頁7-11。

表3-11.2　萬曆10年（1582）前後寧夏鎮的軍馬錢糧數額

原額（年代不明）	現額	説明
(1)官軍71,693員名	(1)主兵官軍27,934員名	(1)比原額減43,759員名
(2)馬21,182匹	(2)馬14,657匹	(2)比原額減7,525匹
(3)屯糧	(3)屯糧	(3.1)比原額減39,194石
(3.1)料107,497石	(3.1)料148,303石	(3.2)比原額增119,884束
(3.2)草1,687,474束	(3.2)屯草并秋青草	(5)比原額增88,994引
(4)民運糧200,000石	1,807,358束	(7)與(6)同名異項
(5)鹽108,000引	(3.3)折色糧草銀1,745兩	
(6)京運銀40,000兩	(3.4)地畝銀1,290兩	
	(4)民運	
	(4.1)本色糧1,349石	
	(4.2)本色草25,295束	
	(4.3)折色糧草銀108,719兩	
	(5)淮浙鹽196,994引（該銀	
	81,694兩）	
	(6)京運年例銀20,706兩	
	(7)京運年例銀10,000兩	

現額合計：(1)官兵27,934員名；(2)馬14,657匹；(3)銀224,154兩；(4)糧料149,652石。

資料來源：《會計錄》卷27:927-8。

表3-11.3　萬曆30年（1602）前後寧夏鎮的軍馬錢糧數額

原額馬步官軍	71,693 員名
現額	27,934 員名
原額馬	22,182 匹
現額	14,657 匹
原額	
(1)屯糧料	107,497 石
(2)草	1,687,474 束
(3)民運糧	200,000 石
(4)鹽	108,000 引

(5)京運銀	40,000 兩
現額	
(1)主兵屯糧料	148,304 石
(2)屯草并秋青草	1,807,358 束
(3)折色糧草銀	1,745 兩
(4)地畝銀	1,290 兩
(5)民運本色糧	1,349 石
(6)本色草	25,295 束
(7)折色糧草銀	108,719 兩
(8)淮浙鹽	196,994 引
（該銀）	（81,695 兩）
(9)京運年例銀	25,000 兩
(10)客兵京運銀	10,000 兩

現額合計：(1)官兵27,934員名；(2)馬14,657匹；(3)銀228,449兩；(4)糧料149,653石。

資料來源：《武備志》「鎮戍」卷4頁20-1。

表3-11.4　寧夏鎮的軍馬錢糧數額對比：1531,1539,1549,1582,1593,1602

	嘉靖10年(1531)	嘉靖18年(1539)	嘉靖28年(1549)
(1)官兵	41,614 名	70,263 名	31,890 名
(2)馬騾	21,887 匹頭	19,595 匹頭(原額)	13,343 匹頭
(3)銀	不詳	290,603 兩	493,866 兩
(4)糧料	514,485 石	186,346 石	318,661 石(已折銀)

	萬曆10年(1582)	萬曆21年(1593)	萬曆30年(1602)
(1)官兵	27,934 名	27,773 名	27,934 名
(2)馬騾	14,657 匹頭	13,919 匹頭	14,657 匹頭
(3)銀	224,154 兩	218,300 兩	228,449 兩
(4)糧料	149,652 石	166,000 石	149,653 石

資料來源：

(1)嘉靖18年：表3-11.1之下的合計額。

(2)嘉靖10、28年：附錄1表5之下的合計額。

(3)萬曆10、30年：表3-11.2至3-11.3之下的合計額。

(4)萬曆21年：附錄4表11之下的合計額。

十三、甘肅鎮

表3-12.1　嘉靖18年(1539)前後甘肅鎮的軍馬錢糧數額

肅州左等15衛所，原額冬操、夏種、舍餘并調到備禦陝 西蘭臨衛官軍	89,501 員名
本鎮原額馬 正德6年起至9年(1511-4)，3次共領過馬 馬價銀(以後年分未經清查)	6,560 匹 3,500 匹 (60,000 兩)
陝西布政司歲入本鎮 (1)夏稅秋糧本色共 (2)折色共 　各折不等，共折銀 (3)折布糧共 　每5斗折小綿布1疋，共折布	5,292 石 276,585 石 (264,419 兩) 36,003 石 (72,005 疋)
本鎮 (1)屯糧 (2)屯草	194,310 石 4,062,160 束
年例銀 補歲用不數引鹽銀 額派客兵引鹽銀 議處腳價銀	60,000 兩 49,932 兩 54,000 兩 17,500 兩

現額合計：(1)官兵89,501員名；(2)馬6,560匹(原額)；(3)銀445,851兩；(4)糧料199,602石。
資料來源：《九邊考》卷9頁8-13。

表3-12.2　萬曆10年(1582)前後甘肅鎮的軍馬錢糧數額

原額(年代不明)	現額	說明
(1)官軍91,571員名	(1)主兵官軍46,901員名	(1)比原額減44,670員名
(2)馬29,318匹	(2)馬騾21,680匹頭	(2)比原額減7,638匹
(3)屯糧	(3)屯糧	(3.1)比原額減370,754石
(3.1)料603,188石	(3.1)料232,434石	(3.2)比原額增1,203,589束
(3.2)屯草549,703束	(3.2)草1,753,292束	(5)比原額減8,503兩
(4)民運糧246,744石	(3.3)秋青草1,797,545束	(6)比原額增202,000引
(5)京運銀60,000兩	(3.4)折色草價銀2,194兩	
(6)鹽75,000引	(3.5)湖蕩草759,413束	
	(4)民運糧布折銀294,959兩	
	(5)京運銀51,497兩	
	(6)淮浙鹽277,000引（該銀	

原額(年代不明)	現額	説明
	102,150兩）	

現額合計：（1）官兵46,901員名；（2）馬騾21,680匹頭；（3）銀450,800兩；（4）糧料232,434石。

資料來源：《會計錄》卷28:947-8。

表3-12.3　萬曆30年（1602）前後甘肅鎮的軍馬錢糧數額

原額官軍	91,571 員名
現額	46,901 員名
原額馬	29,318 匹
現額馬騾	21,660 匹頭
原額	
（1）屯糧料	603,188 石
（2）屯草	549,703 束
（3）民運糧	246,744 石
（4）鹽	75,000 引
（5）京運銀	60,000 兩
現額	
（1）屯糧料	232,434 石
（2）草	1,753,292 束
（3）秋青草	1,797,545 束
（4）折色草價銀	2,195 兩
（5）湖蕩草	759,413 束
（6）民運糧折布銀	294,959 兩
（7）京運銀	51,498 兩
（8）淮浙鹽	277,000 引
（該銀）	（102,150 兩）

現額合計：（1）官兵46,901員名；（2）馬騾21,660匹頭；（3）銀450,802兩；（4）糧料232,434石。

資料來源：《武備志》「鎮戍」卷5頁14-6。

表3-12.4　甘肅鎮的軍馬錢糧數額對比：1531,1539,1549,1582,1593,1602

	嘉靖10年（1531）	嘉靖18年（1539）	嘉靖28年（1549）
（1）官兵	40,245 名	89,501 名	39,882 名
（2）馬騾	24,919 匹頭	6,560 匹頭（原額）	18,206 匹頭
（3）銀	389,821 兩	445,851 兩	517,883 兩
（4）糧料	228,990 石	199,602 石	218,673 石
	萬曆10年（1582）	萬曆21年（1593）	萬曆30年（1602）
（1）官兵	46,901 名	46,901 名	46,901 名
（2）馬騾	21,680 匹頭	21,680 匹頭	21,660 匹頭
（3）銀	450,800 兩	549,730 兩	450,802 兩

(4)糧料	232,434 石	232,400 石	232,434 石

資料來源：

(1)嘉靖18年：表3-12.1之下的合計額。

(2)嘉靖10、28年：附錄1表6之下的合計額。

(3)萬曆10、30年：表3-12.2至3-12.3之下的合計額。

(4)萬曆21年：附錄4表12之下的合計額。

十四、固原鎮

表3-13.1　嘉靖18年(1539)前後固原鎮的軍馬錢糧數額

本鎮所屬陝西都司管操領官軍，并守備固原、靖虜、環慶、蘭州、洮州、河州、岷州、西固城、階文等處，實在并事故官軍、土達、民壯、鄉導、義勇、召募、抽選、舍餘，共	67,294 員名
舊馬	4,800 匹
新增種馬	1,000 匹
養馬軍人	1,164 名
陝西歲入本鎮 (1)夏稅秋糧共	225,449 石
各折不等，共折銀	(167,396 兩)
(2)草	283,236 束
折銀	(81,619 兩)

現額合計：(1)官兵67,294員名；(2)馬5,800匹；(3)銀249,015兩；(4)糧料225,449石(已折銀)。

資料來源：《九邊考》卷10頁9-13。

表3-13.2　萬曆10年(1582)前後固原鎮的軍馬錢糧數額

原額(年代不明)	現額	説明
(1)官軍126,919員名	(1)主兵官軍90,412員名	(1)比原額減36,507員名
(2)馬騾牛32,250匹頭隻	(2)馬騾牛33,842匹頭隻	(2)比原額增1,592匹
(3)屯糧	(3)屯糧	(3.1)比原額減5,216石
(3.1)本色324,622石	(3.1)本色319,406石	(3.2)比原額減43,748束
(3.2)屯草229,750束	(3.2)屯草186,002束	(3.5)比原額增2,907兩
(3.3)秋青草14,227束	(3.3)秋青草14,227束	(3.6)比原額增227兩
(3.4)折色糧料草銀共 38,333兩	(3.4)糧折布105疋	(4.1)比原額增3,222石
(3.5)地畝銀6,773兩	(3.5)折色糧料草銀 41,240兩	(4.2)比原額減2,633束
(4)民運	(3.6)地畝銀7,000兩	(4.3)比原額減4,335兩
(4.1)本色糧42,103石	(3.7)牛具銀196兩	(5)比原額增16,924引
(4.2)草10,696束	(4)民運	(6.1)比原額增14,850兩
		(6.2)比原額減389兩

原額(年代不明)	現額	説明
(4.3)布65,846疋 (4.4)花29,110斤 (4.5)折色糧料布花銀 　　　共283,631兩 (5)鹽72,857引(該銀 　30,000兩) (6)京運 　(6.1)銀48,871兩 　(6.2)犒賞銀588兩	(4.1)本色糧45,325石 (4.2)草8,063束 (4.3)折色糧料草布花銀 　　279,296兩 (5)淮浙鹽60,856引(該銀 　25,371兩) (6)京運 　(6.1)銀63,721兩 　(6.2)犒賞銀199兩	

現額合計：(1)官兵90,412員名；(2)馬騾牛33,842匹頭隻；(3)銀417,023兩；(4)糧料364,731石。
資料來源：《會計錄》卷29:968-9。

表3-13.3　萬曆30年(1602)前後固原鎮的軍馬錢糧數額

原額官軍	126,919 員名
現額官軍	90,412 員名
原額馬騾牛	32,250 匹頭隻
現額馬騾牛	33,842 匹頭隻
原額	
(1)屯糧料本色	324,622 石
(2)屯草	229,705 束
(3)秋青草	14,227 束
(4)折色糧料草銀共	38,333 兩
(5)地畝銀	6,774 兩
(6)民運本色糧料	42,104 石
(7)草	10,696 束
(8)布	65,846 疋
(9)花	29,111 斤
(10)折色糧料布花銀共	283,631 兩
(11)鹽	72,857 引
(12)京運銀	48,871 兩
(13)犒賞銀	589 兩
現額	
(1)屯糧料本色	319,407 石
(2)屯草	186,002 束
(3)秋青草	14,227 束
(4)糧折布	105 疋
(5)折色糧料草銀共	41,240 兩
(6)地畝銀	7,000 兩
(7)牛具銀	196 兩

(8)民運本色糧料	45,325 石	
(9)草	8,063 束	
(10)折色糧料草布花銀共	279,297 兩	
(11)淮浙鹽	60,856 引	
（該銀）	（25,370 兩）	
(12)京運銀	63,721 兩	
(13)犒賞銀	199 兩	

現額合計：(1)官兵90,412員名；(2)馬騾牛33,842匹頭隻；(3)銀417,023兩；(4)糧料364,731石。
資料來源：《武備志》「鎮戍」卷5頁6-8。

表3-13.4　固原鎮的軍馬錢糧數額對比：1531,1539,1549,1582,1593,1602

	嘉靖10年(1531)	嘉靖18年(1539)	嘉靖28年(1549)
(1)官兵	76,093 名	67,294 名	11,755 名
(2)馬騾	32,901 匹頭	5,800 匹頭	8,644 匹頭
(3)銀	132,721 兩	249,015 兩	325,740 兩
(4)糧料	308,188 石	225,449 石(已折銀)	268,550 石

	萬曆10年(1582)	萬曆21年(1593)	萬曆30年(1602)
(1)官兵	90,412 名	59,813 名	90,412 名
(2)馬騾	33,842 匹頭	29,527 匹頭	33,842 匹頭
(3)銀	417,023 兩	377,420 兩	417,023 兩
(4)糧料	364,731 石	267,700 石	364,731 石

資料來源：
(1)嘉靖18年：表3-13.1之下的合計額。
(2)嘉靖10、28年：附錄1表9之下的合計額。
(3)萬曆10、30年：表3-13.2至3-13.3之下的合計額。
(4)萬曆21年：附錄4表13之下的合計額。

十五、綜合觀察

　　以上第2至14節表列嘉靖10年(1531)至萬曆30年(1602)間，13個邊鎮的軍馬錢糧數。每節都先有3個表(第4至7節只有2個表)，說明3個(或2個)不同時期的單年項目與數字。第4個(或第3個)表則羅列、對比這3個表(或2個)的總額，用以觀察這70多年間(1531-1602)的變化。這些數字都很簡明，也容易判讀，不勞細說。現在把重點放在每節的第4個(或第3個)表，可以

得到幾個綜合性的印象。

(1)表3-2.4薊州鎮在嘉靖18年的各項數字，都比萬曆10年、30年明顯龐大。那是因為此時的薊州鎮，在行政上包括永平、密雲、昌平、易州(附井陘)諸鎮。也因而在表3-3.3、3-4.3、3-5.3、3-6.3內，都無嘉靖年間的資料，只有萬曆10年、30年的數字。

(2)綜觀第2至14節的最後表格，可看到嘉靖10年和萬曆10年間，各項數字有明顯變動；而萬曆10年與30年的20年間，幾乎無多大更動。以表3-13.4固原鎮為例，萬曆10年與30年的4項軍馬錢糧數字完全一樣，可說已是定額的形式。這種情形在表3-12.4甘肅鎮、表3-11.4寧夏鎮、表3-7.4宣府鎮、表3-6.3易州鎮、井陘鎮、表3-5.3昌平鎮都可看到，可說是一般性的現象。

(3)如果萬曆年間邊鎮糧餉的預算長期穩定，為何有些邊鎮的某些項目(尤其是銀兩數)會有所變動？是因為有緊急戰況？有客兵的額外經費需求？有天災或人禍？這些問題沒有現成的答案，因為那須要逐一理解各邊鎮在哪個時期出現哪些特殊狀況，這些事情遠超過本書的設定範圍。

＊　　　　＊　　　　＊

以上是第3章的內容，旨在陳述13邊鎮的糧餉項目與數字。這些宏觀的結構，是要當作以下諸章(4-11)對個別題材深入解說的背景。

第4章
屯田與屯糧

依地埋位置來區分，明代屯田可分「邊地」（北方邊鎮、西、南邊境）與「腹裡」（內地）兩類，本章只談北方的九邊13鎮。13邊鎮防線長，駐兵雜多，糧食若由內地轉運，一方面成本過高，二方面未必能充裕供應，所以邊鎮屯田的目標是：「邊有儲積之饒，國無運餉之費。」

屯田有兩種意涵，一是作為動詞，這是從漢代之後，歷朝政府組織勞動力開墾荒地的生產形式。二是作為名詞，是這種耕作方式的土地本身，例如說有「屯田幾千畝」。通常是兩義互用，可依上下文來判讀。本章所分析的邊鎮屯田，觸及這兩種不同的層面：(1)談論邊地屯田的頃畝數、屯軍數、子粒石數等數據性的面向（第2、3節）；(2)析述13邊鎮的屯田，遇到哪些普遍性的結構問題，以及有哪些較嚴重的個別困難（第4、5節）。

屯軍墾殖田地，每年須把收獲物上繳官府（屯倉），這項納貢（稅額）稱為「屯田子粒」，也稱為「屯糧」或「稅糧」或「田租」；也簡稱為「糧」或「稅」：夏季繳的稱為「夏稅」，秋後的是「秋稅」。有時糧、銀合繳，稱為「錢糧」（本折兼收），某些地方繳交穀草，稱为「糧草」。

明代相當注重屯田，其中最重要的是軍屯，之外還有民屯、商屯等多種形式。進入主題之前，第1節先大略解說：(1)主要的明代屯田文獻；(2)民屯、商屯、軍屯的意義與運作原則。第2節說明13邊鎮的屯糧沿革簡史。第3節從宏觀的角度，對比嘉靖至萬曆年間，諸邊鎮的屯糧石數與百分比。第4節析述邊鎮屯田的各種實際狀況與問題，以及為何邊鎮屯田時常是朝廷的一大困擾。第5節評估以邊鎮屯田糧來支付官軍俸糧的百分比，結論是：效果有限。

一、背景解說

1.基本文獻

　　研究明代屯田制的文獻相當豐富，就基礎史料來說，《國朝典彙》卷156(兵部20)有「屯田」（頁7253-98）、郭厚安(1989)《明實錄經濟資料選編》頁92-144「屯田」，有相當好的編年記載。同樣地，姚偉軍等人主編的《明實錄纂‧經濟史料卷》頁608-52「屯田概況」，也有類似資料的選編。明代對屯田政策的重要意見，可參見《明經世文編》第6卷末「分類目錄」頁30的「屯田」項，收錄49篇奏疏與議論文，相當能反映不同年代的各種見解。

　　這49篇當中，約有一半是談嘉靖初期至萬曆中末期，邊鎮屯田的諸項問題。較具代表性的重要論述，例如劉大夏、楊一清、林希元、潘潢、王之誥、楊博、葉向高等人的觀察與建議，都很能切中問題。其中最具特色的是在隆慶3至4年間(1569-70)，總理屯鹽都御史龐尚鵬寫的〈清理薊鎮屯田疏〉等9篇奏疏（《明經世文編》卷358-60，頁3855-91）。龐尚鵬系統地析論邊鎮屯田的個別困難，以及普遍性的結構問題，王毓銓(1965)《明代的軍屯》也屢屢引述他的論點。

　　近人研究中較具代表性的，在論文方面有孫媛貞(1935)〈明代屯田制研究〉、王崇武(1936)〈明代的商屯制度〉、(1937)〈明代民屯之組織〉、寺田隆信(1962a)〈民運糧　屯田糧〉、諸星健兒(1990)〈明代遼東の軍屯に關する一考察：宣德～景泰年間の屯糧問題おめぐつて〉（引述許多日本研究明代軍屯的文獻）。

　　在專書方面，最為人熟知也最全面性的研究，是王毓銓(1965)《明代的軍屯》：上編16章解說軍屯的制度和作用，下編9章說明軍屯的生產關係與軍屯制的破壞；此書內容扎實，說理清楚，脈絡分明，文獻齊備。清水泰次(1968)《明代土地制度史研究》頁235-383析述屯田、軍田、營田、商屯諸項主題。寺田隆信(1972)《山西商人の研究》，頁60-79探討邊餉中的

屯田糧問題。楊暘(1993)《明代東北史綱》，頁87-104、235-45、321-36分析
遼東都司屯田的根源、管理與土地占有關係的轉變；另可參閱劉謙(1989)
《明遼東鎮長城及防禦考》頁205-12對遼東屯田的解說。松本隆晴(2001)
《明代北邊防衛体制の研究》頁284-309(附論2)，對洪武至正統年間的屯田
子粒做出統計數額表(頁286)，並辯駁說這些數字有「信憑性」(頁305)。以
上這些文獻對明代屯田的解說已是眾所熟知，不必在此摘要重述。

　　有一個題材是過去較少系統性觸及的，那就是針對十三邊鎮屯田狀況
所做的整體性研究：它們的發展過程、屯田面積與石數的變化、各自面臨
的特殊問題有哪些、屯田對支付邊鎮官軍俸糧的貢獻。這些是本章第2、
3、4、5節所要回答的問題。

2.屯田的形式

(a)民屯

　　自古即有政府召募百姓開墾荒地，明代的民屯約略可分3種：移民屯
田、募民屯田、徙罪徒屯田。據王崇武(1937)〈明代民屯之組織〉的研
究，明初的民屯是沿襲元朝末年做法。元末因戰爭與租稅過重，農民逃亡
的情況嚴重，政府召民屯種田地，得到部分的成果，但仍無法挽回滅亡的
命運。明太祖出身農家，開國後尤其注意招撫逃亡、開闢地利，民屯是這
條路線下自然的政策。洪武元年(1368)對民屯有積極的獎勵政策：「各處
荒閑田地，許令人開墾，永為己業，與免雜泛差役。三年後，並依體民田
起科租稅。」[1](王崇武1937:235)。在社會穩定、人口激增後，民屯的政策
必要性已降低，到了永樂年間就已無重要性，時常發生勢豪侵占之事。

　　據孫媛貞〈明代屯田制研究〉(1935:42)的研究，成化年間以後，邊地

1　《明史・食貨志・田志》記載洪武3年(1370)：「中書省言：『河南、山東、北
平、陝西、山西及直隸淮安諸府屯田，凡官給牛種者十稅五，自備者十稅
三。』詔且勿徵，三年後畝收租一斗。六年，太僕丞梁埜僊帖木爾言：『寧夏
境內及四川西南至船城，東北至塔灘，相去八百里，土膏沃，宜招集流亡屯
田。』從之。……又因海運餉遼有溺死者，遂益講屯政，天下衛所州縣軍民皆
事墾闢矣。」

屯軍逃亡日多，所遺下的屯田無人耕作。當時有人（例如梁材）建議，召募「隴右、關西一帶人民，令其納糧以資口食，而不當差，……」，但因無具體的保護性配套措施，民間的信任度不高，民屯之議成效有限。整體而言，民屯是元末明初之際，應對戰亂、缺糧、流民的政策，一旦社會穩定、人口增加之後，民屯的功能就不易發揮了。

(b)商屯

商屯是明代獨創的制度，主要的特色是讓商人在各邊鎮開墾土地、生產糧食，用以交換在內地買賣鹽引的權利。這是商人在官田上耕作的形式，稱為商屯。明太祖在洪武3年(1370)實行開中法，目的是要解決邊鎮糧儲的部分問題。基本的做法是召商輸糧於邊，然後給予運銷食鹽的許可（鹽引）。但商人遠地運糧負擔太重，就在邊鎮地區召募游民開墾，所產的糧食就地繳倉。

永樂年間的兌換率，是糧食1.5斗至2.5斗可支鹽1引。因利潤較高，所以商屯發展迅速，能有效協助邊鎮糧食的供應。在政府的控制下，邊糧與食鹽的運銷相結合，這是兩全其美的設計。到了成化年間，開始有人納銀換取鹽引。弘治5年(1492)，戶部准許商人納銀於鹽運司，不必輸糧到邊鎮就可領取鹽引。變法的原因是：商人赴邊納糧，價少而遠涉；在運司納銀，價多而易辦。另有一種說法：戶部尚書葉淇是淮安人，親識中多鹽商，所以有變法之舉（參見第9章〈鹽法與邊儲〉對這件事的解說）。

變法之初，「每引輸銀三、四錢有差，視國初米值加倍，而無遠運之苦。」（孫媛貞1935:40）這是從國庫收入的角度來看，但若從邊鎮的角度來看，則有兩項明顯的後果：屯田糧產減少，糧價必然高漲。這些問題在第9章論鹽引與鹽課時會再詳述。王崇武(1936)〈明代的商屯制度〉對商屯制度興衰的過程，有簡明清晰的解說，提供詳細的統計數字，也有對葉淇的辯護，至今仍是這個問題的基礎文獻。另見清水泰次(1968)《明代土地制度史研究》頁367-83〈商屯考〉的簡潔說明

(c)軍屯

朱元璋在建國前已組織軍隊屯田，開國後延續這項政策。「太祖初，

立民兵萬戶府，寓兵於農，其法最善。……其制，移民就寬鄉，或召募或罪
徙者為民屯，皆領之有司。而軍屯則領之衛所。邊地，三分守城，七分屯
種。內地，二分守城，八分屯種，每軍受田五十畝為一分，給耕牛、農具，
教樹植，復租賦，遣官勸輸，誅侵暴之吏。」（《明史‧食貨志‧田志》）

明初軍屯制的特點，在於明太祖把這套制度推行到全國各地的547衛、
2,593所，目的是要做到「以軍隸衛，以屯養軍」。在永樂、宣德之際，約
有屯耕者36萬，屯田存糧多至270萬石，單是遼東地區就有屯糧70萬石。宣
德之後軍屯制漸壞，七分屯田、三分守城之制已難維持，定期檢查倉庫也
不再執行，軍官占田自飽之事時有所聞。

「自正統後，屯政稍弛，而屯糧猶存三之二。其後屯田多為內監、軍
官占奪，法盡壞。憲宗之世頗議釐復，而視舊所入，不能什一矣。弘治
間，屯糧愈輕，有畝止三升者。……初，永樂時，〔遼東〕屯田米常溢三
之一，常操軍十九萬，以屯軍四萬供之，而受供者又得自耕。邊外軍無月
糧，以是邊餉恆足。及是，屯軍多逃亡，常操軍止八萬，皆仰給於倉。而
邊外數擾，棄不耕。劉瑾擅政，遣官分出丈田責逋。希瑾意者，偽增田
數，搜括慘毒。戶部侍郎韓福尤急刻。遼卒不堪，脅眾為亂，撫之乃
定。」（《明史‧食貨志‧田制》）以上只舉遼東地區為例，但已可看出明
代邊鎮軍屯的興衰過程，嚴重時甚至還會引起暴動。

(d)營田

另有一種屯田的形式稱為營田。朱元璋在元末至正16年(1356)設立
「營田司」，由康茂才任「營田使」（唐、宋都有此官制），主要的職掌
是：「故設營田司以修築陂防，專掌水利。」開國之後，在淮安、鳳陽一
帶以民營田，北方邊鎮則是以軍營田。在隆慶年間，由於「屯田半廢」，
曾試用營田來彌補軍屯的廢弛，希望能「改營田以足額」。

實行營田的邊鎮並不普遍，主要是在甘肅、寧夏、山西(偏頭關、老營
堡二所)、遼東、榆林、延綏。以遼東的營田辦法為例，是從各營的現在步
軍輪流屯種，9百頃地約用2,400人，平均每人耕37.5畝。相對之下，遼東軍
屯是每軍有一分地50畝。其上有把總(管理官員)24人、總委員6人，由官給

牛具、種子、車輛。

　　簡言之，(1)軍屯制是由屯軍專事農業生產墾種，而營田軍則是從正式的軍隊中，抽出一定比例的人員從事墾種：守軍與屯軍是同一屬性的軍人，只是任務不同。(2)營田的受田方式是集體受田，而正規的軍屯制，則是以個人獨立生產者的身分受田，且有一定頃畝的分地額。(3)營田的生產全部歸官府，並無固定的交稅額；而屯軍則須交納一定數額的「正額餘糧」，剩餘者歸自己，若有不足須補賠。(4)營田者「以軍耕田」，一切由官府供給，完全是個「兵」；而屯軍並無軍餉，須自行負擔生活，所用的官府牛具須交租、還官，可說是「被強制佃種官地」的人。(5)「營田所獲，專備修邊支給」，而屯田糧（屯田子粒）中，部分供屯軍自用（代月糧），部分作為衛所官軍的俸糧（參見王毓銓1965:7-8）。簡言之，營田制的特點是：「撥軍耕作，牛具種子給領於官，終歲以農為專責，而戰守不與焉。」（《明經世文編》卷358龐尚鵬〈清理遼東屯田疏〉頁3863）

　　為何要另採營田制？主要的因素是「土廣人稀，召佃無人」，或因為荒地多，缺人耕作。但這種辦法的效果並不佳，甘肅地區大熟時可得10萬石，中熟時只得5萬石。萬曆11年（1583），甘肅就把「墾軍」送回營伍，山西的營田在萬曆19年時也取消。整體而言，營田是軍屯的輔助法之一，規模不大，未普遍實行，效果不佳；營田對邊鎮屯田糧食的貢獻，並無具體數字可查，但重要性應不高。研究明代營田制的文獻不多，基本的特質在楊暘（1993）《明代東北史綱》頁324-6、王毓銓（1965）《明代的軍屯》頁4-8、清水泰次（1968）《明代土地制度史研究》頁355-365有簡潔的說明。

　　(e)團種

　　這是既像軍屯又像營田的混合方式，是在特定地區因特殊需要臨時撥軍耕種的方式。最早大約是成化初年，在宣府鎮「撥軍團種閑田」。之後也有其他邊鎮採行此制，但朝廷在弘治2年（1489）曾下令改團種為屯田。團種軍士的土地有一定的畝數：成化間大同平虜衛的團種軍士，每人原給田50畝。若從「分地」和「征糧」兩個角度來看，團種與屯田無異。隆慶4年

(1570)時,宣府的團種辦法已「悉如屯田則例」,也就是說名稱不同但規則一樣。一因施實的邊鎮有限,二因具體的內容與辦法不夠清楚,三因相對的重要性不高,所以不擬對團種制再做析述,可略見王毓銓(1965:8-9)。

二、邊鎮屯田簡史

以下從《會計錄》卷17-29內,各卷「屯糧」項的首段,摘錄13邊鎮的屯糧簡史製成表4-1,方便查索對比,也可省去冗長的描述解說。表4-1中記載最草率的是永平鎮:「本鎮屯糧自分鎮時(嘉靖44年自薊州鎮分出,見18:695下),薊鎮得其六,永鎮得其四(見18:691上),已有定額。茲後節次清出拋荒田土,而糧草之入與原額互異,今只據巡撫冊所報云:……。」(19:727上)。嘉靖44年(1565)至《會計錄》完成時(1582)已歷17年,照這樣的敘述看來,永平鎮的屯糧狀況仍未能明確掌握。

記載最詳盡的是大同鎮,有7行的摘述當作前言,再以6頁篇幅分述:(1)屯田地畝、(2)代府及功臣、鎮守等官莊田占據地、(3)各色屯糧、(4)草、(5)牛具銀、(6)戶口鹽鈔銀、(7)秋青草等7項的主要變化。

表4-1　邊鎮屯糧沿革

1遼東鎮	(1)洪武24年537,250石。 (2)永樂10年716,100石。 (3)正統以後糧數逐減,正德、嘉靖以來,糧止383,800石,節經清理,未足原額。 (4)隆慶間虜災頻仍,田畝益荒,實徵屯糧僅230,500餘石。 (5)現今糧料漸增,至279,212石有奇;無論初額,即嘉靖間糧數亦不及多矣。
2薊州鎮	(1)國初無考。景泰中勘出荒地12,000頃有奇,撥為軍民屯,計得糧10餘萬石。 (2)至正德5年,止得7,000頃有奇。一行清查,乃得48,000餘頃,中間尚有未經首報者。 (3)嘉靖末,屯糧大約10餘萬石,馬草地畝銀2萬餘兩。迨(嘉靖44年)2鎮既分,薊鎮得其6,永(平)鎮得其4。 (4)自隆慶迄今,合2鎮全數,與嘉靖間所入略相等,較正德5年之額又

	少矣。
3 永平鎮	本鎮屯糧自(嘉靖44年)分鎮時已有定額。茲後節次清出拋荒田土，而糧草之入與原額互異。今只據巡撫冊報云：「嘉靖44年御史陳省題議薊、永分鎮，尚書高耀覆：撥永平鎮屯糧本色米豆35,782石、折色糧草銀5,627兩。」
4 密雲鎮	(1)洪武初，密雲中後2衛共575頃14畝，微糧4,627石。 (2)正統11年丈勘，僅381頃。 (3)弘治、正德中，田糧始足額。又新增地畝銀490餘兩。 (4)嘉靖、隆慶等年漸次開墾，又撥興州、營州2後屯衛，并梁城所屯糧於本鎮，上納糧數益增。總計各衛、營、所本色米豆共6,646石，地畝銀292兩。
5 昌平鎮	(1)本鎮初止隆慶(今改延慶)1衛，屯地847頃，糧3,230餘石。 (2)嘉靖41年丈勘，實微糧598頃40畝，米豆3,202石，僅足原額。又微銀地239頃69畝，并勘出地36頃63畝，共微銀414兩，則溢於額數矣。 (3)萬曆元年，議撥營州左衛屯糧454石於本鎮上納。今計2衛糧銀并新增榆河驛地畝銀，共3,114兩有奇，而九陵衛屯糧折色銀2,072兩有奇、本色豆3,009石有奇不與焉。
6 易州鎮	(1)國初設保定5衛，永樂、宣德間續設涿鹿、茂山、興州、中屯等6衛11處。時微屯糧本色2萬、折色1萬，以供軍需。 (2)正統間，屯軍盡數選撥城操，遺下屯地無人耕種，屯糧較之宣德之前大失原額。景泰而後節次清查，漸還其舊。
7 宣府鎮	(1)正統間，屯地46,600餘頃、屯糧254,000餘石。其時止有屯田一種，爾後田失額，則有團種、驛傳、公務、功臣、香火、地畝新增等地。糧皆以其時所清理者名之，至與屯田並列，其實皆屯也。 (2)隆慶初，通計共地47,000餘頃，本折糧至22萬(石)有奇，視原額幾復。至於今歲微，即有不齊，亦不大相遠矣。
8 大同鎮	(1)本鎮軍食在國初時，止仰給於屯田。 (2)天順以後，始有地畝、有牛具、有功臣地，皆以其時清理所出者名之，要不出於屯之額地也。 (3)舊額糧513,900餘石，今通計之不過126,740石有奇。其本折之數，因時盈縮，難以定執，姑錄其概以備參考，而養廉、賞功地附見焉。
9 山西鎮	(1)本鎮屯田原額無考。正統中，振武等3衛屯糧800餘石。 (2)嘉靖中，節次清出3關牧馬、草場地6千餘頃，偏頭、老營拋荒地4千餘頃，總計屯田萬餘頃。計丁授田所入，當以10萬(石)計。 (3)嘉靖32年，止得本色屯糧28,200餘石，草折銀15兩。 (4)今據萬曆8年，本色糧28,592石有奇，折色銀1,030兩有奇。
10 延綏鎮	(1)國初屯田37,756頃22畝，該糧65,845石，草43,372束，地畝銀1,124兩。 (2)於時虜不過河，軍士得於套內耕牧，益以樵採圍獵之利，地方豐庶，稱雄鎮焉。 (3)自弘治13年以後，虜酋處套，諸利俱失。鎮城田望黃沙，不產五

	穀。雖節經撫臣清查，而軍馬日增，屯政不舉。一切芻糧，仰給腹裡矣。
11寧夏鎮	(1)本鎮屯田渠壩流通，夙稱膏腴。永樂間屯田15,624頃76畝，徵糧187,497石有奇。 (2)正統4年以後，田失原額，(稅)糧反倍增。嗣是屢請清勘減免。 (3)至弘治間，田糧俱近額數。 (4)正德、嘉靖以來，河崩沙壓，復有減徵、免徵之議。今糧料本折止共164,000餘石，地畝銀1,280餘兩，則額外續增者也。
12甘肅鎮	(1)本鎮15衛，屯地26,000餘頃，歲料糧21萬石，足供軍需之費。 (2)正統以前，官豪勢要之家占為己業，欺蔽稅糧。兵部侍郎徐晞，題將本鎮屯田通行挨勘，自是屯額稍稍漸復。 (3)成化21年，巡撫鄭時題報屯糧213,000(石)有餘，今猶不失其舊矣。
13固原鎮	(1)本鎮屯田據國初、永樂間80,700餘頃，屯糧324,600餘石，折色銀38,300餘兩，屯草229,700餘束。 (2)至嘉靖初，糧增至445,000(石)有奇，草583,000(束)有奇，邊餉稍稍稱給。 (3)其後屯政漸廢，(嘉靖)41年雖經清查，至隆慶5年糧額益縮。 (4)今據萬曆6年冊報，屯地84,990餘頃，糧料319,400餘石，草186,000餘束，折色銀41,200餘兩。似不失國初原額，較之嘉靖間則減矣。

資料來源：《會計錄》卷17-29，各卷內「屯糧」項的首段。

　　明代的軍屯制，可說是元代制度的延續與發展。王毓銓(1965:22)說得很好：「(元代軍屯)已經從單純的邊鎮屯田，發展為全面的內外屯田。它已經從『為守邊之計』，發展為鎮壓內部人民的有效手段。它已經從局部補助軍食的作用，發展成帶全國性的『以供軍儲』的措施。它已經從且佃且守的戍軍兼屯軍，發展成為專職的屯田軍。」

　　明代的衛所遍設全國，在屯田的法制上遠超過元代及之前歷代，開國之初就做到「有衛所之處，則有屯營之田」、「七分守城，三分之耕」、「於各道設官提督」、「無兵不戰，而乘不戰之時而用之」；希望透過「軍戶制」和「軍屯制」，做到「人力自給、糧食自給、兵器自給」。元、明兩朝的屯田制，剛開始時都有不錯的效果，但元朝在世祖(1260-96)之後就開始走下坡；明朝在太祖與成祖時期(約60年間)，屯田有過不錯的成績。

　　洪武至永樂期間(1368-1424)，屯田的成果相當不錯。依《實錄》記載，永樂元年(1403)的會計實數中，屯田子粒歲徵額高達2,345萬石，約占國家糧食總收入的43%。在邊鎮方面，遼東、甘肅、大同諸鎮的狀況是：「國初軍餉，止仰給屯田。」(王毓銓1965:209-10)這些說法或許稍嫌誇張，但可顯示明初屯田的具體效果。這種好景況在宣德(1426-35)期間就衰落了。宣德4年(1429)2月，戶部尚書郭敦說：「以一衛計之，官軍一年所支俸糧動以萬計，而屯收子粒止有六、七十石或百餘石。」(王毓銓1965:212)

　　再舉一例說明宣宗時期屯田體系敗壞的狀況：「洪武間旗軍什八守城，什二屯種；永樂中什八屯種，什二守城。歲收子粒，足給軍士月糧。比來都司衛所不守成法，每衛止令一、二百人或三、五十人屯種。所收子粒，不足給軍，補給于太倉。不惟偷安自便，抑且虛費廩粟。又本處軍民，比因缺食，多以子女質鬻與人。……今議得旗軍屯田，宜令各衛現在旗軍及今清出老幼，俱如洪武、永樂間例，邊境衛所什三守城，什七屯種。……仍令巡按監察御史、都司、按察司委官督較，務責實效。……有因荒以子女質鬻與人者，官為給價贖還。從之。」(《宣宗實錄》卷110，宣德9年(1434)5月庚子；姚偉軍1993等編《明實錄類纂‧經濟史料卷》頁624-5)

　　再舉嘉靖35年(1556)大同鎮的狀況，說明邊鎮屯糧的嚴重性。「初，上從部議，定邊屯糧本色七分、折色三分為率，不許邊臣違例奏改。至是，大同巡撫都御史楊順以該鎮饑甚，屯軍輸納不前，請損本色之額。部復：『我祖宗時，經畫邊計，大同額糧至五十萬石，故塞下之粟常見充而虜不為害。今日虧月耗，存者僅十萬餘石而又以三分折銀，其于邊計殊窮蹙矣。……但以人罹兵凶而流竄，地多廢異而荒蕪；饒餘者并于豪強，貧寒者困于牛種耕耨；或奪于私差輸納，或病于重斂；掌屯之官，武職則慣于侵漁，文臣則事多姑息。屯法之壞，職此之由耳。……乞嚴旨順等毋更紛紛，若萬不得已，今年姑照四六分數定徵，俟年豐復舊。』從之。」(《世宗實錄》卷438，嘉靖35年8月辛卯；姚偉軍1993等編《明實錄類纂‧

經濟史料卷》頁639-40）。

　　本書所分析的嘉靖至萬曆年間(1531-1602)，已是在「屯田破壞、屯政廢弛、名存實亡」階段，與明太祖、成祖時期的功能相較，已是天差地別。

三、官方數字

1.屯糧石數與分布

　　表4-2對比十三邊鎮的屯糧總額，此表的資料來源，和第3章各節內的最後一個表格相同：(1)嘉靖10年和28年的資料，取自附錄1內的9個表格，都是根據潘潢的〈實數疏〉(嘉靖29年，1550)。(2)嘉靖18年的資料取自《九邊考》。(3)萬曆10年的資料取自《會計錄》。(4)萬曆30年的資料根據《武備志》。

表4-2　邊鎮的屯糧石數對比：1531, 1539, 1549, 1582, 1602

	嘉靖10年(1531)	嘉靖18年(1539)	嘉靖28年(1549)	萬曆10年(1582)	萬曆30年(1602)
1 遼東鎮	不詳	259,990 (29.33%)	277,788 (19.13%)	279,212 (19.19%)	279,212 (19.19%)
2 薊州鎮	不詳	不詳	149,200 (10.28%)	53,568 (3.68%)	53,568 (3.68%)
3 永平鎮	尚未分鎮無資料	尚未分鎮無資料	尚未分鎮無資料	33,521 (2.31%)	33,521 (2.31%)
4 密雲鎮	尚未分鎮無資料	尚未分鎮無資料	尚未分鎮無資料	6,646 (0.46%)	6,646 (0.46%)
5 昌平鎮	尚未分鎮無資料	尚未分鎮無資料	尚未分鎮無資料	不詳(已折銀2,248兩)	不詳(已折銀2,248兩)
6 易州鎮	尚未分鎮無資料	尚未分鎮無資料	尚未分鎮無資料	23,077 (1.58%)	23,077 (1.58%)
6 附井陘鎮	尚未分鎮無資料	尚未分鎮無資料	尚未分鎮無資料	14,689 (1.01%)	14,689 (1.01%)
7 宣府鎮	不詳	62,302 (7.03%)	62,302 (4.29%)	132,038 (9.07%)	132,038 (9.07%)
8	不詳	127,721	127,721	126,744	126,744

	嘉靖10年 （1531）	嘉靖18年 （1539）	嘉靖28年 （1549）	萬曆10年 （1582）	萬曆30年 （1602）
大同鎮		（14.41%）	（8.79%）	（8.72%）	（8.72%）
9 山西鎮	不詳	不詳	111,134 （7.65%）	28,592 （1.97%）	28,592 （1.97%）
10 延綏鎮	145,440 （100%）	66,135 （7.46%）	66,135 （4.56%）	56,487 （3.89%）	56,487 （3.89%）
11 寧夏鎮	不詳	175,946 （19.85%）	175,946 （12.12%）	148,303 （10.19%）	148,303 （10.19%）
12 甘肅鎮	不詳	194,310 （21.92%）	213,380 （14.69%）	232,434 （15.98%）	232,434 （15.98%）
13 固原鎮	不詳	不詳	268,550 （18.49%）	319,406 （21.95%）	319,406 （21.95%）
合計	145,440 （100%）	886,404 （100%）	1,452,156 （100%）	1,454,717 （100%）	1,454,717 （100%）

說明：

(1)本表旨在呈現屯糧的「預算額」，方法是從第3章與附錄1內的眾多表格中，找出屯糧的數字(已折銀者另註明)，得出各邊鎮的數額(與百分比)，然後加總得出最下面的13邊鎮合計額。

(2)遼東鎮的屯田頃數、屯糧石數、屯軍數(洪武19年至萬曆37年)，叢佩遠(1998)《中國東北史》第4卷第10章頁968-9有詳細的統計表。

(3)第12章表12-5有萬曆21年的軍馬錢糧數，為何本表無此年的屯田石數？那是因為表12-5的數字來自附錄4，而附錄4內的13個表中，所列的項目不一，大多無「屯田糧」這個項目，所以在本表內就無法列出萬曆21年的屯田石數。

　　接下來說明表4-2內的數字取得方式。以嘉靖18年遼東鎮為例，第3章表3-1.1內有「(4)本鎮屯糧259,990石，各折不等，共折銀205,965兩」。就把這259,990石填入表4-2嘉靖18年遼東鎮那格內，之下括弧內的百分比，是遼東鎮在嘉靖18年時，占十三邊鎮總屯糧數的百分比。

　　再舉幾個例子來說明。同樣是遼東鎮，表3-1.2的「(3.1)屯糧料279,212石」，就填入萬曆10年那格內；表3-1.3「(1)主兵屯糧料279,212石」，就填入萬曆30年那格。至於嘉靖10年的資料，就要看附錄1表3的第1格，但因為看不到屯糧數，所以表4-2的首格就填「不詳」。嘉靖28年的數字，要看附錄1表3「嘉靖29年」內的「(4)本折屯田折紬166,987石」，和「(5)屯田豆110,801石」。因為遼東地區的豆是重要糧食，所以必須合計，得到277,788石，填入表4-2嘉靖28年的遼東鎮格內。以上是遼東鎮的例子，其餘12鎮的

做法相似。

　　表4-2中有些格子內無資料，那是因為第3章與附錄1中的表格內無此數字，稱為「不詳」，以嘉靖10年那一欄最常見。另一種情形是「無資料」，那是因為在嘉靖28年之前尚稱九邊（詳見附錄7〈十三邊鎮史略〉的首頁說明）；表4-2在嘉靖28年之前，因而只有9個邊鎮的資料，後2欄(萬曆年間)才有13鎮的資料。另，昌平鎮的屯糧因已折銀(2,248兩)，不知原來的石數。

　　現在來看表4-2的整體內容。嘉靖10年那一欄幾乎無資料可言，可略去。18年那欄，9個邊鎮中有6填數字，還算不錯；屯糧比重最高的前3鎮，是遼東(29.33%)、甘肅(21.92%)、寧夏(19.85%)。嘉靖28年那欄，9個邊鎮的資料全有，前3名是遼東(19.13%)、固原(18.49%)、甘肅(14.69%)。萬曆10年和30年的資料完全相同，這個現象在第3章每節的最後一個表格內已見過，不致於太驚訝，只是重複一件事：萬曆年間的邊鎮糧餉，有不少項目已成定額。

　　這種定額的情形，在嘉靖18、28年那兩欄也可看到：宣府、大同、延綏、寧夏這4鎮的數字，在這10年間沒有改變。改變較明顯的是嘉靖與萬曆年間。萬曆年間的前3名是：固原(21.95%)、遼東(19.19%)、甘肅(15.98%)。由此也可看出一個簡單的現象：離京師遠的邊鎮屯糧比例較高；反之，薊州、永平、密雲諸鎮的屯糧比例就相當低。

2.原額與現額

　　表4-2最下面的說明指出，此表內的數字是「預算額」性質，我們不易知道各邊鎮屯糧的實際額，現在只有潘潢的〈實數疏〉（嘉靖29年，1550），能提供一個觀察的角度。我從附錄1內的9個表中，取出最下一格的資料製成表4-3，大概可以顯現嘉靖28年的概況。以下說明此表的資料來源與其中的疑問。

　　以遼東鎮為例，表4-2說有屯糧277,788石，這是根據附錄1表3嘉靖29年內的兩項數字：「(4)本折屯田折紬166,987石」、「(5)屯田豆110,801石」，兩者相加得277,788石，然後把這個數字填入表4-3的「現額」格內。

接下來看同表的最後一格說：「又查得本鎮原額屯糧子粒716,107石」，這個數字就填入表4-3的第一個格子內。兩者的差額是438,319石，就填入表4-3的第3欄的首格內。遼東鎮有43.8萬石的屯糧不知去處，也不知如何處理，只好說「相應查復」（見附錄1表3最後一行）。不知道這麼大筆的屯糧要如何「查」、如何「復」？大概也只能登記在奏疏內了事。

表4-3　嘉靖28年(1549)九邊鎮屯糧石數的原額與現額

	(1)原額	(2)現額	差額=(2)−(1)
1遼東鎮	716,107(27.06%)	277,788(19.13%)	-438,319
2薊州鎮	不詳	149,200(10.28%)	？
3宣府鎮	254,340(9.61%)	62,302(4.29%)	-192,038
4大同鎮	127,000(4.80%)	127,721(8.79%)	721
5山西鎮	257,746(9.74%)	111,134(7.65%)	146,612
6延綏鎮	不詳	66,135(4.56%)	？
7寧夏鎮	322,722(12.19%)	175,946(12.12%)	146,776
8甘肅鎮	603,188(22.79%)	213,380(14.69%)	389,808
9固原鎮	365,240(13.81%)	268,550(18.49%)	96,690
合計	2,646,343(100%)	1,452,156(100%)	

資料來源：
原額(年份不詳)：附錄1表1至表9的最後一格。
現額(嘉靖28年)：本章表4-1嘉靖28年欄。

　　薊州鎮的現額屯糧是149,200石(附錄1表8嘉靖29年「(2)民兌軍屯本色米豆」，這是把「民兌」與「軍屯」兩項混合計算，但因無法區分，暫時全數作為屯糧計)。更大的問題，是附錄1表8最下面一格無「原額」的數字，所以只能在表4-3內填「不詳」。這有兩種可能性：(1)戶部尚書潘潢所奏的〈實數疏〉格式不一，缺了這項重要數字。(2)薊鎮在嘉靖28年之前，因鄰近京師，糧料可就近運補，無屯糧之必要，所以表4-2內嘉靖10、18年都無此數字。如果(2)成立的話，附錄1表8最後一格無薊鎮的屯糧原額，就可以理解了。

　　遼東和薊州的例子顯示，表4-3的現額欄，其實就是表4-2內「嘉靖28年」那一欄的數字。再來看宣府鎮的數字，現額是62,302石，這是來自附錄

1表1「嘉靖29年」內「本鎮」的「(1)屯田糧62,302石」。原額則是此表最下一格「原額屯地子粒254,340石」，差額達192,040石。然而再看表4-2，宣府鎮在嘉靖18年的屯糧也是62,302石，我不明白為何會有25.4萬石的數字出現？嘉靖29年查帳的結果共缺了19.2萬石，怎麼辦？「今皆缺數，相應查理」，這是沒有約束力、沒有執行性的說法。

其餘諸鎮依照類似的方法，填入表4-3的第1、2欄，算出9個邊鎮屯糧與現額的合計，以及各鎮所占的百分比。此表顯示幾個特點：(1)不知「原額」所指的是何年，但總數高達264.6萬石，以遼東(27.06%)、甘肅(22.79%)、固原(13.81%)居前3名。(2)嘉靖28年時共有145.2萬石，少了約120萬石；那是因為「原額」欄內薊州與延綏的數字不詳，否則差距會更大。

3.與全國各地的屯田糧對比

表4-2、4-3是13邊鎮的屯田石數，基本上是預算式的額度。13邊鎮的屯糧數，占全國各地屯田糧數的多大百分比？《萬曆會典》卷18(頁329-40)記載20個地區的屯田頃畝數、屯糧石數，這項資料和《會計錄》卷38〈屯田〉基本上相同，只是《會計錄》（頁1199-254）的內容更詳細，把各衛所層級的狀況都列舉出來。我把《會計錄》卷38內的20大項，轉製成表4-4，用來和表4-2相對比。

表4-4　萬曆初年全國各地屯田畝糧銀數

	頃畝數	糧	新增地畝銀	其他
(1)在京與錦衣等54衛	5,052頃85畝（嘉靖41年清查數）	28,002石	21,791兩	鈔56,940貫（萬曆7年御史冊報數）
(2)北直隸各衛所	43,678頃46畝	219,781石	40,462兩	(1)秋青草221,453束 (2)穀草187束
(3)南京錦衣等42衛	22,696頃66畝	151,525石	10,266兩	
(4)南直隸各衛所	48,818頃36畝	427,437石	7兩	
(5)浙江都司	2,390頃60畝	68,296石		
(6)江西都司	5,471頃38畝	21,546石		
(7)湖廣都司并留守司行都司	51,749頃72畝	387,545石		

	頃畝數	糧	新增地畝銀	其他
(8)福建都司并行 都司	8,693頃22畝	151,804石		
(9)山東都司	18,487頃49畝	80,348石		
(10)河南都司	55,598頃23畝	333,589石		
(11)廣東都司	6,338頃79畝	150,129石		
(12)廣西都司	2,913頃37畝	34,695石		
(13)四川都司并 行都司	48,804頃10畝	294,339石		圍倉基1,938所
(14)山西都司(山 西鎮)	33,714頃88畝	101,098石	租銀1,027兩	草1,240束（折銀16 兩）
(15)山西行都司 （大同鎮）	28,590頃34畝	122,438石	徵銀8,322兩	牛具地12,966頃
(16)萬全都司(宣 府鎮)	47,892頃47畝	198,061石		

(17)陝西都司并
行都司
	168,404頃4畝	832,204石	10,779兩	(1)草折糧1,972石
				(2)拋荒糧草折銀
				   119兩
				(3)草2,378,052束
				   （草價銀258兩）
				(4)地畝糧2,462石

(18)雲南都司	1,117,154畝	389,992石		
(19)貴州都司	392,111畝	93,811石		
(20)遼東都司	29,158頃66畝	253,201石		
合計	（見下列說明）	4,339,841石	92,654兩	

說明：這些屯田地散布各地，沃度不同，以浙江都司為例，包括了田地、山、園、池、蕩、兜、
　　　淒、潭、塘、灘、溝，把這些地的面積加總並無意義。

資料來源：《會計錄》38:1199-254。

　　所得到的結果並不佳，主因是從表4-4看不出13邊鎮的數值，因而無法判斷邊鎮占全國屯田糧的比重。我們只看到表4-4內的14、15、16、20這4項，有山西鎮、大同鎮、宣府鎮、遼東都司的數字，但無法判讀甘肅、固原等鎮在(17)陝西都司內所占的百分比。若以(14)山西鎮的糧數101,098石，來和表4-2萬曆10年山西鎮的數字(28,592石)對比，就相差達4倍多。這兩項資料都出自《會計錄》，且都是萬曆初年，這麼大的差距無法回答我的問題。相對地，表4-2內大同鎮的屯田糧有126,744石，表4-3內(15)大同鎮有122,438石，只差4千多石。宣府鎮有132,038石(表4-2)和198,061石(表

4-4)，差6萬多石。遼東鎮有279,212石（表4-2）和253,201石（表4-4）。整體而言，若拿表4-2內萬曆10年的屯糧石數，來和表4-4相對比，無法得出有意義的結論。

問題應是出在《會計錄》本身。于志嘉（1996）〈明代江西衛所的屯田〉提出對《會計錄》的質疑：「《萬曆會計錄》的高數據，就南安所看是頗有疑問的。」（頁675）可能的原因是：「因為弘治清丈以後『新增』項目的成立導致原本就不熟悉衛所情形的地方官在數字的掌握上更難上加難。」（頁679）因此，我對表4-4的數字有所保留，認為十三邊鎮的屯田糧石數，還是以表4-2較可靠。如果這種理解可以接受的話，那麼表4-4的最末行說，全國各地每年屯田約可收到433.9萬石，大概還要打相當的折扣。

4.戶部尚書潘潢的報告

前面幾個表都著重在屯糧的石數，現在來看幾項與邊鎮屯田相關的統計數字：屯軍數、屯地畝數（表4-5）。現存的文獻中，很少見到系統的屯田相關統計，大都是從《明實錄》和各項奏疏、地方志內，抽取片斷的數字來拼湊，前述的表4-2、4-3就是這樣湊出來的。邊地屯田與腹裡屯田都有同樣的情形。嘉靖期間對邊地屯田有系統數字報告的，就是依據潘潢奏疏所製成的表4-5。

潘潢在嘉靖28年（1549）10月至29年7月間任戶部尚書，他在任內有兩項與屯田相關的奏疏：一是〈請復軍屯疏〉（《明經世文編》卷198頁2048-50），二是〈會議第一疏〉（理財十議）內的「修屯政」（同卷頁2051-5）。這兩項文件的內容，很可以反映出當時的軍屯問題，以及他對軍屯功能的期盼。

潘潢為何要上奏〈請復軍屯疏〉呢？因為他在嘉靖28年末所上的〈會議第一疏〉（理財十議），分析太倉銀庫的赤字狀況嚴重：「隨後邊方多事，前項歲糧陸續改派，宣（府）、大（同）等倉上納、雲南開辦，亦久停閣。至今嘉靖二十八年，歲入……共銀十一萬六千一百（116,100）兩，……各邊（鎮）年例四十三萬（430,000）兩，尚不勾數。加以各邊（鎮）新增年例銀

四十一萬二千四十七(412,047)兩，補歲用不敷(銀)十萬九千五百五十八(109,558)兩，……修邊(牆，即長城)四十萬八千四百四十六(408,446)兩，募軍銀二十三萬四千七百四十八(234,748)兩，防秋(蒙古部眾內侵)九十六萬四千八十四(964,084)兩，……至今邊商掛欠尚多，兼以東南水災，西北亢旱，祇為見(現)在窘乏，莫克通其有無，則亦何以度支為哉？」

要如何彌補國庫的嚴重虧損呢？潘尚書提出7項建議：首項是「修屯政」，其次是「謹歲派」、「清牧地」、「明鈔法」、「振鹽餘」、「預儲蓄」、「節召買」、「定顏料」、「舍關征」、「懷永圖」(頁2054-61)。為何「修屯政」是首要的財政改良策呢？主因是邊鎮餉額造成國庫(太倉)的嚴重壓力：「近年各邊募軍既係額內，卻又額外概請加給。……而屯田原額，……則十數年並無一處通關奏繳，宣、大、延綏屯廢尤甚，以致邊儲急缺。只今嘉靖二十八年，〔年例銀、補不敷銀、募兵糧、預備銀、防秋銀、修邊銀、賞賜銀等〕通前三百二十萬三千三百二十五(3,203,325)兩，比之正德年間實多八倍。……太倉年來括取富人之財、司府之積，皆已竭發，猶請不已。……」(頁2051-3)

潘尚書對邊鎮糧食的建議，就是「修屯政」：「千里餽糧，士有飢色。因糧於敵，兵法所善，況軍屯畝角見存，……而猶不稼不穡，徒然坐待太倉。」(頁2053)具體的做法是：「以後會計歲用，先儘民、屯二糧，開中鹽引連各雜稅課等項目，通融計算，……或有非常蠲減，方許具實奏發內帑湊支。每月終，巡按御史行令，奉勅理屯，官員備開屯軍、田畝、子粒實數，造冊奏繳，青冊送部一次比較。……而芻糧人騎，各有歸著，不失舊額。奏計之煩，非所慮矣。」(頁2054)

所謂的「不失舊額」，是指嘉靖28年寫此奏疏之前的「十數年」的嘉靖初年數額。但王毓銓(1965:133)對這項(表4-5)數字的年份有不同見解。他在書中引用同樣的數字，但資料來源卻是孫承澤《春明夢餘錄》卷30(他在頁76的表中也引了相同數字，在同頁註1說明，孫承澤《春明夢餘錄》卷30的「數字，完全和潘疏同」)。王毓銓說表4-5這項數字，和《萬曆會典》中的屯田「原額」數字，都不是明初的原額，「實在是弘治年間的數額。

其他萬曆以後的明代文獻中記有『原額』字樣的，也都應如此看待。」表4-5的數字因此有兩種可能性：一是弘治年間的，二是嘉靖初年的，兩者相差約30年。在無法明判的情況下，我們暫且接受潘潢的「嘉靖初年」說，原因是：他是戶部尚書，用的是宮廷資料，而且時代距離尚近，正確的機會較高。

表4-5 嘉靖初年九邊鎮的軍屯統計

鎮別	(1)屯軍 (名)	(2)屯地 (畝)	(3)子粒 (石)	(4)每軍畝數 =(2)÷(1)	(5)每軍石數 =(3)÷(1)	(6)每畝子粒石 數=(3)÷(2)
宣府	8,607	430,350	254,344	50.00	29.55	0.59
大同	16,700	1,583,000	513,904	94.79	30.77	0.32
山西	9,490	611,210	257,746	64.41	27.16	0.42
遼東	45,405	2,537,828	額糧716,170 （以後歲派 454,000石）	55.89	15.77 (9.99)	0.28 (0.17)
固原、 延綏	26,738	2,611,821	365,245	97.68	13.66	0.14
寧夏	11,001	552,792	322,722	50.24	29.34	0.58
甘肅	23,383	1,169,150	603,188	50.00	25.80	0.52
薊州	5,875	282,851	細糧68,567	48.14	11.67	0.24

資料來源：《明經世文編》卷198〈潘簡肅公文集2〉頁2052-3。

現在來看表4-5的內容。第(1)項是屯軍數，遼東最多(4.5萬名)，薊州最少(0.58萬名)。第(2)項是屯地畝數，固原與延綏合計的261萬畝最高，若以單鎮來說，仍以遼東最高(253萬畝)，薊州最少(28萬畝)。第(3)項是屯田子粒的總石數(不是總產量，而是繳倉的稅額)，還是遼東為首(71萬石)，薊州居末(6.8萬石)。第(4)項是平均每軍的畝數，以固原、延綏最高(97畝)，薊州最低(48畝)。何以薊州這個重鎮的屯軍數、屯地畝數、子粒石數都這麼低？主要是它的地理區位離京師近，一方面運糧方便，二方面地狹人稠，可供屯種之地較少。若看每軍的平均畝數，宣府、甘肅恰好是50畝，寧夏(50.24畝)、薊州(48.14畝)、遼東(55.89畝)。為何九鎮中有5鎮都在50畝上下？這個數字讓人覺得，所謂的「舊額」，很有可能就是「指

定的配額」，而非「實際屯種面積」。

王毓銓(1965:62, 71-4)對「屯軍分地與分地畝數」，有很詳盡的分析與數字證據。為何各邊鎮的「軍屯分地」面積不一？原因很簡單：肥瘠不同、遠近不一、地方緩衝不同、氣候寒暖不一、作物相異，所以撥發每軍的地畝數自然不同。表4-5內的平均每軍畝數都是總平均值，大概是依法令規定而奏報的數字，否則不會正好是50.00畝(宣府、甘肅)，至於「實在」的狀況，下一節會進一步析述。

第(5)項是每名屯軍在分得「50畝地」(所謂的「每軍田一分」)之後，平均每年要上繳的稅額石數。最高的是大同(30.77石)、宣府(29.55石)、寧夏(29.34石)，最低的是薊州(11.67石)。這個指標可以顯示，各邊鎮屯軍「每名」的每年平均稅負額，但不能反映出「平均每畝地」的稅負額，這就要看第(6)項的數字。稅負最重的是宣府(0.59石=5.9斗)和寧夏(0.58石)，最低的是固原與延綏(0.14石)。對屯軍而言，這樣的稅負有多沈重？王毓銓(1965:128-36第9章「屯田子粒」)分析過這個問題，我用另一種方法簡述如下。

建文帝4年(1402)確立的科則是：「每軍田一分(各地的畝數不一)，納正糧十二石(給屯所倉儲，聽本軍支用)、餘糧十二石(作為本衛官軍俸糧)。」(王毓銓1965第9章「屯田子粒」)其實這就是曹魏以來「與官中分」的傳統。我們拿這50%的上繳率，來判斷表4-5的第(6)項，是否有稅負過高的情形。

由於各地的田土沃瘠不一，所以「每軍田一分」的畝數也不同。江南水稻區的「一分」田若以12畝計，則要納餘糧12石，等於是每畝要納餘糧1石(10斗)。若在西北荒地區，每軍田一分可達100畝，若也納餘糧12石，則每畝要納0.12石。若田一分是50畝的話，每畝就應納0.24石。

若用這個標準來看表4-5的第(6)項，我們預期第(4)項中平均50畝左右的宣府、遼東、寧夏、甘肅、薊州，應該納0.24石。結果呢？表4-5的第6項說：宣府要納0.59石(加倍)、遼東0.28石(差不多)、寧夏0.58石(加倍)、甘肅0.52石(加倍)、薊州0.24石(正好)。這是用明代初期的標準來判斷。

正統2年(1437)頒布了寬恩詔令,正糧可免上倉,餘糧只徵6石(減半)。若要判斷表4-5的第(6)項是否負稅過重,就應以「田一分徵6石」為準。也就是說,50畝為一分的屯田,平均每畝應繳0.12石(而非前述的0.24石)。表4-5的第(6)項說:宣府平均繳0.59石(幾乎是5倍)、遼東0.28石(幾乎2.5倍)、寧夏0.58石(幾乎5倍)、甘肅0.52石(4倍多)、薊州0.24石(2倍)。這些數字是法定的部分,應該還會有額外的負擔,但可當作一項重要的指標。以下分析屯田制何以會毀敗的因素時,會看到屯軍因無法負荷稅糧,而普遍發生逃亡事件,導致潘潢所說的狀況:「屯廢尤甚」、「邊儲急缺」。

四、實際狀況

研究邊鎮屯田的問題與對策,有兩種切入的角度:(1)逐一分析各個邊鎮的狀況;(2)作整體性的綜合分析,對比各邊鎮的屯田面積、子粒石數、屯軍數等統計數字,綜合檢討各邊鎮所遭遇的問題與困難。

就第一個角度而言,目前對個別邊鎮屯田問題研究最好的,是遼東都司的屯田。楊暘(1993)《明代東北史綱》(頁87-104, 235-46)以40餘頁的篇幅,解說遼東屯田的由來、管理、功能、破壞、衰落的原因、土地占有關係的轉變、營田的產生、民田的發展。諸星健兒(1990)〈明代遼東の軍屯に關する一考察:宣德~景泰年間の屯糧問題おめぐつて〉,對遼東屯田史的全貌、屯糧激減的原因、屯田科則的變動、屯軍的減少,都有詳細的分析。單是遼東鎮的狀況就這麼複雜,若要系統分析13個邊鎮,恐怕需要3百多頁的專著才夠。本書的主旨是探究邊鎮軍馬錢糧對國家財政的負擔狀況,所以應把焦點放在屯田的規模(屯軍數、田畝數、子粒石數)上,不宜進入較細節的問題(例如屯田的管理),而且應設限在嘉靖初期至萬曆中末期之間(1531-1602)。

逐鎮分析屯田問題(例如隆慶3-4年間,龐尚鵬對九邊屯田的考察),是很有意義的事,但以今日歷史學界的論述要求,尚有許多文獻(例如較完整的地方志、當時的書契文書)還不夠齊備。此外,各鎮的屯田必然也涉及各

地的獨特背景、地理特色、軍事條件、民俗習慣等面向都需要探討到。然而這些既不是本書的主旨，也非本書的篇幅所能處理，因此本章只能採取第2種切入角度：對邊鎮的屯田狀況與問題，作綜合性的對比與分析。

明代屯田崩壞亡失的原因很多，王毓銓（1965）已做了全面性的分析，他在頁290歸納出12項因素，對邊地與腹裡屯田的狀況都適用。從哪些文獻可以找到支持這些因素的證據？相當多。王毓銓的書內已分別舉了不少例子，其實從《明實錄》和《明經世文編》找就夠多了。

以下列舉王毓銓所提出的12項主要原因。「(1)勳貴官豪勢要侵奪占種；(2)豪民兼并影射；(3)巨家豪族陰以洼阜磽瘠民田抵換膏腴屯田，坵段更改，故跡莫可考；(4)豪強囑請官府將屯田勘為『民田』；(5)管屯官官舍或官旗隱占；(6)官旗典賣；(7)不堪屯糧雜差，屯軍私將屯地投獻勢要；(8)或因隔遠，或因無力耕種，屯軍將田佃種於人，久之佃戶為主，不知田之所在；(9)困於賠補屯糧，應當雜差，屯軍逃亡，屯田拋荒；(10)困於衛所官員的科索、剝削、虐使，屯軍逃亡，屯田拋荒；(11)或因貧乏，缺乏牛具種子，無力耕種，遺棄拋荒；(12)北邊地帶，時因蒙古統治集團的侵擾，致部分屯田拋荒。」

這些是具有普遍性的主要因素，還可以加上較次要或個別地區的因素：(1)天災、(2)兵變、(3)怠惰、(4)缺水利、(5)虛撥屯田、(6)硬派稅糧、(7)屯軍典賣田地、(8)屯田黃冊失散，「俱無屯冊」。連同上述的12項主因，這20項主次要因素，已足夠使邊鎮屯田產生普遍的、結構性的危機。

嘉靖至萬曆期間，朝廷官員對邊鎮屯田有哪些觀察、分析、建議？我舉幾位代表人物，來看他們有過哪些見解與計策。為了讓文體簡潔，只選取較關鍵性的段落。

嘉靖28年(1549)，戶部尚書潘潢說：「而屯田原額，……則十數年並無一處通關奏繳，宣、大、延綏屯廢尤甚，以致邊儲急缺。」(頁2052-3)這表示說，表4-5內的宣府、大同兩鎮，雖然每軍每年應繳30石上下的子粒稅糧，但實況卻是「屯廢尤甚，以致邊儲急缺」。若宣府、大同這兩個重鎮如此，其他諸鎮的狀況可想而知。

萬曆4年(1576)主編《四鎮三關志》(10卷)的四鎮總督劉效祖，在說明各鎮的諸種狀況後，會加上一小段評論，以「效祖曰」的形式表達。他對薊鎮屯田有相當切身的觀察：「薊鎮屯田經略，督撫諸臣講之久矣，然竟成畫餅者何？曰：邊外雖有沃野，一事耰鋤，夷酋即興朵順之念。……邊外既不可，則宜講內地。或又曰：內地多山，磽确殊甚，兵力以荷戈為重，勢不得跋歷。荷未耡乃客兵之信宿靡常者，其又何及焉？棲畝之利，余不敢謂薊可行也。」(卷4頁29)這是該區邊鎮最高主管的悲觀論點，應是可信的證詞。

劉大夏是天順8年(1464)進士，弘治10年(1497)因北虜入塞，以戶部侍郎出經畫，13年(1500)總督兩廣，尋陞兵部尚書。大概是在邊鎮期間，他上奏〈論宣府屯田疏〉(《劉忠宣公遺集》卷1頁24)，雖然這是弘治時期的事，但也能反映出邊鎮屯田的基本特點。「宣府地險積寡，已于東城置倉數十間，未有以實之。而神明川地肥饒，屯田、團種之外，尚多私占，請令巡撫、巡按等官清查歸官。……倘宣府不足，於農隙時運去備預。……至若懷來城，尤為要害，亦須增置倉廠，糴蓄糧料，以備倉卒之用。」這段話引顯現出邊鎮屯糧的基本問題：(1)糧食積寡，(2)田地私占嚴重，(3)清查歸官不易，(4)宣府要地尚且如此，其他邊鎮可想而知。

楊一清是成化8年(1472)進士，正德元年(1506)總制三邊，翌年為劉瑾所忌；5年(1510)「討賊寧夏」，嘉靖4年(1525)任兵部尚書，兼憲職提督軍務。大概是在總制三邊時，他寫了奏疏〈論甘肅事宜(修舉屯政)〉(《關中奏議》內未收，引自《明經世文編》卷119頁1137-9)，闡明他的軍屯政策。「臣出入中外幾四十年，而在陝西最久。……今各衛所行伍空虛，士卒疲憊，戰守之具，徒支目前。……河西糧儲匱乏，士有饑色，馬多廋損。內地所派，既不足外供，朝廷間發內帑給之，亦不過即糴。……而境內布種不廣，別無輦致。雖有官銀，無從糴入，以致穀價騰踴，日異月殊。……眾口嗷嗷，怨聲載道。」

屯田的弊端有哪些？「故屯地多侵沒于將領豪右之家，以致屯軍終歲賠糧。有貧丁以田假佃于人者，有田隔遠磽瘠，無人願假。不得已，終歲

備身以輸糧而不足者。管屯之官，至計十歲以下幼男充報屯丁，參兩朋合，謂之擡糧。屯事至此，邊人之困尚忍言哉？」

　　他的具體建議是：(1)「欲廣興屯種，非先補助屯丁不可。……宜令清軍查理各衛軍戶，……與俱詣邊，以補屯卒。」(2)「不然亦可倣古募民實塞之意，召募隴右關西之民，以屯塞下。授地之外，任其開墾，俟三年乃徵其租，一切徭役皆復之。」(3)「宜倣其法，以萬金買牛及田器，審屯丁係貧竇者，及清解召募初至此者，人給牛牝各一隻，犁鏵各一具，種子五石。……今日修舉屯政，大要不過如此，若徒以清查催納為名，而鮮實心經理，臣恐于邊備終於無益也。」楊一清的分析十分中肯，所列舉的屯田問題與所建議的方法，都具有普遍的應用性。最後一句尤其關鍵：管理者不要只是清查催納，要實心經理才會有效。

　　王之誥，石首人，嘉靖23年(1544)年進士。巡撫遼東4、5年，陞兵郎侍郎，總督宣(府)、大(同)。隆慶元年(1568)回籍，5年(1571)為南京兵部尚書，萬曆元年(1573)改刑部，尋終養歸，17年卒。他在總督宣、大時期，上奏〈優卹大同軍士疏〉(《明經世文編》頁3031)，分析屯田與軍糧問題的3大害。(1)剝削軍士：「軍士之鎮屯者無幾，而屯丁之逃故者日多。……而管糧郎中期于足額，凡每月軍糧，概從半給。不論有屯無屯，而以一切之法行之，是削軍士衣食而償屯丁之流亡。」(2)田沒而糧未減：「各鎮屯田之數，比歲苦虜，或變為鹵鹻，或沒為沙磧，或蕩為溝壑，乃其額糧獨不得視內郡末減。」(3)火上加油：「原額屯田拋荒既多，官軍扣補力已不勝，而屯田御史又於額外新增本色糧……。邊民聞之，往往棄產亡去。今新開之地，復成汙萊，而新增之糧，遂為常課。……而遺邊郡無窮之實禍。」他建議說：「今欲足兵足食，先除此三害乃可。」但這三害是長期以來的結構性弊端，若能做得到，就不會發生王之誥所見到的事情了。

　　楊博是浦州人，嘉靖8年(1529)進士，巡撫甘肅，歷陞兵部尚書，尋改吏部。隆慶2年(1568)請告，4年行兵部事，萬曆初晉少師兼太子太師，尋致仕。他對甘肅屯田的分析，大約是在巡撫甘肅期間所作，內容具體中肯。以西寧城為例，就有荒田約37頃，其他諸衛所的情況可想而知。他實

地踏勘並召人承種，卻不見有響應者。據他分析，原因有：

（1）「往年興復屯田，或種未入土，名已入冊；或人已在逃，（稅）糧猶如故。」（2）「不知虜（何時）至，則不得耕牧。」（3）「水淤則不能灌溉，其從來拋荒之地。」（4）「雖節奉事例，永不起科，官司一概追繳，更無分別。」整體而言：「未受富饒之利，先罹剝膚之害。以故寧甘貧窶，不敢承認（屯田）。」再加上：「河東民運，皆係本色。後因輸納不便，改本為折，遂致二鎮（甘肅、延綏）漸次蕭索。」結論是：「臣自入境以來，見所至荒田不下萬頃，……始知其受病源，委在於催科之不清，而法令廢閣。」他建議採寬厚政策：「將原奏各邊拋荒地土，聽其儘力開墾，永不起科。……應納子粒，一律蠲免。……人自樂從。」（《甘肅通志》卷45）

張居正當國時，曾有短函〈答薊鎮總督王鑑川言邊屯〉（《張居正集》第2冊頁238）。「承示大疏八事，……然八事之中，屯政為要。……然足食乃足兵之本，如欲足食，則捨屯種莫由焉。」張居正的心願是：「誠使邊政之地，萬畝皆興，三時不害，但令野無曠土，毋與小民爭利，……此言似迂，然在往時誠不暇，今則其時矣，故願公留意焉。」這幾句期盼式的話語，正好顯示現實的狀況：（1）兵食不足、（2）萬畝不興、（3）野有曠土、（4）與小民爭利、（5）邊屯大壞。如果這5項都沒問題的話，張居正何必「願公留意焉」？

王家屏是大同山陰人，隆慶2年（1568）進士，萬曆12年（1584）累陞吏部侍郎，召入內閣，20年（1592）致仕。他在〈答王對滄撫臺〉（《王文端公尺牘》卷5頁31-2）內，分析屯田的問題在於：「開荒之議，大是難言。以為不可開，而卻有可開之地；以為可開，而卻有不願開之人。富有田者，盡力於熟田，不肯治荒田也；貧無田者，又無力可治荒田，必仰給牛種於官。……故人之視荒田不啻坑穽，官雖召之不應也。雖給牛種，寬其租粒，不往也。何也？差糧之累難支，而官府之令不信也。此百姓之所以益逃，而田土之所以益荒也。乃諸（邊）鎮以墾田入奏者，動輒數千百頃，……今各（邊）鎮一面報開荒，一面請餉，則其未嘗開荒，可知其所報開荒直虛文耳。臺下卻欲實做，……此舉事之所以甚難，報成之所以獨後也。」

　　前面看到朝廷諸臣對邊鎮屯田弊端的見解，也各自提出多項改革建議。他們的表達方式，較少針對個別邊鎮的問題提出建議，而13邊鎮之間的狀況差異甚大，須有相當針對性的措施。更重要的是，這些朝臣當中，真正對現場實況有深入了解的並不多。隆慶3-4年(1569-70)，總理屯鹽都御史龐尚鵬實地踏勘邊鎮的屯田狀況，寫了〈清理薊鎮屯田疏〉等9篇相當詳細的奏疏(《明經世文編》卷358-60頁3855-90)，對邊鎮屯田問題作系統的分析，對個別邊鎮有很好的了解，有相當中肯的建議。這9篇奏疏收錄在龐尚鵬(明1599)《百可亭摘稿》卷3、卷4內，但因內文略有殘破，所以仍以《明經世文編》的內容為據。

　　龐尚鵬是南海人，嘉靖32年(1553)進士。為御史，巡按浙江，疏易兩役為條鞭。累陞副都御史，巡撫甘肅，累加兵部侍郎，尋卒。為省篇幅，以下只舉龐尚鵬對薊州、宣府、遼東三鎮狀況的解析為例。「臣行東來，查每年供億之費不下百餘萬，而屯糧亦在數內。今舉其糧額計，本折猶不及十萬，而屯田之荒蕪者，凡一千一百頃有奇。」龐尚鵬說：「臣反覆詢謀，各盡所見，復會同督撫、巡按、巡屯諸臣，就事參酌規畫僉同。」(頁3855)他對薊鎮屯田問題的具體建議如下。

　　(1)「立號紙，以清隱蔽。……沿邊軍丁日漸消耗，其間私相典賣者，無地無之，每田一分，蓋不啻十易姓矣。……今議設立號紙，界為三方，督會衛所掌印管屯官，查明填造。……各人照常辦納屯糧，幫貼軍裝，不必抽軍騷擾以滋他弊。」(頁3855)(2)「撥軍士以廣開墾。……召種者日勤播告，承佃者百無二、三，已非一朝夕矣。反深思，惟有分撥軍丁，隨地耕種，最為今日首務。」(3)「寬差役，以廣召種。」此外還有一些運作上的配套措施：(4)「嚴督責，以清欺隱。」(5)「免包賠，以便徵解。」(6)「審糧頭，以杜偏累。」(7)「明區別，以墾荒田。」(8)「寬斗頭，以廣開中。」(頁3855-8)

　　宣府鎮的問題在於：「宣府邇年來休養生息，家有餘丁，不患無其人矣。……乃邊人獨苦於屯田，利一而害百，皆徵斂煩苛、虛糧不均之弊也。歲額懸空名，而屯軍蒙實禍，豈一朝一夕之故哉？」他提出下列的對

策。(1)「辨等則,以清糧額。」「該鎮……山川莽錯,地多不毛,求其可施鋤犂者,僅十之三四,而沙礫半之。……督察甚嚴,以致承委各官妄增虛數。其初額糧一十八萬石,遂積至二十萬六千有奇,多係懸空攤派,非必丈量皆有餘地也。……若宣府孤懸塞外,生計蕭條,旱潦無常,虜騎充斥,……且不問肥瘠,一概取盈,其何以堪命乎?」(2)「革養廉,以補屯種。宣鎮地方狹小,糧額繁重,復加以將官之養廉相繼呈請,……利歸於己,害將誰歸?……將原種養廉田具歸數還官外,……自今以後,不得指養廉名色,侵奪屯田。」(頁3859-60)

遼東屯田的問題在於:「且先年既改屯軍為操軍,兵荒相尋,尺籍消耗,耕作之業率歸舍餘,屯軍已盡廢矣。……屯堡蕭然,十室九空。」解決的措施有:(1)「設圈台,以便收保。……如(敵)零騎入境,即收斂人牛,先為防避計。其同田軍士,或專耕穫,或為哨望,彼此更番。」(2)「寬糧額,以勸開墾。……且歲事荒歉,虜患頻仍,開墾曾未踰年,而徵斂誅求,迄無寧日,往往苦於包賠。雖三尺之童,亦知所趨避矣。……今議開墾6年後,然後酌量分數,……使人人皆知其為永久之利,則荒田無不盡墾矣。」(頁3861-2)

此外尚有多條建議,大都是技術性與運作性的。(3)「開溝洫,以備旱潦。」(4)「別功罪,以專責成。」(5)「廣召種,以闢荒蕪。」(6)「講營田,以廣儲蓄。」(7)「寬海禁,以備接濟。」(8)「革關稅,以資農末。」(9)「增鹽額,以實倉庾。」(10)「酌引價,以恤邊商。」(頁3862-6)

現在來看第3項資料的證詞。《會計錄》卷17-29的「屯田」項內,有「沿革事例」記錄開國至萬曆初年間,與屯糧相關的主要事件。可從中理解主要的變化,以及主事者和朝廷對屯糧的意見,這些是研究邊鎮屯田較少運用到的材料。這些記載的內容分兩大類:一是以8行之內的篇幅,簡述歷朝屯糧數的變動概況,因已製成表4-1,不再贅述。二是摘述歷朝巡撫寫給朝廷的報告,以及尚書和皇帝的批示。此類文書的內容,是與屯糧相關的公文摘述,篇幅較長,每鎮通常約有3至5頁;篇幅最長的不是大同鎮(11頁),而是宣府鎮(22頁),最少的是分立不久的永平鎮。從這些具體情事的

報告與批示，不易看出結構性的關聯意義，以下擇取3例以示一斑。

（1）遼東鎮萬曆「六年(1578)督撫梁夢龍等題：地方拾分災荒，乞破格寬恤。尚書張學顏覆：各衛應徵屯糧暫且停徵。奉聖旨：該鎮既稱飢困，本年屯糧准蠲免一半，還發銀二萬兩，乘時糴買，以示優恤。欽此。」（17:669上）

（2）正德4年(1509)。「聖旨：宣府邊方重鎮，糧草常至缺乏，膏腴田土卻為僧寺影占數多。這大隆福寺田地原在邊關之外，曾經殺死僧人剝脫衣帽，被奸細裝僧入境；及僧人催租犯禁，冒越邊關，遺患壞法，好生不便。今次查出無糧田土，准改作地畝名目，就令原佃人戶改為寄莊名目種納，革去管莊人役僧徒。願種者照江南僧田事例，若僧少地多佃種不及，撥與附近空閒舍餘人等，俱照地厚薄定與則例起科，附近衛所上納；仍照分定頃畝糧數，明立案冊給與，由帖備照。如有恃頑阻撓的，巡撫、巡按、管糧官嚴加禁治。以後若有再行奏擾的，著通政司記著，將抱本人役徑送法司問罪，定發邊遠充軍。欽此。」(23:801上)武宗帝剛即位時對邊境糧事相當關切，所下的指示威嚴明確[2]。

（3）「萬曆二年(1574)總督方逢時題：本(大同)鎮屯地通括四萬一千二百七十六(41,276)頃四十九畝七分，內有先年虛坐新增地土，今次括出抵補虛地六十七頃四十畝，尚有未補虛地一千二百八十五(1,285)頃二十八畝五分，乞要豁除。尚書王國光覆：查得大同屯田侵占荒蕪過於宣府遠甚。今北虜款貢督撫各官及專設憲臣，經略伊始，上則望復舊額，次則望其倍加新增，又次望其清查開墾，與新增地糧相准。據今括補者六十七頃，而除豁者一千二百八十(1,280)餘頃，恐各邊視為緩圖，將無可復之期。合行督府管糧衙門，查將實徵屯地糧草銀兩及今括出地畝錢糧，併入額內，依數徵收。仍督管屯僉事，將隱占荒蕪設法查墾，以補虛糧之數。」(24:849上)問題的性質很清楚：大同鎮想豁減屯田額，但戶部不准，原因是國防上有必要，且恐其他邊鎮傚效奏求豁免，所以督促要「依數徵收，以補虛糧之

2　武宗即位後，自任總兵官統率六軍，他對邊境糧事的關切，記載於《花當閣叢談》卷1〈巡遊考詳節〉。

數」。看這語氣，似乎這是各邊鎮的通況；若果真如此，尚書的要求恐怕只是公文而已。

以上的諸多觀察，可以用戶科給事中管懷理的說法來綜述。「所謂屯田不興者，其弊有四：胡馬充斥，疆場戒嚴，時不能耕也；牛種不給，力不能耕也；丁壯亡徙，無人以耕也；套為虜有，虜反居內，田顧居外，勢不能敢耕也。」（《世宗實錄》嘉靖13年4月乙巳條）

五、邊鎮屯田的效果

上一節有3項主要的訊息：(1)說明造成邊鎮屯田普遍性與結構性危機的20項主要、次要因素。(2)引述當時朝廷官員對邊鎮屯田的觀感、考察報告、建議事項。(3)從《會計錄》內舉出幾個實例，說明邊鎮的實況與困擾。看了這3類證詞之後，接著要問一個基本的問題：表4-2到表4-5內的數字可靠度有多高？我認為這些數字只能當作目標性的「公告額」，而非「實際在倉額」。若要追問「公告」與「實際」之間的差額有多大？這是無法確切回答的問題，因為各邊鎮在這麼長的期間內，屯田狀況有過很多變化，現存史料中也無「實際在倉」的屯糧數可對照。我們可以從葉向高的見證，看出「古今對照」的情形。

葉向高是福清人，萬曆11年(1583)進士，累陞禮部尚書，37年(1609)召入內閣。他在〈屯政考〉(《蒼霞草》卷20頁71-2)內，分析萬曆中期屯糧石數明顯失額的狀況：「(天順朝)其後奉行不善，屯種軍餘苦於補賠，相繼逃亡。田畝日荒，而九邊供輸之費，遂以大困。……嘉(靖)、隆(慶)以來，累清屯田，雖時盈時耗，而較其見存之數，大約損故額十之六七矣。蓋在洪(武)、永(樂)間，遼東屯糧以石計者七十萬，今十七萬；甘肅六十萬，今十三萬；寧夏十八萬，今十四萬九千；延綏六萬，今五萬；薊州十一萬。今僅視延綏、山西，計其初當亦不下十萬，今得二萬八千有奇。……相去若此甚也。」

情況確實糟糕。本章的結尾要試著回答一個關鍵問題：假設表4-2的13

邊鎮屯糧石數，是可靠度相當高的實際數目，那麼這些屯糧石數，大約占各邊鎮官軍糧食需求的多大百分比？我們沒有直接的答案，但有個例子可以參考。于志嘉(1996)〈明代江西衛所的屯田〉頁705-20，利用萬曆39年(1611)《江西賦役全書》中的資料，研究江西衛所屯田籽粒供軍的比例。她所得到的百分比差距很大：江西衛所的官俸月糧中，由屯糧支付的比例，最低的是吉安所(11.54%)，最高的是贛州衛(約86%)，其餘9個衛所在72%至29%之間浮動(頁720附表15)。

單在江西一省的狀況就有這麼大的差異，我們有理由相信：(1)13邊鎮之間差異也不會太小；(2)由屯糧支付官軍俸糧的比例，在邊鎮應該不會比江西高；(3)況且表4-2的屯糧石數只是「預定額」，遠高於實際上能發揮功能的數目。

第5章
民運糧餉

一、議題與文獻

　　與邊鎮糧餉相關的議題中，「民運」是個還很不充分理解的題材。從
《中國期刊網》（1994-）和《中華民國期刊論文索引》（1970-），都找不到以
此為主題的研究。目前只知道寺田隆信（1962b）〈民運糧　屯田糧〉寫過這
個題材，後來改寫收入《山西商人　研究》頁28-44「民運糧　　納銀問
題」。寺田的舊文中，沒有用到《會計錄》、《四鎮三關志》的記載，也
沒用到本書第3章和附錄1至4的各項數字，目前已知的民運糧統計相當粗
略，還有很大的重述空間。

　　本章首節解說民運糧餉的基本意義，以及主要的文獻出處。第2節以
《會計錄》卷17-29內的「民運」項為基礎，摘述13邊鎮的民運沿革簡史（表
5-1）。第3節根據《四鎮三關志》的記載製成表5-2，解說4個邊鎮民運糧餉
的內容與意義。第4節嘗試建構嘉靖10年至萬曆30年之間，十三邊鎮的民運
項目與數額（表3-3）。因為無完整系列的資料可引用，這些數字是從第3章與
附錄1的諸多表格中拼湊得出；雖然不夠完整精確，但已足以顯示大略的圖
像。有了這些宏觀性的統計表，接著要問：這些物資是如何運送到各邊鎮
的？碰到過哪些困難與問題？第5節透過華北大戶制與邊鎮糧餉的欻解方
式，來描繪這些目前還很不夠理解的問題。第6節整理出5種較重大的民運
作業障礙，並對民運邊餉的成效提出綜合結論。

　　明代邊鎮的糧餉，在開國初期由各鎮屯田（見第4章）與開中糧米（見第7

章)供給。但屯田與開中法在永樂之後，功能就大幅降減，邊鎮糧餉須由其他來源補充。管道之一，就是由華北各地直接運納米、糧、布等物到指定的邊鎮衛所(也就是調撥州縣稅糧供給衛所)，稱為民運。正統朝(1435-49)之後，部分實物可以改折納銀，稱為「民運折色銀」。《明史‧食貨志‧俸餉》說：「民運者，屯糧不足，加以民糧。麥、米、豆、草、布、鈔、花絨運給戍卒，故謂之民運，後多議折銀。……薊、密、永、昌、易、遼東六鎮，民運改解銀八十五萬三千餘兩。」《會計錄》卷1頁18說，這筆數額是「853,819兩(解部轉發)」。這85萬多兩只是6個邊鎮的民運改解銀，占萬曆6年(1578)太倉銀庫歲入總額3,676,181兩的23.23%，份量不輕。

　　十三邊鎮的防線綿延，官兵馬數眾多，每年所需的糧餉數量龐大，這已在第3章表格內的統計數字中充分顯示。邊鎮地區的屯田，所能供應的糧食不足所需，朝廷必須從鄰近省分(北直隸、山東、河南、山西、陝西)，徵調指定的糧餉(詳見表5-3)運送給邊鎮，當作邊鎮糧餉的4項來源之一：屯田(第4章)、民運(第5章)、漕糧(第6章)、開中(第7章)。

　　從哪些文獻可以找到民運邊餉的相關記載呢？很少。《會計錄》卷17-29內的「民運」項，是資料最集中的出處。從《明經世文編》內，可以找到零散的記載。較次要的參考資料，會在各節內說明、引述。以下諸節解說民運糧餉的簡史、內容、數額、運送方式等相關議題。

二、邊鎮民運沿革

　　我把《會計錄》卷17-29內「民運」項的首段內容，摘製成表5-1，方便查索與解說。第4章表4-1以同樣方式摘述邊鎮屯田的簡史，因為與屯田相關的記載很豐富，所以表4-1只是配角的性質。表5-1的形式雖然相同，但因相關的背景史料較缺，只好當成邊鎮民運史的主要記載。

表5-1　邊鎮民運簡史

1遼東鎮	(1)本鎮軍需例取給山東稅糧折布32萬疋、本色鈔180萬錠、花絨13萬2千斤，由海運自登州府新河海口，運至旅順口交卸，再由遼河直抵開原。 (2)成化、弘治間，本折兼收；正德初始奏改折色，陸運鹽折布4萬6千餘疋。 (3)正德15年照例折銀，永平地畝花346斤。 (4)正德5年始，戶口鹽鈔銀935兩。 (5)嘉靖7年始，內山東布運二司歲運折銀147,119兩。 (6)萬曆6年改兌太倉轉發。
2薊州鎮	(1)本鎮民運有山東布花，廣平、保定府闊布，順天等府稅糧馬草，皆景泰而後節年所加派，其全額俱不可考。 (2)自嘉靖14年及31年，始載額派及加派之數。山東、河南、順天等府，本折所入共銀15萬，米豆2萬6千有奇，布1千6百疋奇。 (3)(嘉靖)44年除分(出)永(平)鎮外，得各省府銀61,800兩有奇。 (4)隆慶間又加添大名、保定及薊州等四處銀，共1萬9千7百餘兩，此其大數也。 (5)萬曆紀元，山東、河南銀議解(戶)部轉發；其徑解本鎮者，只有順天等府。薊州等處銀2萬8千兩有奇耳，遵化民壯、山東義兵銀又不在此數。
3永平鎮	(1)本鎮民運、漕運，俱自嘉靖44年分鎮之時撥給，歲有定額。 (2)隆慶5年，總督劉應節議改京東等州縣本色於薊、密2鎮，以2鎮年例銀扣數抵補。 (3)萬曆元年，侍郎汪道昆議將山東、河南折色并兌軍銀，俱解(戶)部發邊，其順天諸府民運仍解本鎮。
4密雲鎮	(1)本鎮正統間開派鹽引，召納糧料，無人報中。 (2)景泰3年始議民運，以足邊儲。 (3)歷年會派山東、河南、順天等府，多寡不一。 (4)嘉靖元年，定本折兼運。 (5)(嘉靖)39年，盡改折色。 (6)隆慶5年，將通州、三河、寶坻、平谷、密雲稅糧，改徵黑豆解納本鎮。 (7)萬曆元年，又將河南、山東折銀改解太倉轉發；其順天、大名等府折銀，并遵化民壯銀，仍係歲運。
5昌平鎮	(1)本鎮居庸、黃花等處俱稱要害，景泰4年始議派順德、廣平2府粟米1萬3千石給防秋官軍；以後會派山東、河南、順天等府米、麥、布、花、豆、草不等。 (2)嘉靖15年，米、豆、布、花、料草本折中半，尋盡改折色。今總計順天等府歲運銀共20,746.5兩。 (3)萬曆元年改解太倉轉發。
6易州鎮	(1)國初額派本鎮民運68,050石，漕糧6萬2千石。

	(2)弘治而後，罷漕運而專事民運，歷年開派漸增其舊。
	(3)嘉靖37年始行改折之法，故本鎮常有餘盈，而主兵之費不患貧矣。
7宣府鎮	(1)該鎮民運有米、麥、布、花、馬草，於山東、山西、河南、北直隸田賦內取給焉。原用本色，今皆折徵；惟布、花例無腳價，餘皆徵腳價與折色並運。復益以山東、河南、大名3處鹽鈔，通計共78萬有奇，為歲運之額。 （以下3頁詳載山東、河南、山西、順天府、保定府、河間府、真定府、順德府、廣平府、大名府的各項夏稅秋糧額，記載甚詳。） (2)以上通計：夏稅麥61,420石，夏布22,118疋，秋糧米486,060疋石，秋布167,500疋，馬草70萬束，綿花37,500斤，各折不等腳價，共折銀775,374兩；戶口鹽鈔銀11,859兩，通共銀787,233兩。
8大同鎮	(1)國初民運坐派山西，率多本色。 (2)正德初始全折徵。 (3)嘉靖3年定派48萬石有奇，佐以河南米價，自是著為額。 (4)後又增以腳價及荒草之銀，至於今因之。其摘撥、改撥及挖運三者，皆以有急故間行之，非額也，亦併存焉。 （以下3頁詳述山西與河南歷年的民運項目與數額） (5)以上2省民運止計，萬曆6年數共：(1)本折糧586,475石，內除本色糧7,274.5石外，該折色糧579,002.5石；連(2)馬草2,444,850束，(3)荒草21,600兩，共銀671,955.76兩。
9山西鎮	(1)本鎮民運國初無考據。 (2)成化17年，額派三關本色米豆6萬8千餘石，草60萬束。 (3)正德10年加派至30餘萬石，歲折徵銀30餘萬兩。 (4)嘉靖24年折色銀384,560兩有奇，本色5,860石有奇。 (5)(嘉靖)32年，御史吉澄建議復本色3分，該撫臣以民不便本色，旋議改徵。 (6)今據萬曆5年實在本色米麥豆共21,500餘石，折色銀362,100餘兩。
10延綏鎮	(1)國初額派諸省民運，俱從巡撫等臣酌量3邊地方緩急，分給濟用。 (2)成化間始歲派西安等府民運27、28萬石，及河南布料價銀3萬3千兩，充本鎮軍需。 (3)自布政文貴奏改西安、延慶3府之稅為拋荒折色2萬石，侍郎馮清又將3府本色盡徵折色。 (4)嘉靖中，巡撫王綸議本折兼用。 (5)隆慶初，總督王崇古議盡復本色。今載於冊者：糧83,049石，料14,777石，草7,942束，折色銀197,473兩。
11寧夏鎮	(1)本鎮軍儲，初止取給屯鹽等糧，未及民運。 (2)正統6年邊釁漸起，大學士楊士奇等恐添調軍馬芻糧不給，始議於本省稅糧斟酌撥運，赴蘭環等縣交納，以備緩急。嗣後撥派俱無定數。 (3)正德以來，始定派稅糧13萬4千餘石，草16萬餘束。除本色外，糧米石折銀7錢，草每束折銀3分，共該銀10萬8千兩有奇，今仍此例。

12甘肅鎮	(1)本鎮自正統2年，分該省(甘肅)本折秋糧并添運糧料，以濟邊儲。 (2)8年又將徽州府小麥改徵折色以益之。 (3)成化而後，該省額派之數多寡不一。 (4)正德間，民運較之弘治又增10萬餘石；今巡撫冊報之數，折色糧布銀294,900餘兩。
13固原鎮	(1)本鎮民運，未設鎮之先無額數，除分3鎮外，餘聽巡撫酌量分發備用。 (2)自弘治15年後，議增糧餉，始有加派。 (3)今據正德10年額派民糧18萬，馬草43萬。 (4)至嘉靖2年，糧增至38萬餘石，草增至54萬餘束。以後或增或減，大約不出此數也。 (5)嘉靖10年以後，本折中半。 (6)隆慶以後，本色不及2分，俱改折色。

資料來源：《會計錄》卷17-29，各卷內「民運」項的首段。

從上表可以看到，有4鎮自明初就有民運：(1)遼東鎮的軍需，自開國起就例取給山東稅糧折布32萬疋、本色鈔180萬錠、花絨13萬2千斤。(2)易州是國初額派本鎮民運68,050石，漕糧6萬2千石。(3)大同是國初民運坐派山西，率多本色。(4)延綏是國初額派諸省民運，俱從巡撫等臣酌量3邊地方緩急，分給濟用。表5-1內的宣府鎮，並未記載大略民運初始的時期。如果宣府與大同並稱重鎮，且地理距離較相近，我們有理由猜測宣府可能從國初起就有民運。

其他8鎮中，在正統朝(1435-49)議派民運的有甘肅1鎮；在景泰朝(1449-57)議派民運的有薊州、密雲、昌平3鎮；在成化朝(1464-87)議派的有山西1鎮；在弘治朝(1487-1505)議派的有固原1鎮；在正德朝(1505-21)議派的有寧夏1鎮；在嘉靖朝(1521-66)議派的有永平1鎮。

本章第1節引用〈食貨志6〉和《會計錄》卷1頁18的記載，說遼、薊、密、永、昌、易6鎮的民運額，自萬曆初年至6年之間，改由太倉轉發，6鎮的數額合計853,819兩。為何這6鎮要以特別的方式處理？確實的原因尚不明白，但可試猜測：除了遼東地處偏遠，其餘5鎮皆離京師不遠，若由太倉撥發銀兩，一方面可省去民運的辛苦過程，二方面這6鎮也容易用銀兩買到所需的物品。

但這種說法又未必週到，因為從表5-1薊州鎮的第(5)項可以看到，山

東、河南的民運銀是解送到戶部，由太倉轉發，而順天諸府的民運卻又直接解送薊鎮。同樣地，表5-1永平鎮的第(3)項也說：「其順天諸府民運仍解本鎮。」密雲鎮的第(7)項也有類似記載。這表示說：在萬曆初年間，這6鎮的民運分解成2個管道，一由太倉轉發銀兩，一由順天諸府直接解送實物與銀兩。這兩個管道解送銀兩的比例，以及運送實物的內容，第4節的表5-3可提供部分答案。

　　接下來要看民運的具體內容。表5-1內已有各鎮的大致項目與數字，但不易相互對比，也很難看出個具體的圖像，這必須和第3節的表5-2、第4節的表5-3合觀。

三、四鎮三關的例子

　　表5-1是從《會計錄》整理出來的簡況，只有大略的過程、項目與數額。有哪些文獻可以進一步提供各邊鎮的民運內容呢？我只知道《四鎮三關志》(萬曆4年，1576)內有薊州、昌平、真保(內含易州、井陘2道)、遼東這4鎮的民運資料(卷4〈糧餉考〉)，卻無「三關」(居庸、紫荊、山海)的相關記載。這項資料的項目較細，製成表5-2較能清晰顯示具體的內容，也可用來和下一節的表5-3(根據其他資料所製)相對照。

　　表5-2的內容簡單易懂，只需幾項指引性的說明。(1)這些銀兩與米、豆、草，大部分是「專給主兵」。「客兵」的部分，例如在表5-2「1密雲道」之下就有說明：「萬曆元年，將穀米俱改徵黑豆，專給客兵。」

　　(2)前面引述《會計錄》的記載，萬曆元年至6年間，遼、薊、密、永、昌、易6鎮的民運，由戶部轉太倉解發。但表5-2只有「密雲道」、「永平道」、「昌平鎮」、「真保鎮」內，記載這4鎮的民運在萬曆元年時改解太倉轉發，不知何故遼、薊這2個重鎮卻無這項記載。

　　(3)表5-2的「昌平鎮」格內，說河南布政司的歲運銀，在「萬曆2年戶部仍徑解本鎮」，所以真正由太倉轉發的，恐怕只有密雲、永平、易州3鎮，而非《會計錄》所說的6鎮皆如此。

(4)各邊鎮的民運，是從哪些地方送了哪些東西來呢？以表5-2的薊州道為例，「歲額銀9,731兩」是從河間等5個府解送來的；「本色米豆24,045石」是從薊州等4縣歲運來的；「本色草343,538束」也是從這4縣送來。由此可以看出：邊鎮的民運銀兩、米、豆、草，大致上是由鄰近的府、州、縣負責解送(這是第5節的主題)。

(5)這些民運的米、豆、草、銀兩，送到何處收貯？表5-2提供部分答案：米、豆、草3項的倉場名稱，都有明確記載(例如「(4)密雲縣歲運豆11,524石，石匣倉收貯」)；銀兩則未說明(在當時應是不說自明)。

表5-2　四鎮的民運項目與數額(萬曆4年，1576)

【1】薊州鎮：全鎮歲額銀261,569兩，本色米豆70,145石，本色草720,938束。

薊州鎮內含(1)密雲道、(2)薊州道、(3)永平道，分述如下。

1　密雲道

歲額銀	140,687兩	專給主兵
(1)河南布政司歲運銀	63,850兩	(1)(2)項萬曆元年經略侍郎汪道昆改
(2)山東布政司歲運銀	61,055兩	解太倉轉發
(3)順天府歲運銀	11,142兩	
(4)大名府歲運銀	4,000兩	
(5)廣平府歲運銀	320兩	
(6)河間府歲運銀	320兩	
本色黑豆	46,100石	
(1)通州歲運豆	14,500石	
(2)三河縣歲運豆	9,347石	
(3)寶坻縣歲運豆	8,103石	以上3處俱龍慶倉收貯
(4)密雲縣歲運豆	11,524石	石匣倉收貯
(5)平谷縣歲運豆	2,626石	豬圈頭、熊兒谷2倉收貯

說明：「隆慶5年(1571)將已(以)上5州縣原坐派永平、昌平、易州、宣府4處，并京庫及本鎮起運、存留稅糧、草料、各折色共18,440兩，俱改本色穀米豆，解發本道收貯。萬曆元年(1573)，將穀米俱改徵黑豆，專給客兵。」

2　薊州道

歲額銀	9,731兩	專給主兵
(1)河間府歲運銀	1,858兩	
(2)廣平府歲運銀	3,201兩	
(3)大名府歲運銀	851兩	
(4)保定府歲運銀	485兩	

(5)順天府歲運銀	3,336兩	
本色米豆	**24,045石**	
(1)薊州歲運米	7,143石	將軍、黃崖、馬蘭3倉收貯
(2)遵化縣歲運米	3,488石	羅文、洪山、漢兒3倉收貯
(3)豐潤縣歲運米	8,996石	喜峰、青山、太平、三屯4倉收貯
(4)豐潤縣歲運米豆	2,234石	三屯營、漢兒庄2倉收貯
(5)玉田縣歲運米	2,184石	大安衛倉收貯
本色草	**343,538束**	
(1)薊州歲運草	86,058束	
(2)遵化縣歲運草	84,341束	永盈、羅文谷2場收貯
(3)豐潤縣歲運草	129,283束	三屯場收貯
(4)玉田縣歲運草	43,856束	大安口場收貯

3　永平道

歲額銀	111,150兩	專給主兵
(1)山東布政司歲運銀	36,560兩	(1)(2)項萬曆元年經略侍郎汪道昆改
(2)河南布政司歲運銀	35,200兩	解太倉轉發本鎮。
(3)順天府布政司歲運銀	32,015兩	內隆慶5年改發京東九州縣11,299兩
(4)河間府布政司歲運銀	1,148兩	與密、薊2道，仍將2道京帑內扣補。
(5)大名府歲運銀	639兩	
(6)廣平府歲運銀	930兩	
(7)真定府歲運銀	480兩	
(8)順德府歲運銀	1,856兩	
(9)永平府歲運銀	2,322兩	原額9,869兩，隆慶5年內將7,548兩改
		徵本色馬草。
本色草	**377,400束**	
永平府歲運草	377,400束	今折銀7,548兩

【2】昌平鎮：民運歲額135,803兩(專給主兵)

(1)山東布政司歲運銀	56,912兩	萬曆元年經略侍郎汪道昆改解太倉轉發。
(2)河南布政司歲運銀	56,834兩	萬曆元年經略侍郎汪道昆改解太倉轉發，
(3)順天府歲運銀	3,847兩	萬曆2年戶部仍徑解本鎮。
(4)保定府歲運銀	5,340兩	
(5)河間府歲運銀	2,267兩	
(6)大名府歲運銀	2,478兩	
(7)廣平府歲運銀	800兩	
(8)真定府歲運銀	3,260兩	

【3】真保鎮：民運歲額銀471,793兩，專給主兵。本鎮不通漕艘，故無本色。易州、井陘2道分
　　貯順天、真定、保定、河間、順德、廣平、大名6府，及山東、河南2省派撥錢糧，各項
　　折價不等，每年徵解。

說明：這部分的內容，是真保鎮的民運歲額項目與數量，內分易州、井陘2道。真保鎮雖非屬13邊鎮，
　　　但其下的易州與井陘，卻是《會計錄》內的14邊鎮(詳見第3章)。這是諸邊鎮中規模最小的2鎮，
　　　但它們的民運項目繁多雜瑣，不擬製表細說，有興趣的讀者可在《四鎮三關志》卷4頁7-11內查
　　　索。

【4】遼東鎮：歲額銀150,711兩。

(1)山東布政司歲解銀	133,390兩
(2)山東鹽運司歲解銀	16,385兩
(3)永平府歲解銀	935兩
(4)永平府歲解本色地畝綿花絨	346斤

　　四鎮三關的總督劉效祖，是主編《四鎮三關志》的總負責人，他對邊鎮民運糧餉有哪些看法？「邊費至煩，皆仰給於近省田賦，大司農又時出帑金，以佐其亟。四鎮所需，流衍者已二百萬餘(兩)矣。……邊臣一有逾額之請，大司農或靳不與，即與之，亦稽覈者多端。」(卷4頁1)這是他對整體形勢的說明。接下來他說明薊州這個鄰近京師的重鎮，在糧餉方面所遭遇的困難。「……自庚戌(嘉靖29年，1550)後，結壘日分，裹糧仍舊。即歲無逋負，猶然不免於磬懸，況用日詘，而逋日甚乎！……有石城十仞，湯池百步，帶甲百萬而亡粟，弗能守也。」(卷4頁5)薊州重鎮尚且如此，其他諸鎮的狀況只會更糟。劉效祖在卷4頁6、11、13對昌平、遼東諸鎮的情況，也有類似的敘述。

四、各邊鎮的民運糧餉

　　表5-2只能顯示薊州、密雲、昌平、永平、易州、遼東這6鎮的民運糧餉，在萬曆4年時的項目與內容。從記載的詳盡度來看，表5-2已經提供不少訊息；但這只是萬曆初年間、單年度、6個邊鎮的狀況。其他7個鎮的情形呢？嘉靖年間與萬曆中期的狀況呢？目前沒有系統性的文獻可以回答，只能從不同的記載中，拼湊出相當簡要的圖像。
　　第4章的表4-2，是從第3章與附錄1的諸多表格中，整理出13邊鎮在嘉靖10、18、28、萬曆10、30年的屯糧石數。表5-3倣此辦法，呈現這5個年份13

邊鎮的民運糧餉項目與數字。整體而言，此表的內容不夠簡潔，很難像表5-2那樣一目瞭然，也無法作出系統性的對比，這是較粗糙的資料。

表5-3的資料來源，和第3章各節內的最後一個表格相同：(1)嘉靖10年和28年的資料，取自附錄1內的9個表格，都是根據潘潢的〈實數疏〉(嘉靖29年，1550)。(2)嘉靖18年的資料取自《九邊考》，已製成第3章內各節的第1個表(其中永平、密雲、昌平、易州4鎮無此表)。(3)萬曆10年的資料取自《會計錄》，也已製成第3章內的表。(4)萬曆30年的資料是根據《武備志》，詳見第3章內各節的表。

接下來說明數字的取得方式。以嘉靖18年遼東鎮為例，第3章表3-1.1內有「山東歲入本鎮」。就把其下的5項資料，填入嘉靖18年遼東鎮那格內。或許有人會問：表3-1.1內並無「民運」的字句，何以知道「山東歲入本鎮」之下5項的內容就是民運？請回頭看上一節的表5-2。此表的資料來自《四鎮三關志》卷4內的「民運」，在屬性上應該不會錯誤，其內容就是河南、山東兩布政司，以及順天等4府的歲運銀兩，以及通州、三河諸縣的歲運豆。這些內容和表3-1.1的「山東歲入本鎮」項目，基本上相同，都是從外地(省)運入本鎮。

再舉幾個例子來說明。同樣是遼東鎮，表3-1.2的「民運銀共159,842兩」，就填入萬曆10年那格內；表3-1.3「民運銀共159,842兩」(數額相同)，就填入萬曆30年那格。至於嘉靖10年的資料，就要看附錄1表3的第1格，但因為看不到與民運相關的內容，所以表5-3的首格就填「不詳」。嘉靖28年的數字，要看附錄1表3的「嘉靖29年」那格，把(1)至(3)項填入表5-3嘉靖28年的遼東鎮格內。以上是遼東鎮的例子，其餘12鎮的做法相似。

表5-3中有些格子內無資料，那是因為第3章與附錄1中的表格內無此數字，稱為「不詳」，以嘉靖10年那一欄最常見。另一種情形是「無資料」，那是因為在嘉靖28年之前尚稱九邊(詳見附錄7〈十三邊鎮史略〉的首頁說明)；表5-3在嘉靖28年之前，因而只有9個邊鎮的資料，後2欄(萬曆年間)才有13鎮的資料。

表5-3　各邊鎮的民運糧餉：1531, 1539, 1549, 1582, 1602

	嘉靖10年 （1531）	嘉靖18年 （1539）	嘉靖28年 （1549）
1遼東鎮	不詳	山東歲入本鎮（折銀） (1)夏稅秋糧折布96,000兩 (2)鈔麥27,000兩 (3)花絨350兩 (4)又花絨372兩 (5)草2,282兩	(1)山東布政司布花麥鈔草價 　　銀133,392兩 (2)山東運鹽司折布并民佃灶 　　地銀16,384兩 (3)直隸永平府 　　(a)戶口食鹽折鈔銀1,013兩 　　(h)地畝花絨折銀23兩
2薊州鎮	不詳	山東、河南、北直隸司府起 運本鎮錢糧數目 (1)夏稅秋糧麥豆34,588石 (2)布133,900疋 (3)棉花81,500斤 (4)絹2,500疋 (5)海運兌軍米240,000石 (6)民屯、軍屯 　　(a)折色草并秋青草共折 　　　銀216,960兩 　　(b)夏稅秋糧本色絹 　　　11,049,200石 　　(c)草97,684束	(1)山東等處起運山海倉小麥 　　1,275石（每石折銀8錢， 　　共銀1,020兩） (2)德州常盈倉庫收撥薊州庫 　　(a)夏稅綿布1,600疋，每 　　　疋折銀3錢，共銀480兩 　　(b)人丁絲絹4,817疋，每 　　　疋折銀7錢，共銀3,371 　　　兩
3永平鎮	無資料	無資料	無資料
4密雲鎮	無資料	無資料	無資料
5昌平鎮	無資料	無資料	無資料
6易州鎮	無資料	無資料	無資料
6附井陘鎮	無資料	無資料	無資料
7宣府鎮	不詳	山東、山西、河南、北直隸 歲入本鎮 (1)夏稅糧547,481石 　　(a)每石折銀1兩 　　　(527,481兩) 　　(b)內含粟米2萬石，每 　　　石折銀8錢(16,000兩) (2)折布189,618疋，大約每 　　疋折銀3錢(56,880兩) (3)綿花絨37,500斤，大約 　　每斤折銀8分(3,000兩) (4)草700,000束，大約每束 　　折銀7分(49,000兩)	(1)河南布政司該銀146,726兩 (2)山東布政司該銀244,211兩 (3)山西布政司該銀87,155兩 (4)真定府24,470兩 (5)保定府25,550兩 (6)大名府67,462兩 (7)河間府15,975兩 (8)順德府18,940兩 (9)廣平府28,950兩 (10)順天府3,500兩

	嘉靖10年 （1531）	嘉靖18年 （1539）	嘉靖28年 （1549）
8大同鎮	不詳	山西布政司起運 (1)夏稅秋糧料291,475石，每石折銀1兩(291,475兩) (2)夏稅秋糧折布182,500疋，每疋折銀3錢(54,750兩) (3)綿花絨80,000斤，每斤折銀8分(6,400兩) (4)馬草2,444,850束，每束折銀8分(195,588兩) 河南布政司起運小麥96,000石，每石折銀4錢(38,400兩)	山西布政司起運 (1)夏秋稅糧豆料291,475石，每石折銀1兩(291,475兩) (2)夏稅秋糧折布182,500疋，每疋折銀3錢(54,750兩) (3)綿花絨80,000斤，每斤折銀8分(6,400兩) (4)馬草2,444,850束，每束折銀8分(195,588兩) 河南布政司：夏稅小麥96,000石，每石折銀4錢(38,400兩)
9山西鎮	不詳	本鎮糧草皆山西布政司供給 (1)夏稅秋糧共225,449石，各折不等，共折銀167,396兩 (2)草283,236束，折銀81,619兩	本省歲糧，內除起運大同并王府及腹裡倉糧外，起運代州、偏頭、寧武、雁門等各城堡倉場庫 (1)夏稅本色麥51,680石，照依該鎮派冊則例，每石1兩算，該銀51,860兩 (2)存留本色麥豆共18,829石，每石8錢算，該銀15,060兩 (3)起運秋糧本色米165,053石，每石1兩算，該銀165,053兩 (4)存留本色米47,653石，每石8錢算，該銀38,121兩 (5)起運折布42,326疋（准米42,326石），每疋折銀3錢算，該銀12,697兩 (6)花19,236斤（准米1,923石），每石折銀8錢算，該銀1,538兩 (7)起運草1,364,276束，每束8分算，該銀109,142兩
10延綏鎮	不詳	陝西布政司歲入本鎮 (1)夏稅秋糧本色共79,305石 (2)折色共211,980石，各折	陝西布政司歲入 (1)本色稻粟米麥共69,021石 (2)料10,283石 (3)折色粟米小麥191,457石

	嘉靖10年 （1531）	嘉靖18年 （1539）	嘉靖28年 （1549）
		不等，共折銀184,658兩 (3)本色馬草556,086束 河南布政司歲入本鎮布豆折銀33,000兩	(4)料20,523石 各折不等，共折：(1)銀184,658兩，(2)本色馬草552,086束 河南布政司起運本鎮 　(a)夏稅布40,000疋（每疋折銀3錢） 　(b)料30,000石（每石折銀7錢） 共折銀33,000兩
11寧夏鎮	不詳	陝西布政司歲入本鎮 (1)夏稅秋糧共133,405石，各折不等，共折銀120,095兩 (2)夏稅秋糧共10,400石，每5斗折小綿布1疋，共折布20,800疋 (3)馬草161,240束	陝西布政司歲入 (1)夏稅小麥56,903石 (2)秋糧米61,812石 (3)黑豆13,600石 （以上各折不等，共折銀120,905兩） (4)夏稅折布小麥4,200石 (5)秋糧折布黑豆6,200石 （每5斗折小綿布1疋，共折布20,800疋） （每疋折銀3錢，共折銀6,240兩） (6)馬草161,240束 （每束折銀3分，共折銀4,837兩）
12甘肅鎮	不詳	陝西布政司歲入本鎮 (1)夏稅秋糧本色共5,292石 (2)折色共276,585石，各折不等，共折銀264,419兩 (3)折布糧共36,003石，每5斗折小綿布1疋，共折布72,005疋	陝西布政司歲入 (1)夏稅本色小麥粟米共5,034石 (2)黑豆257石 (3)折色小麥粟米263,687石 (4)豌豆12,898石 （以上各折不等，共銀264,419兩） (5)折布稅糧32,572石 (6)黑豆3,430石 （以上2項，每5斗折小綿布1疋，共布72,005疋，折銀18,001兩） (7)腳價銀17,500兩

	嘉靖10年 （1531）	嘉靖18年 （1539）	嘉靖28年 （1549）
13固原鎮	不詳	陝西歲入本鎮 (1)夏稅秋糧共225,449石， 　　各折不等，共折銀 　　167,396兩 (2)草283,236束，折銀 　　81,619兩	不詳

	萬曆10年 （1582）	萬曆30年 （1602）
1遼東鎮	民運銀共159,842兩	民運銀159,843兩
2薊州鎮	(1)銀18,024兩 (2)山東民兵工食銀56,000兩 (3)遵化營民壯工食銀4,464兩	民運銀18,024兩
3永平鎮	(1)糧料27,713石 (2)折色銀28,094兩 (3)民壯工食銀12,618兩	民運糧料27,713石
4密雲鎮	(1)民運銀10,953兩 (2)稅糧改徵黑豆銀16,345兩 (3)歸農民壯工食銀918兩	民運銀10,953兩
5昌平鎮	民運銀20,704兩	民運銀20,704兩
6易州鎮	民運銀306,297兩	民運銀327,129兩
6附井陘鎮	(1)本色米麥17,832石 (2)折色銀48,545兩	民運本色米麥17,832石
7宣府鎮	民運折色銀787,233兩	民運折色銀787,233兩
8大同鎮	(1)糧586,475石（該銀456,713兩） (2)草2,444,850束 (3)荒草銀21,600兩	民運糧586,475石
9山西鎮	(1)本色米豆共21,522石 (2)折色銀362,120兩	民運本色米豆21,522石
10延綏鎮	(1)糧97,826石 (2)草7,942束 (3)折色銀197,433兩	民運糧料97,826石
11寧夏鎮	(1)本色糧1,349石 (2)本色草25,295束 (3)折色糧草銀108,719兩	民運本色糧1,349石
12甘肅鎮	民運糧布折銀294,959兩	民運糧布折銀294,959兩

	萬曆10年 （1582）	萬曆30年 （1602）
13固原鎮	（1）本色糧45,325石 （2）草8,063束 （3）折色糧料草布花銀279,296兩	民運本色糧料45,325石

說明：

（1）本表旨在呈現「民運糧餉」的額度，方法是從第3章與附錄1內的眾多表格中，找出相關的項目與數字。因各邊鎮的民運糧餉項目不一，所以無法加總得出13邊鎮的合計額與百分比。

（2）第12章表12-5有萬曆21年的軍馬錢糧數，為何本表無此年的民運糧餉數？那是因為表12-5的數字來自附錄4，而附錄4內的13個表中，所列的項目不一，少各有「民運糧餉」這個項目，所以本表無法列出萬曆21年的民運糧餉數。

　　現在來看表5-3的內容。嘉靖10年那一欄完全無資料，可略去。18年那欄，9個邊鎮都有詳細資料，相當不錯。但各邊鎮的民運內容不易比較，那是因為項目不一，單位各異（以薊州鎮為例，就有石、疋、斤、兩、束），所以只能各鎮分別觀察，不易提出綜合性的論點。

　　但有一項結構性的差別：在嘉靖18、28年那兩欄內，解運實物（布、花、米、豆、草）是常態；而在萬曆10年那欄已簡化成銀兩、石（米豆）、束（馬草）3項；萬曆30年那欄就更簡化為石、兩2項。大約從何時起民運項目可以納銀？這和萬曆初年前後實行的一條鞭法應該有關係。

　　民運折銀的做法在正統年間就有過了。《明實錄》正統4年（1439）11月乙巳條：「巡撫大同宣府右僉都御史盧容奏：山西上年撥送折糧銀十萬兩，每銀一兩准糧四石。今宣府米價騰貴，請每銀一兩准米二石五斗。從之。」正統10年12月甲寅條有類似的記載：「大同蓄積糧多，恐致陳腐。除官軍支用外，乞將今歲山西撥納秋糧四十萬，准收本色二十萬石，餘半折收銀貨。……從之。」這種「本折兼收」、「奏改折色」、「原係本色，今皆折徵（銀兩）」的記載，在正統之後並不罕見，但大都是個例，需要奏准。也就是說，在萬曆之前各邊鎮的狀況不一，有過「盡徵折色」、「本折兼用」、「盡復本色」等諸多變化，這些細節在寺田隆信（1972）《山西商人　研究》頁37-43內有較詳盡的解說。到了萬曆年間，從表5-3可以看到，民運納銀已成為常態，這和張居正的一條鞭政策有密切關係。

　　下個問題是：民運占各邊鎮每年糧餉的多大比例？這要看第3章的表格才能回答。以遼東鎮為例，嘉靖18年時(表3-1.1)，山東歲入遼東鎮的5個項目共銀126,004兩；在此表下面的合計額中，遼東鎮的總歲入銀兩是548,063兩；把兩者相除，得出22.99%。同鎮萬曆10年的數字要看表3-1.2，民運銀共159,842兩，此表下面的總歲入銀兩是711,391兩，兩者相除得22.47%。萬曆30年的情形要看表3-1.3，兩者相除得28.03%。

　　由此得到一個印象：嘉靖18年(1539)至萬曆30年(1602)間，民運占遼東鎮總歲入銀兩的比例，大約在22%與28%之間浮動。其餘12邊鎮的數字可用相同方式計算，不一一列舉。但從另一個角度來看，這些百分比不能盡信，因為這只是預算式的編列，而非實際狀況。然而從這些百分比，多少也能看到民運的相對重要性。

五、大戶制與民運邊鎮糧餉

　　還有2個問題必須解說：(1)這些米、麥、豆、布、草是由誰運送？如何送？(2)送到哪些地方去？表5-3對這2點完全沒有說明。表5-2對第(1)個問題沒說明，對第(2)個問題提供部分的答案。以表5-2的密雲道為例，在「本色黑豆」項內，就指定由「龍慶倉」、「石匣倉」、「豬圈頭」、「熊兒谷」等倉收貯。但歲運銀兩要送到何處呢？大約是解送給各鎮的最高行政指揮(總兵)，可能是因為不說自明，所以就不必指定。

　　較難回答的是第(1)個問題：由誰送？如何送？在觀念上必須認清，這是屬於「民運」，而非「漕運」、「軍運」(那是下一章的主題)。民間有哪些組織和管道，每年要從不同的地方，把這麼複雜的米、豆、麥、布、銀兩，送到地理位置那麼偏遠、間隔距離那麼大的十三邊鎮去？其間的耗費由誰承擔？每年大約何時起程？責任的歸屬如何界定？官方真的完全不介入嗎？這一串相關聯的問題，以現在的有限理解，只能作片段的回答。

　　谷口規矩雄(1969)〈明代華北の「大戶」について〉，大概是日本明史學界對此問題作過探討的惟一文獻；中文方面，在台灣和大陸都未見到

類似的探討。從《明實錄》與《明史》的資料庫中，以「大戶」為關鍵詞
來搜尋，雖然出現120多筆訊息，但能用來解說邊鎮民運糧餉的資料卻相當
有限。以下借重谷口的研究（尤其是地方志的引述），來說明華北地區的
「大戶」，與邊鎮民運的關聯。「大戶」的設置地區，目前只知有山東、
河南、陝西、北直隸、山西5省，較偏遠的邊鎮如遼東、甘肅，民運也都由
他們負責嗎？這些都還是有待解答的問題。

1.糧長制與大戶制

　　《武宗實錄》正德4年（1509）冬10日戊戌條：「戶部覆議：總督漕運右
副邵寶，會同平江伯陳熊等所陳八事，其可行者三。江南糧長，江北大
戶，多徵收侵討，為小民累。又運官交兌，沿途遲慢，以至後先參錯，每
違限期，宜嚴明賞罰以警之。……」這段話顯示幾項要點：(1)運官交兌的
任務，在江南由糧長負責，在江北由大戶執行。(2)華北地區的大戶制，在
正德4年時已經運作一段時期，且有不良的評價。(3)電子資料庫顯示，這
是《明實錄》首次（也是惟一）出現「汇北大戶」的記載。
　　明史學界已熟知的糧長制，主要是透過梁方仲（2001）《明代糧長制
度》。我們先大略掌握糧長制的功能與特點，再來對比大戶制的情況。梁
在《明代糧長制度》的「引言」內，做了很好的摘要。「洪武四年（1371
年），朱元璋首先在江浙一帶建立了糧長制度，規定：凡每納糧一萬石或數
千石的地方劃為一區，每區設糧長一名，由政府指派區內田地最多的大戶
充當。糧長的主要任務為主持區內田糧的徵收和解運事宜。但在其後的五
六十年中，糧長更陸續增加了以下各種職權，如：擬訂田賦科則，編制魚
鱗圖冊，申報災荒蠲免成數，檢舉逃避賦役人戶和勸導農民努力耕種并按
期納糧當差等；後來，在某些地區，糧長往往包攬地方事務，掌握鄉村裁
判權。」（頁1）
　　糧長的地位有過明顯變化。「平日糧長在鄉村里，也是威風十足，簡
直就像個官兒一樣，所以此時地主大戶多以得充糧長為榮。其位置幾同世
襲，名曰『永充制』。永充制在宣德年間（1426-1435年）最為盛行，從洪武

到宣德，可以說是永充糧長的鼎盛時期。但自正德(1506-1521年)以後，永充制已全為輪充制、朋充制或其他新的辦法所代替了。」(頁2)

主要的原因，是「由於明封建政府的賦稅剝削日趨苛重，更由於土地的不斷集中，優免人戶的不斷增加，使得直接生產者已無法支付過巨的租稅，被迫相率逃亡，以致各區的田賦經常虧欠。而政府自然是首先責令糧長如數補足。這樣一來，就有許多糧長因補納田賦而致破產。到了此時，原本是以充當糧長為榮的人家反過來以充當糧長為苦了。」(頁2)

「在這種情形之下，往日多方鑽營以求糧長一職的大戶，便轉而多方設法以求擺脫糧長一職。他們用賄賂的方法勾通官府或收買書吏，使其將糧長一職改派他人，結果是被編派為糧長的多數已不是真正的大戶了。在輪充制下，充當糧長的多數還是中等之戶；到了朋充制時，便連貧困下戶也包括在內了。這時糧長已經從半公職人員的地位降而為一般人民對政府所提供的差役了。」(頁3)

糧長制在全國各處都有設置嗎？不然。梁方仲說：「從現存的史料看來，可以肯定在全國南北兩直隸、十三布政使司中有浙江、〔南〕直隸、湖廣、江西、福建五省是實行過糧長制的。僅此五省的秋糧額已占全國總額的60%左右。而山東、河南、陝西三省是大約設立過糧長制的。這三省均設有『大戶』一役，專管督辦諸里甲的稅糧，其位置頗與糧長相同，可是看不出曾經訂有劃分糧區的辦法。」(頁56,59)

這段話可以拆成幾個要點。(1)糧長制只在人口稠密、田賦較重的省分(浙江、南直隸、湖廣、江西、福建)設立，人口較稀、田賦寡少的省分(廣東、廣西、雲南、貴州)，確定無此制。(2)山東、河南、陝西這3省的情況，梁不夠肯定：「是大約設立過糧長制的。」(3)北直隸(北平布政使司，永樂後改為北直隸)的「情況不詳」；「四川的情形與北平亦相似」；「山西的情形我們一點不曉得」(頁57)。從這3點看來，我們只能確定糧長制在江南5省實行過。

現在轉過來看大戶制。上一段的引文顯示，梁對大戶制的理解還很初步：山東、河南、陝西3省「均設有大戶一役，專管督辦諸里甲的稅糧，其

位置頗與糧長相同,可是看不出曾經有劃分糧區的辦法。」這段話表示:
(1)「江南糧長、江北大戶」的說法大致是對的,兩者的位置與功能頗相
同。(2)梁尚未曾見到華北的糧區劃分辦法,也不夠明瞭大戶的運作方式和
社會地位的變遷。(3)除了山東、河南、陝西這3省有「大戶一役」外,梁
知道「蜀中舊不設糧長」,「但其後亦設有大戶等名色」(頁57)。

　　以下根據谷口規矩雄(1969)〈明代華北の「大戶」について〉的研
究,以及《明實錄》、《會計錄》內的基本史料,解說華北大戶制的根
源、功能、發展、利弊等議題。前面曾提到,江南糧長的功能與地位有過
明顯的變化,華北大戶制的功能與地位,也有過類似的轉變。此處的重點
應放在大戶如何把民運糧餉運送到各邊鎮上,但我們對此點的知識還相當
有限,是日後進一步探討的方向。

2.華北5省的相關記載

　　以下從不同的史料記載,舉證華北地區至少有5省設立過大戶制。

　　(1)山東。《穆宗實錄》隆慶4年(1570)8月丙午條,山東巡撫梁夢龍等
條上賦役3事。其中1條是:「正分收分解之規。言:往者僉編大戶,分定
倉口。近為一串鈴法,總收分解,轉移侵匿,常課益虧。宜復舊例:大戶
收完,交納司府,司府差官類解。」此條的訊息是:(1)大戶在僉編時,就
分派了解送的責任倉口。(2)最近改行一串鈴法[1],採行總收分解的方式,
反而造成更大的弊端。(3)建議回復舊制,由大戶收集後交納司府,之後差
官類解。這樣的話,就不是由大戶解送到責任倉口,而是由官方差解。

　　于慎行是隆慶2年(1568)的進士,累陞禮部尚書,萬曆36年召入閣,未
任。他在《穀城山館文集》卷34〈與撫台宋公論賦役書〉中說:「舊時微

1　葛守禮《葛端肅公集》卷2〈寬農民以重根本疏〉,解說何謂一串鈴法:「至於
　　收解,乃又變為一串鈴法,夥收分解。大戶雖定有各倉口之名,而但擇其能事
　　者數人,兼總收受。某倉催急,則合併以應,令原坐大戶領而解之,以次皆
　　然。」(引自谷口1969:118)這是在嘉靖末、隆慶初行於山東、北直隸的賦役收
　　解辦法,特點是:「夥收、分解」(統一徵收,分項上解)、「收、解分離」(收
　　者不解、解者不收)。

派稅糧，預選殷實之家僉充大戶，列肆自收。完日，各照廠口，給批自解。」(引自谷口1969:114)這說明大戶是：(1)選自殷實之家；(2)執行徵收稅糧的工作；(3)自行解送到指定的責任倉場。這是對一般徵派稅糧的差解方法，大戶的角色與功能，大概就是「收完」、「交納」這兩項。

(2)河南。萬曆《彰德府續志》內的〈田賦志〉記載：「安陽徵糧，往年率編大戶收解。」《山東經會錄》卷3〈稅糧因革〉說：「查浙江等處壹應官銀，俱差官類解，殊無他虞。而京儲、邊餉關係尤重，何獨山東、河南等處專用大戶，以滋夙弊耶？」(引自谷口1969:114)這表示：(1)山東與河南都有大戶制；(2)解送京儲與邊餉是大戶的職責；(3)因專用大戶而滋生許多弊端。

(3)陝西。嘉靖《耀州志》卷4〈田賦志〉記載：「力差：門、禁、隸、庫、斗級、機兵……大戶、司兵，共一百八十七名，准銀四百四十六兩七錢。」同官縣的「力差」項下，也記載：「門、禁、隸、庫、斗級、機兵……大戶，共三百四十五名，准銀五百五十三兩二錢。」萬曆《續朝邑縣志》卷4，在「力差」項下記載：「大戶五十二」。以上3項地方志的記載(引自谷口1969:115)，都說明陝西大戶的地位，只是屬於「力差」之下的一項。

(4)北直隸。梁方仲在《明代糧長制》頁57，說北直隸的糧長制「情況不詳」。北直隸應無糧長，但有大戶制。崇禎《元氏縣志》卷2〈戶口〉條下的「正差」項記載：「大戶：選各社上六則丁糧多者僉之，分差徵解各色錢糧。」萬曆《保定府志》卷19〈戶役志〉也說：「大戶之設，其來已久。」(引自谷口1969:116)《神宗實錄》萬曆17年11月乙丑條：「順天府府丞孫旬條上審編事宜。……六曰裁大戶，以省賠累。」從這些記載，可以確定北直隸有大戶制，但效果與評價不佳。

(5)山西。梁方仲說「山西(糧長制)的情形我們一點不曉得」(頁57)。萬曆《榆林縣志》卷3〈賦役志〉則明確指出：「今之大戶，不過解銀、募商耳。與其民解、民募而民重困，不若官解、官募，可以蘇吾民也。」(引自谷口1969:116)

以上的資料顯示：(1)梁方仲說「山東、河南、陝西三省是大約設立過糧長制的」。其實這3省並無糧長制，而是由大戶制在執行類似糧長制的職能。(2)他說北直隸和山西的狀況不詳，其實也是無糧長而有大戶。(3)依目前所知，華北共有山東、河南、陝西、北直隸、山西有大戶制。各地的大戶社會地位不一，但整體的觀感與評價是負面的，已有多處提議裁撤。谷口對華北大戶的研究，還包括幾個面向：(1)大戶的職責與選充方式(頁117-21)；(2)大戶制的變遷(頁121-6)；(3)大戶制的各種弊端(頁127-30)；(4)大戶制的改革(頁131-40)。這些事情的內容豐富，不便在此摘述，以下把焦點集聚在大戶制與民運邊鎮糧餉的關係上。

3.大戶的職責

葛守禮是嘉靖8年(1529)進士，擢兵部主事。27年以副都御史巡撫河南，尋總督宣(府)、大(同)，歷陞左都掌院事。他在《葛端肅公集》卷2〈寬農民以重根本疏〉內，解說大戶制的運作方式。「戶部開各倉庫名目及石數價值若干，通行各布政司及直隸各府。……明白開派某人某倉口糧若干，給與由帖，使其收照，各赴該倉收糧大戶處投納。給私記合同小票，以徵完欠，官府憑此以稽查，人戶憑此以考驗。其大戶收完，與已收若干、未完若干，歷歷可指。」(引自谷口1969:117)這說明了大戶如何收納稅糧。

在官府方而如何運作呢？萬曆《大明會典》卷29頁7記載：「正德五年(1510)奏准，今後各司、府、州、縣秋糧，照例十月開倉，先將管糧官并糧長、大戶職名，報知漕運衙門，次將收過在倉糧數申報。如有違限，不分司、府、州、縣掌印官，通提問罪。」這說明了糧長、大戶如何與漕運衙門配合運作。

大戶還可細分「夏稅大戶」、「秋糧大戶」、「鹽鈔、均徭大戶」3種。據呂坤《實政錄》卷4〈徵收稅糧〉(頁41)：「近日各州縣坐派大戶，各分倉口，一倉數名，甚者本色大戶坐四、五十名。大戶幾於半縣，三年可以一輪。」所謂的「本色大戶」，是指徵收米麥等實物的大戶；「折色

大戶」是指收納「折糧銀」的大戶。

擔任大戶有哪些好處？萬曆《保定府志》卷19〈戶役志〉內的上奏文〈議處派徵比解錢糧事宜〉中，有「一革大戶」項，陳訴大戶之害：「大戶則各執赤曆，而肆行其剋削。有私自販，害眾肥家；有恣意侵漁，欺公蔑法，其害人非細。」（引自谷口1969:127）

擔任大戶有哪些風險？《實政錄》卷4〈徵收稅糧〉（頁38-9）說：「不肖官員，又借缺少名色以罪花戶。……而一切添搭、火耗、腳價，又令大戶包賠，此法近已題革。」《山東經會錄》卷4有類似的記載：「每大戶壹名，常用三、四人，加以賠費、腳價。苦累不堪，每至傾家。近來僉本色大戶者，畏懼賠累，逃竄益多，亦應酌處。」（引自谷口1969:129）

4.斂解邊餉

有上述的基本理解之後，現在來看大戶如何運送邊鎮糧餉。這方面的記載較少，呂坤《實政錄》卷4〈斂解邊餉〉是主要的訊息來源。先說大戶在轉解邊餉時的不正當手段。「照得大戶解銀，司府換批。……且轉解三關（居庸、紫荊、山海）、宣（府）、大（同），臨期仍用委官。……又欺慢有司，空文起解。奸頑大戶，弊種多端。或官銀到手，興販侵欺。或起解踰年，猶不銷號。或假稱應解衙門，遲收重壓。或自己將銀偷盜，誣賴店家。或拐帶官銀在逃，竟難尋覓。」（頁48）

接下來要問的是：各省在解送邊鎮糧餉時，是否有共同遵守的規定與作業細則？據《實政錄》卷4頁48的記載，各布政司與都察院都有過具體規定。「查得直隸、山東向來斂解，官民兩稱便宜。先據太原府何知府條陳，首稱斂解最為良法，已經通行。去後若不立為規則，不惟窒礙不便，亦難經久常行。近據布政司列為八款，大都已詳。中間恐有未盡事宜，本（都察）院最為推廣，仍發該司刊刻成書，收銀衙門先送一冊，每道、府、州、縣各給一冊。委官斂解之日，該道再給一冊。各令查照施行，勿得違錯取究。」

都察院對斂解邊餉的作業有許多明文規定，以下從《實政錄》卷4頁51-

3內摘取5條，以示一斑。

（1）「歛解官先要順路，如北解者自南而北，不許枉道。所歛銀兩既入鞘中，該州縣即差的當兵快，照數撥夫扛擡，仍催鄉夫護送，跟從委官至前路州縣，交與委官收明，仍取委官原無損失手筆結狀。其銀至所在州縣，即撥兵夫日夜巡邏看護公館，倘有不虞，印捕官與委官一體坐罪，仍令均賠。」

（2）「遠解官銀，一次不得過四萬兩。應歛州縣，相去不得過五百里。所至地方，一處不得過三日。違者，所在掌印官以刁難論。」

（3）「解官出門，不許坐轎。所過地方，給與馬六匹、皂隸六名。各州縣照官尊卑相見，不許指稱委官，妄自尊大。兌銀之日，在州縣堂上者，略分賓主。在公館者，止論職官。如州縣刁難，作踐委官，及委官分外難為州縣官者，訪出各從公議處毋悔。」

（4）「委官押解錢糧，干係最重。出境之後，更須萬倍留心，不許夜行、不許宿店、不許醉飲、不許交遊。其公館處所，不問疎密，所在州縣、城堡、文武官員，撥夫二十名夜巡，仍將夫名遞送委官處，所以便查考。倘所在官慢不經心，致有外盜，除本官聽參外，其銀仍責全賠。若外無隙竇，銀自內失者，罪坐委官，不許妄行誣賴。」

（5）「見行事例，解官每千兩給盤纏銀一錢五分。但解官責重身勞，似宜從厚。今定每千兩俱給盤纏銀二錢。」

呂坤在萬曆20年（1592）完成《實政錄》時，署名「都察院右僉都御史寧陵（人）呂坤」。「歛解邊餉」的規定中，曾出現「本院」的字眼，所以上面引述的5項規定，應與都察院有密切關係。這些規定都是針對「歛解官」，照文義看來，應是官府人員而非民間大戶。如果這項猜測正確，那我們可以推論說：萬曆年間負責把民運糧解送到邊鎮者，應是政府官員而非大戶；大戶的職責，可能僅限於在責任區域「兼總收受」（夥收）。萬曆之前是否如此？有過哪些制度上的變化？都還是不明白的事。

接下來把問題轉到民間百姓身上。他們如何把糧餉從住處運送到指定的地點？《武備志》卷141〈軍資乘〉內的「車運」條（頁10），說明3種基

本運送方式。「一曰人車，二人牽推，每車運不過四石。一曰牛車，前駕二牛，以二人御之，運不過十二石。一曰騾車，以十騾駕一車，運可至三十石，然其費亦不貲矣。」這大概是萬曆年間的普遍運送能力。以這種運送方式，在次佳的道路條件下，總耗費成本必然不輕。這些運送設備非尋常家庭所能擁有，猜想大概是多戶人家合資雇車運送，再分攤成本。這方面的訊息有限，但可試想：把這些糧餉從家戶送到廠口倉場，再長途轉運到邊鎮諸衛所，成本應遠高於貨品在原產地的價值。

六、運送的效果

整體而言，這些地區的河運不發達，要把指定的糧餉送抵目的地，耗費必然鉅大又妨礙農作。以山西平陽府所屬的州縣為例，「秋糧當輸入大同、天城諸衛，道路一千餘里，民苦挽運，負欠累年」（《宣宗實錄》卷7）。《會計錄》卷17-29的「民運」項內，對13邊鎮的民運糧餉事件、行政措施、朝廷指令等等，都有相當豐富的記載，以下整理出6種較重大的問題。

1.轉運困難

把不便轉運的實物改折銀兩送邊。「成化十四年(1478)〔遼東〕指揮同知吳儼奏：登州海運苦風不便。尚書楊鼎覆：准山東歲辦布花，每布一疋折銀四錢，每花一斤折銀一錢，送邊給軍。」（《會計錄》卷17:669下）

運輸工具方面的困難。「正德七年(1512)〔戶部〕尚書孫交題：南京打造海船，恐工程浩大，難以卒辦。合無將山東七年、八年布花，照依正德三年事例，折徵銀兩。〔正德〕八年南京工部咨稱：海船桅心等料俱無現成，須採買，久以月日方得。題奉欽依，裝運九年布花，恐臨期有誤。」（《會計錄》卷17:670上）

漕河管道不通暢時的困擾。萬曆元年(1573)「督撫劉應節等題：本(密雲)鎮民運米草，因漕河未濬，盡改本色。今漕糧直達塞廠，乞將米草盡改

科豆，每石定擬四錢，赴戶部分司交納，侯客兵。願支折色者，照數支給。尚書王國光：依擬覆准。」（《會計錄》卷20:742上）

　　道路阻絕的困擾。「嘉靖四十五年(1566)〔延綏鎮〕巡撫王遴題：神木府谷二縣，大柏油、柏林、永興鎮，羌孤山、木瓜園、清水營、黃浦川、高家、建安等堡，道路阻絕，商販不至，各軍領去官銀無從糴買，欲要經理河運。本(戶)部覆：准量造船二、三十隻，每隻約載五、六十石，動支該鎮兵餉銀兩，於山西興臨、保德積粟地方糴買糧米，運送該縣收貯備用。」（《會計錄》卷26:909上）

2.弊端

　　各地民運來的物品，有品質不佳、侵吞中飽、盜賣諸情事。「正德十五年(1520)巡撫張綸題：山東運司鹽折布稀鬆不堪。」（《會計錄》卷17:670下）「嘉靖三十七年(1558)〔易州鎮〕巡撫鄭絧題稱：大戶運納本色勞費，軍士關領不沾實惠。」（《會計錄》卷22:781）「弘治四年(1491)，〔宣府鎮〕開平衛老疾總旗金永洪奏：官軍折俸近於京庫關支，但委官運回錢鈔布疋，盜賣侵剋，乞要附近關給。本部覆：准。」（《會計錄》卷22:809下）

　　這類的弊端不少，可由萬曆皇帝的聖旨看出：「近來各邊起解錢糧，掌印及委解官侵剋短少，往往逼囑管糧官收納。這積弊不獨保定一府為然，且不追究。今後畿府錢糧該解易鎮的，都著改解太倉交納，其鞘單傾錠等項，都照節題事例行。巡撫每年移駐易州防秋，都是虛文，徒費供餉，以後不必行。其餘依擬。欽此。」（《會計錄》卷22:782）

3.急缺

　　「正德十年(1515)巡撫張貫咨稱：本(遼東)鎮急缺布花。」（《會計錄》卷17:670上）「景泰四年(1453)居庸關都指揮夏忠呈稱：延慶衛糧米數少，支用不敷。」(21:758下)「弘治十年(1497)侍郎劉璉題：〔宣府鎮〕急缺糧草。」（《會計錄》卷23:811上）「嘉靖九年(1530)〔甘肅〕總督題：邊

儲缺乏。」(《會計錄》卷28:952上)撥運是解決這類急用不足的基本方式，例如：「准於河南、山東、北直隸折價解京草束內，撥一百八十四萬三千五十(1,843,050)束；再將山西存留草一萬五千二百(15,200)束，每束定銀五分二，起共銀十萬兩，撥運宣府交納。」(《會計錄》卷23:811)甘肅的例子就沒那麼幸運了：「本部覆：查得甘肅鎮陝西布政司歲派起運糧料三十一萬六千六百十六(316,616)石，合行巡撫官催督應用。」(《會計錄》卷28:952上)意思是：原額應夠用，請催繳，再不夠，請自理。

4.困擾

民運途中也有被刁擾或繳納困難等事。「嘉靖六年(1527)直隸廣平府申稱：該府起運薊鎮、保定府庫闊布……每被庫吏等人刁勒，且搬運腳價所費甚多，乞要折徵銀兩。本部覆：准。」(《會計錄》卷18:695上)「景泰二年(1451)，順天府東安縣里老樊泰等奏：乞將草束折納糧豆。尚書金濂議擬：本縣人民被賊遭旱，十分艱苦，原擬草束願納本色者聽；願納米者，每草一束折納粟米五升。」(《會計錄》卷23:809下)「天順元年(1457)郎中楊益奏：達賊驚擾(大同鎮)，難運本色。」(《會計錄》卷24:851下)

5.災傷

起運地如遇災傷飢荒，戶部通常會要其他地方支援轉運。「嘉靖三十三年(1554)御史周斯盛題：本(遼東)鎮地方飢荒。尚書賈應春覆：山東……近海州縣改納米豆，運至濱海，聽該鎮委官裝運。」(《會計錄》卷17:671上)「弘治三年(1490)巡撫陳鉞題稱：山東災傷，起運邊糧乞通徵七錢，以舒民力。本部覆：准。」(《會計錄》卷23:809下)「嘉靖三十三年(1554)都御史趙時春題，尚書方鈍覆：大同稅糧因山西該省歲荒，暫行折徵，此後務要漸復本色。」(《會計錄》卷24:852下)

6.民運績效

趙世卿在〈催各邊民屯疏〉(《司農奏議》卷4頁1-4)內，對邊鎮的民運

效果有愷切的分析。「照得九邊主客年例兵餉，俱有各省府州縣民運，及各衛屯糧供給民屯，……至今祇事虛文，逋負益多，絕未見參罰一人，以致有司愈加玩愒，及今各(邊)鎮告匱之文無日不投。中間或有上半年不足，而預借下半年；今年不足而預借明年。……今有十年不解一分者，積弊如此，餉額安得不虧？……。萬曆三十年五月十五日具題，十七日奉聖旨：『從來邊餉倚辦民屯，後迺以京運接濟，如何任其拖欠，不行參罰，職任安在？著各巡撫及管糧郎中照見行事，例著實行。爾部還分別覆擬處治，不許狥私姑息，互相容隱推諉。欽此。』」民運的弊既久且深，單靠一紙聖紙，恐怕作用有限。

＊　　　＊　　　＊

　　綜合以上6節的內容，對本章的主題有下列感受。(1)邊鎮民運的項目與額度，隨各鎮的情況時增時減，萬曆之前並無定額。(2)在徵收本色與折色之間，萬曆之前並無定制。(3)朝廷決策者不易掌控各地實況，多靠巡撫或主事者冊報，再加上轉運困難，實際運抵的可用額不易切實掌握。(4)各邊鎮仰給自不同的省份，透過各式的管道轉送。(5)由於牽涉的層面廣泛，事情紛雜，軍急時容易狀況百出。(6)大戶制與邊鎮民運的關係，目前只有相當初步的認識，還有很大的探討空間。

第6章
邊鎮漕糧

　　第5章解說民運糧餉的內容與運送方式，其中第5節以華北的大戶制為例，說明從各省「欸解邊餉」的程序與作業規定。但大戶民運只是解運糧餉到邊鎮的管道之一，本章要呈現的是另外一種方式：由官方組織安排，透過陸運（車）、河運（運船）、海運（海船），把軍餉運解到邊鎮的漕運。較特殊的一點是：十三邊鎮中只有薊州、永平、密雲、昌平4鎮有例行定額的漕糧，以及遼東鎮有非例行、非定額的漕糧，所以本章只探討這5個邊鎮的狀況。其餘8鎮的糧料運送，與上述5鎮的漕糧性質不同，不在本章的範圍，但可從《萬曆會典》卷28〈邊糧〉內找到相關記載。

　　第1節從綜觀的角度，簡述明代漕運的沿革，說明漕糧的數額、種類、徵收的地區及其負擔額（表6-1）；同時也說明漕糧的運送方式、交兌地點（圖6-1）、漕運的制度變革。有了上述的背景解說，第2節分述薊、密、昌、永4鎮在嘉靖、萬曆年間的漕糧數額（表6-2），陳述這4鎮的漕運沿革（表6-3），估算這些漕糧在4鎮的軍需糧料中所占的比重（相當高），以及這些漕糧對13邊鎮總糧料的重要性（低於30%）。

　　第3節說明：(1)漕糧必須走過哪些路途才運送到邊鎮；(2)遇到過哪些困難與阻礙；(3)需要動員多少人力與物力。全國的漕糧是由中央調控調撥，薊、密、昌、永的漕糧雖有明定額數，但若遇有漂流、凍阻、水旱災、戰亂，朝廷會用「兊運」和「截撥」的手法來調度週轉，這是第4節的內容。

　　遼東的軍餉不在上述的4鎮漕糧內，但透過海運解送到遼東的糧料，從明初至明末都一直有其重要性，只是因為時禁時通（「通者什七，禁者十

三」），所以遼東的漕糧並沒有定額，也因而不列在萬曆初年編纂的《會計錄》內。第5節的主旨，是呈現海運遼東漕糧的興衰沿革與結構變化，以及海運漕糧遭受漂流的損失狀況。以上是從外圍的角度，來看邊鎮漕糧的運作，第6節以隆慶元年戶部尚書馬森的〈明會計以預遠圖疏〉為例，從主事者的觀點，解說邊鎮漕糧增減的背景緣由，以及在緊急與困難時，如何把其他地方的漕糧折成銀兩，用來接濟邊餉。最後的第7節，提出幾個尚待解答的相關議題。

近人對明代漕運的研究，已有許多專書和論文出版，在此只需指出幾項代表性的著作。吳緝華（1961）《明代海運及運河的研究》、星斌夫（1963）《明代漕運の研究》是戰後的主要代表；尤其是星斌夫長期的廣泛深入研究，至今仍甚具參考價值[1]。黃仁宇（2005）《明代的漕運》，是他1964年的Michigan大學博士論文，40多年後現在看起來，尚有綜觀性的意義。隨著許多明代漕運史料的點校、影印流通（例如王瓊《漕河圖志》，北京：水利電力出版社，1990點校本），激發了更多相關的研究，例如台灣蔡泰彬（1992）

1　吳緝華（1970）《明代社會經濟史論叢》上冊〈自序〉頁7，對星斌夫有嚴重的指控。吳說星斌夫（1963）《明代漕運の研究》的〈緒言〉內，「其中主旨和骨幹，用我文章及專書的原意和見解拼湊起來。特別是第1章內……等，抄了我的論證及見解，並直接用我專書章節題目的名稱。然而在他文章的字裡行間，不提及採用我文章的名字，……」。

星斌夫在（1963）書末後記（頁513-5）中，詳述書內8章與2篇附錄先前在各期刊登載的情形。第1章早在1937年就刊出（不知吳緝華此時就讀哪個中小學？），最晚的是第8章（1962年刊出）。星斌夫在這25年間專研一個領域，給自己的論文集寫〈緒論〉（頁1-5）時，有必要從吳緝華（1961）的著作「拼湊起來」嗎？今日對比這2本書，星著明顯比吳著詳盡完整。星的書內文有517頁，書後有27頁索引和5頁的英文目次，各章的註解也非常詳細。況且他師承和田清教授，研究明代經濟史已久，這是日本漢學界週知的事。相對地，吳著有9章348頁，在好幾方面都難與星相比擬，而竟厚誣外人抄襲。

漕運是個下硬功夫的題材，比的是史料與解說，較少有義理上的爭辯空間。《星博士退官紀念‧中國史論集》內有他的簡略年譜與著作目錄。他是東京帝國大學文學部東洋史科畢業（1933-6，21-4歲），師承池內宏、加藤繁、和田清諸名師。他出身山形縣，有過「地方大學生的劣等意識」（頁11）；日後在山形大學任教期間有豐富的著作，不致於需要「拼湊」晚輩吳緝華的著作。雖然事隔40多年，仍應該還給星斌夫一個公道與道歉。

《明代漕河之整治與管理》、大陸鮑彥邦(1995)《明代漕運研究》。

　　然而在這些文獻中，少見以邊鎮漕運為主題的探討，希望本章能稍微填補這個小空檔。星斌夫(1963)第7章〈河運期　　　地方的海運〉，內分8節，多處析述薊州鎮的漕糧運送問題；吳緝華(1961)第7章第1節〈明代餉遼東和薊州短距離的海運〉內，對遼、薊2鎮的漕糧運送問題也提供許多分析。但他們的主要關懷，是渤海灣內短距離的糧餉海運，而非經過陸、河、海的複雜內地邊鎮漕糧解運。

　　既然有明顯的差異，為何又要相提並論？因為有個重要的相同點，又有幾個相異點。相同之處，是薊州與遼東這2個重要邊鎮的漕糧，很需要靠海運，所以星斌夫和吳緝華都會分析薊州、遼東的運糧事。相異之處是：(1)吳緝華以海運為主題，不多談內地昌平、密雲、永平鎮的漕糧；星斌夫解說了密雲、永平鎮的情況，但未把議題拉開到陸運、河運漕糧數額及相關問題，也未觸及昌平鎮。(2)他們不談疙運、截撥邊鎮漕糧的事(參見第4節)。(3)不談倉厫、輓運、馬騾之類的事。(4)《會計錄》內有遼、薊、密、永、昌5鎮的漕糧記載，他們都沒運用到。雖然星斌夫和吳緝華的出發點和本章不同，但又有所交集；他們所提供的相關史料充實，解說清楚，可與本章的內容相互參照。

　　與邊鎮漕糧相關的史料並不多見，更因分布零散而少引人注意。以《明經世文編》為例，在書末分類目錄頁9-10內，以漕運為主題的奏疏和議論就有42項條目，其中與邊鎮漕糧相關者只有2條：(1)王忬〈請給官銀收買騾畜以便轉運疏〉(卷283頁2989-90)，分析通州、薊州的漕運方式與成本負擔(參見3.3節)。(2)張瀚〈免疙運以恤貧軍疏〉(卷300頁3154-6)，分析一項爭執：密雲鎮、昌平鎮的漕糧，應由邊軍去通州倉疙運，或該由運軍逕解邊鎮(參見4.1節)。戶部尚書馬森的〈明會計以預遠圖疏〉，雖然不在這42項條目內，對邊鎮漕糧卻有深入的解說(參見第6節)。譚綸《譚襄敏奏議》卷7頁754-8〈明會計以通時變預遠圖疏〉，對邊鎮漕糧的各項問題與解決方案，都有具體解說，值得參考。

　　為何相關的史料不多？表6-1顯示，萬曆初年全國的漕糧歲額約400多萬

石，而邊鎮漕糧不到60萬石；一方面重要性較低，二方面複雜度較小，爭議與問題也較不嚴重，因而相關的記載較少。邊鎮漕糧的研究還很初步，希望明代漕運學界能深入這個題材。

一、漕運綜觀

先看幾個相關的基本概念。「漕，水轉穀也。」「車運曰轉，水運曰漕。」「漕轉東南粟，以給中都（北京）官，又轉粟於邊（鎮），以給（軍）食。」「夫東南財賦之來，有軍運、有民運；軍運以充六軍之儲，民運以供百官之祿。」（參見鮑彥邦（1995）《明代漕運研究》頁1-3）此處的「民運」，是指民間（尤其是江南各省）定期運送稅糧到官方指定的倉庫或地點；而非第5章所說的民運，那是特指華北某些省份，撥繳糧餉給責任區內的邊鎮及其衛所。

1.漕糧額數

自成化8年（1472）起，漕運的歲額定為4百萬石，表6-1說明萬曆初年時，漕糧的徵收來源與配額分布，內分4類：兌運糧（330萬石）、改兌糧（70萬石）、預備米（194,400石）、支運米（644,083石）。依規定，有災傷之府州可停免徵收，但須就鄰近諸府「照數輳補」（《萬曆會典》卷37:510），待來年成熟徵還。如遇各府俱有災傷，則從臨清的廣積倉和德州的德州倉（見表6-1(3)）所貯備的米（194,400石）支運，以不失4百萬石的額數為原則。

大體而言，在(1)兌運糧內，應運糧數最多的前3者是：蘇州府（65.5萬石）、

表6-1　萬曆初年漕糧歲額的分布狀況

(1)兌運糧330萬石（其中折色177,735石，本色3,122,265石）		(2)改兌糧70萬石	
地區	石數	地區	石數
1浙江	600,000	1江西	170,000
2江西	400,000	2應天府	28,000

(1)兌運糧330萬石(其中折色177,735石，本色3,122,265石)		(2)改兌糧70萬石	
地區	石數	地區	石數
3湖廣	250,000	3蘇州府	42,000
4應天府	100,000	4松江府	29,950
5蘇州府	655,000	5廣德府	8,000
6松江府	203,000	6鎮江府	10,000
7常州府	175,000	7淮安府	10,150
8鎮江府	80,000	8浙江	30,000
9寧國府	30,000	9揚州府	37,000
10池州府	25,000	10鳳陽府	30,300
11廬州府	10,000	11徐州府	18,000
12淮安府	25,000	12鎮江府	12,000
13太平府	17,000	13淮安府	69,000
14安慶府	60,000	14山東	20,600
15鳳陽府	30,000	15河南	50,000
16揚州府	60,000	16山東	75,000
17徐州府	30,000	17河南	60,000
18山東	280,000		
19河南	270,000		
合計	3,300,000	合計	700,000

(3)預備米194,400石		
1臨清廣積倉	(1)山東秋糧米	34,400石
	(2)夏稅麥折米	20,000石
	(3)河南	60,000石
2德州德州倉	(1)山東夏稅麥折米	60,000石
	(2)河南	20,000石
	合計	194,400石

(4)支運米644,083石		
地區	石數	説明
1天津倉	60,000	
2薊州倉	本色米100,000 折色米140,000	嘉靖44年將折色糧內分撥5.6萬石赴永平(鎮)，萬曆建年，將本色糧內改撥5萬石歸通倉。
3密雲鎮	154,810	
4昌平鎮	189,273	
合計	644,083	

資料來源：《會計錄》35:1074-8(《萬曆會典》卷27:508-10有相同記載)。

浙江（60萬石）、江西（40萬石）。在(2)改兌糧項內，以江西最多（17萬石），其次是山東（2.06萬石+7.5萬石）、淮安（6.9萬石）。在(4)支運米項內，薊州、密雲、昌平3個邊鎮共有58.4萬石（可見邊鎮的耗糧相當可觀），天津占6萬石。

表6-1顯示，除了眾所周知的4百萬石歲額（兌運米330萬石、改兌糧70萬石），還有支運米64.4萬石（給邊鎮），以及預備米19.4萬石（貯備糧）。這些總共483.8萬石的米糧，是要供朝廷諸庫、中央政府的文武百官、在京營衛官軍、宗藩祿糧等等支用。從《會計錄》卷30-34（內庫供應、光祿寺、宗藩祿糧、文武官俸祿）的記載，我們知道這483.8萬石的米糧，並不足以支付上述的需求，而只能一部分支付本色（米糧），另一部分支付折色（付給錢鈔或其他實物）。

有了表6-1的基本理解，現在來對比其他史料內的類似記載。《萬曆會典》（27:508-10）的記載和《會計錄》相同（即本章的表6-1），但只列數字而無多少說明；也就是說，《會計錄》的資訊可以完全取代《萬曆會典》的記載。但這兩項史料的數字都只限於萬曆初年，其他年份的漕運額，可在梁方仲（1985）《中國歷代戶口、田地、田賦統計》乙表51-55中查得。

據鮑彥邦（1995:7, 45）的綜述，明代漕糧的數額，在開國時約有數十萬石，永樂時多至2、3百萬石，宣德時達到最高點，約有674萬餘石。正統、景泰、天順期間，約在400至450萬石之間。成化8年（1472）規定每年的漕糧額為400萬石，但實際額數並不及此。嘉靖年間把本色（糧）和折色（銀）合計之後，才勉強有400萬石，其中折色（銀）約占25%至50%。

若簡化成幾個時段，明初（1368）至成化8年（1472）之間，可說是漕糧政策的逐步形成期；成化8年至嘉靖初期是確立期。嘉靖初期之後，尤其在萬曆年間，漕運已走向破壞期，本章所研究的邊鎮漕運正是處於這個階段。

2.運送方式

所謂的「有漕省區」，是指南直隸、浙江、江西、湖廣、山東、河南6省，其餘諸省並無漕糧。明初戶部統一規定，有漕省區的各州縣，每年10

月初至12月底之間徵收漕糧；12月底至翌年元月底之間，交兌給指定地點（倉庫）。明中葉之後，漕運碰到諸多困難，有阻凍、風暴、漂流、河患這類的天災；有漕船超載、漕船質劣、運官失職、運軍缺員、盜侵、鑿船自沈這類的人禍。

交兌地點方面，江南各省與南直隸府州，原則上是在「附近水次交兌」；河南省各地則將漕糧「運至大名府(元城縣)小灘，兌與官軍攢運」。實際的作業，是由各州縣的管糧官，把漕糧交給指定的水次倉庫；各衛的運軍赴水次倉庫領兌，然後把漕糧裝運上船轉運。「水次倉」是指永樂年間在(山東)會通河與江淮運河修通後，在運河岸設置淮安、徐州、臨清、德州、天津等5大倉庫，以及其下的區域性分支倉庫，「以資轉運」，稱為水次倉(參見圖6-1)。

就運送的方式來說，漕運有過幾次變革。(參見邵寶〈國朝運法五變議〉，黃訓編《(皇明)名臣經濟錄》卷22頁12-5)

(1)最早施行的是支運法(又稱「轉運法」)，年代是永樂13年(1415)：「十三年濬復會通河，奏罷海運，令浙江(嘉、湖、杭)與直隸(蘇、松、常、鎮)等府秋糧，除存留并起運南京及供給內府等項外，其餘盡撥運赴淮安倉。揚州、鳳陽、淮安三府秋糧內，每歲定撥六十萬石；徐州并山東兗州府秋糧內，每歲定撥三十萬石，俱運赴濟寧倉。以淺河船三千隻，支淮安糧，運至濟寧；二千隻支濟寧糧，運赴通州倉，每歲通運四次。其天津并通州等衛官軍，於通州接運至北京。」(《萬曆會典》27:497)「支運」的意思是「支離分赴」，這有兩個層次。(a)從各府州聚來的糧，類似從樹枝傳送到主幹，由民間負責，分別運送到重要口岸(淮安、徐州、臨清、德州4倉為主)；(b)然後由衛所的官軍負責，從主幹分程節節接轉至北京、通州2倉(頭部)。

(2)宣德6年(1431)推行「兌運法」。支運法實施後，米糧經過長程轉運，所需的人力與物力龐廣，頗礙農事。江南各州縣運糧至淮安、瓜州(江蘇江都)等處，然後兌與運軍領運。河南的漕糧，則由民運送至大名府小灘(河北大名金灘鎮)、濟寧，兌與遮洋總海運。改行兌運法的特點，是各州縣

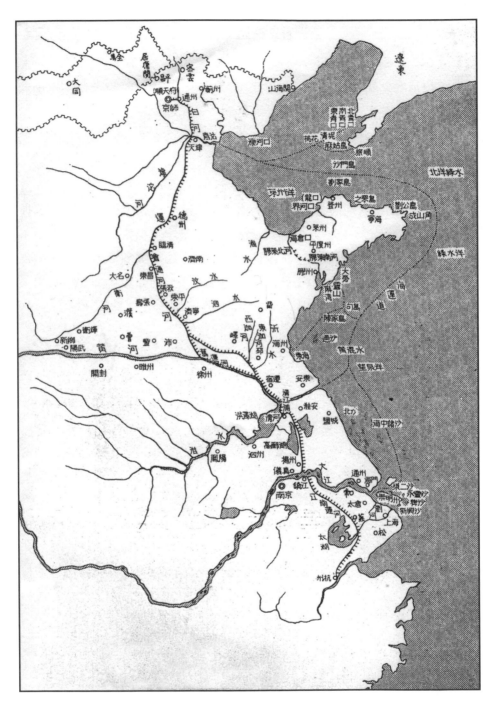

圖6-1　明代海運及運河圖

圖片來源：吳緝華(1961)《明代海運及運河的研究》，書末附圖。

的民運路程縮短，官方的軍運路程相對地延長；但須由各州縣支付「路費耗米」給運軍作償，稱為耗米(或稱腳耗)：例如湖廣每石加8斗，江西、浙江7斗，江南6斗，江北5斗，民運至淮安者4斗。若民間有人願意自運，聽之。

　　(3)成化7年(1471)改行「改兌法」，或稱「長運法」、「直達法」。這是運軍逕赴江南、南京附近州縣的水次倉領兌漕糧。各州縣只需把漕糧送到區域內的倉庫，但須支付「路費耗米」給運軍，還另外要加付「過江之費」。「至成化七年(1471)，乃有改兌之議。應天巡撫滕昭令運軍赴江南水次交兌，加耗外，復各增米一斗為渡江費。」(《明史・食貨志三》)也就是說，官軍採更積極主動的方式，直接從江南把漕糧北運，把從前的民運部分改為軍運。民間除了支付在兌運時期應繳的耗米，還要加付「腳價米」當作渡江費。成化11年宣布取消淮、安、臨、德4倉的支運，漕運悉行「改兌法」，從此「官軍長運遂為定制」：由運軍往各地水次領兌，直接運送北京、通州2倉。(參考《二十六史大辭典》卷2頁505-6、《明史・食貨志三》)。

　　簡言之，明代的漕運經歷過支運、兌運、長運3個階段，在成化年間確立為長運制。換個角度來看，明初是以「有漕省區」各州縣的民運為主，軍運為輔(支運法)；宣德6年行兌運法，民運的比例逐漸降低至30%至40%；最後的定制，是成化7年的「官軍長運」，民運的路程與重要性降至最低。

二、邊鎮漕糧數額

　　前面表6-1(4)說：萬曆6年前後，薊州鎮有支運米24萬石，密雲鎮有15.48萬石，昌平鎮有18.92萬石，這3個邊鎮合計共約有58.5萬石。這是從《會計錄》卷35得出的數字，可用來和從不同史料所做出的表6-2對比。以薊州鎮為例，表6-2說萬曆10年、30年的漕糧都是5萬石，而表6-1(4)說有24萬石。我回頭查第3章的表3-2.2，看到薊州的漕糧「原額」確實有24萬石，

數字是相同的，只是「原額」的年代不能確定[2]。

表6-1(4)說永平鎮在嘉靖44年起，從薊州鎮得糧5.6萬石，這和表6-2內的記載相同。我們也因而可知，表6-2內「原額(年代不明)」，應該是嘉靖44年。表6-2內密雲鎮有15.48萬石，這和表6-1(4)相同。同樣地，昌平鎮的漕糧在表6-1(4)和表6-2都是15萬石。簡言之，若以表6-1(4)和表6-2相對比，雖然資料來源不同，但除了薊鎮的情況需要解說，其餘3鎮的漕糧數是一致的。

表6-2 邊鎮漕運數額：1549, 1582, 1602

	嘉靖28年(1549)	萬曆10年(1582)	萬曆30年(1602)
薊州鎮	漕運折色米180,000石(該銀140,000兩)	漕糧50,000石(原額24萬石)	漕糧50,000石
永平鎮	尚未設鎮	原額(年代不明)：折色漕糧56,000石(該銀41,600兩)	永平鎮在萬曆10年、30年時無漕糧記載
密雲鎮	尚未設鎮	漕糧104,811石；50,000石	漕糧104,811石；50,000石
昌平鎮	尚未設鎮	漕運39,272石(隆慶6年[1572]添撥漕糧150,000石)	漕運39,272石(隆慶6年[1572]添撥漕糧150,000石)

說明：本表的漕運數額，是從第3章與附錄1內的薊州、永平、密雲、昌平4鎮表格中，找出相關的
　　　項目與數字。

據《會計錄》卷17-29的記載，13邊鎮中只有薊州、永平、密雲、昌平4鎮有漕糧(見表6-3)。此表簡明易懂，但內容過度簡短，不易看出較完整的發展軌跡。大致可從中知道兩件事：(1)在成化之前，缺乏邊鎮漕糧的記載與解說，成化、弘治、嘉靖、隆慶、萬曆年間的邊鎮漕糧沿革，也只有片段的訊息。(2)明代漕糧的史料和研究文獻相當多，但以內地漕運的事項為主，邊鎮漕糧的記載較少見。

2　表6-3對薊鎮的漕糧增減史有明確解說：「本鎮漕糧：成化中，遮洋總運三十萬石，內六萬石留天津，二十四萬石運薊州，皆本色也。……據今漕糧本色解薊鎮者止五萬石耳，間以邊事告急或議宜運，則額外之數也。」

表6-3　邊鎮漕運簡史

蓟州鎮	本鎮漕糧：成化中，遮洋總運30萬石，內6萬石留天津，24萬石運蓟州，皆本色也。弘治初，始有改折之議，尋多尋寡，互為增減，總之不越24萬之數。嘉靖44年(1565)，蓟所得者本色10萬石，折色8萬石。萬曆初，以折色8萬改解太倉，名兌軍銀。次年，又以本色5萬改撥通倉。據今漕糧本色解蓟鎮者止5萬石耳，間以邊事告急或議宮運，則額外之數也。
永平鎮	嘉靖44年(1565)，分撥折色漕糧5萬6千石，內4萬石每石折銀8錢，1萬6千石每石折銀6錢，共銀41,600兩。山東、河南2處，各徵解銀2萬8百兩，名為兌軍銀。
密雲鎮	本鎮舊無漕糧，自弘治10年(1497)宮運通倉黑豆1萬石，以後間一請發，亦無定數。嘉靖庚戌(29年，1550)北虜深入，始歲運不絕：主客兵糧共增至15萬石，又班軍行糧3萬石。以後或減派或改撥昌平，或改納京倉或漕卒徑運，或於灣中宮運，建議不一。隆慶6年(1572)督府劉應節等議濬漕河，添發客兵糧5萬石，同主兵糧104,810石，仍本船運至牛欄山，轉運慶慶倉，腳價5,680兩。
昌平鎮	本鎮軍糧舊赴京倉關支，自景泰2年(1451)准御史沈義之奏，輪撥各關口官軍各運米2萬石備用，遂為宮運之始。嘉靖30年(1551)以來，始議歲運，而宮運亦間有之，增減不一。又議班軍行糧及各陵衛官軍月糧，俱於漕內撥運，共增至18萬3千石有奇。萬曆2年(1574)，定議由通州水運至沙子營，陸運輦華城上納，各軍就近關支。

資料來源：《會計錄》卷18-21，各卷內「漕糧」項的首段。

　　綜合表6-1至表6-3的訊息，現在來看另一個問題：在4個邊鎮的糧料總額中，這些漕糧占多大比重？萬曆10年蓟鎮的糧料總數是10.35萬石(見第3章表3-2.2之下的合計額)，同表中說蓟鎮的漕糧有5萬石，所以約占50%左右。萬曆10年永平鎮的糧料總數是6.12萬石(第3章表3-3.1之下的合計額)，表6-1(4)說此鎮的漕糧有5.6萬石，比重約91.5%，幾乎全靠漕糧。同年密雲鎮的糧料總額是21.15萬石(表3-4.1)，表6-1(4)說此鎮漕糧有15.48萬石，約占73.19%。同年昌平鎮的糧料共有18.92萬石(表3-5.1)，漕糧有18.92萬石，100%靠漕糧。我們由此得到一個圖像：昌平鎮的漕糧重要性最高(100%)，永平其次(91.5%)，密雲再次(73.19%)，蓟鎮最低(50%左右)。

　　再換個角度，來看漕糧對13邊鎮糧料總額的重要性。表6-1(4)說，這4個邊鎮在萬曆初年的漕糧總額約有58.5萬石。第12章的表12-4說，萬曆10年前後，十三邊鎮的糧料共約有198.3萬石，這兩項數字相除得29.5%，表示這4鎮的漕糧數量，約占邊鎮總糧料數額的30%。

三、運送管道

現在來看3項相關的議題：(1)這些漕糧經由哪些路線，運送到薊、永、密、昌4鎮？(2)運送的過程有哪些困難與障礙？(3)需要動員多少人力與物力？

1.運送路線

(a)薊州鎮

漕糧如何運送到薊州鎮呢？戶部尚書郁新(任期從洪武26年6月至永樂3年8月)建議2條路線。一是從長江入海，出直沽口，由白河運至通州，再從通州轉運薊州，謂之海運。二是由長江入淮河、黃河，至陽武縣，陸運至衛輝府，再由衛河至薊州，謂之河運。海運屬於軍運，陸運與河運屬於民運(參照圖6-1、鮑彥邦1995: 8-9)。但海運風險大(詳見第4節的解說)，海運薊州的漕糧屢有漂流損失。《明實錄》天順2年(1458)12月己巳條說：「近期遮洋總海運薊州糧風濤險惡，人船糧米多被沈溺，實非漕運之便。」所以在天順之後，薊州漕糧就以河陸並運為主。

《明史》卷86〈河渠4〉對薊州漕糧運的沿革，有很好的綜述。「薊州河者，運薊州官軍餉道也。明初，海運餉薊州。……南京並直隸各衛，歲用旗軍運糧三萬石至薊州等衛倉，越大海七十餘里，風濤險惡。新開沽河，北望薊州，……若穿渠以運，可無海患。……遂開直沽河。闊五丈，深丈五尺。成化二年一濬，二十年再濬，……直沽東北新河，轉運薊州，河流淺，潮至方可行舟。……初，新河三歲一濬。嘉靖元年易二歲，以為常。十七年濬殷留莊大口至舊倉店一百十六里。」

民國33年(1944)鉛印本《薊縣志》(10卷)，其中卷8〈故事〉頁9-10對明代薊州漕運有一大段記載，主要是根據3項史料：(1)《明史·河渠四》

(卷86)、(2)明朝大學士李賢[3]〈薊州新開運河碑記〉、(3)戶部郎中甘來學(生平不詳)〈修河隄碑(記)〉。這段薊州漕運的記載,基本上與《明史·河渠四》相似,多了一些補充說明。前面引述的〈河渠四〉,對嘉靖年間的說明稍為簡略,《薊縣志》(卷8頁8-9)有幾行可用來補充。「嘉靖三年濬薊州河,名曰漕渠。嘉靖十五年,薊運河決,命水部役夫萬餘築之,功以三年畢。萬曆六年,修薊運河隄七十五里,補舊一百二十五里,築決口六十五所,計十四里,凡二百十四里。又濬新河自柳子口至嘴頭二十五里,會漕渠達于海。」

黃承玄《河漕通攷》卷下頁13-5,對薊州漕運的路線有詳細記載,方向上與前面引述者大略一致,其中有一段內容可補充嘉靖15年之後的情況。「嘉靖四十五年,復詔濬豐潤縣環香河,轉漕太平等寨軍餉,從巡按御史鮑承蔭奏也。承蔭乃查復舊河運道,仍於北齊莊長官屯鴉鴻橋設閘,以瀦水云。」[4]

走海路從天津到薊州的30萬石漕糧:(1)來自何處?(2)如何分發給不同的倉廠?(3)動員多少船隻與官軍?以下簡答這3個小問題。

從天津出海轉輸到薊州的漕糧有2個主要來源:(1)從河南的彰德諸府,把漕糧運到大名府的小灘,兌給遮洋總的船領運,然後走海道轉解薊州。(2)從山東東昌府所屬的4個縣,把漕糧運到小灘,兌給遮洋總轉運薊州。每年10月在河南、山東徵收漕米,翌年春兌運到薊州。

數量有多少呢?請看表6-1(4):共30萬石,其中6萬石給天津倉,24萬石給薊州倉。薊州的24萬石內,有10萬石要轉運到豐潤倉,這是成化20年的事。嘉靖34年時,這24萬石分成2類:本色12萬石,折色12萬石,本折相半。

《明史·河渠4》說,遮洋總每年從天津運30萬石到薊州等倉,要「越大海70餘里」,其實這只是短距離的沿岸航行,航程也沒那麼遠。遮洋總

3   李賢是宣德8年(1433)進士,天順元年(1457)2月以禮部侍郎兼學士入閣,3月晉
     吏部尚書,成化2年(1465)卒。
4   吳緝華(1970)《明代社會經濟史論叢》下冊第10篇頁332-6對薊州運河的開鑿、
     頁348-50對薊州糧餉的運送,有詳細考證。

共有525隻船，每船用軍12名，約用官軍6,300餘人（吳緝華1961《明代海運及運河的研究》頁237-8）。遮洋總在隆慶元年（1566）廢止後，雖有短暫恢復，但在萬曆初年再度廢罷[5]。

　　（b）永平鎮

　　永平鎮雖是嘉靖44年才分鎮，但永平的軍糧運輸，在明代一直有其重要性。從光緒5年的《永平府志》卷43（倉儲），與卷44（邊防、海防、海運）內，可以看到與軍糧相關的零散記載，但豐富度無法和薊鎮相比擬。

　　黃承玄《河漕通攷》卷下頁15-6有簡潔說明。「永平運道，循灤河至紀各莊，由海運而至天津者也。元至元中，會疏濬灤可，以漕運上都。國朝自庚戌（嘉靖29年，1550）虜患後，燕河、石門二路所增主客兵餉歲計二十萬石。而該郡土境，歲收不給，又水陸絕無商販，全恃空運。嘉靖四十五年（1566），前巡撫都御史溫景葵，倡通漕之議。會以疾去，詔繼任都御史耿隨朝勘奏。及是勘上，該郡有青、灤二河，青河為工鉅，不可開；灤河自永平西關外，經流一百五十四里至紀各莊入海。自紀各莊至天津衛四百二十六里，悉並岸行舟，中間開洋僅一百二十里；沿途有建河、糧河、小沽、大沽河；中流遇風，可以引避。宜於紀各莊修建倉廠，自天津漕粟於此卸囤，轉載小舟，由灤河達之永平永豐倉，力半功倍，可為左輔永利。詔可。自是每歲通漕，省國帑十（什）二，灤東諸邑漸稱饒阜云。」

　　吳緝華（1961）《明代海運及運河的研究》第7章頁224-7，簡要述及從天津海運通永平之事，但資訊零散，不足以解說。星斌夫（1963）《明代漕運研究》第7章頁310-20，詳述永平海運的變遷，相當可讀。因本書以財經問題為主，不宜在此深入運糧的路線細節。

　　（c）密雲鎮

　　密雲鎮的漕運資料不易見，從地方志內也找不出多少資料，幸好在黃

5　星斌夫（1963）第7章第8節（頁364-70），對萬曆初年廢罷遮洋漕運之後，遮洋漕運制度的「復活與變貌」有詳盡解說。以上只是基本的大要，詳見吳緝華（1961:229-44）的解說。星斌夫（1963）第7章的名稱，與吳緝華（1961）第7章幾乎相同，但星斌夫對遮洋漕運的解說、對永平海運、永平漕運的分析，都明顯遠勝於吳緝華。

承玄《河漕通攷》卷下頁10-2有簡要說明。「密雲運道，即白河上流也。自庚戌（嘉靖29年，1550）後，薊遼總督移住密雲，兵將屯結歲用漕糧十餘萬石，悉由通州陸運至牛欄山，轉輸密雲，頗稱勞費。嘉靖三十四年（1555），總督都御史楊博疏請開密雲白河，以濟糧運。於城西楊家莊地方，築塞新口，疏通白河，故道與漕河合流，俾通州漕糧直抵密雲城下。仍於城西修築泊岸，以防城墉崩塌之患，從之。未果。至四十三年（1564），總督熹發卒疏通潮河川水，達於通州，更駕小舟轉粟，直抵該鎮，大為便利，且省僦運費什七。上加熹功，詔賞銀幣，其餘效勞官吏，各給賞有差。未幾復淤。」

「隆慶六年（1572），總督劉應節奏：密雲一城，環控潮、白二河，若夫開，以便漕者。向以二水分流，至牛欄山而上始合，故剝船自通州而上者，至牛欄山而止。若至隆慶倉，則僦車陸輓，勞費不貲。前督臣楊博議改河資，運直抵密雲，備陳四利，預防一害。今兩水之流已為一派，水益深而漕益便，則所謂四利畢，而一害永除矣。請大加疏濬，造舟輸輓便。從之。是後，隨時濬修漕渠，加關自通（州）至牛欄山一帶，糧艘通行。惟自牛欄山以北，至密雲五十里，地係山脈，走沙善淤，設立官軍，歲事挑濬，亦堪永賴矣。」

(d) 昌平鎮

〈河渠四〉對昌平鎮的漕糧解運有3行記載。「昌平河，運諸陵官軍餉道也。起鞏華城外安濟橋，抵通州渡口。袤一百四十五里，其中淤淺三十里難行。隆慶六年大濬，運給長陵等八衛官軍月糧四萬石，遂成流通。萬曆元年復疏鞏華城外舊河。」此段文字提到隆慶6年和萬曆元年的事，正好在《光緒昌平志》〈大事表第5〉頁215-6找到補充說明，茲舉隆慶6年的大事為例。「總督劉應節、巡撫楊兆議於鞏華城外安濟橋至通州渡口止，疏通一河，長可一百四十五里，以運諸陵官軍餉，發軍卒三千人治之。」

黃承玄《河漕通攷》卷下頁12-3有補充記載。「昌平運河，即榆河下流沙河也。漢建武中，王霸為上谷太守，請從溫水漕以省陸輓之勞。即此我國家定鼎燕京，昌平為陵園重鎮。先是護陵諸軍，每月就食於京師，往復輒經旬日。後改為陸運，則費且不貲。隆慶六年，總督侍郎劉應節會巡撫

都御史楊兆，議於罩華城外安濟橋起，至通州渡口止，疏通一河，長一百四十五里，內水深成漕，見可行舟一百餘里，散漫淤淺稍費開鑿者二十餘里，發永、罩二營并莫靖軍夫三千人治之。踰時河成，至今賴之。」

星斌夫(1963)《明代漕運の研究》頁357-64解說「密雲、太平寨、永平漕運」，他從《明實錄》、《明史》內找到不少相關記載，很具有說明性。他的選材角度偏重沿革與事件，而未著眼於運送路線的變化與困難，可和本節的內容互補。

2.困難與障礙

《會計錄》卷18-21內有關漕糧的篇幅不多，4邊鎮約在1到4頁之間。因為這4鎮臨近京師，地理環境較明確，問題的複雜度也較低，記載的內容以業務的性質為主(例如運送額之多寡、本折之高低)。這類簡明之事不必摘述，茲就運送上的困難與人力配備，4鎮各舉1例說明。

(1)海運風濤阻險，議罷革薊鎮、永平鎮海運漕糧。「隆慶二年(1568)巡撫劉應節題稱：薊鎮漕糧二十四萬石，……由天津海口直抵紀家庄，卸入剝船，徑至永平府倉上納。本部覆：准隨該巡按御史劉翻題：海運風濤阻險，本部議……罷革海運。」(《會計錄》19:730下)(2)密雲鎮漕運艱苦。「萬曆七年(1579)薊遼總督梁夢龍題：密雲鎮漕糧十五萬四千八百(154,800)餘石，自通州徑運至密雲鎮，……其河道或有衝決淤淺，軍夫時加挑濬運船，或值風濤險溜，軍夫水手併力維持挽拽，著為成規，永遠遵守。尚書張學顏覆：奉聖旨：是。欽此。」(《會計錄》20:743下)(3)昌平鎮河道淤塞。「萬曆元年(1573)窆運員外郎楊可大呈：河道淤塞。尚書王國光題：准將原額漕糧由大通橋陸運至昌平，餘十五萬石仍運京倉。」(《會計錄》21:761下)

3.動員人力與物力

在運送的人力配置方面，《會計錄》內只有薊鎮的1項記載可引述。嘉靖「三十一年(1552)直隸巡按李邦珍奏：要將大寧都司所屬春秋兩班，挑選

精壯二萬八千九十四(28,094)名，內將八千九百六十四(8,964)名定作春班，一萬九千一百三十(19,130)名定作秋班，每名月支行糧四斗，共該加添糧五萬六千一百八十八(56,188)石。本(戶)部議將臨清倉寄囤米改撥五萬六千一百八十八(56,188)石運薊州支給，以後年分聽漕運衙門於原額通(州)、泰(州)等倉糧內，照數撥用。」(《會計錄》18:698)這是個龐大的搬運部隊，需要將近2萬精壯軍人，搬運過程耗糧近6萬石，可見薊鎮漕運的中間成本昂貴。

《明經世文編》卷283頁2989-90有王忬〈請給官銀收買騾畜以便轉運疏〉，甚可顯現薊鎮運漕的艱苦。王忬是太倉人，嘉靖20年(1541)進士，29年庚戌之變時守通州(重要漕倉)；33年移撫大同鎮，後節鎮薊、遼，這項奏疏大約是在此時期寫的。他的分析是：「京、通、薊州三倉，每倉造車一百輛裝運糧餉，撥軍一千五百名，以都指揮等官統領輓運。……職等從長議算，每車一輛，於上裝糧十二石，該軍十五名輓運。空車尚亦艱難，加之重載，何以前進？臨邊道路，多遇崎嶇，或遭淋雨泥濘，津渡阻礙。人之精力有限，未免沿途耽延失事。」

這段話有3個要點：(1)每車載12石糧，15名軍夫以人力拉運；(2)每軍共100輛車，需軍夫1,500名，共載糧1,200石，平均每人運糧0.8石；(3)以人力運糧，因道路艱難，容易失事，沿途的損失加上軍夫的耗糧，總成本恐怕會超過所運送糧料的價值。

王忬的建議是：「為今之計，合無請給在官銀兩，設法易買騾頭，分派富庶之家，用心餧養，倘遇軍情緊急，即時驅運。……今通州、薊州……大約車二百輛，共用騾一千頭，每騾一頭計價銀十二兩，共用銀一萬二千兩。」這200輛車，每車運送12石，共運2,400石糧料，需要耗費多少軍力？「該坐撥輓車軍一千五百名，防護軍更須得五百名。」這麼做的代價有多高：「則通州四衛已成空伍，何以責其戰守？推之薊州，寧免此病？」

吳緝華(1970)《明代社會經濟史論叢》下冊第10篇頁336-42，對遮洋總轉餉薊州的數量與船隻有詳細考證，可參閱。

四、兊運與截撥

目前所知對兊運的唯一探討，是星斌夫1983年在《東洋大學東洋史研究報告》II發表的〈兊運考〉，收錄在他的文集《明清時代社會經濟史　研究》(1989)頁116-22。他所根據的主要史料是：(1)從《萬曆會典》卷27內的13條記載中取用2條；(2)從《明實錄》內取用7條相關記載，來解說兊運的性質與運作方式[6]。以下我對兊運的解說著重2個要點：(1)只舉邊鎮的記載為例，星斌夫並未側重此點，而是雜陳邊鎮與內地的狀況。(2)以張瀚〈免兊運疏〉為例，解說密雲、昌平2鎮對兊運問題的爭議緣由與解決方式。

1.兊運

《明史·食貨志三》：「凡諸倉應輸者有定數，其或改撥他鎮者，水次應兌漕糧，即令坐派鎮軍領域兌者給價，州縣官督車戶運至遠倉，或給軍價就令關支者，通謂之兊運。」這項描述涵蓋好幾種狀況，初讀者難以掌握具體意思，析述如下。簡言之，兊運就是把原應運送某處的漕糧，調撥給其他駐軍充餉。這可分成幾種情況：(1)漕糧不運納入原定的倉廠，而改撥給其他邊鎮的倉廠；(2)將水次倉應兌的漕糧，坐派邊鎮軍領兌；(3)邊鎮依距離遠近給發腳價，由州縣官督率車戶運送至遠倉；(4)將腳價給軍，就彼關支。

大部分的兊運，是在漕糧已從遠地運抵指定的倉廠(例如通州倉)之後，再轉運到「最末端終點站」(邊鎮)的過程。執行兊運作業者，可以是運軍、邊鎮軍，或由州縣官督率車戶運送。有個案例可以呈現邊鎮兊運的問題性質。張瀚在隆慶元年(1566)寫〈免兊運以恤貧軍疏〉(《臺省疏稿》卷4頁12-6)，對密雲、昌平2邊鎮的漕糧兊運，有很好的解說與建議。張瀚

6　王在晉《通漕類編》(萬曆42年，1614)卷4內有〈兊運〉一節，共有13條記載成化20年至萬曆11年間的兊運事例。這13條的內容，和《萬曆會典》卷27〈兊運〉的記載稍有出入，但差別不大，不須特別解說。

是嘉靖14年(1535)進士，由工部主事歷陞副都御史，巡撫陝西。隆慶末陞南京工部尚書，萬曆元年(1572)9月任吏部尚書，5年10月因忤張居正而致仕，21年卒。

　　事情的起因，是隆慶元年3月時，總督薊、遼都御史劉燾題稱：「密雲、昌平二鎮糧餉，先年僉運米粗腐，後撥漕運官軍徑運龍慶、石匣等倉，糧米始堪實用。」舊問題既已解決，新問題何以產生？「近因該鎮分撥古北口寫遠邊倉，以致官軍告困。議復僉運，乞將漕糧照舊徑運二鎮、龍慶等倉上納。」也就是說，密、昌2鎮的漕糧被僉運撥給古北口的駐軍，以致官軍告困，希望能依舊例，將漕糧直接運到2鎮的龍慶等倉。

　　張瀚負責調查此事的緣由（「備咨到臣」），要向朝廷報告並提出建議。他先說明基本的相關規定：「查得漕運糧儲，例於京、通二倉上納，以給六軍。自開漕迄今二百年來，未之有改。或遇邊鎮缺糧，戶部自有僉運舊規，未有漕卒直達邊鎮之事。」

　　既有明確規定，爲何又有徑運密、昌2鎮的事呢？「嘉靖三十三年(1554)，偶因密雲、昌平二鎮調集兵多，暫撥漕糧徑赴龍慶、石匣等倉上納。彼時邊方告急，倉卒應變，孰敢異議。」事情緩和之後，次年「戶部覆議減運五萬石。三十七年，漕司又經具題會議，通免上邊，照舊(在)通(州)倉交納。」

　　既已議定在通州倉交納，那麼密雲、昌平鎮的漕糧該如何送達？「戶部差官僉運密雲七萬石，由通州水陸接運一百四十餘里；昌平三萬石，陸路一百二十里。合用腳價共銀一萬一千三百十(11,310)兩。……彼時官軍得免邊(鎮)運交納之苦，無不舉手加額，如獲更生。」

　　但1年不到，總督薊、遼的尚書許論「據車戶、張宣等告稱：(邊鎮軍)僉運繁苦，乞要將原運漕糧免寄通(州)倉，仍令官軍運赴各邊(鎮)交納。又自(嘉靖)三十九年起，復令軍運，以致流毒至今。」我們因而明白：依規定，「未有漕卒直達邊鎮之事」，但密、昌2鎮因戰事而破例。事後回復僉運，但因邊軍感到繁苦，而改令「官軍運赴各邊交納」，再度把責任轉推到運軍身上，運軍因而苦不堪言。換句話說，「(邊)鎮糧餉僉運，則盡

弊雜出，為邊軍病。徑運則轉般甚難，為運軍病」。

此事從嘉靖33年（1554）爭論到隆慶元年（1567），牽連的機構互不相讓，張瀚居間協調，「臣任事以來，旦夕焦勞，至不遑寢食」。最後的決議是：「自隆慶元年為始，將原撥密雲、昌平等倉漕糧，免其徑運（到邊鎮），照舊上納通（州）倉，另廠收貯。該（戶）部務（於）次年正月以後，差官空運二鎮龍慶、石匣等倉上納。」也就是說：回復舊規定，漕運不直達邊鎮，而只納糧到通州倉；次年正月之後，以差官空運的方式，將漕糧送抵邊鎮。

2.相關記載

《萬曆會典》卷27頁62-4有13項與邊鎮空運漕糧相關的記載（成化20年至萬曆12年間），摘述3項如下。這些記載清晰易懂，不擬細說。

（1）「隆慶三年（1569）題准：除原派薊鎮倉糧船隻照舊外，仍將臨清、德州各水次應兌漕運，坐派昌（平）、密（雲）二鎮，以便北衛所軍船就近派兌。工部設廠，戶部委官監收，就與領運，以免進倉、出倉繁費。其應用腳價盤剝，該扣米一萬一千六百十二（11,612）石，每石五錢，行令有司徵銀一萬八百六（10,806）兩，隨糧起解，以備空運。」

（2）「（隆慶）六年，以潮白二月通，令密雲漕糧舊發十萬石外，增五萬石。由新修河道，運赴該鎮隆慶等倉交納，仍於該鎮客兵年例銀內，每石扣銀七錢存留太倉。」

（3）「萬曆九年（1581）題准：奠靖倉原撥漕糧十五萬石，內將二萬石自沙子營陸運，改撥居庸倉收貯。輳放居庸、黃花、橫嶺三路官軍月糧，以免召商勞費。其搬運腳價，奠靖倉每石銀四分，今每石加一分，共加銀二百兩，責令殷實商役領運。」

《明實錄》內也有不少與空運相關的記載，從資料庫內查索得45項，以下舉3條較簡明且與邊鎮相關者為例。

（1）嘉靖30年（1551）正月，戊戌條。「時山海關等處修築邊墻、墩堡，議發：戶部太倉銀二十六萬有奇；兵部太僕寺馬價銀十萬有奇；并空運通

倉米十萬石。兵部上言：馬價缺乏，而財賦盡輸計部，宜有所專屬，有旨許之。戶部復言：修邊事，隸兵部。即近年邊役繁興，未有獨責之本部者。且兵部所儲止供買馬，本部百需攸萃，費出無窮，請如前議。詔集廷臣議處，不許推調。已乃，兵部出銀五萬，餘悉歸戶部。仍請空運米七萬餘石抵銀數，并權貸發邊糧草銀七萬。從之。」

(2)嘉靖37年(1558)6月，己卯條。「總督薊遼侍郎王忬奏：遼東三面直虜，惟西南隅山海一關通道京師。即今歲比大侵，斗米至價銀八錢，民飢死者十八九，議賑、議糴別無良策。臣謹按：……宣(府)、大(同)、遼東俱係京師支輔，乞照例空運通倉米給軍。上皆從之。既而給事中許從龍，因請就海道以行空運，或將天津倉糧從黑洋河一帶，抵昌黎登岸，達山海關。或將登(州)、萊(州)等處起運錢糧，量發近海民船，從沙門島一帶抵金州，達遼陽。此可省陸輓之勞，(軍)民兩便。下戶部議行，彼處海道官核實計處以聞。」

(3)隆慶元年(1567)2月，戊申條。「先是昌平、密雲二鎮，自嘉靖庚戌(29年，1550)坐撥漕糧，逕運該鎮，邊軍便之。已而運軍告困，仍改通倉空運。奸商猾吏因緣為奸，米至腐爛不可食。總督右都御史劉燾，請復改運該鎮。戶部議言：該鎮糧餉空運，則蠹弊雜出，為邊軍病。逕運則轉般甚難，為運軍病。宜通融立法，自今年為始，將去年漕糧令江北、山東二總撥赴兩鎮。自後年分，循次均派，毋得偏累一衛、一所。」此事的緣由與決議，已在上小節內析述過。

《會計錄》內有不少與空運相關的記載，因篇幅所限，只列出鎮別與頁碼以供查索：薊州鎮(卷18:697-9)、宣府鎮(卷23:811-2)、大同鎮(卷18:853-4)。

3.截撥

截撥是指把原屬某地的漕糧，截下轉撥當作他處的軍餉。《明實錄》內有4條相關的記載，今取1例如下。正德元年(1506)9月，甲午條。「撫河南都御史陶琰奏：預備陝西邊儲。乞將本省小灘兒該兌軍粟米二十七萬石

內，截撥十萬石改運陝西固原等處。卻將臨德二倉補足京儲歲運之數，命
所司知之。」

截撥漕糧的概念，延續到清初不變。清代雖已無13邊鎮的編制，但各
軍事要地仍有不少駐兵，需要他處的漕糧供應。具體的做法，是把某地的
漕糧截充駐軍糧餉，稱為「漕糧截撥」。直隸地區臨近京師，重要性高，
截撥成為常制。以薊州鎮為例，因在京師附近，所截撥的漕糧稱為「薊
糧」。直隸的遵化、易州是清朝陵寢所在，截撥駐兵的漕糧稱為「陵
粳」。以乾隆15年左右為例，易州陵粳所截撥的漕糧約有5千石，薊州、遵
化、豐潤的駐兵約有1萬石，主要的來源是河南、山東2省的漕糧。由此也
可看到，清初薊鎮的漕糧數額，已不能和明代中葉時的數量相比，顯示薊
鎮的重要性已大幅降低。薊鎮如此，密雲、昌平更是如此。

截撥漕糧的具體做法，以清代易州的陵粳為例，是「雇船把漕糧撥至
新城、容城交界的白溝鎮，然後轉運。乾隆十八定：水大之年由運丁運
至雄縣，水小之年由天津西沽雇船運至。」(李文治、江太新(1995)《清代
漕運》頁76-7)清代薊州的陵粳，另見《薊州志》卷3頁28-49的詳細記載(清
道光11年刊本，10卷)。

五、海運遼東

海運遼東糧餉不是常規的邊鎮漕糧，但這是與邊防相關的重要議題，
相關的文獻與研究都很豐富，吳緝華(1961)《明代海運及運河的研究》可
能是第1本以此為主題的專著。本節擬以簡潔的方式，綜述海運遼東的沿革
與結構變化。

明代開國之後，雖然在遼東實行營田，但效果有限，軍隊糧食的主要
來源是「給仰朝廷」，從山東登萊或直隸太倉以海船轉運。據《遼東志》
卷8〈雜志·三遼長編〉的記載，海運的規模「動輒數千艘，供億浩繁」。
為何要罷海運？以明初的航海技術、船隻的承運能力，因遇風浪而漂流損
耗的糧餉不在少數。「初，海道(一)萬三千餘里，最險惡，既而開生道，

稍徑直。後般明略又開新道，尤便。然皆出大洋，風利，自浙西抵京不過旬日，而漂失甚多。」(《明史·河渠四》)據《明史·宋禮傳》，在會通河修通之後，於洪武「十三年遂罷海運」[7]。

朱元璋接著下令遼東推行屯田法，「以圖長久之利」。遼東地區基本上是以軍領政，一般民戶的比例少，所以能迅速運用軍事組織的形式，投入大量勞力的開墾。另一方面，朝廷也大力支持屯田所需的牛具、種籽，再加上強勢監督與要求成效，到洪武21年(1388)時，已能「立軍府，撫輯軍民，墾田萬餘頃」。《明太祖實錄》25年11月戊戌條說，「大寧左等七衛及寬河千戶所，今歲屯種所收參穀凡八十四萬五百七十餘石」。洪武30年10月戊子條宣稱，已經「屯田自給，……頗有贏餘，今後不需轉運」。

但好景不常，永樂19年(1421)《太宗實錄》9月乙丑條，承認「遼東邊儲不給」，須以商人開中鹽糧於遼東，補充軍糧之不足。到了宣德年間，遼東的屯田大量拋荒、屯軍逃亡過半、屯田被侵占轉為民田，使得每年的徵糧比永樂時期少三分之一，「急缺糧儲」。除了採用「納粟補官」(授試百戶)這種激勵措施，以及召商納糧之外，必須再用明初海運糧料的舊辦法，來補足「遼東歲用米80萬石」。

永樂之後屯田的破壞與沒落，不是遼東鎮的特有狀況，而是全國性的結構問題，只是邊鎮的情況更明顯急迫，這種趨勢已在第4章分析過了。遼東鎮的屯田問題，在楊暘(1993)《明代東北史綱》第3章第1節、第8章第1節、第12章第1節有很好的分析，叢佩遠(1998)《中國東北史》〈明代東北篇〉第10章第1節(頁940-70)，也有很好的解說。以下把焦點聚在與遼東海運漕糧的演變上。

洪武中期之後，遼東的屯田有了明顯的發展，對關內的糧食需求減低。另一方面，永樂13年(1415)修復了會通河，南糧北運的管道就以大運

7　據萬曆4年(1576)《四鎮三關志》「糧餉」頁12的記載：「洪武初坐派本色鈔一百八十七萬三千五百錠、布三十三萬三千八百九十疋、花絨十三萬九千五百八十斤，由海運自登州府新河海口，舟運至金山衛旅順口交卸，自旅順口再由遼河直抵開原城西老米灣。正德初以登州守臣奏改徵折色陸運，至今海運未復。」

河為主，「由是海陸二運皆罷，惟有遮洋船（海運專用的運糧船），每歲於河南、山東、小灘等水次，兌糧三十萬石，十二（萬石）輸天津，十八（萬石）由直沽入海輸薊州（鎮）而已。」（《明史‧食貨志三》）從邊鎮糧餉的角度來看，這時期已無海運解送漕糧到遼東，但每歲有18萬石經海路運到薊鎮。

遼東的漕糧海運有過幾次明顯的起伏，就整個明代看來，約是「通者什七，禁者什三」。以下分5點綜述幾個重要的階段及其轉變的背後因素，主要的參考著作有：(1)叢佩遠(1998)《中國東北史》第3卷頁647-54；(2)鮑彥邦(1995)《明代漕運史》頁180-1。(3)王雷鳴(1982)《明史‧食貨志注釋》(頁97-8, 107-8, 113-5)，對明代的海運發展過程，有簡明的綜述；(4)《明史‧河渠4》論海運部分；(5)吳緝華(1961)《明代海運及運河的研究》第7章第1節(頁222-8)；(6)星斌夫(1963)《明代漕運の研究》第7章〈河運期における地方的海運〉。

(1)洪武年間遼東的主要軍需仰仗內地海運，從長江下游與登州等地轉運，「動計數千艘」，海運遼餉的士兵經常有7、8萬名。以洪武18年(1385)為例，運糧數達75.2萬石；26年運糧60萬石、布37萬匹、棉花15萬斤；29年運糧70萬石、鈔29.9萬錠。這些糧餉有3個主要來源。(a)糧米出自太湖地區的蘇州、太倉、鎮海等地，由兵部直接組織管理。(b)山東負責供應布、花、糧米(嘉靖之前由「山東布政司委官運送過海」，萬曆年間由山東按察司的總理海運官員負責)。(c)從天津供應遼東的「帶運糧」，是由「特設戶部侍郎一人兼右僉都御史，出督遼餉，駐天津」。洪武30年(1397)時因屯田已成效顯著，大規模的官方海運就中止了。

(2)過了1百多年，到正德初年(1506)時，遼東海船大多損壞，山東的布花已「不能轉運」，只能「暫解折色（銀兩）」，海運益形衰落。到了嘉靖初年(1522)，因沿海倭寇猖獗而行「海禁」，遼東海運完全停止。

(3)嘉靖37-8年(1588-9)遼東地區飢荒，「其勢非大開海運，民不得全」。38年暫解海禁，「遠邇歡騰」。但幾個月後再度海禁，「將商販船通行禁止，寸板不許下海」。緣由是山東守臣「恐海禁漸弛，或有后衅，疏請禁止」。基本的原因不是倭寇，而是防止遼東官軍逃亡：「遼東積苦

之貧軍，方謀逃伍。」「海禁一弛，不惟充發者脫逃，即土著亦移家就食，數年以後行伍益虛，戰守無措。」

（4）萬曆14年（1586）因遼東水災，復開海禁，以天津通州倉糧「從海運本色，以救燃眉。」26年因「援朝（鮮）平倭（寇）」，「（遼）東師大集，需餉甚急，」山東、天津每年從海上各運24萬石至遼東，再從陸路運往朝鮮。接下來的20多年間，因後金興起，遼東的戰火、天災不斷，「地方所產已盡」，「各民糊口無粒」，每年以海運輸遼40萬石至60萬石。

（5）海運遼東的糧餉走過哪幾條路線呢？約略有3大條。（甲）前面提過的，從長江口附近的劉家港進入渤海灣，之後分3處停卸、領取：牛庄、凌河、旅順口。（乙）更重要也較頻繁的，是山東與遼東之間的航線，內分5條子線。（a）從登州至廣寧；（b）登州至旅順線；（c）登州至大凌口附近的寧遠；（d）登州至蓋州套；（e）萊州至三隻牛。（丙）嘉靖38年（1599）遼東糧荒時，每年約運糧5萬石，「由天津水運薊州以達山海（關）」，然後「雇腳陸運至各地散給」。萬曆初時增倍，每年約運10萬石。萬曆15年（1587）時，10萬石「不足遼軍2月之餉」，於是又截新運漕糧20萬石，由遼東軍士用船自運。26年（1598）增為年運24萬石。此時期遼東所需的糧餉，遼東自給「十之四，山東、天津各運十之三」。萬曆末期時因戰事吃緊，天津運遼的漕糧增至30萬石。天津至遼東的路線最多只能算是半陸半海，就算走海路也是沿著海灣，這和上述從長江口運到渤海灣的路線（甲），在性質上很不相同。（叢佩遠1998《中國東北史》〈明代東北篇〉頁647-54）

《神宗實錄》對萬曆中期以後，因「遼東兵興」而需緊急接濟糧，有幾項記載可供引述。萬曆26年（1598）戶部稱：「東師大集，需餉甚急，山東、天津、遼東各二十四萬石。山東、天津則海運，遼東則水陸并運。」（卷319，26年2月壬申條）萬曆47年（1619）遼東官軍18萬人，戰況日益緊急，海運漕糧激增數倍，從天津「截漕（糧）30萬石」海運遼東。泰昌元年（1620），又從山東「海運60萬石」，從天津「截漕20萬石」往遼東。然而海運的風險大，「每歲（天）津運十萬（石），所至止滿六、七萬，餘俱報以漂沒」。也就是說，漕糧在海上漂流損失的比例約在30%至40%之間。（鮑

彥邦1995《明代漕運研究》頁180-1）

　　《明經世文編》書末的分類目錄中，頁10內有6篇與漕運遼東相關的文獻：3篇是張養蒙的奏疏，3篇是熊廷弼的書函議論，甚可參考。但因這已是明末的事，不在本書的研究時段內，不擬旁枝深入。

六、戶部尚書馬森論邊鎮漕糧

　　馬森是嘉靖14年(1535)進士，初為戶部主事，榷稅九江。隆慶元年(1567)6月至3年2月間任戶部尚書，萬曆8年(1580)卒。約在隆慶元年末時，他上奏〈明會計以預遠圖疏〉（《經世文編》卷298頁3129-38）。

　　何以知道此疏的年份？因為在頁3130下說「今隆慶元年奉詔躧半，……」，全文內也有多處提及「隆慶元年」（頁3130下、3131下、3132下、3135下）。第二個問題：既然這是戶部尚書對全國財政會計的報告書，為何我不倣照附錄1（分析嘉靖29年戶部尚書潘潢的〈邊鎮主兵錢糧實數疏〉），和附錄4（分析萬曆22年戶部尚書楊俊民的〈邊餉漸增供億難繼疏〉），製表解說馬森尚書的報告，方便讀者查索內容與數額？

　　主要原因如下。附錄1、附錄4的主題與邊鎮密切相關，可以從潘潢和楊俊民的奏疏內，整理出相當有用的表格，顯示各邊鎮的糧餉項目與數字。馬森奏疏的內容，主要是全國財政的狀況，以及米麥倉儲的數額，與邊鎮相關的篇幅較少，只要在本章此節內表達就已足夠，不必另立附錄詳說。但若換個研究角度來看，這項材料就有它的重要性：可以據以知曉隆慶元年前後的國庫收入狀況，也能得知全國糧食的結構與問題所在。

　　馬森的奏疏內，在漕糧問題方面只提到薊州、昌平、密雲3個邊鎮。永平雖已在嘉靖44年分鎮獨立，但從表6-1可以看到，此鎮並無實物（本色），只有「分撥折色漕糧五萬六千石，……共銀四萬一千六百兩。山東、河南二處，各徵解銀二萬零八百兩，名為兌軍銀」。另一個要點，是此篇奏疏內有多處提到，如何把各地的漕糧折銀後，扣解部分以「接濟邊餉」。以下分述這2項小主題的內容：(1)薊、密、昌3邊鎮的漕糧問題；(2)如何以漕

糧折銀接濟邊餉。

1.薊、密、昌3鎮的漕糧

　　隆慶元年「漕運米4百萬石」（《經世文編》頁3129），「而漕糧四百萬石，內除撥薊鎮三十萬石，又以湖廣顯陵、承天二衛官軍免運減折，與撥運薊州倉班軍行糧、昌平、密雲二鎮軍餉外，每年實止運納（北）京、通（州）二倉三百四十九萬二千六百五十五（3,492,655）石。加以拖欠、漂流歲不下二十餘萬石，今歲漕糧改折十分之三，……。奉詔蠲半，若或撥支湊給，則歲用之外，所存無多」（頁3131）。以上是全國漕糧的收入與支用狀況。為何馬森要上奏此疏？「兼以四方虛耗，百姓窮困，邊餉增多，……善後之策何在？此臣所以抱杞人之憂，而又有預遠圖之謀也。」（頁3131）

　　接著說明3鎮的漕糧狀況。「又於嘉靖二十九年（1550）北虜侵犯，改撥薊州班軍行糧，又昌平、密雲二鎮糧餉，共去二十七萬七千三百四十五（277,345）石，遂襲為例。在昔既以改折、空運而減耗，在今歲又不查復原額，則以後各處有水旱之災，日亦不足矣。……薊鎮撥漕糧充班軍行糧一萬二千一百五（12,105）石，原非舊額，出於庚戌年虜警奏撥。本出一時之事，因襲為例，則謬甚矣。」（頁3136）以上是馬森尚書陳述事情不公之因，接下來看他建議如何解決此事。「況該鎮二十四萬石漕糧本色原額，既以改折十四萬石漕糧，又何必取此本色，以虧太倉之額？相應改正，輸京、通二倉；其缺乏前額軍餉，改作客兵年例內會計，加發銀兩可也。」（頁3136）

　　接下來看密雲、昌平鎮的狀況。「密雲鎮近撥漕糧十四萬八千八百十五（148,815）石，昌平鎮三萬九千二百七十三（39,273）石，俱非原額，亦皆始於庚戌之警，共該漕糧十四萬四千八十三（144,083）石〔此數不是上述兩項之和，不知如何得來〕。……其昌、密二鎮軍餉，照數議行。比照大同事例，於隆慶三年（1569）為始，預發銀兩。秋收之時，委官抵石（？）糴買，上納昌、密二倉。」（頁3136）

　　根據以上的摘述，可否拼湊出隆慶初年時，薊、密、昌3鎮的漕糧數額？恐怕不易。這些摘述只能呈現零星的記載，不知朝廷看過馬森的奏疏，能理解出什麼個圖像？對這3邊鎮的漕糧數額能否有新的理解？之後能採取哪些對策？我把上述的訊息和表6-1的內容合併共觀後，還是感覺一片茫然，無法確知這3鎮在嘉靖、隆慶間的漕糧數額。

2.漕糧折銀接濟邊餉

　　現在換個角度，來看把漕糧改折成銀兩，以接濟邊餉的幾項記載。「嘉靖二十年(1541)，該(巡江)御史鄭芸題：因邊餉缺乏，議將漕糧改折十分之三，每石折徵一兩，內將輕齎、席板并耗米等項折銀，扣解接濟邊餉。」(《經世文編》頁3132)

　　「今查九邊民運，以隆慶元年(1567)奉詔蠲半，少銀數多。乞如臣今議將輕齎、席板等項，總算折徵。每兌運一石，徵銀九錢；改兌一石，徵銀八錢，解赴太倉庫收，接濟邊餉。」(頁3133)

　　「京師積蓄全在太倉，嘉靖二十年(1541)以前，在倉糧米尚有七、八年之蓄，今止二年餘耳，不無可憂。蓋皆緣嘉靖二十年以前，因邊餉缺乏，議行改折，後又累次宂運邊鎮，及河阻、歲災、倭警、煅船，各因而議折，以致月漸耗少。」(頁3135)

　　以上是馬森奏疏內，對嘉靖20年至隆慶元年這25年間，漕糧折銀濟邊的3項記載。由此也可推知，在此之前與之後，這類的情事必定還有許多，以下的幾項記載可證實此事。

　　成化10年(1474)，「以浙江、江西二省折漕銀濟邊：遼東、陝西各十萬金(兩)，大同八萬、宣府六萬、密雲一萬」(《國榷》卷37，成化10年2月癸亥條)。同年，浙江、江西2省共折徵38萬兩，按照當時每石折4錢算，約值95萬石，約占這2省漕糧總數的79.2%(鮑彥邦1995《明代漕運研究》頁109)。

　　萬曆4年(1576)邊餉急需，戶部奉令於翌年改折全國漕糧三分之一，共110萬餘石，折銀約90.5萬兩，除留3萬兩「修船」外，「其餘盡數解部濟

邊」。(《神宗實錄》卷52，4年7月丁酉條)。

　　萬曆18年(1590)因北方「邊用」，將河南輸納臨清、德州2倉的漕糧，改折1年，以備邊用。(《神宗實錄》卷226，18年8月甲午條)

　　隨著「遼東軍興」，以漕銀濟邊逐漸成為常態。萬曆39年(1611)，將南京兌軍漕糧每年「改折徵銀」8.96萬兩，「以三分之一餉遼」。46年(1618)也「改折南糧以充遼餉」。天啟年間更是嚴重：戶部尚書李宗延說邊餉告匱，唯有「借漕折(銀)混充邊餉」，導致太倉的漕銀「蕩無絲毫在庫」。(鮑彥邦，《明代漕運研究》，頁113-4)

七、相關議題

　　明代的漕運研究已有相當豐富文獻，但重點大都放在內地的情事上，很少見到對邊鎮漕運的探討。以上6節只對13邊鎮中與漕運相關的遼、薊、永、密、昌5鎮，描繪出基本的面貌與特點，提出片段的圖像。本書以財政問題為主軸，不擬旁枝深入其他議題，但也感覺到有3項明顯的相關問題，尚未能提供基本答案。

　　(1)遼、薊、密、永、昌這5鎮的漕糧分別源自何地？對哪些供糧區構成多大程度的負擔？

　　(2)除了薊鎮的狀況略知，其餘4鎮的運送漕糧，需要耗費多少人力與物力？動員多少船隻與設備？平均每石的運送成本，大約是當時每石糧價的多少倍？

　　(3)邊鎮漕糧的倉儲有哪幾種方式？有哪些人為與制度上的弊病？

　　這些問題在星斌夫(1963)第7章〈河運期　　　地方的海運〉、吳緝華(1961)第7章第1節〈明代餉遼東和薊州短距離的海運〉內，已對遼、薊2鎮提供部分答案，我們對密、永、昌3鎮的狀況仍然所知有限。

第7章
鹽法與邊儲

　　《萬曆會典》卷32〈鹽法1〉的首段，對明代鹽政有很好的概觀：「國朝鹽法，設轉運司者六，提舉司者七，鹽課司以百計。大、小引目二百二十餘萬，解太倉銀百萬有奇，各(邊)鎮銀三十萬(兩)有奇。閩、廣二省課額無多，井、池二鹽撈辦亦易，長蘆、山東價廉課充。惟淮鹽居天下之半，浙次之，而皆艱於徵納。」本章的主要分析對象，是這段摘述中較不引人注意的一句話：「(解)各(邊)鎮銀三十萬(兩)有奇。」也就是說：在這句話的背後，邊鎮糧餉與鹽法有過哪些既複雜又重要的關聯？進入這個尚未充分理解的主題之前，先綜述主要的相關文獻。

一、文獻與主題

1.文獻綜述

　　學界過去有「鹽糊塗」之說，意思是：經濟史上與「鹽」相關的重要問題，還有許多模糊的地方。這個形容詞今日已不適用。就明代的情形而言，劉淼(1996)《明代鹽業經濟研究》已能呈現相當的架構與脈絡，主要的議題已有具體的答案，書末的參考書目也顯示：相關的中日文研究，以及新近影印流傳的明代文獻，學界對明代的鹽業史已經「大體明白」。在這些已大致清楚的議題中，還存在一些專業上和觀點上的爭論；若就整體的完整性來說，確實還有一些「小糊塗」的部分尚待補充，「邊鎮的鹽法」就是個好例子。大略地說，邊鎮鹽法就是眾所習知的開中法。這不是已經有充分的研究了嗎？還有哪些結構性的空白須要填補？

現在來評述與「邊鎮開中」相關的代表性研究。藤井宏(1941)〈開中の意義及び起源〉、(1943)〈明代鹽商の一考察〉，以及李龍華(1971)〈明代的開中法〉，已為這個領域奠下很好的基礎。他們的成果當然是延續前人的累積，我認為在他們之後的開中法研究，格局上都沒有顯著的超越，以下提出具體說明。

清水泰次(1927)〈商屯考〉和王崇武(1936)〈明代的商屯制度〉是較早期研究開中法的文獻；藤井宏(1941)〈開中の意義及び起源〉對這個議題作了補；真正有深入性大格局的作品，是藤井宏(1943)〈明代鹽商の一考察〉。他在戰時困難的環境下，對相關文獻作了非常好的掌握；更重要的是，他對其中的幾項重要議題，有與眾不同的見解，證據細密扎實，不易駁倒。他的主題雖是對邊商、內商、水商的研究，但這3種商人的業務專業區隔化與身分的分化過程，其實都反映了明代鹽法本質與結構的變化。藤井的解說清晰，脈絡分明，論點強實。令人印象深刻的，是此文第3節對「葉淇變法舊說的批判」（頁262-87）。此節長達25頁，其實可以單獨成立一篇論文。他在綜述諸多舊說與相關的史料之後，提出新觀點與新證據，「認為變法根本就不是葉淇所為」，而是由於「開中納糧向開中納銀的變化，本是時代發展的趨勢，根本不能歸咎於葉淇」（頁272-3）。

李龍華(1971)〈明代的開中法〉長達122頁，是中文學界最深入的研究。除了背景性的解說與詳細的注解，最重要的是文內的16個表格，其中與邊鎮鹽法密切相關的是表2至表5。表2超過50頁（頁376-427），是「葉淇變法(弘治5年，1492)以前各地中鹽則例表」（也就是鹽引的折糧率）；表3（頁434-47)是「明代每小引鹽(2百斤)納銀(兩)額」；表4（頁448)是「萬曆19年(1591)戶部預訂下年度各邊(鎮)中鹽引價表」；表5（頁456)是「隆慶3年戶部預派下年度各邊(鎮)鹽引搭配表」。

此文的優點學界已共睹，現在以30多年後的知識來批評當然不公平，但可以公允地指出，他在1970年時應可避免的2項缺失。

（1）他對日本學界的研究成果很少引用，或甚至沒有。前述藤井宏(1941、1943)的論文，和他的主題密切相關，不應忽略，尤其李龍華

(1971)第5節(頁472-87)的論題就是「葉淇變法」。李的論點相當好,證據結實,但他的基本認知是「有葉淇變法之事」,這和前述藤井宏的「無葉淇變法之事」的論證不同。支持哪個觀點是另一回事,但李在1971年時未引述藤井1943年的研究,是明顯的疏漏。萩原淳平在1963年3月的《東方學報》(第25期),有專文討論葉淇變法,李也未引用。和田清(1957)《明史食貨志譯註》內,對鹽法的注釋也有許多可參考的見解與考證。

　　(2)在中文方面,《會計錄》卷17-29、39有不少邊鎮鹽法的資料,李都木曾引用到。黃仁宇在1960年代末寫作《十六世紀明代中國之財政與稅收》時,已用過《會計錄》的微卷(見英文本頁369),全漢昇與李龍華(1972、1973)對明代中葉後太倉歲出入銀兩的研究內,也用了《會計錄》的資料。李在〈明代的開中法〉內未引用《會計錄》,是另一項疏漏。

　　近年來還有不少與開中法相關的研究,但我認為大都是補充性的、爭論性的、枝節議題性的,本質上沒能超越藤井(1941、1943)、李龍華(1971)。我手邊有幾篇文章可以支持這個論點:劉清陽(1985)〈明代開中制度下商人的社會作用〉、李珂(1992)〈明代開中制下商灶購銷關係脫節問題再探:鹽商報中不前與灶戶的鹽課折徵〉、李剛(1996)〈論明清陝西商人對中央政策的有效利用:兼論明清陝西商幫的產生〉、高春平(1996)〈論明代中期邊方納糧制的解體:兼與劉淼先生商榷〉、張麗劍(1998)〈明代的開中制〉、孫晉浩(1999)〈開中法的實施及其影響〉、孫晉浩(2000)〈明代開中法與鹽商守支問題〉、黃仁宇(2001)《十六世紀明代中國之財政與稅收》第5章〈鹽的專賣〉。

　　較特殊的議題,是對嘉靖、隆慶年間龐尚鵬的鹽政改革研究,我手邊有3篇相關文獻:余三樂(1988)〈明龐尚鵬疏鹽對策〉、曾凡英(1994)〈龐尚鵬鹽政思想研究〉、汪崇篔(2001)〈明代隆慶年間鹽政狀況分析〉。這個主題切合本章的2個主旨:(1)在時代上是嘉靖、隆慶年間,(2)邊鎮鹽法是龐尚鵬清理鹽政的重要對象之一。由於與龐尚鵬鹽政改革相關的研究已多,本章將儘量避免重覆。龐尚鵬的鹽政奏疏,收錄在《百可亭摘稿》(卷2、3)。

　　何以邊鎮的鹽引與鹽課研究，還有更深入的空間？有2個理由，一是視角性的，二是資料性的。(1)過去對開中法的研究，重點放在「報中」的相關議題上(鹽引價格、引數、邊商、內商、納銀開中)。而且大多是從朝廷(北京)的行政立場，來看邊鎮鹽引的折糧率與鹽引數量這類的問題；也就是較少從邊鎮糧餉的角度，來看邊鎮經費與開中法的相關議題。現在要把視角顛倒過來，從邊鎮的立場，來說明邊鎮的狀況、需求、困難等問題。

　　(2)《會計錄》卷17-29(邊鎮糧餉)、39(鹽法)的資料，能給這個角度提供重要的訊息。這些訊息記錄在卷17-29的「鹽引」項內，內容有10個邊鎮的鹽法簡史、主要的大事記(沿革)。我以表格的形式，來呈現邊鎮的鹽法簡史、邊鎮的鹽引數與折糧率(表7-1、7-2)，這些訊息過去較少見到引述。在統計數字方面，我把卷17-29、39內的許多數字，整理成表7-3、7-4，這些數據過去也較少分析到，可用來和《萬曆會典》的數據對比 [1]，希望這些資料的呈現，能增進對邊鎮鹽法的理解。

2.內容安排

　　第2節綜述3個背景性的主題：(1)明代的鹽務行政架構劃分；(2)說明開中法的意義；(3)幾個與邊鎮鹽法相關的關鍵詞。第3節進入主題，說明邊鎮鹽引與鹽課的簡史：表7-1呈現10個邊鎮的鹽引沿革(密雲、昌平、易州3鎮無鹽引)，主要的史料是《會計錄》卷17-29。另一個主題是「鹽課」：表7-2顯示只有遼東、宣府、寧夏、固原4鎮有鹽課。第4節以遼東鎮的情況為例，在表7-3說明此鎮「鹽引數」與「每引折米粟的石數」，在歷年間的變化情形。第5節以表7-4呈現萬曆初年全國10個鹽務單位：(1)歲解太倉的

1　　《會計錄》卷17-29〈邊鎮糧餉〉、卷39〈鹽法〉是本章的重要史料。卷17-29的內容完整無缺，但卷39有一大缺陷(軼失的缺頁比例不低)。(1)長蘆鹽運司的資料一開頭就缺了半頁(39:1275)；(2)福建鹽運司的沿革事例缺了1或2頁；(3)福建、雲南無邊鎮歲派額；(4)陝西、廣東、四川3司的資料全失，可能缺少10-20頁之間；(5)因此只有兩淮、兩浙、長蘆、山東、河東等5個鹽務單位的數額可用。卷17-29內較有意義的可能是「沿革事例」，主要是歷朝的規定事項與公文往返的摘述，基本上是業務性質的具體事情。這類事情在《萬曆會典》中也有，但某些具體事項仍有補充的價值。

銀兩數額，(2)歲派各邊鎮的鹽引數額，(3)對比《萬曆會典》與《會計錄》的差異。第6節探討另一個問題：鹽引折糧率的變動，和邊鎮本地的糧價變動，是否有密切的相關性。

以上6節的內容都是靜態背景解說，以及統計數字的陳述與對比。第7節轉向動態事件的分析，舉例析述邊鎮鹽政的缺失與政策。第8節綜述本章的內容與性質，提出幾個可以後續研究的方向。整體而言，明代鹽業的基本史料已相當完備，研究文獻也很豐富，本章旨在把與邊鎮鹽務、邊鎮糧餉相關的史料和論點聚匯起來，對這個還很不夠充分理解的題材，呈現一個綜觀性的圖像，補充一些過去較少引述的數據與說法。

二、鹽法綜述

1.行政架構

明代的鹽業行政劃分，計有：(1)兩淮、(2)兩浙、(3)長蘆、(4)山東、(5)福建、(6)河東等6個都轉運鹽使司(簡稱運司)，以及(7)陝西的靈州鹽課司、(8)廣東、海北2個鹽課提舉司、(9)四川鹽課提舉司、(10)雲南的黑鹽井、白鹽井、安寧鹽井、五井4個鹽課提舉司(參見圖7-1、徐泓(1990)〈明代的鹽務行政機構〉)。《萬曆會典》卷32對這10個鹽務單位的分司、行鹽地方、歷年鹽課數目、歷年大事有詳細記載。

與鹽法相關的辭彙很多，因篇幅所限，以下只解說開中法、「常股、存積」、正鹽、餘鹽、工本鹽、河鹽、竈戶這幾個與邊鎮鹽法直接相關的名詞，其他專有名詞出現時會另作說明。

2.開中制

商人把糧食運到邊鎮，政府依規定的數額給與鹽引，讓商人可在特定地區行(販)鹽。政府用這種食鹽銷售特許權，從商人獲取邊糧的方式，稱為「開中」。《明史‧食貨志四》：「有明鹽法，莫善於開中。洪武三年(1370)，山西行省言：『大同糧儲，白陵縣運至太和嶺，路遠費煩。請令

商人於大同入米一石，太原倉入米一石三斗，給淮鹽一小引。商人齎畢，即以原給引目赴所在官司繳之。如此則轉運費省而邊儲充。』帝從之。召商輸糧而與之鹽，謂之開中。其後各行省邊境，多召商中鹽以為軍儲。鹽法邊計，相輔相行。」這段話掌握了開中制的起源與基本精神。開中制在明代實施了三百多年，各時期在各地的狀況不一，整體的運作也起過不同程度的本質變化。以下先解說此制的根源。

開中制源於宋代雍熙年間(984-7)，因宋朝與西夏政權之間的戰爭而設。元代繼續行中鹽之法，募民中糧以餉邊。明代把這種制度擴大，成為與全國財政、鹽政、邊餉密切相關的制度(張麗劍1998〈明代的開中制〉頁37-8)。明代的開中法，在做法上是政府開示榜文，宣示納糧地點與鹽引酬勞的數量。政府的出榜招商，稱為「開中」；「邊商」(邊境商人)依戶部要求的開中項目，把軍需物資與糧料納入邊鎮的倉庫後，取得兩淮、兩浙等地的鹽引(行鹽權)，稱為「報中」。接下來是「內商」(內地的大鹽商)向「邊商」買入鹽引，到指定的鹽場守候支鹽，稱為「守支」。下個階段是由「水商」(批發轉運的中盤鹽商)向「內商」買入，把領到的鹽銷售到各地的商業活動，稱為「市易」。

一般對開中法的見解，是以國有物資(鹽、茶、鐵等)與民間糧料(米、粟、麥、豆、草等)相互兌換，作為提供邊鎮糧餉的方式。其中最主要的是「納糧中鹽」(繳交糧食換鹽引)和「納銀中鹽」(繳交銀兩買鹽引)，本章只討論這2種方式的鹽引。其實不一定要用民間的糧食來換取鹽引，也可以用「承運官糧、稅糧」的方式來換取鹽引，試舉2例。洪武4年(1371)2月，大同衛都指揮使耿忠奏：「大同地邇沙漠，⋯⋯軍士糧餉欲於山東轉運，則道理險遠，民力艱難。」朝廷會議後，決定「於山東所積糧儲撥十萬石，⋯⋯」，參加承運的商人「自備腳力，朝廷則以鹽償之」。成化19年(1483)，戶部議處「大同各邊事宜」，決議「以二十萬引召商，於通州倉領米，運赴大同交納。每運一石，與鹽二引，量地添減，不出二引之數，限一月以內完，即與支給。」(劉淼1996《明代鹽業經濟研究》頁228-30)

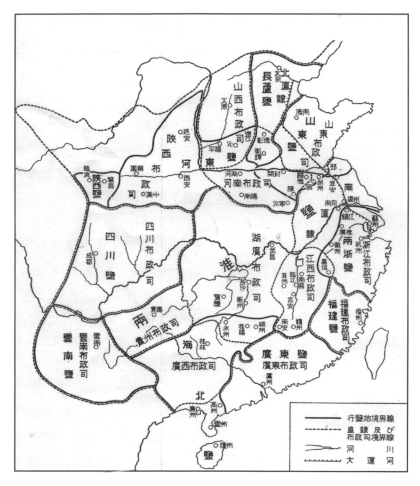

圖7-1　明代行鹽區劃圖

圖片來源：和田清(1956)編《明史食貨志譯註》，書末附圖。

3.常股鹽、存積鹽

　　《明史・食貨志四》：「商人有自永樂中候支鹽（指商人守候支領鹽
斤），祖孫相代不得者。……又以商人守支年久，雖減輕開中，少有上納
者。議他鹽司如舊，而淮、浙、長蘆以十分為率，八分給守支商，曰常

股；二分收貯於官，曰存積，遇邊警始召商中納。常股、存積之名由此
始。」本章的表7-1、7-3、7-4內都會觸及常股、存積的鹽引數，故在此大
略說其原委。

這是正統5年(1440)的新辦法。政府為了緩解商人守候支取鹽斤的積壓
現象，把一般性「納糧中鹽」的鹽斤部分，稱為「常股鹽」；把邊地軍情
緊急時，召商「納糧中鹽」的部分稱為「存積鹽」。問題在於：「凡中常
股者價輕，中存積者價重。然人甚苦守支，爭趨存積，而常股壅矣。」
(〈食貨志四〉)也就是說，同一單位的鹽，若被歸屬於常股者，價輕；歸
屬於存積者，價重。在邊鎮危急時，存積鹽引的比例可「增至六分」
(60%)。這麼做的結果是：商人手中的常股，已受到「祖孫相代不得者」的
不公平待遇，一旦國家有財政困難時，可支取的鹽引配額還會被壓低到4分
(40%)或3分，因而導致「爭趨存積，而常股壅矣」。王雷鳴(1991)編註
《歷代食貨志注釋》(第4冊：明史)頁148-56、167對常股、存積有很豐富的
解說；和田清(1957)編《明史食貨志譯註》頁411、483-4有很好的註解可參
閱。

4.正鹽、餘鹽

有正式鹽引支領的鹽，須繳交官定的鹽課(正課)，稱為正鹽；「餘鹽
者，灶戶正課所餘之鹽也。」「(正統年間)勤(勞的)灶(戶)有餘鹽送場
司，二百斤為一引，給米一石。……成化後，令(鹽)商收買(餘鹽)，而勸
借米麥以振貧灶。……(弘治年間)由是以餘鹽補正課，而鹽法一小變。」
(〈食貨志四〉)

這段話的前半段，在說明餘鹽的來源，較重要的是後半段「鹽法一小
變」是個委婉的說法，其實影響相當大。原因是：嘉靖初年起允許召商收
購餘鹽，少數鹽商只領勘合(不需鹽引)，可即時支買餘鹽，因此願中者
多。餘鹽盛行之後，正鹽滯行，許多鹽商與灶戶皆困。政府容許餘鹽，因
為願購者多，所得之銀可解部濟邊。缺點是：這會排擠正鹽的銷售，以及
正常的鹽課收入。

這是嘉靖之前的狀況，對邊儲的影響尚小。嘉靖20年(1541)左右，延綏、山西、陝甘、遼東地區的蒙古部族犯邊，因連年用兵而缺餉，只好「盡發兩淮餘鹽七萬九千餘引於二邊(延綏、遼左)開中，自是餘鹽行。其始尚無定額，未幾，兩淮增引一百四十餘萬，每引增餘鹽二百六十五斤。……於是正鹽未派，先估餘鹽，商灶俱困。姦黠者藉口官買餘鹽，夫販私煎。法禁無所施，鹽法大壞。」嘉靖20年，「帝以變亂鹽法由餘鹽，敕罷之。……然令甫下，吏部尚書許贊即請復開餘鹽以足邊用。戶部覆從之，餘鹽復行矣」(〈食貨志四〉)。餘鹽問題的後續發展，請見下文。

5.工本鹽

嘉靖32年(1553)，清理淮浙等處鹽法的右僉都御史王紳，以及兩淮巡鹽御史黃國用，共同向朝廷奏准，以兩淮運司所割沒的鹽銀，除向京師解運之外，以存留的8.2萬餘兩，給兩淮的灶戶充當工本銀，用來收買灶戶的餘鹽。淮北灶戶每交納鹽1引，官給工本銀2錢，淮南給2.5錢，因而共增得35萬引的鹽，稱為工本鹽。這35萬引，加上之前的70.5萬引額課，共計105.5萬引，都當作「正鹽」。開邊報中因而共得17.6萬多兩，抵作各邊的主兵年例銀。

工本鹽通行之後，對「正鹽」產生排擠效應，鹽商與灶戶俱困。所造成的影響是：「工本鹽行，內商有數年不得掣者，於是不樂買引，而邊商困。」工本鹽施行後，反對者「屢陳工本為鹽贅疣」，但「戶部以國用方絀，年例(銀)無所出，因之不變」(〈食貨志四〉)。以江西為例，原本可行淮鹽39萬引，在行工本鹽之後，因私販盛行，僅行淮鹽16萬引，「數年之間，國計大絀」。

《實錄》嘉靖44年9月庚申條，記載巡鹽御史朱炳如的分析：「工本鹽不罷，不唯無益邊餉，商灶兩困，將并往時正鹽常例，一切失之。」因而自次年起，所增工本鹽35萬引盡數停罷，原來充當工本銀的割沒鹽銀8.2萬餘兩，仍解部濟邊。

工本鹽可說是一種變相的餘鹽，做法是運用割沒的鹽銀，來斂取灶戶

的存鹽，以增加政府的引課。嘉靖44年(1565)雖然明言罷工本鹽，但並未能立即根絕。2年後，依《實錄》隆慶元年(1567)3月甲申條的記載，巡按直隸御史蘇朝宗「條奏鹽法六事」，第一條就是「蠲工本，以蘇商困」。朝廷因而再度明令禁止工本鹽。工本鹽消失之後，河鹽的問題隨之而起。(參見王雷鳴[1991]《歷代食貨志注釋：明史》頁160-1，和田清[1957]《明史食貨志譯註》頁554-76，藤井宏[1943]〈明代鹽商の一考察〉頁316-20)

6.河鹽、囤戶

「自葉淇變法，邊儲多缺。……(嘉靖)末年，工本鹽行，內商有數年不得掣者，於是不樂買引，而邊商困，……河鹽行，則守支存積者愈久，而內商亦困，引價彌賤。於是姦人專以收買邊引為事，名曰囤戶，告掣河鹽，坐規厚利。時復議於正鹽外附帶餘鹽，以抵工本之數，囤戶因得賤買餘鹽而貴售之，邊商與內商愈困矣。」(〈食貨志四〉)

這段話包含幾個重點：(1)弘治初年葉淇主政時，改「納糧中鹽」為「納銀中鹽」，其中有許多複雜的牽扯與利益的重新分配。就邊鎮糧餉的角度來看，主要的影響就是「邊儲多缺」，也就是說，從鹽引所能擠出來給政府，用來資助邊餉(解部濟邊)的部分被壓縮了。(2)嘉靖初年工本鹽大行之後，內地大鹽商(內商)對「邊引」的需求大減，因而使邊商陷入困境。(3)更火上加油的，是那時期又出現了所謂的「河鹽」，就是不必赴倉廩排隊守支，而可從河上的鹽船直接優先支領鹽斤。(4)河鹽大行後，從前屬於高價位的「存積鹽」地位陡降，變得無法在短期內支領，困住了擁有存積鹽的內商，因而「引價彌賤」。(5)這時出現一種鹽商稱為「囤戶」，「專以收買邊引為事」，他們有辦法直接支領到河鹽，因而獲得暴利。(6)那時的新政策是在「正鹽」之外，可以附帶「餘鹽」，這就給囤戶獲利的好機會：「賤買餘鹽而貴售之。」所造成的排擠效果，就是「邊商與內商愈困矣」(藤井宏1943〈明代鹽商 一考察〉第6節頁313-30對河鹽與囤戶有很好的分析)。

接下來看龐尚鵬對此事的見解。「隆慶二年(1568)，屯鹽都御史龐尚

鵬疏言：『邊商報中，內商守支，事本相需。但內商安坐，邊商遠輸，勞逸不均，故挈河鹽以惠邊商也。然河鹽既行，堆鹽必滯[2]，內商無所得利，則邊商之引不售。今宜停挈河鹽，但別邊商引價，自見引及起紙關引到司勘合，別為三等，定銀若干。邊商倉鈔已到，內商不得留難。蓋河鹽停，則堆鹽速行，引價定則開中自多，邊商、內商各得其願矣。』帝從之。四年(1570)，御史李學詩議罷官買餘鹽，報可。」(〈食貨志四〉)

　　龐尚鵬的奏疏有幾個重點：(1)邊商納糧(銀)報中，把邊引賣給內地鹽商支領鹽斤，這是市場上必要的區隔，也是專業上的必要分工。(2)政府體諒邊商勞苦，以河鹽惠邊商。但河鹽興起之後，原本在倉場的堆鹽就停滯難銷。內商既無法從原本的鹽引獲利，就不肯再買邊商的鹽引，結果反而有害邊商的生計。(3)他建議一方面停止河鹽，二方面把邊引分為3類，各自明定價格。目的是讓原本在倉場的堆鹽快速流通，這樣才能鼓勵邊商開中，使邊商與內商各得其利，鹽法通行，邊儲不缺。(4)朝廷批准了這個提議，2年後也廢止了「官買餘鹽」的制度。

　　以上是萬曆中期之前，邊鎮鹽務政策的大概面貌。萬曆末期的鹽務政策還有重大變革，不在本章的分析範圍內。以下轉論邊鎮鹽務的具體內容。

三、鹽引與鹽課概況

1.邊鎮鹽引

　　表7-1是從《會計錄》卷17-29內「鹽引」項的首段，整理出來的邊鎮鹽引簡史，這些訊息過去較少見到引述。13邊鎮中，密雲、昌平、易州3鎮無鹽引項。

2　原文作「淮鹽」，今據河田清(1957)《明史食貨志譯註》頁578改為「堆鹽」，下同。

表7-1　邊鎮鹽法簡史

1遼東鎮	本鎮鹽引：正統6年撫臣李濬曾請開中，部議未允。後因參政劉璉之奏，始議開派，旋即停罷。景泰間，緣有虜警，復行開中。成化、弘治中，淮、浙、山東、長蘆、福建、河東、廣東等鹽，相兼中納。嘉靖以來，惟兩淮、山東鹽引每歲預開，餘俱停止。常股、存積開派多寡不一，45年定經制。額派兩淮、山東存積鹽124,312引。隆慶3年、萬曆2年，又將存積鹽暫停，止開常股。6年始定派常股、存積鹽130,420引為例。皆以備主客兵餉，并補歲出不敷之數。
2薊州鎮	本鎮鹽引：天順以前無考。成化而後，多者20餘萬引，少者10餘萬引。或間歲一發，或數年不發，原無定額。嘉靖庚戌(29年)之變，軍餉歲增，始議引鹽抵充年例。遂派兩淮、長蘆鹽15萬餘引，計銀13,580餘兩，定為額。嗣是或增或減，微有異同。迨經制既定，數仍舊焉。
3永平鎮	本鎮鹽引，原無定額。隆慶4年，劉應節題：照薊鎮開派。萬曆元年議止。2年，楊兆題：將薊鎮分派。4年議止。
4宣府鎮	鹽引在前，原不分主客，通融兼支。嘉靖間，始有主引、客引之額。此外，又有河東運司鹽課銀兩，則正德年所撥也，今因之。
5大同鎮	國初引鹽止納糧草，弘治間始有折銀之例。嘉靖3年，始一發客引。後定派淮、蘆鹽共70,000引，專備客兵，著為額，而主、客引始分矣。其主引多寡，皆臨時酌量，及視民屯、京運以為盈縮，無定額也。
6山西鎮	本鎮鹽引：成化而後，節有開派，不為例。嘉靖20年，神池、利民、老營3堡募軍，始派歲用不敷鹽銀587,10兩。21年，神池、寧武2堡募軍，又添派48,998兩8錢5分。自後歲以為常，鹽不足，則以京運補。31年，各邊鹽引俱量行開派，遂減至64,857兩。自此至隆慶中，微有增減。萬曆6年，實計鹽銀57,832兩6分。河東鹽課銀則抵充年例，不在此數也。
7延綏鎮	國初邊臣奏請開派，本鎮鹽引多寡不一。嘉靖年間，始定主、客兵鹽銀。茲後有額派、有補歲用不敷之例。額派者，專備客兵支用；補歲用不敷者，照例給放官軍月糧，及新增募軍之費。
8寧夏鎮	本鎮鹽引：正統、景泰間，止以河東、靈州鹽課開中。成化間，始派山東、福建鹽引。弘治6年，因2省鹽引阻滯，始議開淮、浙等鹽。嘉靖8年，定淮、浙鹽銀29,000兩給客兵，為額派。10年，又開淮、浙、長蘆鹽銀101,500餘兩給主兵，為補歲用不敷。嗣是，或常股、或存積、或工本、水鄉，名色各異不一。隆慶、萬曆以來，工本、水鄉等鹽停止，止預派淮、浙常股、存積2鹽；大約鹽銀不越萬餘兩，主、客通融支給。
9甘肅鎮	本鎮主、客兵之費，俱開鹽引支用。或因邊警動調，或因地方荒歉，開派多寡不一。嘉靖8年，額派淮、浙客兵鹽共150,000引，該銀68,300餘兩。11年，議補歲用不敷鹽125,760引，該銀49,932兩。45年，改派兩浙鹽150,000引，該銀57,150兩，以後遂為經制。

| 10固原鎮 | 本鎮鹽引自正統、成化以後，節因督撫諸臣題請，開派不一。或10餘萬或20餘萬兩，皆因地方多事，派供客餉之用。至嘉靖20年，始定補歲用不數鹽引銀30,000兩。31年，減至17,439兩。今據萬曆6年數，實計銀22,689兩。 |

資料來源：《會計錄》卷17-29，各卷內「鹽引」項的首段，其中密雲、昌平、易州3鎮無鹽引項。

說明：《萬曆會典》卷28〈會計4〉「邊糧」內，有上述各鎮的鹽引項目與數額，可與此表相對比；另參見和田清(1957)《明史食貨志譯註》頁415-8的解說。

2.邊鎮鹽課

鹽課是對食鹽生產、運銷的課稅，內分「灶課」與「引課」：灶課是向灶戶課徵的稅，引課是鹽商所納的「引價」。在灶戶方面，由官給鹵地草蕩、工本米；灶戶則按戶計丁，按丁辦鹽(明初納鹽，也曾折納布、米麥、穀，後來多折納銀兩)。鹽商的引課方面，在弘治5年之前以米麥等實物為主(開中)，之後改為納銀(納銀中鹽)。萬曆6年(1578)全國辦鹽4.9億餘斤，各鹽運司并各提舉司餘鹽、鹽課、鹽稅等銀共1,003,876兩，占當年太倉銀庫總收入3,676,181兩的27.31%(詳見第2章表2-3內的第23項)，是最重要的稅源。

13邊鎮中只有遼東、宣府、寧夏、固原4鎮有鹽課，在《會計錄》內只有簡要的記載(或1、2頁或5、6行，附載於鹽引項之後)，詳見表7-2。目前對邊鎮鹽課的內容與運作方式，資料較少、研究有限，以下大略解說此表的意義。

表7-2　邊鎮鹽課簡史

1遼東鎮	本鎮鹽場在海州、義州、廣寧近海地方，額編煎鹽軍1,174名，額鹽3,727,177斤，交納各衛官軍食用。其商人興販，計車微稅，大車每載課銀1兩2錢，小車6錢，歲無定額。海州課銀，每年都司取銀400兩，解薊鎮軍門，餘貯廣寧庫。廣寧課銀辦於城南杜家屯、葉家園，委官輪收解本庫。義州課銀，廣寧委官在場徵收，俱軍餉支用。
2宣府鎮	正德8年本(戶)部題：准將河東運司鹽課銀8萬兩撥運宣府接濟，後(定)為額(至今俱同)。萬曆元年，尚書王國光覆：總督戴才題：將河東運司鹽課原解宣府銀內撥3,221.4兩，改解延綏，就於延綏該發主兵年例內，照數扣補。
3寧夏鎮	卷27:935-6散載此鎮歷年鹽課業務上的決議事項，但未述及此鎮的鹽

	產量與課銀數。
4固原鎮	正統7年，陝西右參政年富題：鞏昌府漳縣鹽井，每歲額辦鹽課515,677斤，和縣鹽井每歲額辦鹽課131.904斤，遞年只是臨鞏所屬州縣戶口食鹽內支用。自宣德元年起，至正統6年止，現在鹽課8,274,454斤。合無行令軍民照時價減輕，每斤納細糧米麥1升，於洮州倉上納支鹽。本部覆：准。

資料來源：《會計錄》卷17、23、27、29內「鹽課」項的首段，13鎮中僅此4鎮有鹽課。

　　(1)遼東鎮的煎鹽數看起來不小(3百萬斤以上)，但供各衛官軍食用之外，每年都司取銀400兩，解薊鎮軍門，餘貯廣寧庫。這對國庫並無重要性。在用途方面，由於數額甚小(400兩，參照第3章表3-1.2遼東鎮每年的耗銀數)，大都用在緊急性的暫借項目內，例如：「成化二十二年(1486)郎中毛泰呈：遼東節報有警，恐□調客兵，乞將各衛題准易糧鹽課，暫借一年，召商納草支用。」(《會計錄》17:674下)

　　(2)宣府鎮的相關事項簡略，只有業務性的記載，對宣府鹽課的歷史與額數仍無所知。

　　(3)卷27:935-6散載寧夏鎮歷年與鹽課業務相關的決議事項，但未述及此鎮的鹽產量與課銀數。有一項特色，是從正統4年(1439)到成化6年(1470)一直都提到的：「寧夏等衛缺馬，照例收馬；如馬匹夠用，照依馬價折糧召納。」(《會計錄》27:935下)這就是「納馬中鹽」。馬匹的價格是：「上馬一四與鹽一百二十引，中馬一四與鹽一百引，俱於靈州鹽課司大小二鹽池支給，不拘資次更番，二年為期，輪流收中。」(27:936上)這項行情在成化6年降為「上馬一四中鹽一百引，中馬一四中鹽八十引」(27:936上)。其餘皆業務性的記載(參見本章最後1個注釋的內容)。

　　(4)固原鎮的鹽課共有3條記載，第1條是本鎮的鹽課簡史，已錄在表7-2。以下2條是不同時期的業務性變化。「隆慶四年(1570)總督王崇古題：陝西西、漳二縣鹽課銀每年只二千餘兩。向因本鎮無事，議解花馬池郎中衙門，聽延、寧客餉支用。今該鎮無糧草缺乏，即應改貯蘭州郎中衙門，備該鎮客餉。本部覆：准。」「萬曆二年(1574)，總督戴才題：西、漳二縣鹽課銀每年二千餘兩，原改貯蘭州庫，專備臨、鞏、固原客餉。今套虜

欽順，客兵調減，恐積久弊生，不若解發該鎮，以抵主兵年例。以後年分，郎中照舊收貯，年終將實在數目報部，待積至五年，例解抵年例。」(29:977下)這是因邊防需求減少，而做業務性的轉移。

四、以遼東鎮為例

《會計錄》內以遼東鎮的鹽引記載最詳(8頁)，山西、大同、延綏3鎮的記載亦詳，但內容與性質類近，在此只舉遼東為例(表7-3)，否則各鎮狀況繁多，易流於細瑣。其他諸鎮的鹽引資料，可仿此表的方式分析，得出各地域性的特點。

表7-3　遼東鎮的鹽引數與折糧率

年份	事由	准開鹽引數	每引折米粟的石數
正統8年 (1443)	參政劉璉奏稱：開平等處缺少糧料，請開中鹽糧。	准浙、長蘆存積鹽26萬引。	淮鹽每引1.2石；浙鹽1石；長蘆6斗。
景泰2年 (1451)	巡撫王翱咨稱：建州賊徒搶虜，屯田被水淹沒，議開中淮鹽。	淮、浙鹽141,548引，酌定遠近則例。	遼海上倉：淮鹽每引粟米5斗，豆2斗；浙鹽每引粟米3斗豆2斗。鐵嶺衛上倉：淮鹽每引粟米8斗豆2斗；浙鹽每引粟米5斗豆2斗。
成化5年 (1469)	無	淮、蘆、福建鹽59萬引。	無
成化8年 (1472)	無	淮、浙、山東、長蘆鹽630,161引。	無
成化13年 (1477)	巡撫陳鉞題：福建、河東鹽引米豆則例加增數倍，無商報納，乞量減斗頭。	無	福建鹽引原擬米7斗，減作5斗；河東鹽引原擬5.5斗，減作4斗。
成化22年 (1486)	巡撫劉潺題：遼東節報聲息。	淮、浙、山東、長蘆、廣東鹽50萬引。	無
弘治4年 (1491)	巡撫張岫題：邊報夷情緊急，糧料不轉。	淮、浙、福建、山東鹽40萬引。	無

年份	事由	准開鹽引數	每引折米粟的石數
弘治10年 （1497）	巡撫張岫題：北虜刻期侵犯，缺糧料。	淮、浙、福建、長蘆鹽30萬引。	無
正德8年 （1513）	巡撫張貫題：歲用糧料不數。	兩浙、長蘆、山東鹽263,243引。	又將（正德）9年分兩浙鹽10萬引，每引定價2錢8分，行令招中。
正德10年 （1515）	郎中王奉呈：原開山東、長蘆鹽引，乞減價。	（因減價而）減去（的）銀數，於太倉庫動支補足。例外不數銀兩，將先次開去長蘆運司鹽5萬引，照今減則例召納。	准山東鹽每引原價1錢4分，減作1錢2分；長蘆鹽每引原價1錢8分，減作1錢4分。
嘉靖3年 （1524）	巡撫張璉題討年例（銀）。	淮、浙、長蘆額鹽18萬5千引，共銀7萬5千兩，內5千兩抵補年例（銀）。	無
嘉靖9年 （1530）	都給事中蔡經題：各運司鹽課存積3分，以待緊急；其餘7分，每年正月預派。	准6分派邊，4分存積，開准、浙額鹽7萬引，共銀27,125兩，備客兵支〔用〕。	無
嘉靖10年 （1531）	巡撫潘珍題：歲用不數銀24,139兩。	准開淮、□、山東存積鹽共63,528引抵補（歲用不數鹽始此，以後為例）。	無
嘉靖17年 （1538）	預開兩淮、山東額派存積鹽共 148,271 引 284斤，該銀51,263兩。	至（嘉靖）20年同。	無
嘉靖23年 （1544）	預開額派存積鹽共135,497引184斤，該銀44,876兩。	至29年同。	無
嘉靖30年 （1551）	預開額派存積并新增餘鹽共 201,614 引 ，銀78,932兩。	開餘鹽始此，尋以商人負累，遂止。	無
嘉靖31年 （1552）	預開兩淮、山東額派，并存積水鄉等鹽共147,057引，該銀51,653兩。	無	無
嘉靖32年 （1553）	預開額派并存積工本等鹽共 166,835 引 100斤，該銀61,542兩。	無	無
同年	巡撫江東題：請客兵年例（銀）。	尚書方鈍覆：該鎮額派鹽7萬引，專備調兵，乃	無

年份	事由	准開鹽引數	每引折米粟的石數
		將額鹽卯應主兵。	
嘉靖34年 (1555)	侍郎陳儒題：宣（府）、大（同）聲息緊急，議將兩淮補歲用不數及工本鹽7千5百引暫撥大同；復將存積鹽2,740引，照引易換宣府水鄉鹽引。	無	無
同年	實開額派并存積工本、水鄉等鹽共159,335引100斤，該銀5(?),792兩。	至36年同。	無
嘉靖37年 (1558)	本（戶）部題：准將遼東、兩淮水鄉鹽2,744引170斤，改撥薊鎮。	開本鎮額派存積工本等鹽共156,590引130斤，該銀56,420兩。	無
同年	又題：客兵額鹽每年扣7千兩給主兵。	至44年同。	無
嘉靖45年 (1566)	定經制：預開兩淮、山東額派存積鹽124,312引30斤，該銀(?)0,281兩。	是年工本鹽停革，至隆慶2年同。	無
隆慶3年 (1569)	都御史龐尚鵬題：准將兩淮、山東存積鹽暫行停止，只開常股鹽85,768引101斤，該銀28,009兩。	停止鹽銀，仍發帑銀抵補，明年復開。	無
隆慶5年 (1571)	預派兩淮、山東常股存積鹽83,312引30斤，該銀30,281兩（主客〔兵〕通融兼支）。	無	無
隆慶6年 (1572)	巡撫魏學曾題：增引目。	尚書張守直覆：准將寧夏、延綏、山東鹽引添派本鎮，量補不足原額，共銀40,031兩。	無
萬曆2年 (1574)	巡鹽御史王琢玉題：鹽引壅滯難消。	准將兩淮存積鹽暫停一半，只開兩淮、山東引銀34,395兩，減派銀5,635兩，發太倉銀補足。	無
萬曆3年 (1575)	預派兩淮、山東常股存積鹽102,040引65斤，該銀34,395兩。	無	無

年份	事由	准開鹽引數	每引折米粟的石數
萬曆6年 (1578)	預派兩淮、山東常股存積鹽11(?),420引20斤，該銀39,076兩。	無	無

資料來源：《會計錄》17:671-5。

　　表7-3的內容，可視為遼東鎮鹽引業務，在正統8年(1443)與萬曆6年(1578)間的變化縮影(135年)，以下依表內各欄的順序分述解說要點。

1.每引折米粟石數

　　從「事由」變化的觀點來看，大略可分為6類。(1)鎮內諸衛所的官軍缺少糧料，「請開中鹽糧」，用鹽引換取商人運送糧食到邊鎮(見1443、1513、1531、1555年的事由)。(2)敵情緊急，「糧料不轉」、「缺糧料」(見1451、1486、1491、1497、1555年的事由)。(3)鹽引兌換糧料的條件不佳，商人不肯運糧到邊(「無商報納」)，請戶部准減降兌換比例(「乞量減斗頭」)：1477、1515年。(4)預支來年的鹽引：1530、1538、1544、1551、1552、1553、1566、1571、1575、1578年。由此可以看出，1530年之後的邊防用度不敷，需要先預支鹽引銀。(5)請增「引目」(增加鹽引數目，以換取更多糧食)：因歷年的銀額一直不足，逐年請求預開非長久之計，戶部也理解這件事，終於(1572年)准「量補不足原額，共銀40,031兩。」(6)奏討年例銀和支付客兵的費用：1524、1553、1558、1571，用鹽引的收入來支付這些經費。《會計錄》卷17-29有10個邊鎮的鹽引相關記載，可製成類似表7-3的形式，提供豐富的訊息。

　　表7-3第3欄「准開鹽引數」，是針對前欄「事由」的決議與執行；基本上是裁定從哪些行鹽區撥出多少數額的鹽引，計算出共值多少銀兩，說明此項決定的理由與影響。這些都是行政業務上的裁量，較無問題性與爭議性。

　　第4欄「每引折米粟石數」是關鍵性的要點，決定每引的價值：要納多少單位的糧食到邊鎮，才能換取1單位的鹽引。以1443年為例，准鹽、浙鹽、長蘆鹽每引所折換的糧食石數，分別是1.2石、1石、6斗。折換率的差

異，是由於納糧地的遠近、運送的困難度、軍情的緊急度不同，因而運糧到邊鎮的成本不一。若政府要從鹽引獲利，就提高每引所兌換的糧數，商人的獲利空間因而減少，納糧到邊的動機自然減低，最壞的結果是「鹽引壅滯難消」（1574年）。另一方面，由於鹽引缺少，導致引價高昇，內地鹽價高漲，民間消費鹽的負擔增加。

這樣就能理解，為什麼在1477年會有「鹽引米豆則例加增數倍，無商報納，乞量減斗頭」。戶部的回應是：「福建鹽引原擬米七斗，減作五斗；河東鹽引原擬五斗五升，減作4斗。」表7-3第4欄的兌換比例，因有米、豆、錢等不同單位，不易比較出在這135年間，遼東鎮鹽引兌糧的行情提高或降低的幅度。大略看來，出現「減作」的次數不少，大概是因邊糧不足，只好「乞減價」（1515年）。但效果似乎仍不夠吸引力，因為到1574年仍然「鹽引壅滯難消」，邊糧不足。「邊鎮開中納米數量的變化」，可以當作一項專題來探討，《會計錄》卷17-29有10個邊鎮的鹽引相關記載，可製成類似表7-2的形式，提供豐富的訊息。

在前人的研究內，有一些「鹽引價格」、「鹽引兌糧率」的資料可以參考比較。(1)王崇武(1936)〈明代的商屯制度〉頁467-70列表比較，各行鹽區納米到全國各軍鎮的鹽引，以及糧食的兌換比率，觀察期是從宣德8年(1433)到景泰5年(1454)的20年間。得到的印象是：「就大體上說，開中納米的數量，是逐漸增加的。」（1936:470上）他的觀察一方面只有20年，二方面他以全國各地為樣本，所得到的印象和表7-3遼東鎮在1443-1515（72年間）的印象相反，可能是因為遼東的地理位置特殊（「孤懸千里」）所致。整體而言，這兩項觀察都只是局部性的，不足以得出長期的起伏性全貌。

(2)李龍華(1971)〈明代的開中法〉表4(頁448)，是「萬曆19年(1591)戶部預訂下年度各邊(鎮)中鹽引價表」；表5(頁456)是「隆慶3年戶部預派下年度各邊(鎮)鹽引搭配表」。這些表是根據《實錄》的資料編製。

(3)寺田隆信(1972)《山西商人の研究》頁92-4根據《實錄》，列表對照永樂19年(1421)至成化14年(1478)之間，遼東鎮歷年鹽引與米穀的兌換比率。可惜他表中所載的年份，在表7-3都無可相對比的年份。寺田

(1972:94-5)以同樣方式，列舉宣府、大同、延綏3鎮在洪武22年(1398)到成化18年(1482)之間，鹽引與米穀兌換的各項比率。這可和《會計錄》卷23、24、26中的資料相對比，但因事項繁瑣，且非本章主旨，不擬細究。

(4)諸星健兒(1990)〈明代遼東の軍屯に關する一考察：宣德~景泰年間の屯糧問題おめぐつて〉，表2(頁174)列舉永樂19年(1421)至正統14年(1448)之間，遼東鎮歷年鹽引與米穀的兌換比率。表3(頁181-2)列舉景泰2年(1452)至嘉靖4年(1525)之間，遼東鎮歷年的鹽引總額與納糧總額。

2.煎鹽軍與煮鹽作業

現在要看的是另一個角度：邊鎮地區官軍百姓的食鹽從哪裡來？我們還是以遼東鎮為例，一因本節的主體就是遼東；二因遼東的相關資料較齊；三因我們對其他邊的狀況所知有限(各鎮的地理條件各異，取得食鹽的方式也很不同)。

遼東鎮食鹽的基本史料，在《遼東志》（正統8年，1443)卷3〈兵食志〉的「財賦」之下，有「鹽鐵」項，內容是記載定遼左衛等25衛的「額鹽」，合計有3,590,333斤(原書作3,770,473斤，計算錯誤)。同卷的「武備」項內說，這25衛共有1,174名「煎鹽軍」。《全遼志》（嘉靖44年，1565)卷2〈賦役志〉說，這25衛共有額鹽3,727,177斤(計算錯誤，應是3,512,145斤)，鹽軍有1,174名(應是1,238名)。這兩項數字給我們一個概念：明朝前、中期遼東鎮25衛的官兵內，有1,200名左右的鹽軍編制，主要的功能是煎鹽，每年約產350多萬斤的食鹽供應遼東地區。

接下來要看這些邊鎮煎鹽軍的作業狀況。遼東近海，製鹽的方法是沿海曬煎，明初曾設「遼海煎鹽提舉司」歲辦鹽課；正統6年(1441)撤銷，歸遼東都指揮司(即遼東鎮總兵)帶管。遼東地域遼闊，這25衛分布四散，有許多衛不靠海，就把鹽軍派到產鹽處，設立鹽場。這25衛的鹽場分布在：(1)蓋州(有10個)，(2)海州(2個)，(3)復州，(4)金州，(5)綏中前衛，(6)興城，(7)錦州(5個)，(8)北鎮(4個)。據《明代遼東檔案匯編》上冊頁55、655-6，「每名(煎鹽軍)日辦鹽八斤十三兩三錢」，有42名鹽軍的鹽

場，每年「共額辦十二萬三千九百九十斤十二兩(123,990.12斤)」。上述的8個主要鹽場中，(1)蓋州約占總產量的52%，(7)錦州約占15.47%，(8)北鎮約占11.41%，是前3大鹽場。

這樣的產量是否足夠遼東地區食用？尚無資料可以明確回答這個問題，但有資料顯示民間的食鹽仍有困難，例證之一是萬曆27年(1599)時，高淮來遼東徵取礦稅，鹽業也是主要的對象。這種「逼要鍋稅」的結果，是「有鍋之家俱各惊散，不行煎熬」。民間食鹽緊張的另一個例證，是「後金」皇太極賞賜臣屬珍重食品時，只賞1、2金斗，可見食鹽的珍貴性。(叢佩遠(1998)《中國東北史》卷4頁1042、1046)

至於遼東煎鹽軍戶的構成、煎鹽軍的「幫丁」結構，這些事情屬於生產過程的內部結構，在劉淼(1966)《明代鹽業經濟研究》頁136-40已有詳細解說。另可參閱劉謙(1989)《明遼東鎮長城及防禦考》頁223-8對遼東製鹽的解說。

五、《萬曆會典》與《會計錄》的對比

《萬曆會典》卷32的首頁說，全國的鹽務單位每年約「解太倉銀百萬有奇」，這是指萬曆初年的情形。根據《會計錄》卷1的記載，本書第2章表4-3「(23)太倉銀庫」內的第(10)項說：「各鹽運司并各提舉司餘鹽、鹽課、鹽稅等銀，共1,003,876兩。」這個數額符合《萬曆會典》說的「百萬有奇」。1,003,876兩約占萬曆6年太倉銀庫總收入的27.31%，是相當重要的國用來源。

《萬曆會典》卷32-33記載全國鹽務的行政組織、行鹽地方、鹽課數、大事記之外，還有一項數字：歲解太倉的銀兩數。我依此項資料，製表解說如下。(1)表7-4(a)顯示，這10個鹽務單位歲解太倉的鹽銀只有98.3萬多兩，與「百萬有奇」的說法不同。(2)若把表7-4(a)和(b)合計，則有128.7萬兩(見表7-4(b)的總計項)；也就是說，全國的鹽務單位每年要貢獻128.7萬兩以上。(3)《萬曆會典》卷32-33內各鹽務單位的歲解額，除了解送太

倉，福建、河東、陝西、四川還須解繳不同用途的銀兩，名稱包括軍餉銀、邊鎮銀、祿糧銀、鹽課銀等等，數額共30.4萬兩（見表7-4(b)的合計項），這和《萬曆會典》卷32的首頁說「各(邊)鎮銀30萬(兩)有奇」相符。

表7-4　萬曆初年各鹽務單位的歲解銀兩數

(a)歲解太倉

	鹽務單位	歲解太倉餘鹽銀	占總額的%
1	兩淮都轉運鹽使司	600,000兩	61.02%
2	兩浙都轉運鹽使司	140,000兩	14.24%
3	長蘆都轉運鹽使司	120,000兩	12.20%
4	山東都轉運鹽使司	50,000兩	5.08%
5	福建都轉運鹽使司	22,200兩	2.26%
6	河東都轉運鹽使司	4,396兩	0.54%
7	廣東鹽課提舉司	11,178兩	1.14%
8	雲南	35,547兩 （遇閏該銀38,529兩）	3.62%
	合計	983,321兩 （遇閏986,303兩）	100%

(b)福建、河東、陝西、四川的邊鎮歲派額銀兩數（太倉銀除外，詳見(a)表內）

	鹽務單位	項目	數額
1	福建都轉運鹽使司	(1)泉州軍餉銀	2,344兩
2	河東都轉運鹽使司 （與本表(c)內河東鹽運司 的項目、數額皆相同）	(1)宣府鎮銀 (2)大同代府祿糧銀 (3)山西布政司抵補民糧銀	76,778兩 43,113兩 74,259兩
3	陝西靈州鹽課司	(1)寧夏鎮年例銀 (2)延綏鎮年例銀 (3)固原鎮客兵銀 (4)固原軍門犒賞銀	13,242兩 13,714兩 2,059兩 7,124兩
4	四川都轉運鹽使司	(1)歲解陝西鎮鹽課銀	71,464兩
	以上1至4合計		304,097兩
	總計=(a)+(b)		1,287,418兩

(a)與(b)的資料來源：《萬曆會典》卷32頁3,14,21,25；卷33頁2,5,9,14,21,25。

(c)歲派邊鎮的鹽引數額

	鹽務單位	歲派地	項目與數額
1	兩淮鹽運司	(1)甘肅鎮	(1)常股鹽88,900引 (2)存積鹽38,100引

	鹽務單位	歲派地	項目與數額
			（每引價銀4.5錢）
		(2)延綏鎮	(1)常股鹽84,491引
			(2)存積鹽36,214引
		(3)寧夏鎮	(1)常股鹽59,486引
			(2)存積鹽25,494引
		(4)宣府鎮	(1)常股鹽104,711引
			(2)存積鹽34,876引
		(5)大同鎮	(1)常股鹽53,499引
			(2)存積鹽22,929引
		(6)遼東鎮	(1)常股鹽43,269引
			(2)存積鹽20,631引
		(7)固原鎮	(1)常股鹽19,515引
			(2)存積鹽6,273引
		(8)山西神池等堡	(1)常股鹽39,747引
			(2)存積鹽27,034引
			（以上每引價銀5錢）
	合計		(1)常股鹽493,618引
			(2)存積鹽211,551引
2	兩浙鹽運司	(1)甘肅鎮	150,000引
			（每引價銀3錢）
		(2)延綏鎮	105,769引
		(3)寧夏鎮	112,014引
		(4)固原鎮	27,986引
		(5)山西神池等堡	48,999引
			（以上每引價錢3.5錢）
	合計		444,768引
3	長蘆鹽運司	(1)宣府鎮	75,525引
		(2)大同鎮	37,376引
		(3)薊州鎮	67,906引
			（以上每引價銀2錢）
	合計		180,807引
4	山東鹽運司	(1)遼東	(1)常股鹽42,500引
			(2)存積鹽5,000引
		(2)山西神池等堡	(1)常股鹽43,611引
			(2)存積鹽5,000引
			（以上每引價銀1.5錢）
	合計		(1)常股鹽86,111引
			(2)存積鹽10,000引

	鹽務單位	歲派地	項目與數額
5	河東鹽運司 （與本表(b)項內的 項目、數額皆相同）	（1）宣府鎮銀 （2）大同代府祿糧銀 （3）山西布政司抵補民糧銀	76,778兩 43,113兩 74,259兩
	合計		194,150兩
	以上1至5總計		1,426,855引 又194,150兩

資料來源：《會計錄》卷39。此卷缺陝西、廣東、四川的資料；另，福建、雲南無邊鎮歲派額；因此只有兩淮、兩浙、長蘆、山東、河東等5個鹽務單位的數額。〈食貨志3〉所記載的「歲派地」與本表相同，但未註明鹽引數，銀兩數也不完整。

　　《會計錄》卷39〈鹽法〉的內容，也是萬曆6年前後的數字，可以用來和《萬曆會典》相對比2項數字。第1項是「歲解太倉的餘鹽銀兩數」（表7-4(a)），這部分的數字完全相同，不必另製表。第2項要對比的是「邊鎮歲派額」。我把《會計錄》卷39內的歲派項目製成表7-4(c)，然後和依《萬曆會典》卷32-33製成的表7-4(b)相對比，就可看出這2項記載的差異相當大。

　　表7-4(c)有個大缺點：《會計錄》卷39〈鹽法〉缺頁嚴重，陝西、廣東、四川的資料全失；另因福建、雲南無邊鎮歲派額，因此只能看到兩淮、兩浙、長蘆、山東、河東等5個鹽務單位的數額。以表7-4(c)的(1)兩淮鹽運司為例，它每年歲派8個邊鎮的鹽引，常股鹽共493,618引，存積鹽共211,551引；若把這705,169引依不同的引價換算成銀兩，共得352,585兩。這個數額並不小，但在表7-4(b)內並未記載。

　　表7-4(c)雖然缺了陝西、廣東、四川的數字，但把常股鹽、存積鹽全部合計起來，共有1,426,855引，銀有194,150兩，數量相當不少。若把表7-4(c)內的鹽引，依不同的鹽引價換算成銀兩，共得551,331兩。若把這551,331兩和表7-4(c)內(5)河東鹽運司的銀194,150兩合計，共得745,481兩。也就是說，表7-4(c)是5個鹽務單位的邊鎮歲派額，這745,481兩明顯要比《萬曆會典》卷32首頁說的「各(邊)鎮銀30萬(兩)有奇」高出許多。《萬曆會典》略掉了《會計錄》卷39〈鹽法〉內這麼重要的項目，原因不明。

　　《會計錄》卷39〈鹽法〉內的「沿革事例」，記載不少與鹽政相關的事件決策過程，很可以補充《萬曆會典》卷32-34的內容。以下只舉1個與邊

鎮糧餉相關的例子。《會計錄》卷39頁1281記載，隆慶5年(1571)「預開(隆慶)六年各邊(鎮)常股、存積鹽共九萬六千一百十(96,110)引。」同頁另1條類似的記載：「萬曆五年(1577)尚書殷正茂題：預派六年各邊(鎮)額鹽并補歲用不敷銀，開山東常股、存積鹽共九萬六千一百十(96,110)引。」這2條記載同一件事情：各邊鎮的歲用常年不足，所以戶部須「預派」(預先編列)下年度的「額鹽」(已編列的鹽引數)，以及「不敷銀」(對邊鎮經費缺乏的部分補貼)。

各邊鎮在不同年份的「額鹽」和「不敷銀」，請見附錄1(潘潢〈邊鎮主兵錢糧實數疏〉)內的諸項表格，有撥支狀況與數額的說明。但附錄1內只提到各鎮收受的數額，而未說明這些「銀」與「鹽」來自何處。《會計錄》卷39告訴我們，山東鹽運司在隆慶、萬曆年間，每年編派給各邊鎮約9.6萬引，但因卷39殘缺嚴重，我們無法統計出：(1)這時期各邊鎮的「額鹽」與「不敷銀」總額有多少？(2)都是由鹽運司來承擔嗎？(3)各鹽運司分別承擔了多少百分比？

六、米糧價格與鹽引折糧率

現在要探討一個數字上的相關性問題，解說如下。在表7-3的最後一欄(「每引折米粟的石數」)，我們看到正統8年至正德10年之間，淮鹽、浙鹽、福建鹽、山東鹽、長蘆鹽每引的折換粟米石數。這些折換率的變動，當然和軍情的緊急程度、運送的困難度、路程的遠近相關，但還有一個因素是過去較少探討到的：鹽引折糧率的變動，和邊鎮本地的糧價變動，應該也有相當的相關性。要證實這項關係需要2項資料：(1)各邊鎮的長期鹽引折糧率數字，(2)各邊鎮的長期糧價數字。以下析述目前對這兩項資料狀況的理解，據以說明為何這項議題不易求證。

先談資料的完整性。遼東鎮鹽引的折糧率，在表7-3內只能看到正統8年(1443)與正德10年(1515)之間的數字。但邊鎮開中之事在洪武年間就開始了，所以正統8年之前的鹽引折糧率必然有史料記載，只是《會計錄》因成

於萬曆初年，而且主要目的是為了日後的財政行政作業，所以選擇性地刪去明代初期的詳細數字。

　　寺田隆信（1972）《山西商人の研究》第2章〈開中法の展開〉內，有好幾個表格可以彌補這個空白。他的數字來源都是《實錄》，列表對比幾個事項：（1）《實錄》的資料年月條出處，（2）中鹽邊鎮（如遼東、宣府），（3）行鹽地區（如淮浙鹽、長蘆鹽），（4）每引所納的米穀折換率，（5）某些地區的米穀納入總數量。接下來說明寺田（1972）內幾個表格的數據。

　　在頁92-4的表內，他列舉永樂19年（1421）至成化14年（1478）之間，「遼東都指揮使司所屬各衛」，各行鹽區（如淮、浙）每引的折糧率。頁94-5以同樣的方法，呈現宣府、大同、延綏3鎮的情形，時間從洪武22年（1398）到成化18年（1482）。頁99-101的表是正統5年（1440）至嘉靖6年（1527）的情形，但有2項新訊息：（1）增加了「鹽引總額」的數字（例如綏德州在正統5年時的鹽引總額，是兩淮鹽12萬引、兩浙鹽8萬引）；（2）由此可得出「米穀納入總量」（綏德州在正統5年時，從兩淮鹽取得3萬石米糧，從兩浙鹽取得2萬石）。

　　以上這幾個表有一項特色：納米中鹽的地區幾乎全是邊鎮，這和本章的主題密切符合。但為何不易據以得出重要的論點？主要是這幾個表所涵蓋的106年（1421-1527）內，一方面統計上的連續性不夠（有多年的數字空白），二方面是可觀察的樣本四分五散（共有32個邊鎮衛所，其中有些地點重複出現）。

　　整體而言，寺田（1972）《山西商人の研究》頁92-101的這3個表格，是邊鎮鹽引數量與折糧率的寶貴數字，可惜不易據以推論出綜合性的論點。寺田在整理出這幾個重要表格後，也只能述說一些相關的背景和事實。要怎麼做才會有深入性的新發現呢？我認為有一個可能性：需要同時期、同地區的米粟價格。若能拿米粟價格的變動數據，來和鹽引折糧率的變動數據相對比，就有可能看出邊鎮鹽引折糧率的變化，對邊鎮官軍和納糧中鹽的商人來說，是否呈現長期的合理化或剝削化。

　　全漢昇（1970）〈明代北邊米糧價格的變動〉的表1至表14，列舉明代6

個邊鎮的米粟價格。我把其中遼東鎮的資料轉製成表7-5，一方面據以說明邊鎮米粟價格資料的有限性，二方面要證實上面的論點：鹽引折糧率必須與米糧價格相對比，才能顯示鹽法行政對邊鎮官軍和開中商人，是否有嚴苛化的傾向。

表7-5　明代遼東每石米、粟的銀兩價格與指數，1440-1620

年代	每石米的銀兩價	指數	每石粟的銀兩價	指數
正統5年(1440)	0.1-0.166	75		
正統10年(1550)	0.2	100		
成化12年(1476)			0.25	15
成化14年(1478)	4.0	2,000		
成化16年(1480)	0.4	200		
弘治16年(1503)	1.0	500		
嘉靖37年(1558)	8.0	4,000		
嘉靖38年(1559)	7.0	3,500		
隆慶元年(1567)	2.0	1,000		
萬曆元年(1573)			2.0-2.7	100
萬曆3年(1575)	0.3-0.4	200		
萬曆6年(1578)			2.0-7.0	100
萬曆14年(1586)			2.0	100
萬曆19-20年(1591-2)			0.7	35
萬曆29年(1601)	2.0	1,000	1.0	50
萬曆46年(1618)	3	1,500		
萬曆47年(1619)	1.6-1.7	850		
萬曆48年(1620)			2.0-2.7	100

資料來源：全漢昇(1970)〈明代北邊米糧價格的變動〉，表1至表3。

　　表7-5顯示遼東地區在正統(1440年代)至萬曆末(1620年代)的200年間，每石米與粟的銀兩價格，以及指數的變動趨勢。整體而言，米價的資料較完整，價格的起伏大；粟的資料較少，起伏較小。表7-4的米價資料，在200年間只有這幾個時點的數據，統計學上的樣本代表性不足，不能據以得出有效的推論。粟的資料，在萬曆之前只有成化12年的數字，若把此項數據排除，則萬曆年間的粟價資料，要比米價完整，起伏的幅度也比米穩定。

　　表7-5有何功能？我們在表7-3內，看到遼東鎮某些年份的鹽引數及其折

糧率，如果能知道同一年份的米粟價，就可以對照出鹽引與米粟的折糧率之間，有無顯著的相關性，或是呈現出哪些奇特的變動型態。但事與願違，表7-3的折糧率數字，集中在正統8年(1443)與成化13年(1477)之間。而表7-4的米價，在成化13年(1477)之前，只有正統5年(1440)與10年(1550)的兩點數據，粟的價格更是沒有交集。

這項構想無法進行，但可藉此顯示幾項與邊鎮鹽法相關的重要訊息。(1)個別邊鎮鹽引與米粟之間的折糧率，在《會計錄》內的記載要比其他史料完整，其中又以遼東鎮的資料最齊。(2)但如表7-3顯示，折糧率的記載不夠完整，從嘉靖初起就不易得知(見表7-3末欄有多處為「無」，那是因為已改為「納銀中鹽」)；本書的主要研究時段是嘉靖、隆慶、萬曆年間，正好處於這段「無數據」的時期。(3)全漢昇(1970)〈明代北邊米糧價格的變動〉的表1至表14，羅列遼東、薊州、宣府、大同、延綏、甘肅等6鎮的米粟價格與變動指數；但如表7-5所示，在相當長的時段內，只能觀察到代表性不足的零散數字。(4)因此可以得到一個明確的感受：若要以「邊鎮米粟價格與鹽引的折糧率之關係」為主題做深入研究，恐怕會因統計數字上的不相配合，而不易取得具體成果。

這個問題在弘治初年改為「納銀中鹽」之後就消失了。那是因為邊鎮的米粟價格一直都是用銀兩來表示，弘治初年把鹽引改為用銀兩表示之後，就能比較每單位的鹽引，等於多少單位的米粟。

以銀兩表示的鹽引價格，在寺田(1972)《山西商人の研究》頁104-5的表格內，有天順8年(1464)至萬曆4年(1576)諸邊鎮的數字可查索。鹽引的價格較易取得，例如李龍華(1971)〈明代的開中法〉的表3(頁434-47)內，有洪武8年(1375)至萬曆30年(1602)間，全國各行鹽區每小引鹽(200斤)的納銀兩額數目可供查索。基本的困難仍在於邊鎮米穀價格的統計數字不全，所以不易判斷開中商人的利潤變化，以及邊鎮官兵從開中納糧制可能得到的益處[3]。

3　寺田(1972:147-9)的表內，列舉正統5年(1440)至崇禎17年(1634)間諸邊鎮的米價。若和全漢昇(1970)的表1至表14相對比，寺田的做法是在1個表內，把諸邊

七、邊引與邊儲

本節轉向動態事件的分析，析述邊鎮鹽政缺失的因素與官員所提出的對策，來呈現「邊引與邊儲」的幾個問題層面。以下先看嘉靖初年給事中管懷理的結構分析，然後看7位代表人物的觀察與見證。

1.管懷理的結構分析

《明史‧食貨志4》：「（嘉靖）十三年(1534)給事中管懷理言：『鹽法之壞，其弊有六。開中不時，米價騰貴，召糴之難也。勢豪大家，專擅利權，報中之難也。官司科罰，吏胥侵索，輸納之難也。下場挨掣，動以數年，守支之難也。定價太昂，息不償本，取贏之難也。私鹽四出，官鹽不行，市易之難也。有此六難，正課壅矣，而司計者因設餘鹽以佐之。』」

戶部給事中管懷理在此分析：(1)鹽法的6項弊端；(2)因有這些弊端而造成正課(正鹽)壅塞；(3)政府的對策是設計出新制度：餘鹽制。餘鹽制有哪些利弊呢？「餘鹽利厚，商固樂從，然不以開邊而以解部，雖歲入鉅萬，無益軍需。」從邊餉的角度來看，餘鹽制是有害的。那怎麼辦呢？管懷理建議：「大抵正鹽賤，則私販自息。今宜定價，每引正鹽銀五錢，餘鹽二錢五分，不必解赴太倉，俱令開中關支，餘鹽以盡收為度。正鹽價輕，既利於商；餘鹽收盡，又利於竈。未有商竈俱利，而國課不充者也。」

他認為這麼做，是對邊餉、邊商、竈戶、國庫收入都有利的4方皆贏上策。但戶部商議的結果是：「以為餘鹽銀仍解部如故，而邊餉益虛矣。」否決了他的建議。到了嘉靖20年(1541)，餘鹽的禍害愈演愈烈，「帝以變亂鹽法由餘鹽，敕罷之」。但餘鹽對國庫收入的重要性高，所以即使皇帝下令罷餘鹽，「然令甫下，吏部尚許讚即請復餘鹽以足邊用。戶部覆從

(續)────────────

　　鎮的長期米價混為一談。這麼做的意義不大，因為各邊鎮的地理相距甚遠，各地天災人禍的狀況不一，米價無法相提並論。全漢昇的做法，是逐鎮表列6個邊鎮的米價，這麼做較易看出個別邊鎮的長期變化。

之，餘鹽復行矣」。

2.代表人物的觀察與見證

馬文升是景泰2年(1451)進士，為御史，巡晉、楚，有名。累官至太子
太師、吏部尚書。正德3年(1508)致仕、5年卒。他在弘治18年(1505)4月初
3曾上奏〈傳奉事〉，內有一則「重鹽法以備急用」，說明邊儲與鹽法的敗
壞狀況。「自成化年間(1464-87)以來，有乞恩求討(鹽引者)，有「織造」
支用(鹽引)者，……雖有中(鹽納糧)者，及至到邊，多不上納糧料，止是
折收銀兩。一遇緊急缺糧，復命大臣前去督理，重復勞民買運。所以祖宗
鹽法壞之極矣。若不通行整理，誠恐有誤大事。」(《馬端肅奏議》卷11頁
18)

韓文是成化2年(1465)進士，為給事中，劾汪直，拷訊幾死。出為湖廣
參議，弘治17年(1504)11月至正德元年(1506)11月為戶部尚書(共2年)，嘉
靖初加太子太保。大概是在戶部尚書任內，他對鹽法寫了長篇的疏文〈題
為欽奉事〉(鹽法，《韓忠定公集》卷2頁14-5)，內有7大改革事項，首項即
是「革開中引鹽之弊」。

他首先說明：「祖宗舊制，各處鹽課遇有邊方緊急聲息，糧草缺乏，
方許招商開中。」但「近年以來，勢豪之家，往往主令家人詭名報中。及
至赴官上納，則減削價值；下場關支，則不等挨次。貨賣則挾帶私鹽，經
過則不服盤詰，虛張聲勢，莫敢誰何。」這種弊端所造成的影響是：「一
遇緊急，束手莫措。其不係要害所在，或附近腹裡地方，糧料草束反至有
餘，以致年久浥爛，不堪支用。」

韓文有何高見呢？他也只能原則性地建議而已，並無立竿見影或斧底
抽薪之計。「合無通行禁約，今後如有前項豪強之輩，冒禁中納，事發到官
者，不分內外文武之家，俱查照律例施行。……若是遇有開中再收輕齎、不
收本色、及縱容『賣窩』『買窩』等項，聽本部指實參究。」事後的情勢表
明，確實魔高一丈，開中鹽法之弊仍舊。(弘治18年(1505)4月初9日)

桂萼是正德6年(1511)進士，由知縣遷刑部主事，議禮稱旨，累陞禮部

尚書（嘉靖6年7月），11月改吏部。（7年正月）晉少保，7年6月晉少保兼太子太傅。嘉靖8年2月入閣，致仕，尋卒。贈太保，謚文襄。他大概是在嘉靖6年吏部尚書任內，上奏〈應制條陳十事疏〉（《明經世文編》卷179頁1826-9），其中的第4項論「復邊糧」，對鹽法與邊儲的剖析相當有代表性。

桂萼追述邊糧與鹽法的敗壞，始自「弘治初，戶部尚書某（指葉淇），因與鹽商親識，遂建議……不若就運司納銀，價多而商人得易辦之便。朝廷誤從，遂更舊法。……不知坐是而少耕種之人，道路無買賣之積，城堡為之不守，廠倉為之日傾。……而糧料之貴數倍於舊，困苦邊士四十年矣。」

既然有此重弊，為何未見改革？那是因為「邊將利於侵漁，運司利於賣引，中外利於通賄，故互相隱諱耳。或曰：如此則鹽法亦為之壞乎？臣曰：奚而不壞也。夫鹽引在戶部，則價有定規；鹽引在運司，則價無常數。今運司之增引也，非廣為儲蓄也，假其名以為自利耳。……而鹽法盡壞矣。……邊事廢、鹽場壞，可計日者也。」

分析敗壞的因素之後，他有什麼具體建議？「但勒戶部，令（嘉靖）六年以後，商人必上本色。邊糧實收到部方付鹽引，則亦不出三年兵食舉足。」我們從日後龐尚鵬的改革言論中，可以知道桂萼的建議並未實現。

霍韜是正德9年（1513）會試第一，嘉靖元年（1522）起為職方主事，累陞至南京禮部尚書，19年卒，年54，贈太子太保。在〈夷情疏〉（《渭崖文集》卷2頁99-101）內，他認為邊境鹽法的敗壞，「此則戶部之罪也。……天順、成化年間，甘肅、寧夏粟一石易銀二錢。時有計利者曰：『商人輸粟二斗五升，支鹽一引，是以銀五分得鹽一引也。請更其法：課銀四錢二分，支鹽一引；銀二錢，得粟一石；鹽一引，得粟二石。是一引之鹽，致八引之獲也。戶部以為實利，遂變其法。』」

更變鹽法的結果是：「商賈耕嫁積粟無用，遂撤業而歸，墩台遂日頹壞，堡伍遂日崩析，遊民遂日離散，邊地遂日荒蕪。戎虜入寇，一遭兵創，生齒日遂凋落，邊方日遂困敝。」他的具體建議是：「則安邊足用之長策，莫善於太宗皇帝之鹽法矣。戶部為何不行乎？臣曰：『輸粟于邊，利歸邊民；輸銀於戶部，利歸戶部。……是故謹守敝法，而不肯復太宗令典也。』」

錢薇在《海石先生文集》卷11頁28-9〈鹽法論〉內，有類似的見解。鹽法之弊，「其始也，起於司農之變法；其既(繼)也，壞於權勢之爭利；其卒也，加以餘鹽之大行」。他的建議是恢復開中之制：「為今之計，第使鹽引仍徵粟，即商騖邊。商騖邊，而田之墾闢必多。使邊方各屯種，則本色贏。……不待司農出銀以糴，而邊自可饒。」

趙世卿是隆慶5年(1571)進士，授南京兵部主事，累陞戶部侍郎，萬曆30年(1602)晉大司農(戶部尚書)，39年去位，卒。他在大司農任內，上過〈兩淮超單疏〉(《司農奏議》卷2頁73-6)。他對兩淮運司邊額鹽引的分析，可以顯示：當邊境有事、邊餉不足時，常以增發鹽引作為邊鎮的財源。「兩淮運司開邊額引，歲派七十萬五千一百八十(705,180)引。自萬曆二十一年(1503)以來，寧夏為劉哱增兵，添引八萬。遼東為標兵增設，添引四萬四百有奇。又為防倭缺餉，添引三萬。本部為助大工，查徵違沒舊鹽一十六萬九千(16.9萬)餘引。以上諸引俱係額外，……經本部覆准停止。」

這種額外添增的鹽引會引起哪些弊端？「額外添一引，則額內必壅一引。……內臣以實內帑、結主歡，而不肯已；外臣又以供邊儲、維國勢，而不能已。於是一切為苟且之計，始借徵『堆鹽』矣，繼借徵『空引』矣。淮北則借至三百餘單，淮南則借至七百餘單矣。上年秋課，借徵銀三十萬兩，今春季銀三十萬兩，又復議借矣。」從這段中肯的分析，足見邊儲糧餉的不足已是常態，鹽引只是額外的財源之一。由此所造成的「空引」，對內地的鹽引必然產生排擠性的壅塞後果。徵過鹽引後，復又另尋財源，直至邊儲崩潰、邊防失守為止。(《司農奏議》卷2還有一些與邊鎮鹽法相關的奏疏，不俱引；卷3有一些與國用會計相關的奏疏，可一併參照。)

最後舉涂宗濬的見證，來說明邊鎮鹽法的敗壞實況。涂是萬曆11年(1583)進士，由知縣拜御史。尋為副都御史，巡撫延綏。尋總督宣(府)、大(同)。撫卜失兔有功，還朝推兵部尚書(42年8月)，未任，卒。

他在巡撫延綏鎮時，對邊鎮鹽法有一些親身的觀察。「該本道看得，延鎮兵馬零屯，惟賴召買鹽引接濟軍需，歲有常額。往時召集山西商人，

樂認淮、浙二鹽，輸糧於各堡倉；給引前去江南，投司領鹽，發賣鹽法，疏通邊商獲利。……乃至於今，商人党守倉等，苦稱邊鹽不通，引積無用，家家虧本，懇詞求退。本道再三曉慰，則皆泣愬：『山西之大賈皆去，土著之(資)貲本幾何，原買舊引，堆積不行，財本已竭。今派新引，力不能承，死徙無門。』……細詢其故，蓋緣江南鹽(利)吏、鹽官失政，城社之徒依附為姦，巧立名色，恣肆漁獵，弊實多端。如邊引每包重止五百五十斤，例也，而彼鹽每引每包重至二千五百斤。人情孰不欲利，孰肯舍多而就少乎。是彼得利四倍，而邊鹽利少，無人承買，坐困一也。」(〈邊鹽壅滯疏〉，《撫延疏草》卷3頁38-9)

他一共列出6項「坐困」的原因，不擬逐一引述，只說其大要：(1)內商獲利捷徑，而邊鹽遲滯，無人肯買。(2)內商不登單目，任意中發，而邊鹽必挨單順序，所以邊鹽壅滯，引不得售。(3)彼鹽發賣執有小票，聯體販運江、浙、吳、楚之間；彼鹽既已盛行，邊鹽則尋無買主。(4)邊鹽齎至江南，株守累月，盤纏罄盡，雖減價而不得售。(5)邊方淮鹽，每引官價加納餘價共7錢5分，今江南價銀止得4錢4分，是虧折本銀3錢1分，共虧短價銀5萬7千餘兩，4、5年間不能周轉還鄉。除了這5項原因，再加上私鹽遍行、小票通而官引滯，所以山西邊商「忿折資本，盡歸原籍，土著之商，力窮難支，逃亡過半」。

以上摘述馬文升、韓文、桂萼、霍韜、錢薇、趙世卿、涂宗濬的觀察與見證，應足以顯示邊引敗壞之因，以及邊儲隨之而弊端四起的結構性問題。

八、綜述與後續研究

本章的主旨，是探討邊鎮鹽法與邊鎮糧餉之間的關係；簡言之，就是分析「邊引與邊儲」如何相互影響。看過前面7節的內容之後，現在轉談一項認知性的問題。本章以邊鎮糧餉為主軸，應該回答兩個關鍵問題。(1)嘉靖至萬曆年間鹽法的變革，給國庫帶來多少萬銀兩的收益？或造成多少萬

銀兩的損失？(2)鹽法變革造成國庫收入的增減，對邊鎮糧餉產生多少正面或負面的影響？大家都想知道答案，但恐怕不能預期過高，原因很簡單：不易有（或甚至沒有）相關的數字，可用來具體評估這兩個問題。

試舉遼東鎮的例子來說明。《會計錄》卷17頁664-5的資料顯示，萬曆10年(1582)時，遼東鎮的糧餉預算額內，有「兩淮、山東鹽共111,402引（該銀39,076兩）」。這筆3.9萬兩的鹽銀，約占遼東鎮同年總銀兩數711,391的5.4%（詳見第3章表3-1.2）。遼東鎮每年的軍馬錢糧總額龐大，表3-1.2內就有7大項，鹽銀只是其中之一，在數額上還不到年例銀(409,984兩)的10%。如果遼東的例子在十三邊鎮中有代表性，那麼鹽銀對邊鎮經費的重要性只不過5%左右。就算龐尚鵬能把鹽務清理透徹，讓邊鎮的鹽銀收入加倍，那也只是10%左右，這對「邊儲空虛」的危機能有扭轉性的效果嗎？當然不會。因而在認知上，不應對「鹽法改革的邊餉效果」有過度預期。

半世紀來學界對明代鹽業史的努力，已讓這個領域的主要議題「大體明白」；但仍有少數題材還處於「小糊塗」的狀態，「邊鎮鹽法」是其中之一。站在前人的成果以及新近影印的明代史料之上，本章把「邊鎮鹽法」和「邊鎮糧餉」的相關史料與論點匯聚起來，對這個還不夠充分理解的題材，補充一些過去較少引述的數據與說法，希望能呈現一個綜觀性的關係。

我在本章做了幾件事。(1)扣緊「邊鎮」這個主軸，評估過去的研究已有哪些成果，以及可進一步發展的空間。(2)表7-1、7-2綜述10個邊鎮的鹽法與4個邊鎮的鹽課簡史。(3)表7-3以遼東鎮為例，解說歷年間的主要鹽務大事、鹽引數、鹽引折糧率。(4)以遼東為例，說明煎鹽軍的編制與產量。(5)對比《萬曆會典》和《會計錄》內，歲派各邊鎮的鹽引數額，顯示《會計錄》卷17-29、39的資料有補充的功能（表7-4）。(6)探討邊鎮米糧價格與鹽引折糧率之間的長期關係（表7-5），但因統計資料有限，這項嘗試並未成功。(7)引述7位代表人物的觀察與見證。我沒有觸及邊鎮鹽法行政方面的問題，因為本章所引述的文獻，對這些議題已有充分討論。

以上的內容看起來琳瑯滿目，但在較寬廣的視野之下，其實本章只是

個楔子，只能呈現邊鎮鹽法的基本面貌；必須對好幾個子題再做深入的理解，才能有更立體的結構與更結實的內容可言，以下略述幾個可進行的方向。(1)在10個有鹽法的邊鎮中，本章僅以遼東鎮為例，對其他9個邊鎮的基本面貌幾無所知。(2)單就遼東鎮而言，本章也只依靠《會計錄》卷17的資料，呈現一些表格與數字，以及煎鹽軍的基本編制。若在檔案(例如遼寧省檔案館1985編《明代遼東檔案彙編》)與史料中搜尋，必然還存在許多材料，可據以提出新的議題。(3)依此方式，在其他9個邊鎮的鹽法問題內，必然還有更多題材可以挖掘。(4)本章只觸及嘉靖、隆慶、萬曆(早中期)這個時段，在此之前、之後的邊鎮鹽法，還有許多可以申述的空間。

　　簡言之，若把10個邊鎮的鹽法事務，各自寫出一篇完整的長文，就能匯整出一本《明代邊鎮鹽法》。這樣的研究，對中國(或明代)鹽業史這個領域，應該會有顯著的新意[4]。

4　鹽法與邊鎮的關係其實還有好幾個層面，本章只處理其中最主要的部分：鹽法與邊鎮糧餉。有一個眾所週知的次要題材並未處理：中鹽納馬制。為何避開這個議題？(1)中鹽納馬制若放在「馬政」的架構下，會有較完整脈絡。(2)中鹽納馬的地區，與西北的邊防較相關，正北和東北地區的納馬問題較次要。(3)中鹽納馬的主要時期，是在正統至正德(1435-1521)年間，本書所處理的時段(嘉靖、隆慶、萬曆年間)，中鹽納馬的重要性已過。(4)研究明代馬政的文獻已多：谷光隆(1972)《明代馬政 研究》，侯仁之在《燕京學報》(1938，23期)有長文探討宣府、大同、山西3鎮的馬市，姚繼榮在1990年代有多篇研究馬市的論文。基於上述4項理由，本章避開了這個較次要的題材。

第8章
京運年例銀

　　京運年例銀是京師（北京）每年從戶部所掌管的太倉（國庫），和屬於內
帑的內承運庫中，撥給諸邊鎮的例行軍費。這是邊鎮俸餉中的主要官方資
源，每年由京庫（太倉）支出，作為邊鎮軍餉的補充銀。明初原無此制，正
統中葉（1440左右）由於邊鎮多事，召軍買馬的經費不足，乃由戶部每年解
運邊銀，稱為（京運）年例銀。

　　史家熟知的京運年例銀始於正統中葉，其實在永樂年間就有「京運年
例」的記載，但在正統之前以糧料實物為主，從正統起才改為年例銀。據
《萬曆會典》卷28「邊糧」內的第3項（「京運年例」），在正統之前至少有
3次京運糧料實物的記載。（1）「永樂十七年（1419），以口外糧料數少，令
於京倉支撥，選取營造次撥旗軍償運。其擺堡運糧及坐堡管堡官，除軍職
外，仍於吏部聽選方面府州縣官內，選取一百員差用，以文職大臣把總管
運。」（2）「（永樂）十九年，以宣府等處缺糧，令法司囚人運糧贖罪。雜犯
死罪十石，流罪八石，徒罪六石，杖罪四石，笞罪二石。」（3）「宣德六年
（1431），令五軍操備，并彭城、永清左右三衛旗軍擺堡，償運糧料十萬
石，赴獨石等處，差武職一員把總提督。」

　　正統年間起，與京運年例銀相關的記載較完整，《萬曆會典》卷28
「邊糧」內，以及從《明實錄》的電子資料庫內，都可找到許多相關記載
（114筆），不贅。為何在正統之前以實物為主，數量也較小，而從正統起改
為銀兩，且數額大增？隆慶元年（1567）6月至3年2月任戶部尚書的馬森，有
很清晰的解說。「臣查祖宗舊制，河淮以南，以四百萬供京師；河以北，以
八百萬供邊境。一歲之入，足以供一歲之邊境，未嘗求助于京師，亦不煩搜

括于天下。」(《明經世文編》卷298頁3138〈國用不足乞集眾會議疏〉)

後來是由於哪些因素，才造成這項大轉變？「邊庭多事，支費漸繁。……屯田十污其七、八，鹽法干浙(折)其四、五，民運十逋二、三，悉以年例補之。」(《穆宗實錄》隆慶元年(1566)12月戊戌條)依馬森的見解，正統之後年例銀大增有4項主因：(1)邊境多事，(2)屯田敗壞，(3)鹽法不行，(4)民運逋欠。其實這類的見解，在《實錄》正德3年(1508)4月甲戌條內就可看到：「各邊初皆取給屯田，後以屯田漸弛，屯軍亦多掣回守城，邊儲始唯民運是賴矣。而其派運之數，又多逋負，故歲用往往不敷，乃以銀鹽濟之，非得已也，舍此似無長策。」

13邊鎮的年例銀總額，以萬曆6年(1578)為例，高達3,223,046兩，占當年太倉銀庫經費的76.29%(參見第2章表2-4的(16)項)，可見年例銀的重要性。目前所知的相關研究並不多，較早對京運年例銀做研究的，是寺田隆信(1962a)〈明代における邊餉問題の一側面：京運年例銀について〉。這是30歲時的作品，很可以顯示他對相關史料的掌握，缺點是沒能整理出系列性的統計表格，方便一目瞭然的對比。這篇文章刪修之後，收錄在他的專書《山西商人の研究》(1972)頁44-60。這可能是目前所知，以年例銀為主題的惟一文獻。

全漢昇(1970)〈明代北邊米糧價格的變動〉，其中的第16表是「明代各邊(鎮)年例銀總額」。他的主要資料來源是《明經世文編》內的奏疏，以及《明實錄》內的相關記載。他的統計數字起自成化2年(1466)，訖於萬曆36年(1608)，共有14筆。這項統計後來在全漢昇、李龍華(1973)〈明代中葉後太倉歲出銀兩的研究〉的第4表(頁189-92)，有更詳細的資料來源說明，統計數字也增至19項，參見本章表8-3a的簡化表格。全漢昇的年例銀總額統計表，在徐泓(1982)〈明代的私鹽〉頁557-8(表1)內有更完整的統計，起自正統2年(1447)，下至萬曆46年(1618)，共有27項數字，參見表8-3的對比。

全漢昇(1970)的第17表，列舉6個邊鎮在嘉靖以前、嘉靖年間、萬曆21年(1593)的年例銀數額，資料來源是王德完(1593)〈國計日詘邊餉歲增乞籌畫以裕經費疏〉(《明經世文編》卷444頁4879-81)。全漢昇(1970)的第17

表有幾項缺失：(1)只有6個邊鎮，而非9鎮或13鎮的統計，完整性不足。
(2)年代不明確，含糊指稱「嘉靖以前」、「嘉靖期間」，若參看本章表8-
2，就可知道有更完整的資料可用。(3)萬曆21年的數字較完整，但參照本
書附錄4就可看到，若全漢昇引用楊俊民〈邊餉漸增供億難繼酌長策以圖治
安疏〉(《明經世文編》卷389，頁4205-15)，就會有更完整的數據。再說，
王德完的大略數字，也比不上楊俊民(戶部尚書，萬曆19年(1591)8月上
任，27年(1599)4月致仕，在任將近8年)的官方數字明確可靠。

　　上述的研究都有一項重要缺失：完全未用到《會計錄》卷17-29內的相
關資料。年例銀在《會計錄》內所占的篇幅不少，以遼東鎮為例就有12
頁，所以本章對此題材的廣度和深度，應有可補充之處。

一、各邊鎮年例銀簡史

　　以下說明13邊鎮年例銀的簡史，以及歷年的大略數額(表8-1)。

表8-1　邊鎮京運年例銀簡史

鎮別	沿革
1遼東鎮	(1)主兵銀自正統6年(1441)發銀1萬兩以後，或增發、或摘發、或補民運、或抵鹽銀、或以鹽銀抵補，俱無定例。 (2)隆慶間漸增至16萬3千餘兩，客兵銀自正統6年(1443)發銀5萬兩以後，並未給發。 (3)嘉靖25年(1546)預防邊患，始發銀2萬兩；43、44等年(1564-5)漸增至4萬兩。 (4)萬曆2年(1574)以來，議給募兵并防邊工，又加家丁、墩軍月糧、功陞官軍俸鈔，主兵銀增至307,925兩，客兵銀增至102,058兩，共年例銀499,984兩，每歲2次解發。
2薊州鎮	(1)嘉靖以前無例也，或1、2萬或3、4萬，歲間1發，旋即報罷。 (2)其定為例，主兵自嘉靖21年(1542)始歲發3萬，後又增募軍銀54,500有奇。 (3)客兵自嘉靖29年(1550)始，後費至20、30萬或40、50萬，迫嘉靖末，議為經制。 (4)萬曆初，本折通融，始有成規可守。今計主、客尚30餘萬，山東、河南民運與漕糧折色銀，俱在其中也。

鎮別	沿革
3 永平鎮	(1)本鎮京運分自薊鎮，已有定額。復以民運催徵不一，始議增主兵年例，而客兵之餉則倍之。 (2)萬曆元年(1573)，侍郎汪道昆題：主客兼支，遂為定制云。
4 密雲鎮	(1)自正統8年(1445)發銀5千兩預備邊餉，自是歲以為常，後增至1萬兩。 (2)客兵銀自成化10年(1474)發1萬兩，始後或數歲一發。 (3)嘉靖29年(1550)以來，虜患日劇，添調軍馬數多，又加南兵工食。每年據調到人馬多少，酌量增發，亦無定數。 (4)萬曆元年(1573)始定額餉，主兵、客兵共增至293,995兩，通融支給。間有增減，俱以該鎮歲入各項銀兩扣算，補足額餉529,561兩之數。
5 昌平鎮	(1)自成化26年(？成化只有23年)發銀8千兩始，客兵銀自弘治18年(1505)發銀1萬兩始，以後俱未請發。 (2)正德、嘉靖間各增發不等。 (3)隆慶元年(1567)以來，議添永安、鞏華4營軍士月糧、人馬行糧共增銀173,792兩，主客通融兼支，俱以該鎮歲入各項銀兩扣算，補足額餉226,850兩之數。
6 易州鎮	(1)本鎮浮圖、紫荊等處逼近達虜，遇有聲息動調，延綏、宣(府)、大(同)、遼(東)、薊(州)諸兵入援，於是有客兵之費。 (2)弘治、正德間請發不一。 (3)嘉靖13年(1534)大同兵變，議發銀2萬，預備本鎮客兵糧餉。 (4)(嘉靖)20年(1541)以後或6、7萬或20餘萬，俱以客兵奏討。 (5)45年(1566)始定發5萬4千兩，良涿銀5千兩，至今行之。
7 宣府鎮	(1)該鎮主餉以前不過5萬，客兵取給其中。 (2)嘉靖元年(1522)始增(至)6萬。 (3)(嘉靖)6年(1527)發客餉10萬，自後主客餉日增矣。 (4)45年(1566)始定經制，主(兵)以12萬，客(兵)以20萬5千為額，今同之。 (5)其保定府民運本色折銀5千有奇，用以抵補年例，則自萬曆4年(1576)始。
8 大同鎮	(1)正統7年(1442)始有京運，成化19年(1483)始有主、客兵。 (2)弘治13年(1500)、嘉靖2年(1523)始間發客餉，皆事寧即止，或通融兼支，不為額也。 (3)嘉靖16年(1537)以前，京運不過7萬兩；自17年以後，歲討歲增，視前幾至數倍。 (4)(嘉靖)19年(1540)而主客分額，以為常；至45年(1566)始定經制。此後非遇蠲免及警急增兵馬，不敢溢於常數之外。 (5)其以事例、贓罰、存留抵補，然後計數給發者，則自隆慶6年(1572)始也，今同之。
9 山西鎮	(1)本鎮舊無年例，遇警動調始有請發。 (2)嘉靖21年(1542)廣武站募軍，始增年例銀3萬兩。 (3)(嘉靖)22年(1543)太原、石隰等4營募軍，增銀90,924兩。

鎮別	沿革
	(4)23年(1544)北樓口募軍,增銀48,050兩;3項共計:主兵年例168,974兩。客兵年例亦自21年始,然數止8萬耳,後加至19萬,中間有空日折乾銀,有額外銀及新舊接支、借欠補還等項,每歲計費20、30萬。 (5)(嘉靖)45年(1566)議定經制,歲發主兵銀123,300兩,客兵銀9萬5千兩。 (6)今萬曆6年(1578),實計主兵銀133,300兩、客兵銀9萬5千兩。
10延綏鎮	(1)本鎮軍餉取給民屯,原無京運年例。 (2)正統距成化初年間,發10萬兩或5萬兩,分送三邊以濟一時之急,後遂定為例:本鎮主兵歲發銀3萬兩,而接濟之數不與焉。 (3)正德(年)間,侍郎馮清奏討客兵銀5萬兩。 (4)嘉靖中,虜酋不時出沒,募軍防守歲用不數。主兵新增21萬8千餘兩,客兵時發7萬兩或8萬兩。 (5)(嘉靖)45年(1566)始定經制,發主兵銀24萬兩,客兵8萬兩。 (6)萬曆8年(1580),主兵增至35萬8千餘兩,客兵擬5萬兩為額,除鹽引銀抵數,餘太倉補發。
11寧夏鎮	(1)本鎮京運原無專發,正統7年(1442)議將徽州府解京折糧銀36,600餘兩,轉解陝西,分送邊鎮。 (2)至成化22年(1486)始發主兵銀4萬兩為例,以後間有加增,俱例外接濟。 (3)嘉靖34年,軍馬減數,定發銀2萬5千兩,至今同。或以該省商稅及事例銀抵補,近又以四川改解銀扣算。 (4)客兵銀自正德10年(1515)年發銀11萬兩,遞年奏討解發不一。 (5)嘉靖24年(1545)始定年例銀2萬兩,遞因北虜款塞未發。
12甘肅鎮	(1)本鎮京運初無定額,成化23年(1487)巡撫鄭時奏討,始發銀6萬兩。 (2)自後歲以為常,間有多發,或作下年年例,或作例外接濟。 (3)嘉靖30年(1551)增至105,200兩。 (4)(嘉靖)45年(1566)議定經制,歲發22,900兩,客兵銀則2萬兩。 (5)隆慶元年(1567)因工本鹽停止,主兵補銀發至51,400餘兩,遂為定制云。
13固原鎮	(1)本鎮京運銀兩,正德以後雖有請發,多寡不同。 (2)嘉靖17年(1538)始定為例,歲發3萬兩,節年增至8萬2千餘兩。 (3)後(嘉靖)45年(1566)定經制,減至5萬兩。 (4)隆慶初以新募軍,又添至89,270餘兩。 (5)今據萬曆6年(1578)數,主客共58,477兩有奇。內以布政司折俸餘銀、黔國公地租、肅府莊田銀、四川改解銀抵扣,餘發太倉補足外,西、漳2縣鹽課銀2千兩,自萬曆2年(1574)為始,積至5年,始一扣算抵充年例。

資料來源:《會計錄》卷17-29,各卷內「京運」項的首段。

現在從13邊鎮的「京運」事例中，舉11個例子說明與年例銀相關的問題，基本上屬於哪些性質。

(1)請求增發。主要原因是「不夠軍馬支用」、「兵錢糧不敷」、「缺少糧料」，這是最常見的記載，甚至奏擾到皇帝都動了怒。萬曆「七年(1579)，尚書張學顏題：本(延綏)鎮主兵銀每年增至二十八萬餘兩，督撫猶稱不敷，議要增銀八萬兩為主兵定額。該本(戶)部題行該鎮通融查議回奏，以憑議定經制，題請定奪。奉聖旨：是。該鎮錢糧自嘉靖四十五年(1566)議定經制後，節次奏添已至七萬有餘，如何動稱缺乏？今估依擬，暫將客餉借支接濟。著總督撫按官并管糧郎中，悉心稽覆實在軍馬數目，各拖欠辦支等項，及主餉不敷緣由，一一查勘明白，依限奏來。你部裡再與議為定額，免致數行奏擾。欽此。」(《會計錄》26:916)萬曆初年的邊患中，延綏鎮並非重點，尚有此狀況，可見邊鎮餉額的窘迫。

(2)減發年例。也有過因敵情轉鬆，或因糧餉尚足而減發年例。「景泰6年(1455)尚書張鳳題：蘇、松、嘉、湖等處連年災傷，稅糧停免。查遼東庫銀頗夠支用，合依原擬之數減半摘發。」(17:676上)隆慶「四年(1570)郎中李承選呈稱：本(薊州)鎮近因民稍裕，原派(隆慶)三年分京運銀五萬六千三十八(56,038)兩未領，乞要發給。本(戶)部覆：准。止發(隆慶)四年分銀兩，照經制之數。」(18:704下)這樣就省了薊州鎮隆慶3年的年例銀。這種經費有餘而減發的記載，在密雲鎮嘉靖42年(20:745下)、易州鎮嘉靖38年(22:783下)、甘肅鎮嘉靖37年(28:956下)，都有類似的記載。

(3)敵急加發。有敵情特殊況狀時的加發很常見，公文用語類似「北虜刻侵犯」、「達虜擁眾入邊」。語氣最急切的，是宣府鎮在嘉靖21和22年的狀況：「二十一年(1542)總督翟鵬題：調集八鎮之兵，共足人馬十萬之眾，請差戶部堂上官一員，量帶司屬，大破常格，多齎銀鹽，前來接濟。本(戶)部議覆：除先發過帑銀三十萬兩修邊、鹽引支出七萬兩，再發銀十萬兩，解送總督處交割，補還借過召募賞功之數。」(23:817上)若非真正緊急，少見這麼大筆的速撥。

翌年，事況更嚴重。「二十二年，總督翟鵬奏稱：點虜伺境，乞大破

常格,再發銀兩。本部行銀庫員外郎趙統開稱:外庫止有銀八萬兩,委無別處,將太倉老庫舊積銀一百七十萬兩數內,支出銀四十萬兩發運。」(23:817上)國庫緊迫到這種狀況,還拿出四分之一發送宣府鎮,急迫性可想而知。

(4)未發年例。嘉靖「三十二年(1553)巡撫江東題:請未發年例。尚書方鈍覆:三十一年以前未發補不敷鹽價例已停止。三十年以前未發年例,亦非見(現)年取補□□數。三十年分新軍糧賞,合依二十六等年募軍事例,於歲入銀內通融支給(本年年例未發)。」(17:677-8)這項記載的意思不夠清晰,又有兩個缺字無法判讀,但大意是:因嘉靖31年未發年例銀,巡撫奏討,尚書的答覆是:31年之前未發者,只補發不足用的部分。「鹽價例已停止」不知何意。文後附註本(32)年的年例也未發,等於是31-32連續兩年未發。

這種事情只見到另一項記載:「(正德)十四年(1519)兵部咨稱:虜賊大營出套,通行各邊預備糧草。本部題:准該(薊州)鎮發銀三萬兩(自此至嘉靖十年俱無請發)。」(18:702上)。也就是說,從正德14年(1519)到嘉靖10年(1531)的12年間,薊州鎮無京運年例銀。

(5)糧價過高。「嘉靖三十九年(1560),本(遼東)鎮兵荒芻糧騰貴,准兵部咨乞大破常格,再發銀兩。尚書高燿覆:發銀九萬兩。」(17:678上)邊鎮糧價高漲的原因有天然的(氣候),也有人為的(戰爭、屯田、開中法不行),這是一項重要的題材,全漢昇(1970)〈明代北邊米糧價格的變動〉已有深入解析。

(6)透支。萬曆「二年(1574)總督楊兆題:預借年例接濟軍餉。本部查得:該(薊州)鎮歲入本色甚多,折色頗少,上半年應放本色,不即區處,卻將折色銀兩給放下半年應放折色,輒稱銀兩不敷。且本色一石原估七錢,折色原估止四錢上下;若議改,每石損銀二錢五分有餘,共損一萬兩。以此理餉,安望三年、六年可當一年之需。既經奏討,相應題請發銀四萬兩,候萬曆三年題發額照數扣除。」(18:705上)意思是說:薊州鎮理財不當,只好先撥4萬兩救急,再從明年的年例銀中扣除此數。

　　(7)預發召買銀。嘉靖「三十七年(1558)傳奉聖旨：朕聞大同今歲收熟，米豆價平，你部裡便發銀十五萬兩，都察院選差御史一員，作速管領前去，會同管糧郎中，著實趁時糴買米豆，分貯宣(府)、大(同)各要緊倉場備用。所發銀兩，即作三十八年應發軍餉之數，不許妄費。戶部知道。欽此。(名曰欽買，大同分八萬兩，宣府七萬兩)。」(23:818)這是皇帝主動預發購糧銀儲買米豆，但仍算在明年的年例銀內，只是預發而已。這不是常見的事，再舉一例：「成化十二年(1476)大學士商輅題：往年西北用兵，榆林一帶糧草最難供給，趁今無事之時，早為隄備。本部覆：發銀十萬兩，送陝西三邊支用。」(26:913下)

　　(8)民運拖欠。各鎮應收的民運銀兩，若有拖欠只好由官補彌。嘉靖「三十九年(1560)總督許論題：民運拖欠，(密雲鎮)主餉不敷。本部覆：准發銀二萬兩。」(20:745上)嘉靖9年(1530)「巡撫劉源清題：乞給銀，趁時糴買。尚書梁材覆：准。止發銀十五萬兩，內八萬作(嘉靖)十年分年例，餘七萬兩借與山東，准作嘉靖九年分糧價(因山東民運不至)。」(23:816下)

　　(9)閏月銀。有閏月之年，等於每年有13個月，常有年例不足用的記載。嘉靖「四十三年(1564)郎中李遷梧呈稱：加支閏月銀二萬九千五十(29,050)兩，新召家丁、標遊兵馬銀□□四百兩零。本部覆：准。添發銀三萬六千四百五十一(36,451)兩零。」(18:703-4)。隆慶3年(1569)「總督譚綸題：該(永平)鎮發年例外，因加添閏月，支用不敷，乞補發銀兩。尚書劉體乾覆：發銀一萬四千一百九十四(14,194)兩四錢。」(19:732上)這類的記載在20:746上、21:763下、21:764上、24:863下、29:980上、29:981上都有，是常見的事。

　　(10)宗室挪借。嘉靖39年(1560)「巡撫李文進、御史王汝正會題：宗室祿米原借主兵餉銀，今該補還一萬四千兩。尚書高燿覆：准如數發給。」(24:860下)這種挪借的事只見此項，要求補還是理所當然，不知為何需要巡撫與御史會題？

　　(11)兌幣虧損。這是罕見的記載。嘉靖「二十六年(1547)尚書王暐題：舊制銀錢並行，近來累將錢鈔改折銀兩，以致匱乏。准於庫貯銅錢發

七百萬文，以抵年例。」(24:860上)這是錢鈔改兌銀兩時所產生的損失，只好提請補貼。

二、邊鎮的年例銀數額對比

　　表8-2對比13邊鎮的年例銀總額，此表的資料來源，和第3章各節內的最後一個表格相同：(1)嘉靖10年和28年的資料，取自附錄1內的9個表格，都是根據潘潢〈查核邊鎮主兵錢糧實數疏〉(嘉靖29年，1550)。(2)嘉靖18年的資料取自《九邊考》，已製成第3章內各節的第1個表(其中永平、密雲、昌平、易州4鎮無此表)。(3)萬曆10年的資料取自《會計錄》，也已製成第3章內的表。(4)萬曆30年的資料根據《武備志》，詳見第3章內各節的表。

　　接下來說明表8-2的數字取得方式。以嘉靖18年遼東鎮為例，第3章表3-1.1內有「(5)年例銀150,000兩」，就把這150,000兩填入表8-2嘉靖18年遼東鎮那格內。再舉幾個遼東鎮的例子來說明。表3-1.2內有「(6)京運年例銀(連客兵)409,984兩」、「(7)京運年例銀40,000兩」，就把這兩個數字填入萬曆10年遼東鎮格內。表3-1.3內有「(5)京運年例銀307,925兩」、「(6)客兵年例銀102,059兩」，就把這兩個數字填入萬曆30年格內。至於嘉靖10年的資料，就要看附錄1表3的第1格，但因為看不到年例銀數，所以表8-2的首格就填「不詳」。嘉靖28年的數字，要看附錄1表3「嘉靖29年」內的「(16)戶部每年運送年例銀150,000兩」，填入表8-2嘉靖28年的遼東鎮格內。以上是遼東鎮的例子，其餘12鎮的做法相似。

　　表8-2中有些格子內無資料，那是因為第3章與附錄1中的表格內無此數字，稱為「不詳」，以嘉靖10年那一欄最常見。另一種情形是「無資料」，那是因為在嘉靖28年之前尚稱九邊(詳見附錄7〈十三邊鎮史略〉的首頁說明)；表8-2在嘉靖28年之前，因而只有9個邊鎮的資料，後2欄(萬曆年間)才有13鎮的資料。

　　現在來看表8-2的內容。嘉靖10年那一欄幾乎無資料可言，可略去。嘉靖18年那欄，9個邊鎮中有6項數字，還算不錯。嘉靖28年那欄，9個邊鎮的

表8-2　邊鎮的年例銀數額對比：1531, 1539, 1549, 1582, 1602（單位：兩）

	嘉靖10年 （1531）	嘉靖18年 （1539）	嘉靖28年 （1549）	萬曆10年 （1582）	萬曆30年 （1602）	〈食貨志 6〉的記載 （年代不詳）
1遼東鎮	不詳	150,000 （34.09%）	150,000 （30.98%）	409,984 40,000 （10.71%）	307,925 102,059 （12.98%）	307,925 102,059 （12.98%）
2薊州鎮	20,000	原無額派	30,000 （6.20%）	424,892 208,766 （15.08%）	216,126 208,766 （13.46%）	216,126 208,766 （13.46%）
3永平鎮	尚未分鎮 無資料	尚未分鎮 無資料	尚未分鎮 無資料	241,858 119,136 （8.59%）	122,722 119,136 （7.66%）	122,722 119,136 （7.66%）
4密雲鎮	尚未分鎮 無資料	尚未分鎮 無資料	尚未分鎮 無資料	394,037 233,962 （14.95%）	160,075 233,962 （12.48%）	160,075 233,962 （12.48%）
5昌平鎮	尚未分鎮 無資料	尚未分鎮 無資料	尚未分鎮 無資料	96,373 47,066 （3.41%）	96,373 47,066 （4.54%）	96,373 47,066 （4.54%）
6易州鎮	尚未分鎮 無資料	尚未分鎮 無資料	尚未分鎮 無資料	59,000 （1.40%）	59,000 （1.87%）	59,000 （1.87%）
6附井陘鎮	尚未分鎮 無資料	尚未分鎮 無資料	尚未分鎮 無資料	3,970 （0.09%）	3,970 （0.13%）	3,970 （0.13%）
7宣府鎮	不詳	80,000 （18.18%）	80,000 （16.52%）	296,000 171,000 （11.12%）	125,000 171,000 （9.37%）	125,000 171,000 （9.37%）
8大同鎮	不詳	70,000 （15.91%）	44,185 （9.13%）	450,638 181,000 （15.03%）	269,638 181,000 （14.27%）	269,638 181,000 （14.27%）
9山西鎮	不詳	無	不詳	206,300 73,000 （6.65%）	133,300 73,000 （6.53%）	133,300 73,000 （6.53%）
10延綏鎮	不詳	40,000 （9.10%）	30,000 （6.20%）	377,515 20,250 （9.47%）	357,265 20,250 （11.95%）	357,265 20,250 （11.95%）
11寧夏鎮	不詳	40,000 （9.10%）	40,000 （8.26%）	20,706 10,000 （0.73%）	25,000 10,000 （1.11%）	25,000 10,000 （1.11%）
12甘肅鎮	不詳	60,000 （13.64%）	60,000 （12.39%）	51,497 （1.26%）	51,497 （1.63%）	51,497 （1.63%）

	嘉靖10年 （1531）	嘉靖18年 （1539）	嘉靖28年 （1549）	萬曆10年 （1582）	萬曆30年 （1602）	〈食貨志 6〉的記載 （年代不詳）
13固原鎮	不詳	無	50,000 （10.33%）	63,721 （1.52%）	63,721 （2.02%）	63,721 （2.02%）
合計		440,000 （100%）	484,185 （100%）	4,200,671 （100%）	3,157,851 （100%）	3,157,851 （100%）

說明：

(1)本表旨在呈現各邊鎮年例銀數額的「預算額」，方法是從第3章與附錄1內的眾多表格中，找出各邊鎮年例銀的數字。

(2)有些邊鎮在同一年內有2筆年例銀，原始資料並未解說原因，應是發給客兵的金額（根據〈食貨志6〉的記載）。

(3)萬曆30年那一欄內的2項數額，合計之後常常等於萬曆10年的首項。以遼東鎮為例：萬曆30年有2筆年例銀（307,925＋102,059＝409,984），正好等於萬曆10年的首項409,984兩。

(4)為求簡潔，本表未羅列萬曆8年的年例銀數額，請參見附錄3內的13個表格，簡明易查。

(5)為求簡潔，本表未羅列萬曆21年的年例銀數額，請參見附錄4內的13個表格，簡明易查。

(6)〈食貨志6〉的記載（年代不詳），與萬曆30年的年例銀數額完全相同。

資料全有，前3名是遼東（30.98%）、宣府（16.52%）、甘肅（12.93%）。萬曆10年和30年的資料有許多筆完全相同，這個現象在第3章每節的最後一個表格內已見過，不致於太驚訝：萬曆年間的邊鎮糧餉，有不少項目已成定額。這種定額的情形，在嘉靖18、28年那兩欄也可看到：遼東、宣府、寧夏、甘肅這4鎮的數字，在這10年間沒有改變。改變較明顯的，是嘉靖與萬曆年間。萬曆10年的年例銀總額約420萬，前3名是：薊州（15.08%）、大同（15.03%）、密雲（14.95%）。萬曆30年的年例銀總額約315萬，前3名是：大同（14.27%）、薊州（13.36%）、遼東（12.98%）。

　　表8-2只選5個數字較完整的年度為例，其實從數字較不完整的年度也可看出，各年度的年例銀數額變化頗大，主要是看有無邊境戰事而定。表8-2內，萬曆10年（1582）的年例銀共約420萬，是嘉靖18年（1539）44萬的9.95倍；萬曆30年的年例銀共約315.7萬，是嘉靖18年44萬的7.18倍，由此可見萬曆年間邊防經費暴增的程度。

　　名義上雖然說年例銀是每年由京庫（太倉）支出，但真正付出「羊毛的羊」是誰？以萬曆6年（1578）為例，當年的年例銀共有3,223,046兩，這麼大

筆的年例銀由誰來承擔支付？我們可以從《會計錄》卷1內，13布政司的歲出項內找到答案。(1)遼東鎮年例銀409,984兩，這筆金額是由山東布政司承擔(1:44上)。(2)宣府鎮年例銀296,000兩、大同鎮450,638兩、山西鎮206,300兩，這3筆共952,938兩，由山西布政司承擔(1:45下)。(3)延綏鎮377,515兩、寧夏鎮39,294兩、甘肅鎮51,497兩、固原鎮63,721兩，這4筆共532,027兩，由陝西布政司承擔(1:50下)。(4)薊州鎮424,892兩、密雲鎮394,037兩、永平鎮241,858兩、昌平鎮175,541兩、易州鎮59,000兩(附井陘鎮3,970兩)，這5筆共1,299,298兩，由貴州布政司承擔(1:73下)。這樣萬曆6年十三邊鎮年例銀的出處就明白了。

三、年例銀總額的長期變化

表8-1和8-2是各邊鎮年例銀的個別數額，但不易由此得出一個整體性的概念：13邊鎮年例銀的總額，在歷年間的長期變化情形。目前有2項研究對年例銀的總數有較系統的統計數額：(1)全漢昇、李龍華(1973)〈明代中葉後太倉歲出銀兩的研究〉頁189-92表4，他們的主要資料來源，是從龐雜的《明經世文編》、《明實錄》內找出相關記載，時間是從正德末年(1506-21)到萬曆45年(1617)。(2)徐泓(1982)〈明代的私鹽〉表1(頁557-8)，也是以《實錄》的資料為主，旁及《度支奏議》和《王鑑川文集》。這兩項統計有重疊也有互補之處，可以用簡化的形式來相對比，綜述出一個大略的圖像。

表8-3　明中葉後年例銀兩數的總額

(a)全漢昇、李龍華(1973表4)的統計

1 正德(1506-21)末年	430,000兩以上
2 嘉靖(1522-66)初年	590,000兩以上
3 嘉靖18年(1539)以後	約1,000,000兩
4 約嘉靖26年(1547)	1,015,000兩以上
5 嘉靖28年(1549)	2,210,000兩
6 嘉靖38年(1559)	2,400,000兩以上

7嘉靖43年(1564)	2,510,000兩
8隆慶元年(1567)	2,360,000兩以上
9隆慶3年(1569)	2,400,000兩以上
10萬曆5年(1577)以前	2,600,000兩以上
11萬曆6年(1578)	3,223,051兩以上
12約萬曆14年(1586)	3,159,400兩以上
13萬曆18年(1590)	3,435,000兩以上
14約萬曆21年(1593)	3,800,000兩以上
15約萬曆25年(1600)	約4,000,000兩以上
16約萬曆29年(1601)	約4,000,000兩
17約萬曆36年(1608)	4,900,000兩以上
18約萬曆40年(1612)	3,890,000兩以上
19約萬曆45年(1617)	3,819,029兩以上

(b)徐泓(1982表1)的統計(單位：萬兩)

1正統12年(1447)	25
2成化年間(1465-87)	40以上
3弘治13年(1500)	35
4正德16年(1521)	43
5嘉靖初年(1522)	59
6嘉靖17-27年(1539-48)	70-200
7嘉靖28年(1549)	221
8嘉靖30年(1551)	595
9嘉靖31年(1552)	531
10嘉靖32年(1553)	573
11嘉靖33年(1554)	455
12嘉靖34年(1555)	429
13嘉靖35年(1556)	386
14嘉靖36年(1557)	302
15嘉靖38年(1559)	240以上
16嘉靖41年(1562)	230以上
17嘉靖42年(1563)	340以上
18嘉靖43年(1564)	251
19隆慶3年(1569)	240以上
20隆慶4年(1570)	280以上
21萬曆2年(1574)	270以上
22萬曆6年(1578)	260以上
23萬曆15年(1587)	315.94
24萬曆35年(1607)	410以上

25萬曆36年(1608)	490以上
26萬曆38年(1610)	400
27萬曆46年(1618)	500

　　綜觀表8-3，可以看到徐泓的表(8-3b)較詳細(27項，全、李只有19項)。從徐泓的表可看出幾項趨勢：(1)在嘉靖25年以前，年例銀的總額雖持續增加，但都未超過百萬兩。(2)嘉靖中葉之後，由於北方外患嚴重，年例銀激增到200萬兩以上。(3)最嚴重的是嘉靖29-32年之間(1550-3)，增至500多萬兩，30年時幾乎已達600萬兩，可見邊鎮的危急狀況。(4)之後的年例銀總額大幅下降，在隆慶年間又回到250萬兩上下。(5)萬曆35年之後大幅攀昇，46年(1618)時因北方的戰事而高達500萬兩。

　　上述的5項特點，在表8-3a較無法顯示，在此只說一項最重要的缺失：嘉靖29年(1550)至32年(1553)之間，是北方威脅相當嚴重的幾年，全、李(1973)〈明代中葉後太倉歲出銀兩的研究〉的表內，缺了這段重要時間的年例銀數額。

四、小結

　　年例銀這個題材，和前幾章屯田、民運、漕運、鹽法這些題材相對比，有個很大的不同點：屯田等議題，在各邊鎮有許多弊端與特殊的個別現象，而年例銀的問題則相對地單純。那是因為年例銀基本上只是戶部與邊鎮之間，每年例行撥發的軍事經費。

　　正由於年例銀的議題較單純，所以本章的重點就放在統計數字的整理與呈現上：(1)13邊鎮的年例銀沿革與大略數額(表8-1)；(2)嘉靖與萬曆年間，各邊鎮年例銀的數額對比(表8-2)；(3)明代歷朝的年例銀總數額對比(表8-3a、8-3b)。

第9章
俸糧與折銀

　　本章的主要內容，基本上是各邊鎮的「官兵俸給條例及其細則」。這是發放薪俸的依據，屬於具體規定的條文，性質上較單調枯燥，可議論之處不多，篇幅也甚短。

　　與這個題材相近似的研究甚少，目前只知道寺田隆信(1972)《山西商人の研究》第3章第2節「消費者による月支給のもつ意義」(頁133-43)有些相關[1]。寺田在探討這個主題時，把重點放在邊鎮商品如何流通給官兵的脈絡裡。也就是說，在明中葉之前「納糧中鹽」的時代，邊鎮的官兵如何支領月糧；在弘治初期廢止開中法之後，邊鎮官兵的軍餉月糧支給，如何從米麥等實物轉為部分用銀兩支付。

　　寺田從《萬曆會典》、《明實錄》裡，找出洪武至天啟(明初至明末)年間，各邊鎮的兵員數(頁142-3的表)，以及對比正統至萬曆年間，各邊鎮的銀／糧兌換率(每銀1兩可換多少石糧食的變動率)。這些資料是要用來說明，如果把邊鎮的官兵當作消費者來看待，他們是如何以銀兩或糧食來支領月糧。

　　寺田的觀察角度是宏觀性的：在簡短的10頁內，對比13邊鎮在整個明

1　從字面上看來，奧山憲夫(1990)〈明代の北邊における軍士の月糧について〉好像與本章的內容直接相關。其實他的焦點放在北邊軍士的月糧，分析發放本色(米麥)或折色(折銀支給)，哪種方式對軍士較有利或較有弊。本章的主旨不在於發放本色或折色，而在於各級官軍月糧的數額，以及這些月糧內有多少比例是發給本色米麥，多少比例是折銀發放。本章的主旨和寺田隆信(1972)較相同，都是從國家財政負擔的角度，以及各級官軍的月糧「水平」出發，這和奧山憲夫的「技術性」焦點很不同。然而也有相重疊的部分：他引用許多明代文獻，來說明軍士的月糧太低，以致難以溫飽的窘況。

代的情形。這麼做的優點，是有個整體性的概觀，而缺點是：(1)無法了解各邊鎮的個別情形；(2)每個邊鎮內的官兵，其實都有相當複雜的階層結構，無法知曉他們在位階上的差別；(3)無法明白他們支領糧餉的數額與方式。《明實錄》與《萬曆會典》的內容，都無法回答這3個問題。本章運用《會計錄》卷17-29內「俸糧」分項的詳細記載，舉例試著回答這3個問題。《會計錄》是寺田沒有運用到的重要史料。

《會計錄》卷17-29內的「俸糧」分項，包括下列項目：(1)邊鎮衛所官員俸糧則例(規定各級主管人員的薪資和支領方式，參見表9-1)；(2)主兵月糧則例(編制內官、兵、匠等的薪資，寺田1972:133-41有簡要的背景解說)；(3)主兵兼食行糧則例(家丁、武生、聽差、馬快手、吹鼓手、標兵等的糧俸)；(4)馬匹料草則例(馬騾每月所支行的料草)；(5)客兵行糧料草則例(從他處調來的編制外兵勇，每月支領的錢糧)；(6)南兵糧料工食則例(從南方調來兵勇所支領的糧料)；(7)冬衣布花則例(軍士每年支領的布疋與棉花數額)。

這些項目在各邊鎮的卷內都有很詳細規定，基本上是供翻查用的，都是具體的條文則例，不易整理出有結構意義的論點。更大的困擾是：以表9-1為例，雖然可以知道各官階的俸糧額，但卻不知其編制人數，所以無從得知各項俸糧的總額數。

本章只編制一個表來當作例子，不擬多做表格的原因是：一方面各鎮的狀況不一，二方面這些記載太多太細瑣。若要製成表9-1的形式，則至少要有91個表(13鎮各有7個表)，煩而寡意；為求簡化，只製表9-1為例。

第1節以薊州鎮的「俸糧則例」當做個案，解說此鎮官軍的階層共有20級，他們之間的俸給額差距顯著，支領的規定繁複。第2節從《遼東志》的記載，說明遼東鎮各級官軍的俸餉規定。看過這兩個老鎮的例子，第3節討論幾個與邊鎮俸餉的相關問題(以漕運的規定事項為中心)。

一、薊州鎮的俸糧則例

表9-1　萬曆初年薊州鎮的衛所官員俸糧則例

	官階	俸給
1	鎮朔、營州、右屯、遵化、東勝、右忠義、中興州、左前屯、開平、中屯、寬河守禦，各衛所指揮使。	月支糧1石，上半年月支折俸銀2.2285兩，下半年月支1.36兩。
2	指揮同知	月支糧1石，上半年月支折俸銀1.7142兩，下半年月支1.09兩。
3	指揮僉事	月支糧1石，上半年月支折俸銀1.6兩，下半年月支1.03兩。
4	正千戶	月支糧1石，上半年月支折俸銀1兩，下半年月支0.62兩。
5	衛鎮撫與副千戶同	月支糧1石，上半年月支折俸銀0.8857兩，下半年月支0.56兩。
6	實授百戶	月支糧1石，上半年月支折俸銀0.6571兩，下半年月支0.44兩。
7	所鎮撫與試百戶同	月支糧1石，上半年月支折俸銀0.5428兩，下半年月支0.38兩。

以上官員如調赴關營管事者，俸銀照舊，折色糧照邊軍折色，銀數明註冊內，俱在本衛造支；如撤回及發回該衛，各照在衛舊例關支。敢有隱冒者，并掌印官俱照侵欺邊糧事例罪。

8	經歷	月支糧2石，上半年月支折俸銀0.4285兩，下半年月支0.32兩。
9	知事	月支糧2石，上半年月支折俸銀0.4兩，下半年月支0.305兩。
10	吏目	月支糧2石，上半年月支折俸銀0.3142兩，下半年月支0.26兩。
11	令吏	月支糧3斗，上半年月支折俸銀0.0971兩，下半年月支0.051兩。
12	典司吏	月支糧3斗，上半年月支折俸銀0.04兩，下半年月支0.021兩。
13	武舉	月支本色糧3石。係指揮千戶，仍支原職俸糧。如年老有疾，革任閒住等項，應支俸糧照例全半支給。原加米3石，截日住支，如軍民舍餘中式。武舉果係年老有疾，革任閒住，通不准支給。敢有隱情冒支，并該衛掌印官各照侵欺邊銀事例問罪。
14	老疾官	月糧折俸俱支一半。
15	優給官	月糧折俸全支。
16	故絕官妻	支月糧，不支折俸。
17	立功官	不支糧俸。

以上各官如有犯罪革發、回衛閒住、年老有疾等項，有該全除或半支者，并雙身、幼軍等項例，支4斗5升或3斗，俱聽兵備道行。該衛嚴查，不許混造冒支。若應開除而不開除，應半支而全支，或應支3斗或4斗5升而混冒別項多支者，并該衛掌印官各照侵欺邊糧事例問罪。

	官階	俸給
18	薊州等倉庫大使、副史現任者	月支糧2石，折俸銀0.032兩。
19	守支倉大使、副史	月支糧1.5石，折俸同其庫官兵，支折色價值與在衛例同。
20	各倉攢典現役者	月支糧5斗，守支者不准。

資料來源：《會計錄》18:705-18。

　　表9-1薊州的例子在十三鎮中具有代表性，一因這是個重要的邊鎮，二因記載詳細。《會計錄》內未明示此表的適用年代，似可視為萬曆初年（前15年）的規定。表中分20種俸糧等則，而這只是上述的第一項「衛所官員俸糧」而已。表9-1的基本模式是：內分支糧與支銀兩項，兩者每月都有，但支銀的數額則依上、下兩個半年而異（所支領的銀兩數在上、下半年不同）。薊州、永平、密雲3鎮有類似規定，其他諸鎮都未見到這種記載。

　　第二項特點，是各鎮的官階編制不一。表9-1薊州鎮的官員分20類，遼東鎮（17:681-2）有27類，其中的總旗、小旗、儒學教授、訓導等等都是薊州所無；各鎮的地方色彩不一，職能各異，編制自然不同。

　　第三項特色，是各鎮同一官階的糧俸額並不一致。以遼東為例，「都指揮同知」月支本色米3石，折俸銀2.625兩；而在薊州是米1石，銀1.7142和1.09兩（見表9-1第2項）。此外，給付的方式也不同，以宣府鎮為例，都指揮同知「月支大俸45石，小俸2石」，只有糧而無銀。

　　單以主管官員的俸糧為例，就可看出各鎮的編制、糧餉額、支領方式都沒有統一規定，隨各鎮的條件與物價高低而異，難以找出固定的模式。其餘6項（主兵、客兵、布花等等）的內容與性質大致類此。

　　從各邊鎮軍費年度總預算的角度來看，本書第12章內的軍馬錢糧統計表格才是關鍵。本章內的「俸糧」細則條例，是各邊鎮內部管理軍餉分發的意義較大，對理解國家財政分配的意義較小。從表9-1可以看到，各邊鎮的細部編制與各樣情事，其實相當複雜分歧。

　　在上述的俸糧則例之後，各鎮都記載歷年來與俸糧相關的重要事件，大體而言以業務性的公文往返為主，其中以逃兵和冒領兩項最醒目。以薊州鎮為例，在同頁（《會計錄》18:714）內就有下列的記載。

　　嘉靖「十三年(1534)管糧郎中袁淮呈稱：按伏兵馬冒支在營月糧。本部覆：……是一人之身一月之內，兩處支糧，……不許仍前重領。」「十七年(1538)御史楊照芳題稱：軍職犯贓、扣俸、准贖，多致朦朧冒支。本部覆：准。通行問刑衙門，如遇軍職有犯扣抵銀，徑行管糧官知會，照數扣除，不准重複冒支。」這種冒領的事各鎮都有，是常見之事。

　　「本(薊州)鎮原額軍士五萬三千九百(53,900)餘名，逃亡事故六千五百(6,500)餘名，守墩架砲一萬九千五百(19,500)餘名。現在止有二萬七千八百(27,800)餘名，老弱不堪尚有十之二、三。馬原額一萬九千三百二十二(19,322)匹，現在一萬四千七百八十五(14,785)匹，內老羸不堪亦有十之二、三。前項逃亡事故軍數，合將召募軍丁，預備月糧照收，補數目給散，或有事故即行開除，不許一概冒支。」這是嘉靖24年(1545)薊州這個靠近京師重鎮的狀況，逃亡、老弱、冒領之事都這麼嚴重，其他諸鎮大概也不會太好，偏遠邊鎮的狀況必定更嚴重。

　　此外還有勾結、作弊、虛報、侵盜這類的弊端，宣府鎮(《會計錄》23:826-7)有不少這方面的記載。以薊、宣兩重鎮的狀況，大約可推知明代邊防的實力。

二、遼東鎮的各級官兵俸餉

　　現在從另一項史料來看邊鎮的俸餉。《全遼志》卷2〈兵政志〉頁69-70，記載嘉靖44年(1565)前後，遼東鎮各級官兵的俸餉額。

　　(1)每旗軍一名：月支米1石，歲支米12石。

　　(2)千戶以下，每官一員：月支米2石，歲支米24石。

　　(3)指揮以下，每官一員：月支米3石，歲支米36石。閏各照支歲。以上6月支米，下6月折銀，每米折1石折銀2錢5分。地方荒歉，加折或倍，後不為常。

　　(4)旗軍月支外，有年例賞賜：棉布4疋，棉花1斤8兩(折銀9錢)，歲冬支給。鹽、鐵、屯軍俱同。

(5)官員月支外，各照品級石數折鈔，每米1石鈔銀4分5釐，是為俸銀，歲二季關支。

(6)守哨墩軍，出哨夜不收，艱苦迥異，歲冬頒給衣鞋，公差廩米。

(7)客兵糧料，各因其職務大小、戍守遠近而為豐減之宜。

(8)操馬70,318匹：春支料豆，日計3升，小月則扣。冬支折色，每豆1斗折銀2分，自季冬朔至3月終，馬各給草，日支1束。驛馬關支准是。驢頭有差。

以上是衛所級的糧賞，是基層官兵的俸糧標準。這種俸糧根本不足，甚至連養單身漢都不夠。邊軍的貧苦狀態，可從呂坤的證詞來了解。呂坤有一篇長奏〈摘陳邊計民艱疏〉（《呂新吾先生去偽齋文集》卷1頁35-72），列舉12項要點。其中的第12點是「復月糧以恤貧軍」（頁71-2），相當能顯現邊軍的貧苦狀態。「姑自太原營言之。每軍月糧八斗，每斗折銀五分，計一日所得才一分三釐耳，尚不足壯士一食之費。自款貢以來，又於六個月內，每月扣銀五分，共扣銀三錢為市本，是每日所得不及一分二釐。父母妻子之養所資者此也，日用人事所資者此也，器械衣裝所資者此也，此外無所從來矣。又分領夷馬，有攤賠之費；關領月糧，有造冊之費；掌印、本管、指揮、千百戶、千把總，有科派之費。有馬軍人，雖關有草料，稍得侵肥，又有朋銀之費。守備等營，又有雜撥濫差之費、有長差幫貼之費、有送迎奔走之費，較之快壯門皁，一無所得，諸有所損。月糧既少于工食，戰征又苦於差役，以是身也，而責之鼓氣練兵，能乎？以是心也，而責之竭力致死，得乎？」

《會計錄》卷對遼東鎮的俸糧條例，有相當詳細的記載：(1)官吏俸糧條例，(2)主兵月糧條例，(3)主兵兼食行糧則例，(4)主兵馬騾料草則例，(5)冬衣布花則例。單以上述第(1)項為例，官吏俸糧條例的內容就有27項，以下列舉其中的前16項，以顯示主要軍階與薪資的等級。

(1)總兵官月支本色米3石，折俸銀7兩8分7釐5毫。

(2)都指揮使月支本色米3石，折俸銀2兩6錢1分。

(3)都指揮同知月支本色米3石，折俸銀2兩2分5釐。

(4)都指揮僉事與指揮使各月支本色米3石，折俸銀1兩4錢4分。

(5)指揮同知月支本色米3石，折俸銀1兩3分5釐。

(6)指揮僉事月支本色米3石，折俸銀9錢4分5釐。

(7)正千戶月支本色米2石，折俸銀6錢3分。

(8)衛鎮撫與副千戶月支本色米2石，折俸銀5錢4分。

(9)實授百戶月支本色米2石，折俸銀3錢6分。

(10)所鎮撫月支本色米2石，折俸銀2錢7分。

(11)試百戶月支本色米2石，折俸銀1錢3分5釐。

(12)武舉指揮月支本色米6石，仍支原職折俸。

(13)武舉千月支本色米5石，仍支原職折俸。

(14)武舉所鎮撫月支本色米3石，折俸銀6分7釐5毫。

(15)總旗月支本色米1石，折俸銀2分2釐5毫。

(16)小旗月支本色米1石，折俸銀9釐。

從這16項可以得到幾點觀察。

第一，(1)至(6)項是位階最高者，都月支米3石，差異在折銀數。最高階的總兵官月入是7兩8分7釐5毫，隨著官階的下降，折銀數也逐級下降。

第二，石數最高的是第(12)和(13)兩項，各支6石和5石，但因無折銀數，所以無法比較。但他們在位階上只排到(12)和(13)，實際的收入位階或許也是在這個級位。

第三，最低階的現職軍人，月支米1石，只能折銀9釐。

第四，從第3章表3-1.2可以看到，萬曆10年時遼東鎮有官軍83,324員，若每員每年支領12石，遼東鎮就必須準備999,888石白米(= 83,324 × 12)，而表3-1.2內的屯糧只有279,212石，相差3.58倍。所以必然不能實發白米，必須以折銀的方式發放。但我們不知道各級官軍的人數分布狀況，所以無法計算這16級人員的月支米，在折換成白銀之後的總額。表3-1.2內的白銀合計額是711,391兩，若全部用來支付83,324員官兵，平均每人每年可得8.53兩。但這個數字並無實質意義，因為我們不知道這711,391兩還有哪些用途，也不知道有多少百分比可用來發俸糧。

三、延伸討論

1.明初、萬曆初的月糧

從表9-1的待遇來看，邊鎮衛所軍士的月糧已明顯不如明初。「天下衛所軍士月糧，洪武中令京外衛馬軍月支米二石，步軍總旗一石五斗，小旗一石二斗，軍一石。城守者如數給，屯田者半之。民匠充軍者八斗，牧馬千戶所一石，民丁編軍操練者一石，江陰橫海水軍稍班、碇手一石五斗。陣亡病故軍給喪費一石，在營病故者半之。籍沒免死充軍謂之恩軍，家四口以上一石，三口以下六斗，無家口者四斗。又給軍士月鹽，有家口者二斤，無者一斤，在外衛所軍士以鈔準。」(《明史・食貨志・俸餉》)

萬曆初期國內各地衛所的俸糧大致是多少？比各邊鎮高或低？于志嘉(1996)〈明代江西衛所的屯田〉第4節頁705-733，以江西的13個衛所為例，做了很好的統計分析(見該文附表5至18)。她的結論是：「萬曆間江西衛所月糧大致為每月8斗，每斗折銀4分，計歲支銀3.8兩。但不論是衛軍月糧或武官俸糧，各衛所並不一致，其多寡似乎受屯糧供軍比例以及各地財政狀況的影響，顯示當時各衛所對官軍俸月糧額似已有某種程度的自主權。」(頁735)若江西一地的狀況就這麼複雜，其他布政司的狀況也必大異，難以得出一個平均數來和各邊鎮的狀況相對比。首都的一般物價較高，照理月俸應較好，但尚無確實的對比性數字來回答這個問題。

2.支放月糧

在表9-1內常可看到「月支糧多少石，折俸銀多少兩」，這就是所謂的「支放月糧」，鮑邦彥(1995)《明代漕運研究》頁84對這件事有所解說。「明代北京及北邊的官俸和月糧，原來是支本色的。成化以後，因為實際需要，曾將漕糧折徵一部分白銀，以便在官俸及月糧中支放部分白銀，但發放本色仍然是主要的。自正德年間起，由於種種原因漕糧改折不斷增加，當著上述的撥補辦法發生困難時，戶部就採取以漕折銀『支放月糧』

的『權宜之法』。正德三年(1508)，浙江因『災傷重大』而『於兌軍米內量折三十萬石，各差官解貯』，以『折放官軍』月糧。同年，南直隸蘇松諸府旱災，戶部允許該地輸納『兩京俸糧內准折銀一十萬石』，以補有災不能起運之數。次年，戶部規定各有漕省區因災改折徵銀，解部送倉，以『折放月糧，存米在倉，以補兌軍該運之數』。」(參見《武宗實錄》正德3年11月壬戌條、12月壬戌條、4年3月己亥條)

3.支折俸銀

　　邊鎮因缺糧而「支折俸銀」，因素有好幾項，首先來看和漕糧運送的關係。鮑彥邦(1995:219)對此事的解說是：「明朝京都和北邊的糧儲供給日趨緊張和匱竭。特別是正德以後，每年大約缺欠漕船二千餘隻，該運糧七、八十萬石，這勢必加劇『漕運逋負』的嚴重情況。它一方面使得京都太倉糧儲『日匱一日』，供給越來越緊張；另一方面又導致北方邊鎮『倉廩皆空』，以致『軍中時時告匱』，直接引起了衛軍下層士兵不斷進行，旨在『求糧』、『索餉』的反抗鬥爭。」

　　施行支折俸銀還有另一項因素。鮑彥邦(1995:94-5)說這是「由於首都北京及北邊俸糧部分折銀支放的需要。隨著明中葉商品貨幣經濟的發展，京、邊百官及衛軍對白銀的需求也相應增加。為此，明朝政府在發放官俸和糧餉本色時，不得不根據實際消費的需求也相應支放一部分白銀，以減省過去官、軍常常因急需而『以糧易銀』之麻煩。由是規定從東南六省的漕折中徵收一部分白銀(稱漕折銀)，以供俸糧折銀支放的需要。……據弘治十八年(1505)的記載，薊州各邊衛軍月糧同樣『多以銀支折』，規定將山東、河南二省應輸納的漕糧改折三年，『每年折收銀五萬石，俾邊軍、運軍兩得其便』，亦即邊軍可以銀支折，而運軍也相應減輕漕運的負擔。……除此之外，北方邊衛因赴邊倉關支月糧不便，或豐年米價特賤，亦相應在月糧中以銀支折。」

4.邊軍貧困

毛伯溫《東塘集》卷20〈禁剝削軍糧〉內，對邊軍的貧困有生動描述。「訪得邊軍貧苦。月支糧一石，全家仰賴。若支折銀，止貿米六、七斗，兼以數月欠支。且柴煤俱貴，多燒馬糞。所餧馬匹，止支料半年，其餘草料俱自行管辦，日費銀五分。每年又出馬價銀三錢，以致預賣月糧，止得半價，貧困若此。」（引自奧山憲夫(1990)〈明代の北邊における軍士の月糧について〉頁155）

再舉一例。楊選〈條上地方極弊十五事疏〉（《明經世文編》卷196頁2024-5）說：「薊鎮月糧給本色者，尚可保一家，給折色者，不能贍一家。乃又在東數區，常至四、五閱月而不給；在西數區，常二、三閱月而不給。此月糧不敷之弊也。」

5.軍餉弊端

《國朝典彙》卷155〈兵部〉19「兵餉」項內，記載隆慶5年(1571)，御史劉翾言：「臣頃見延綏下班軍士顛連憔悴，泣而訴曰：行糧、月糧朝廷所以養吾輩者，非不厚也，……然而下情不通胥至困斃者，一過於倉攢之常例，而支放愆期；再漁於將領之使用，而扣剋無度；三蝕於家丁之抑勒，而額外取贏；四害於主兵之好逸，而分擺於極衝無暇之地；五迫於修邊之太急，而督責以緊關難竣之工；六苦於撤放之太遲，而跋履於暑雨怨咨之日，楞腹以稱戈，裂指以荷鋤，故困踣至此。推之他鎮，無不皆然。」

這些雖然是延綏鎮的狀況，但其他邊鎮也大抵相同。相對於邊臣在奏疏中的各種改革建議，張居正其實心知肚明，但也無良策以應。他在隆慶3年(1569)寫給薊遼督撫譚綸的信中（《張居正集》第2冊頁48），談到薊鎮的軍糧弊端，直接指出軍士俸糧不足的狀況。

「僕近訪得薊鎮軍糧，有關支一、二百里之外者，士卒甚以為苦。夫以數口之家，仰給於一石之粟，支放不時，斗斛不足，而又使之候支數百里之外。往返道路，顧倩負載，費將誰出？是名雖一石，其實不過八、九

斗止矣。……如是欲士皆飽食折衝禦侮，能乎？」

　　那怎麼辦呢？他建議改在就近的倉厫支領。「聞舊制，各區隨在皆有倉口，該官守支。今各倉厫或頗圯壞，而其制猶存，其官猶在，獨不可併厫修理，就近坐派乎？」接著他把這項職權交給邊鎮督撫處理：「此事不必疏請，但與管糧郎中一計處可也。」

第10章
修邊經費

一、邊牆(長城)的相關背景

1.前言

　　明朝將近三百年的經營，耗在邊鎮糧餉上的國帑有大略的數額可以估計，但耗在邊牆修築上的費用，通常並未編列固定預算，估計上有相當困難。修築邊牆的人力物力中，有不少是徵調自民間，這些成本也無法真實地反映出來，因而容易被忽視或低估。由於邊牆的修築並無系統的規劃，也無例行預撥的經費，來從事延續性的整修，所以正史中有記載者，多是較大規模或爭議性較高者。整體而言，在這個題材上我只有零散的資料，基本上出自《明史》、《明經世文篇》、《會計錄》，雖然沒有廣泛引述《明實錄》和其他文獻，但應該已有相當的代表性了。

　　長城是個多面向的歷史大問題，修築的經費從何處來？金額約有多少？有過哪些助力與阻力？這些議題在李漱芳(1936)〈明代邊牆沿革考略〉內略有觸及，但未深入探討，因為他把重點放在成化、正德、嘉靖、萬曆年間的「築牆事略」，寫作的手法是「邊牆沿革考略」，屬於通史性的綜觀概述。他沒在經費問題上深入，但舉出好幾項主要的證據與概貌，讓後人可以繼續探索。

　　本章的主旨，是要探討各邊鎮修築邊牆的幾項要點：(1)工程動機，(2)工事地段，(3)工程費時，(4)工事內容，(5)主事者，(6)所耗的銀兩、物力、人力，(7)遭遇的困難與阻礙，(8)完工後的防守效果。這是第4節的

主要內容，但如前面所述，大部分的資料無法完全回答這8個問題，只能零碎地拼湊簡略圖像。

以下先提供與邊牆相關的背景與研究文獻（第1節），然後對比主張修築邊牆的言論（第2節）和反對修築邊牆的言論（第3節）。篇幅最長的第4節，是從諸多大臣與將領的奏疏，來呈現諸邊鎮修邊的片斷記錄，以期多少回答上述的8個問題。第5節舉《會計錄》的記載為例，說明修築邊牆的經費額度與各項障礙。第6節摘述本章的要點，提出對修邊經費的整體觀感，以及目前對這個議題的理解程度。

2.相關背景

據目前的了解，明長城的總長度是1.27萬里（6,358公里）。現今仍存在的部分，依中國長城學會秘書長董耀會說，他們在1985年用508天徒步走完全程，發現只剩下三分之一屬於可辨認的城牆，另三分之一的牆體已經毀壞，還有三分之一已完全消失。以北京境內的長城為例，依據1985年的空照測量，總長度是629公里，其中牆體連續完整的只有67公里（《中國時報》2003年8月4日頁A12）。以下簡略說明長城的結構與防禦設計，進一步的長城建築結構詳細圖解說明，請參閱劉謙（1989）《明遼東鎮長城及防禦考》頁34-8。

邊牆。明代稱長城為「邊牆」，現代稱明代所用、所築的邊牆為「明長城」。由於風化與大自然的侵蝕，明代之前的長城大都已毀壞，現今所存較完整的長城，以明代所修築的部分為主，本章隨之稱為「邊牆」。

其實邊牆是防禦北方敵人的工事總稱，其中又分好幾種形式，各有專稱（如敵台、墩台、垛口）。以下用簡短的方式，分項說明它們的形式與功用。許多介紹長城的書都有類似的解說。

關城。中國有9大名關，其中7座在長城線上：山海、居庸、紫荊、娘子、平型、雁門、嘉峪。這些關城築在險隘要塞之處，是與長城牆體相連的封閉性城垣，也是沿線的軍事重鎮，有重兵防守。這些關城同時也是民間的通道，防禦設置嚴密。平地的關城多為方型，如山海、嘉峪；山地上

的關城，如居庸、紫荊，則隨山形而布局。

城牆。邊牆的主體建築是城牆，選擇位置的依據以符合戰略需求為主。(1)各邊鎮的地理環境複雜，基本的原理是因地制宜，根據地形、地貌、防禦的需求而異。(2)在山巒地帶，隨著山脈的走勢，修築在山脊和分水嶺上，以占據有利的地形。(3)在大河岸邊、山與山之間的懸崖上、山與河之間、山與海之間、溪谷之間、黃土高原、沙漠、草原、戈壁上，依狀況建築各種形式的城牆。

城牆的形狀，一般是下大上小的穩固梯形，依當地的自然條件就地取材，大致可分為：磚牆（內含夯土或三合土）、條石牆、塊石牆、夯土牆、沙礫石、紅柳或蘆葦混合夯築。從現代的遺跡來看，以夯土牆和磚石牆的數量最多。若以地區來分，北京、河北、山西、內蒙地區的邊牆以磚石牆為主；夯土牆多分布在寧夏、甘肅沙漠邊緣；較精華的地區，如北京八達嶺、密雲與灤平的金山嶺，都是以夯土、三合土、碎石為內，外面包磚。

以八達嶺的邊牆為例，邊牆依山勢而築，平均高6至7公尺、寬4至5公尺，用整齊巨大的城磚砌成牆體。每塊城磚重約50斤，下部條石台基約3千斤，上砌磚牆與馬道，牆身內部填黃土與碎石，牆頂面鋪墁3、4層方磚，再用純白石灰抹縫，堅固耐久。牆頂內側，築高約半公尺的宇牆，以防止守牆將士墜落。頂牆外側，築高約2公尺的垛牆，上方有垛口，下有射洞。城牆上還有吐水石槽和排水溝，內側開有石砌或磚砌的拱形券門，中修蹬道，方便將士上下。

敵台。又稱敵樓、城台、牆台。在城牆上每隔一段距離，就有一個高出城牆之上，以土築或磚砌的方形墩台，稱為敵台。分實心與空心2種：實心敵台只能在頂部瞭望射擊；空心敵台可建成2層或3層，這是戚繼光創造的形式，既可駐兵又可存放糧草、武器、彈藥。平均約1百公尺1座，有些間距只有50、60公尺，兩座敵台的火力可交叉相互支援，加強防禦的效果。

烽火台。別稱烽堠、墩台、烽燧、煙台、煙墩，是報警用的高土台。約隔5公里設1墩，可容數十人，是屯兵、守望之所。台上有瞭望用的房屋，及燃煙、點火設備、柴薪；台下有戍兵的住房、倉庫、羊馬圈等。一

遇敵情，白天焚煙，夜晚燃火。建築材料多用黃土、石塊、磚砌，在甘肅、新疆一帶則用沙石、蘆葦、紅柳壓夯而成。

堡城。別稱障城，這是防線上駐軍和屯積糧草、武器的地方；也可以說是軍營，是駐紮軍隊、調防、應急、飼養軍馬和駱駝的地方。

垛口。是指城牆頂部外側，連續凹凸的齒形物，作為反擊敵人時掩護自己的建物。

3.魏煥的綜觀

魏煥是長沙人，嘉靖8年(1529)進士，兵部職方郎，以《九邊考》(10卷，嘉靖21年，1542)聞名。他在《九邊考》卷1〈邊牆〉內，綜述明初至嘉靖17年之間，修築邊牆的主要代表人物，以及所修築的位置與長度。以下分述魏煥的概觀。

(1)自國初耿秉文守關中，因糧運艱遠，已棄不守，城堡兵馬烽堠全無。

(2)成化八年(1472)，巡撫延綏都御史余子俊，奏修榆林東中西三路邊牆崖塹一千一百五十里。

(3)(成化)十年(1474)，巡撫寧夏都御史徐廷章奏築河東邊牆：黃河嘴起至花馬池止，長三百八十七里。已(以)上即先年所棄河套外邊牆也。

(4)弘治十五年(1502)，總制尚書秦紘(紘)奏築固原邊牆。自徐斌水起，迄西至靖虜營花兒岔止，六百餘里。迤東至饒陽界止，三百餘里。已上即今固原以北內邊牆也。

(5)正德元年(1506)，總制楊一清修築徐廷章所築外邊牆，高厚各二丈。牆上修蓋煖鋪九百間，牆外濬舊塹亦深闊各二丈，於是外邊之險備矣。

(6)嘉靖九年(1530)，總制王瓊修築秦紘所築內邊牆。西自靖虜衛花兒岔起，東至饒陽界開塹，斬崖築牆，各因所宜。又自花兒岔起，西至蘭州棗兒溝止，開塹三十四里。總制劉天和加倍修築，於是內邊之險備矣。

(7)內外二邊之清水、興武、花馬、定邊各營地方，又套虜充斥縱橫往來必由之路，總制王瓊自黃河東岸橫城起，迤東轉南抵定邊營南山口，開塹一道長二百十里，築牆十八里。

(8)後總制唐龍改修壕墻四十里。總制王接修壕墻一百三十四里。總制楊一清初修壕四十里，皆依前墻塹止於定邊營北。

(9)嘉靖十五年(1536)，總制劉天和因都督梁震奏，築定邊營南至山口一帶壕墻，長六十里，亦依前墻塹。

(10)(嘉靖)十六年(1537)，總制劉天和奏築疊堤一道，亦西自橫城南抵南山口，並壕墻為二道，于是套虜入內之路有重險矣。本年，總制劉天和又築鐵柱泉、梁家泉等處城堡，以據水源。

(11)(嘉靖)十七年(1538)，都御史毛伯溫奏築大同五堡，及邊墻邊險俱備，非大舉不能入，真馭戎上策也。

魏煥的綜觀止於嘉靖17年，且內容稍嫌簡略。李漱芳(1936)〈明代邊牆沿革考略〉(15頁)是較完整的概述，主要的內容有：(1)成化以前修邊事略，(2)余子俊創築邊牆事略，(3)正德、嘉靖間修築邊牆事略，(4)萬曆間修築邊牆事略。這是一篇不錯的綜觀，以《實錄》和正史的資料為主，而忽略《明經世文編》內較豐富的細節記載，以及各層級人員的見解，詳見本章第4節的補充內容。另參見壽鵬飛(1941)《歷代長城考》頁18-20對明代長城修築史的綜述。

4.相關研究

以下略提幾項與明代邊牆相關的研究。(1)王國良(1927)《中國長城沿革考》第5篇〈明與長城〉(頁59-81)。(2)江應樑(1935)〈楊一清與明代中國之西北邊疆〉。(3)潘承彬(1936)〈明代之遼東邊牆〉。(4)李漱芳(1936)〈明代邊牆沿革考略〉。(5)楊淑英(1936)〈明代薊昌邊牆之建置〉。(6)吳緝華(1981)〈論明代邊防內移與長城修築〉、(1982)〈論明代築萬里長城守邊的失策〉。(7)華夏子(1988)《明長城考實》(實地踏勘，有很好的繪圖與解說)。明代長城的地理位置、建築方法、保有現況，有相當可靠的踏堪調查。(8)松本隆晴(2001)《明代北邊防衛體制の研究》，第5章〈余子俊の「萬里長城」とその失腳〉。

上述的研究可以顯現學界目前對明代邊牆的理解，其中有一個較少觸及

的議題，那就是對13邊鎮修邊經費的探討(松本隆晴2001頁136-46對延綏鎮的修邊經費分析，是少見的例外)，希望本章的內容能把這個議題襯托出來。

二、主張修邊論

唐龍對長城觀點的改變，是主張修邊論的好例子。他是正德3年(1508)進士，後任兵部尚書總制三邊(嘉靖23年[1544]正月)，同年12月改任吏部尚書，翌年7月奪職，尋卒。唐龍說：「臣先任陝西提學副使五年有餘，聞諸邊人皆云禦虜先要修邊。及見經略之臣，亦多以修邊為務，竊疑至計或不在此。而今謬司邊務四年有餘，每見無堅好邊牆去處，虜輒易犯，兵亦難禦其地；耕稼不興，孳牧不蕃，居人蕭條，行路者輒被撲捉。至於有堅好邊牆去處，虜之入也，既懼我兵遏其衝，而出也又懼我兵擊其尾。是以不敢輕犯，即有犯時，兵馬驅逐，亦隨散矣。故其地稼穡布焉，牛馬蕃焉，居人頗可度日，行路者亦鮮遭虜。此不修邊與修邊之明驗也。」(〈立邊防以禦虜患以保地方疏〉，《漁石集》未收，引自《明經世文編》卷189頁1950)

魏煥在《九邊考》卷1對邊牆問題有很正面的見解。「鎮戍莫急于邊牆，蓋胡人以畜牧為生，騎射為業，侵暴邊境，出沒無常，大舉深入，動至數萬。歷代以來，屯兵戍守，寡則艱于應敵，多則困於轉輸，是故虜眾易合，而勢常強。我兵難聚，而勢常弱。惟其弱也，故有與之和親，為之納幣。而不恥者，其甚至於陷末疆土，臣事犬羊。……是以論者謂：禦戎無上策，蓋謂此耳。」

熊廷弼是明末名將，萬曆26年(1598)年進士，「擢御史按遼(東)。……四十八年(1620)東事起，陞大理寺丞兼御史，為宣慰，尋陞兵部侍郎，經略遼東。」他在〈與王振宇總戎〉(《遼中書牘》卷2頁26-8)的書函內，大談修邊至上論。他說：「戚大將軍鎮薊時，何曾與虜厮殺？只修了一道邊牆，而至今稱其功。趙後將軍馳至金城，何曾與羌厮殺？只屯了兩年田，而先零困服。此兩公者，古今名將也，真足為修邊屯田樣子。」

又說：「他人為大將軍者，第曰我善為戰，我善為陣，殺賊而已矣。及說到修邊防以資守備，便以為怯，而不屑出諸口。不知遼邊長二千餘里，左彎右曲、東隔西斷，其勢最難應援。而虜之去來，倏忽風雨，雖有兵馬設防，經年奔馳而不得與虜一遇，亦其地使之然也。」

熊廷弼對邊墻的心得，是「僕嘗謂：無邊以為戰，戰不勝；無邊以為守，守不固；無邊以為欵，欵不久。與其搗于境外，不若戰于境內；與其待虜入境而與戰，不若阻虜不得入，而無待于戰；與其費錢撫賞而使虜不入，不若費錢修邊而使虜自然不得入。……其言似怯懦，而頗為實落。」（熊廷弼對遼東邊墻的設計與建築，請參閱劉謙（1989）《明遼東鎮長城及防禦考》頁44-6。）

附帶提供一項相關的見解。丘濬是景泰5年（1454）進士，弘治元年（1488）陞禮部尚書，兼文淵閣大學士，以《大學衍義補》名傳天下與後代。他在〈北都形勝〉內，對邊墻之事有一些書生之見。他認為主要的邊鎮有6，「六鎮東西不過千里，一夫一月之功，可成三步之地。強弱相兼，不過十萬人，一月可就。臣竊以為今山後緣邊之地，東起永寧之海，西底保德之河壖，自東而西，計其所長一千三百二十里而已。……其間墩臺相望，遠者十數里，近者數里，就其空處而加築塞之功，延以相連接，亦無甚勞費。……孟夏仲秋天氣涼溫之候，量撥騎兵以防護，借十萬人之功力，費中數萬之齎糧，三年之內僅勞一百八十日，成此千百年莫大之功，夫然則邊城寇盜永清，國家藩籬益厚。」（《丘文莊公叢書》未收，引自《明經世文編》卷71頁597）。這未免小看修邊的困難與障礙，若余子俊或任何邊鎮將領讀到此段的說法，也只能大歎書生空議論。

丘濬還有一篇〈守邊議〉（《丘文莊公叢書》未收，引自《明經世文編》卷73頁620），對修築墩堡之事有較符實際的見解。「以今日邊事言之，且如宣府一處，腹裡墩口二百七十二所，沿邊共四百五十六所。即此一處以例其餘，其城塞之設皆當要害之處，固無容議，但墩臺之類則恐失之太少。臣愚以為設墩臺以候望也，其相去之遠近，當以火光可見、礮聲可聞為限。……目力可及則立為一墩，及於眾墩之間要害處立為一

堡。……每二、三十里各為總台數處，以次通報於城中。」若依丘濬這麼
嚴密的設計，不知是否只需要「費十數萬之貲，三年之內僅勞一百八十
日，成此千百年莫大之功？」果真如此，明朝怎會亡於邊防？

三、反對修邊築堡論

劉燾

劉燾是嘉靖17年(1538)進士，42年(1563)陞僉都御史，總督薊、遼。
尋以軍功加右都，總督兩廣。隆慶2年(1568)晉兵部侍郎，4年陞左都御
史，提督神樞營，未任卒。大概是在總督薊、遼時，他寫了幾篇主張「修
邊無用論」的奏疏，認為築牆不可恃、險不在牆而在「外口重山」，所以
應「罷修邊」。同樣地，他也認為守河築堡無益，「堡為陷民之穽也」。
他進一步主張革除撥發給修邊用的錢糧，認為這是「不才者借修邊以討行
糧」的技倆，只要能「自斷錢糧，邊防之費可省其半」。他甚至反對兵部
的官員查勘修邊工程，以免除軍士之苦。雖然他在言論上反對修邊，但身
為總督，仍必須遵命行事。以下綜述劉燾的反修邊論(〈修邊〉，《明經世
文編》卷304頁3209-10)。

「嘗聞長城之設，古為無策，……夫何數年以來，修築益急而虜患益
熾？稽之宣、大工完之後，失事者屢矣！是果牆之不可恃耶？宣、大之牆
不足恃，則薊鎮之牆不可修；……今宣、大已成之牆棄而不守，薊鎮未修
之邊從而創築。……夫薊鎮東至山海，西抵居庸，延袤二千三百七十餘
里，今十區所議工程……止得二百餘里，盡數通完，未得十分之一，則各
區無牆者尚二千餘里矣！……沿牆列守，亦未得十分之一，則各區未守者
尚二千餘里矣！」這是「邊牆築不盡論」。

接下來劉燾提出「邊牆不必築論」。「該(薊)鎮所恃者，不在於內口
牆垣之險，而在外口重山之險。萬一屬夷勾引而來，……中國繁庶已在目
中，一線之牆豈肯空回？……而況二千餘里未必盡皆有牆者乎。……夫修
邊以防零寇，可也；恃之以禦大舉，不可也。為今之計，抑為省修牆之

力，……與其疲勞於泥水之中，孰若馳驅於金鼓之下；免其抬土運石之
苦，而付之以彎弓馳馬之事。……今也春夏專於修牆，而氣力精神消已
盡；防秋之時，聚而為兵，不知孰為行伍、孰為號令，且氣竭而力疲，藝
生而膽怯。……愚故曰：修牆不如蓄銳。」

劉燾的下一個觀點，是「宣、大擺邊無用論」。明代把軍士沿著邊牆
布署防敵，稱為「擺邊」。他說：「夫擺邊所以防秋也，盡地而分之，沿
牆而守之，孰不以為奇策也。……及查我朝邊防，花馬池之邊，地平設
牆，內蔽寧（夏）、固（原），此可守而可擺者也。至於宣、大，則設牆於
山，其地利又不同也。……則大舉之來，動稱數萬，我散而守，彼聚而
攻。（我）雖稱十萬之眾，當鋒不過三千人。一營失守，則二十二營俱為無
用之兵。十里潰防，則二千餘里盡為難守之地。地遠而兵微，應援而難
至，……此胡馬所以視如無人之境。為今之計，亦惟聚擺邊之兵以合戰
耳。……愚故曰：擺邊不如合戰。」

話雖有理，但13邊鎮防線這麼長，在有限的兵力之下，又無法預測外
患將從何處突入，若不擺邊，恐怕蒙古部族會挑選弱點侵入。須知明朝的
基本戰略是「防」而非「攻」，在防線長、兵力不足的情況下，能用劉燾
所的「聚兵合戰」嗎？相反地，敵方只攻不守，無定點式的突擊，明兵防
不勝防，如何做得到「聚兵合戰」呢？

劉燾還有一個與眾不同的論點：「守河築堡，堡為陷民之穽也。」在
〈答司馬書〉（《明經世文編》卷304頁3218-9）內說：「問潮河川闊狹，各
當何如為守？……賊之來也，由川而進，借水頭以安營，至於入境之時，
未必由川口而進。……其闊與狹又有暇論哉？」他的意思是：外患知道川
口河道必有刺馬、荊囤、釘板，也有墩台炮火，加以水勢深淺不一，必不
敢冒險而入。在這種情況下，劉燾認為，「于適中民多之地建立大堡，東
西南北各修一堡，亦足矣。」

問題在於各州縣若普遍築堡城，又必「務要高堅深厚，今泛然而築，
茫然而守，是以堡為陷民之穽也。」他認為更荒謬的是「腹裡築墩」：
「築墩於邊外，所以明其烽燧，瞭其向往，以防胡于未入之先；今築墩幾

內，殊不知大虜既潰墻而入，千山萬澗諸將連營尚不能堵截，而平川曠野一墩之力，可借之以成功乎？」（頁3219）此話說得有理。

劉燾還有一項更引人側目的作為，寫了一篇〈再上內閣本兵（部）革除修邊錢糧書〉（《明經世文編》卷306頁3231）。事情的緣起，是朝廷「已經通行主、客將領，各照所分地方及修築，每十日一次，將修過工程開報查考」。問題是：將領當中「有等不才者，即借此以討行糧。……客兵自有行糧，修工亦支，不修亦支，無容別議。……軍士固所當恤，而錢糧不可不計。若一概加給行糧，則所費不貲。無事而給與行糧，有警之時又將何所加乎？……且薊鎮之險年年該修，一開行糧之例，又恐耗費不貲。……修邊不動錢糧，自某創始。請乞斷自宸衷，而邊防之費可省其半矣。」

這個說法，未免有「既要馬跑又不給草」之嫌。我們在第9章已見過，各邊鎮軍士的俸糧少得可憐，現在朝廷又要主、客兵修邊，官兵必怨，朝廷稍給行糧，劉燾何必反對，主張「修邊不動錢糧」，以省邊防之費？

馮時可

馮時可是隆慶5年（1571）進士，以職方郎起家，歷任藩臬公，有文章，聲晚而彌動。他在〈紀邊事一〉（《明經世文編》卷434頁4740-1）這篇短文內，對邊防的作為有與眾不同的負面見解。

「九邊往日有垣而卑薄，賊至列卒垣上，謂之『擺邊』。譚二華（薊遼總督）填薊，建言：賊數萬齊入，而我兵千里分守，數步一卒，是虜合寡以為眾，而我分眾以為寡也，惡能得志？請自今罷擺邊，專扼塞。」馮時可認為，「夫垣能過零騎而不能過大舉也」。呂坤《實政錄》卷8「慎修築」內，也有類似的見解：「即使人一垛，彼聚而攻我，豈能聚而守乎？不過阻零騎數十遍，砍掘數刻耳。此修築之效也，我不敢廢也。」

另一個觀點，是「築（墩）台無用論」。馮時可說：「量里建台幾三千餘所，眾僉然謂金湯也。諸鎮因而倣效，奏請無虛日。一賴以保障，而財賂衰耗，戍卒辛苦墊隘。方金湖代譚（二華）為本兵，極言建台，徒美觀耳，無益實用。一台費幾三百金，邊方無水無石之處，採邊為艱，修築無量，民人日駭，……請乞停止，九邊始獲息肩矣。」

四、修築的人力、物力、經費

現存各邊鎮的修邊資料參差不齊，基本上是遼東、宣府、大同等重鎮的記載較多，西北方的甘肅、固原鎮資訊較少。整體而言，除了遼東鎮有較完整的邊牆修建記載，其餘邊鎮的邊牆修築史，目前所知有限，只能截取幾個片段當作代表性的樣本。各邊鎮的邊牆修建簡史，請參閱華夏子（1988）《明長城考實》頁50-82。以下只在遼東、薊州兩小節內，簡要地綜述邊牆修建史，其餘各小節內因缺類似研究，就略過這個面向，只討論修築的經費與障礙問題。

1.遼東鎮

目前對邊牆的研究，以遼東鎮的狀況最佳。為什麼遼東鎮現存的邊牆文獻，反而比當時屬於超級重鎮的薊州（及鄰近4鎮）、宣府、大同完整？大概有3項主因：(1)滿清源自遼東，所以至清末為止，相關的傳世文獻自然豐富。(2)遼東史料中最重要的是《遼東志》與《全遼志》，我們從《遼東志》書末的〈日本翻刻《遼東志》序〉（大正元年，1912）和〈遼東志解題〉（稻田嵒吉撰），都可以感受到：日本在民國初年重刻這兩套鉅幅的史料，應有其政治意圖。(3)相對地，薊州及鄰近地區，自明末起就無軍事重要性，許多相關史料就較沒機會保存下來。

目前對遼東邊牆的研究，有6項文獻可以介紹（依出版年序）。

(1)張維華（1934）〈遼東邊牆建置沿革考〉，是早期的研究，從史書內綜述遼東邊牆建置的記錄，全文未分節次。

(2)潘承彬（1936）〈明代之遼東邊牆〉，先整理出史書上對遼東邊患的記載，然後說明因之而築的邊牆有哪些具體內容。文分4節：(a)遼西與遼河流域邊牆的起源及其原因，(b)遼東邊牆的起源，(c)邊牆的區劃，以長篇幅說明94個堡的位置、內含的邊台數目與名稱，(d)簡要解說邊牆的建築方式與各種築牆材料的建造法。

　　(3)華夏子(1998)《明長城考實》(頁50-3)，簡介遼東鎮長城的分布情況與修築過程。類似的內容，在楊暘(1993)《明代東北史綱》(頁222-34)也有簡明的綜述。

　　(4)較完整的全面性解說，有可能是目前最好的綜述，是叢佩遠(1998)《中國東北史》(卷3頁607-30)「第3節遼東邊牆的修築及其作用」。內分(a)西段邊牆、(b)東段邊牆、(c)邊牆的修繕及其作用、(d)更重要的是頁623-9「遼東邊牆堡台統計表」，內含6個一目瞭然的項目：(i)地區、(ii)邊牆長度、(iii)邊牆種類(與長度)、(iv)所轄邊堡、(v)邊堡所轄墩台數、(vi)備考說明。

　　(6)劉謙(1989)《明遼東鎮長城及防禦考》。全書236頁文字、118個圖說、62頁相片，是非常具體細節的考證解說。

　　就本章的主旨來說，叢佩遠(1998)對遼東邊牆的綜述，是目前對各邊鎮邊牆研究的文獻中，最完整也最有用的成果；其餘12邊鎮的邊牆建構狀況，尚未見到類似的研究，還處於所知有限的狀態。

　　因篇幅有限，在此只舉一例說明修築遼東邊牆的困難。張學顏是嘉靖32年(1553)進士，授知縣，選給事中，陞僉事。隆慶5年(1571)以僉都御史巡撫遼東。萬曆6年(1578)陞戶部尚書，尋改兵部，加太子太保。他在巡撫遼東時，上奏〈條陳遼東善後事宜疏〉(《明經世文編》卷363頁3911-3)，說他露宿3夜，「會同薊遼總督楊兆、總兵官李成梁，議照禦虜以收保為完策」。

　　遼東修邊的困難何在？「守邊以城堡為室家，但修工易而底績難，補修易而創修難，在內易而鄰虜尤難。萬曆元年(1573)具呈閱視汪侍郎，始題奉欽依准將險山等六堡移建于寬奠子十岔口等處。……在邊外二百餘里，……且邊人以遠為苦，紛出怨言，……各官畏難憚勞，……又每舉往昔撫臣激變遼軍之害，以嚇臣等。」

　　阻礙還不止如此：「自將領至屯民，在在煽動，人人自危。該巡按御史覆題請止工，臣等亦且疑而畏之也。……方奉旨而即停，才舉工而忽報。軍夫一放不可復，銀已散不可復收，……且示弱外夷，反以取侮。」修堡的困難，在於「臣等恐夫匠遠涉窮荒，……又見軍夫居食無依，勞瘁

多疾，……恐委官虛捏工程丈尺，……又發印簿以查銀糧出入。」

移建6堡的經費需多少呢？「原議廩蔬鹽菜銀五千八百八十六(5,886)兩，口糧米一萬八千九百(1.89萬)石。節因夫匠屢告食用不足，該臣等會議，每夫日加米五合，鹽菜銀二釐。該部覆奉欽依，共該加銀二千八百八十(2,880)兩、米七千二百(7,200)石，俱在前項銀米數內樽節支放，如有不敷，另行請討。」

在奏疏的最後，張學顏拿遼東的6堡來和毛伯溫在大同所建的5堡相對比。「查得嘉靖中，大同修弘賜等堡五座，近在鎮城。當時以為其事甚難，其功甚偉。今(在遼東)創修六堡，惟孤山為稍近，……(其餘)在萬山之中。五堡鼎峙，相去迤數百里，……山澤之利無窮，贍養之資甚便，……且費半省于厚額，工速成於二年。」

遼東6堡築成後有何意義？「南悍衛所，東控朝鮮，西屏遼瀋，北拒強胡。蓋屹屹之巨防，國家永永之大利也。」張學顏希望兵部「通行覈勘工程有無堅固，錢糧有無虛冒。其前後效勞有功文武諸臣，分別敘錄。」

2.薊州、昌平鎮

薊鎮邊牆包含薊州以及鄰近昌平鎮一帶，此區域內的邊牆較特殊，並非單線走向，而是有內外牆之分，主要是為了防衛京師。有關薊鎮的邊牆建置史，目前只知有楊淑英(1936)〈明代薊昌邊牆之建置〉。此文不是發表在學術刊物上，而是在《大公報》(1936年7月31日〈史地周刊〉第96期)的半頁文章，寫得相當翔實，也注明文獻的出處。

薊、昌兩鎮的邊牆，從山海關至居庸關，長達2千多里。本來只稱薊鎮，嘉靖30年(1551)才從黃花鎮中分，東至山海關這段1千7百多里，仍稱薊鎮；黃花鎮西至鎮邊城的460里，改稱為昌平鎮。薊昌邊牆因緊臨京師，所以從明初起就開始修築，建居庸關、山海關。之後在永樂、正統、弘治、正德、嘉靖、隆慶期間，都有持續的建築與維修，大概在萬曆4年(1576)以後，就沒有大規模的修築。因篇幅所限，不擬詳述薊昌段的邊牆建置史，請參閱楊淑英的綜觀概述。以下舉數例說明修築的記錄。

汪道昆

汪道昆是嘉靖26年(1547)進士，歷陞僉都御史，撫治鄖襄。隆慶4年(1570)改撫湖廣，明年為少司馬，尋卒。他對京西諸關(薊州、昌平、馬水口、紫荊關)的築台事項，寫過2篇奏疏：〈經略京西諸關疏〉、〈邊務疏〉(《太函集》卷90頁14-20)，具體說明應修築多少座墩台、每台需幾人修築、各需多少銀兩與人力。

「茲蒙皇上納本兵(部)言，獨以築台守險為邊防要務。……每台必如部議，給銀二百三十兩，……但地有險夷，功有差等，以薊之上上等者為準，議以二百三十兩給之。……每座應以二百二十兩為規，……計共該銀七萬八千三百二十萬兩。……該鎮主客官軍共計五萬以上，……亦照薊鎮新例，每防計軍五百，分築一台。在主兵則終歲駐邊，兩防共築台二座；在客兵則仍舊貫(慣)，防秋止築一台。大約不及四年可告成事。」築台部分，「期於萬曆四年(1576)工完」。此外，在馬水口還「應折(拆)修邊牆三百九十六丈，應增修一千一百九十九丈。紫荊關應拆修一千一百八十八丈七尺，應增修一百丈。倒馬關應拆修九百二丈五尺，應增修一千三百二十三丈七尺。」

這篇奏疏對墩台的解說不足，尤其對增築墩台的座數語焉不詳，他在〈邊務疏〉內，對薊、昌地區築台之事有詳細說明。「薊莫利於守，守莫利於台，此其明驗較著者也。……大約增台二百座始為完工。查得先任總督譚綸，原議築台三千座，其後僅舉其半，既又減其半之什二、三。」這是明顯的虎頭規畫，蛇尾了事。

在經費方面，他說明「計一台之直(值)，不當千緡，公帑所償，十不當一，懼不堪命，不得不暫休之，非得已也。」在前人的失敗教訓下，汪道昆的做法就保守多了。「及今相地宜、合兵力，築台二百座，只以一防為期，……往者給賞有差，每座多則百兩，今亦倍給，使之採擇有資。」

總經費要多少呢？「即如台二百座，計直不下二十萬緡。今雖有加，不四萬而足。」經費從何處來呢？「願行山東、河南二省，取解節欠薊鎮民運折銀各二萬兩，辦此有餘。……事可立集，不假旁求。」這樣的奏

疏，已顧及經費來源，而且比前任的築台規模大大縮小（從3千減到2百），朝廷批准的可能性自然大增。

戚繼光

「戚繼光，登州衛人，由指揮使征閩，剿倭寇有功。萬曆初總理薊遼，加左都督少保，張居正復改鎮嶺南。其鎮薊門也，用南兵勤訓練，墩台、營壘之制，至今師之。」

戚繼光所奏〈請建空心台疏〉（《戚少保奏議》頁54，隆慶3年[1569]2月）的內容是：「東起山海，西止（薊）鎮邊地方，綿亙二千餘里。……以（空心）台數計之，每路約三百座，薊、昌十二路，共三千座。每台給銀五十兩，通計十五萬兩。每歲解發五萬，完台一千。三年通畢，則此邊關有磐石之固，陛下無北顧之憂矣。」

也就是說，他向朝廷請求在3年內撥發15萬兩，打造薊、昌12路共3千座敵台，平均每座只要50兩。敵台的形式是：「如民間看家樓，四面廣十二丈。虛中為三層，可住百夫，器械鐵糧設備俱足。中為疏戶以居，上為雉堞，可以用武。虜至則舉火出台上，……務處台于牆之突，收牆于台之曲。突者，受敵而戰；曲者，退步而守，所謂以守而無不固者也。」

這就是戚繼光最有名的「空心敵台」，每座只要50兩，費少用廣，所以能流傳至其他邊鎮通用（參見《戚少保奏議》頁179〈請增空心台疏〉，萬曆元年[1573]2月）。他在另一篇〈築台規則〉（《戚少保奏議》頁101-102，隆慶3年[1569]3月）中，對築台的尺寸規格（台基13丈，收頂10丈）、所用的材料、所需人力（240、250人可完1座）、進度（每年可完70座），都有詳細說明。為何他要寫得這麼具體？那是因為「邊將愚拙弗省，恐造不如法，及不堅固。」

《古今圖書集成·戎政典》卷45「兵制部」頁479，對戚繼光修墩台的事，有類似而不盡相同的記載。「隆慶三年（1569）二月，總督譚綸請築薊、昌二鎮墩台。綸言：二鎮東起山海關，西至鎮邊城，延袤二千四百餘里，乘障疏闊，防守甚艱。宜擇要害，約緩急，分十二路，或百步、三、五十步，犬牙參錯築一墩台，共計三千座。計今歲可造千座，每座費五十

金。高三丈，廣十二丈，內可容五十人，無事則守牆。守台之卒居此，瞭望有警，則守牆者出禦所分之地。守台者專擊聚攻之寇。二面設險，可保萬全。請下戶部發太倉三萬五千兩，兵部馬價一萬五千兩，以給工費。」兵部覆：「綸所言誠守邊便計，得旨允行。明年(1570)二月，綸上言：『築成墩台四百七十二座，規制精堅，可當雄兵十萬，為邊境百年利。乞錄效勞將吏功。』得旨：綸與劉應節、戚繼光等陞賞有差。」（參見譚綸《譚襄敏奏議》卷7頁748-50對此事有詳細說明）

《譚襄敏奏議》卷6頁731-5有〈再議增設重險以保萬世治安疏〉，詳細說明薊州修築敵台的費用狀況；卷7頁738-40〈欽奉聖諭疏〉，內有具體的修邊記載，文長不俱引。

3.永平、密雲鎮

楊博是嘉靖8年(1529)進士，巡撫甘肅，歷陞兵部尚書，尋改吏部，萬曆初晉少師兼太子太師，尋致仕。大概在任兵部尚書之前，他奏呈〈議築簡便墩城疏〉（《明經世文編》卷273頁2880-1），建議在昌平、懷柔、順義、密雲、三平谷一帶築簡便墩城。

他說：「臣往年巡撫甘肅之時，嘗創為墩城之法。即如五、七家之村，令其近村合力築一小城，周迴止二十八丈，底闊一丈二尺，高連垛口二丈，收頂七尺。實台上蓋房一層，架樓一屢，最上蓋天柵一層。此外更有欄馬墻壕二道，近墩又有漫道，將致墩門置板橋，防賊循道而上。大村則令其左右夾峙，各築二墩或四墩、六墩。蓋守禦之方，大則為城，其次則為堡。城非萬金不能成，堡非千金不能成，惟此墩城通計不過百金，為費甚少，隨處可築。大城必須數千人，堡須千人方能拒守，惟此墩城十數人可以守。如蒙乞勒兵部計議，如果相應，容臣畫一圖式，……。」

總共需要多少經費呢？為何朝廷有必要支持呢？「量發官銀三、四萬兩。如內帑不便，或千、真、順等府解到民夫銀內，准如數動支。……然此雖有小費，果得民命曲全，比之調發客兵，日費千金，無益有損者萬萬不侔。」

楊博對這種簡便墩城相當有興趣，大概是在兵部尚書任內，他曾函〈覆陝西總督劉天和議築墩台疏〉（《明經世文編》卷274頁2895-6）。除了申述這種墩台的建構方式，並說明4項優點：(1)「平時驅以築堡，力少工大，怨咨隨興。若修墩則隨處可為，人人可辦。」(2)「……若墩既設，則村莊堡塞人人皆知所趨避，民命必能保全。」(3)「……若墩設立，則烽火遍于四境，自足以攝虜之心、奪虜氣。」(4)「虜以逐水草為主，若有水去處盡築墩台，如鐵柱泉之法，則虜計窮蹙，自當引去。」

為什麼楊博的態度這麼積極呢？「臣待罪本兵(部)，防邊之策日夜圖惟，冀求試效。所舉築墩一事，與民不費而為益甚大，委為可行。」他在兵部尚書任內，屢屢催促各邊守將增築墩台。例如在〈右衛路通乘時以圖後效疏〉（《明經世文編》卷275頁2902-3）、在〈責成宣、大、山、遼四鎮邊臣修築墩堡〉（《明經世文編》卷276頁2923-4），他就一再重複：「臣博昔巡撫甘肅，創為墩院之制。中為一墩，四面築一小城，極寬不過十丈，費少易成，地狹易守。虜嘗擁眾突入涼州，一無所掠，卓有明驗。」

他接著把此事轉為硬性要求：「即將合用銀兩逐一估計明白，具奏前來，以憑處發。大抵此舉，全是巡撫之責。……候工完之日，親詣查勘，如足堪保障，即將總督、鎮、巡等官具奏獎賞。若以虛文塞責，全無成效，一體指名參奏。」

4.宣府鎮、大同鎮

葉盛

葉盛是正統10年(1445)進士，成化5年(1469)陞禮部侍郎，改吏部，卒年55。他在〈修復屯堡保障軍民疏〉（《葉文莊公奏疏‧上谷奏草》卷4頁5-7，成化2年[1466]正月28日)內，先摘述永樂4年4月、19年6月、20年10月的聖旨，以顯示朝廷對宣府邊牆的重視。他說明為何必須修復屯堡：「臣等近因巡歷邊口，……共稱本年賊搶之時，其屯堡或有牆壁稍完，人畜躲藏在內，賊人雖是窺伺，不敢進入，亦得保全。但棄家上山者，不分險易，俱被搜殺，慘毒難言。」

　　當時宣府的屯堡狀態是，「自副總兵孫安修復至今遞年，於緊關要害去處修築堡小，通計五十餘座，……亦頗周至。惟是四散及腹裡屯堡，因循年久，墻壁未完，愚民習懶，不為後慮。若議修築，僉謂勞人妨農。」

　　在這種情況下，葉盛上疏「乞聖明特勅該（兵）部計議，行令嚴督都司衛所屯守等官，……趁此春和土融及秋成農隙之際，各隨見住居民，以大成大，以小成小，或酌量并轄，俱要高築墻壁，腳闊五尺，頂收三尺。其願有築墩挑壕，及申稟上司，築立拒敵堡者，聽各為保障。……其各邊并北直隸，先年原有屯堡，今見在村庄去處，合無一體責成修理。」

　　依上述的內容看來，葉盛只是建議朝廷責成兵部重視宣府的修邊工作，他並無具體的整修計畫，也無經費需求的估算。其實這些見解並無新意，守邊將領也深知此事，更何況葉盛未明言經費的籌措方案，以及可能遭遇的諸多困難。

韓邦奇

　　韓邦奇是正德3年（1508）進士，授吏部主事，歷陞南京右都御史，尋進兵部尚書。嘉靖36年（1557）卒，贈太子少保。他對宣府、大同修邊之事，有與眾不同的見解（〈邊事論二〉，《明經世文編》卷161頁1623-4）。

　　「今天下大計，禦虜之策雖募百萬之師，費億萬之財，亦無益於當時，其切務惟在修邊。然今之言修邊者，每以宣、大為說，則失策甚矣。蓋宣、大之邊，不惟不能修，而亦不必修。」

　　為什麼呢？「何謂不能修？宣、大邊廣千餘里，力登易辦，縱修之亦不能遍守，然決不必修也。何謂不必修？蓋華夷之界限，本在寧武至山海關一帶界山，宣、大在險之外，而鎮城又在外之邊，與虜共處一地。不守險而守之險外，以城鎮而置之極邊，此古今英豪之深意。」

　　更重要的問題是：「今宣府彈丸之地，……四十二城堡皆設兵將。大同……十七城堡……。若只保守宣、大地方，中人可以守之，半其兵將可以當之，又何必以修邊為哉？所為（謂）不必修也。」

　　那要怎麼做才正確呢？「今邊之宜修者，山西真定、順天也，力既易成，險亦可守，樞機在此。……居庸最險潮河，以隨時修整不甚費力，則

天下之事畢矣。……何必修邊為哉？此修邊之說也。」韓邦奇的說法看似有理，但恐與眾見相違，大概朝廷不肯輕易批准，兵部的同事也未必同意他的特殊見解。

他在另一篇奏疏〈邊事論四〉（《明經世文編》頁1625）有較持平的見解。「西北之大邊六，宣府最為緊要，額兵十二萬；其次大同，額兵八萬，其餘各鎮其兵俱少。……居庸、紫荊之外有宣府，雁門、寧武之外有大同。我國家又設老營堡，……若過後老營堡修至寧武，亦不為甚費。今虜入中國，惟老營堡地方仍一大空闊，……築以甬道長不過二里，即至山顛上，闊二丈、高三丈，兩面環一女墻，設數鋪房，虜至以兵守之，金湯之固矣。」

叢蘭

叢蘭是弘治3年（1490）進士，累官南京工部尚書，嘉靖2年（1523）卒，贈太子太保。他為了紫荊、倒馬、龍泉3關一帶的防禦措施失修問題，曾上疏〈預防邊患事〉（《明經世文編》卷108頁982-3），說明這3關的險要，尤以紫荊逼近大同、宣府，最為重要。歷年來雖有多項興工修築，「但山水暴發，奔潰洶湧，推石拔木」。叢蘭的策略，是「仍於城垣兩頭擇取我軍可登、彼不能到、路必經由其下高險地方，添築敵台等項」。這需要多少人力與財力呢？他說此項「工程十有八九可完除」，「日另具丈尺數目，備細造冊奏報」。可惜找不到造冊的內容，無從知曉所需耗費的人力與經費。

翁萬達

翁萬達是嘉靖5年（1526）進士，後巡撫陝西修築邊墻、議復何套，尋以破虜陞兵部尚書。丁艱起，復以疏中偽字為不敬，斥為民。31年（1552）詔復兵部尚書，未聞命，卒，年55。

翁萬達的修邊事蹟，在《明史》卷198〈翁萬達傳〉內已有長文述之；Waldron（1989）: *The Great Wall of China: From History to Myth*, pp. 151-9也有相當的解說；另在李漱芳（1936）〈明代邊牆沿革考略〉頁8-12內，也有詳細說明。基本上，李漱芳是以《明史》和《實錄》的資料為主。為避免重複，以下運用《翁萬達集》卷8的〈及時修武攘夷安夏以光聖治疏〉，來補

充解說。

宣、大重鎮「……以其逼近虜營，且無附近城堡藉之守護，……職等初議，欲自陽和口修至李信屯止，……不惟宣府李信屯迤北五、六十里之空缺，包裹在內，……誠一勞永逸之圖，非顧此失彼之偏也。……夜以繼日，計八十七日之工，而落成甫及五旬，約二十四萬兩之費，而節省將以億計。以虜馬盤據之地，成吾人耕牧之區，……中外臣民之慶也。」（《翁萬達集》卷8頁247-8）翁萬達能在3個月內，以24萬兩之費，完成宣、大之間的重要邊牆工程，實屬大功。

他對大同修牆的經費，也有明確的解說。「臣看得該鎮（大同）邊牆，自陽和迤西靖虜堡起，至山西丫角山止，沿長五百餘里。雖經先年陸續修完，……況入夏以來，雨水淋衝，尤多崩塌，……官兵不妨防秋，令操版築，就支本等行糧，止給鹽菜，為費甚省。據所估計，每日每名該銀一分，共該銀二萬九千九百七十（2.9970萬）兩有零〔約等於2,997,000個人工日〕，數亦不多。但役使人力，全在鼓舞，若儘將前項銀一萬四千七百六十（1.4760萬）兩有奇，及時均給，日勤程督，務俾事速工倍，或亦足用，不必拘定一日一分之數，亦不必臨期議添，……。」（《翁萬達集》卷12〈缺乏糧料疏〉頁395）

簡言之，翁萬達的大同修牆計畫很簡單：5百餘里的邊牆，全部運用官兵來修補，每日只給銀1分多，共需銀約2.9970萬兩+1.4760萬兩=4.4730萬兩。有這筆經費就夠了，日後不會追加議增。但他沒說明兩件重要的事：一共要投入多少人力，預計在多少月日內完工。

《翁萬達集》卷4頁105-7，還呈上2篇邊牆圖說：一是〈進宣、大、山西外邊牆長圖說〉，二是〈進宣、大、山西、偏、保等處邊關圖說〉。但這2項資料都只有前言而無地圖，也無修牆的經費與人力估算。《翁萬達集》內，記載許多修邊築堡的相關事項與經費，因篇幅所限無法俱引。

胡松

胡松是嘉靖8年（1529）進士，累陞至南京兵部尚書，尋改吏部，44年（1565）卒。他在宣大寧武關陽方口築城，記錄當時所耗費的人力與物力狀

況（〈陽方築城記〉，《胡莊肅公文集》卷4頁16-20），解說清晰，是修邊記錄的佳例。

「臣閱寧武關之陽方口，東西長可一百八十里，……虜雖擁數十萬騎，皆可成列以進。……臣查山西諸路民壯可得萬餘，忻代、五臺諸郡邑，榷金歲得數千，不足則取諸太原所部吏民贖鍰，費不傷乎正（邊餉）額，勞不及于齊民。」這段話說明為何有必要修築，以及人力與財力的來源。

接下來說明工程進度。「經始嘉靖十九年（1540）之春三月，畢工明年（1541）之夏六月有半。計役民壯七千九百五十（7,950）人，借調旁近屯丁一千八百二十（1,820）人。」工程的範圍與內容是：「東起陽方口，經溫嶺大小水口、神池蕎麥川，迄于八角堡之野豬溝。老營堡之丫角墩，土築惟半，餘則斬山之崖為之。計長三萬三千十（33,010）餘丈，可一百八十里。」

繼而解說邊牆細節：「無論土（牆或）石（牆），並高二丈有奇，下廣一丈五尺，上廣七尺，加四尺為女牆，可騎以馳，可蔽以擊。墻外壕塹深廣之度，略如墻中。增敵台四十三座，煖舖五十五間，暗門五座，重樓三座，護水堤臺稱之。包築流水溝洞百十二處，蓋三關中路之備，壯哉盛矣。」

一共多少費用呢？「計用金（銀）五萬（兩）有奇，然中三萬猶皆民壯饟常供數云。」碰到哪些困難？「始公之肇斯役也，諸以工大費鉅，不可就。公執弗疑，詳其畫約，時其省視。諸如醫、巫、鹽、蔬之細，靡不綜理加蜜（密），以群賢宣力，萬手並作……，故民不稱瘁而工卒僝。」

修築之後的禦敵效果如何？「其秋八月，虜果大至。見陽方墉高塹闊不可攻，乃從其東四十里夾柳樹侵入。夾柳（樹）故無墻，又平曠可馳，定代州守備信地公（名講，字子學，遂寧縣人）先是蓋嘗慮之，檄守備宋宸往量土物。宸耄而畏事，謂土惡不可築，遂不及為，虜乃乘虛以入。蓋言者不諒、不審，而公去矣。」

在這個慘痛教訓之後，「劉公（名臬，字憲甫，鍾祥縣人）奉廷議，屬余與參政張君子立規計工事，補築東路三百里。按察司僉事趙君瀛，補築西路黃河壖一百五十里，其歲月、夫匠、財用之數，別有記。」這個故事是說：胡松在陽方口修邊，虜未能侵入；而其東40里的夾（麥）柳樹因未築

墙，而遭虜掠，後已補修，但前人已經犧牲了。

毛伯溫

　　毛伯溫於嘉靖16年(1537)陞兵部尚書，18年總理三關軍務，尋加太子太保平安男晉光祿大夫，23年(1544)為民。大概是在嘉靖17年(1538)，他上〈創立五堡書〉(《毛襄懋先生奏議》卷8頁10-4)，說明「大同以北，川原平衍，既無山險可恃，又無城堡可守，原係無人之境。虜寇一入，漫無阻遏。」

　　既然如此，為何不早設堡，要等到嘉靖中葉才由兵部尚書來提議？「議者每欲設立城堡，深為有見。但行之偶乖，遂至激變(大同兵變)。自是跡涉懲羹，心懷談虎，禁不復言。」毛伯溫有何法可行？「臣至聚落城，即差守備孫麒先詣各堡踏勘。及臣至大同，旬日之內應召新軍共三千五百餘人，⋯⋯臣奏准解發銀二萬兩，內先行支用。⋯⋯總兵官梁震親詣各堡相度，勘得舊堡俱狹隘柵塌，且不係要害。」

　　在這種情況下，只能把有限的資源集中在5個關鍵地點：「止取弘賜堡居中，展修十分之六。迤東二十五里，取鎮川堡，展修三分之一。又東二十五里，地名南車坊，新立一堡，名曰正邊。弘賜堡迤西二十五里，地名護堡村，新立一堡，名曰鎮虜。又西二十五里，地名好女村，新立一堡，名曰鎮河。以上五堡俱當要害，且勢相連絡。」

　　需要多少人力與財力呢？「弘賜堡居中，展修廣闊，編軍一千一百名；鎮川等四堡，各六百名。俱於前銀(2萬兩)內，放支五月分糧銀。恐前銀不敷，查得臣奏准開中鹽銀三萬五百兩，⋯⋯又委孫麒往來五堡及鎮城工所，時常催督，各工併作，不日可成。」

　　我們幫毛伯溫計算一下：他一共展修2座舊堡，立3座新堡，共需人力1,100＋(600 × 4) = 3,500人；共耗銀2萬兩+3萬5百兩=5萬5百兩。(另參見史道在〈創立五堡以嚴邊防事〉，《明經世文編》卷166頁1687-90，對毛伯溫創立五堡的背景、過程、防守陣容、完工日期、存糧規模，有詳細記載。)

王崇古

　　王崇古是嘉靖20年(1541)進士，授刑部主事，歷陞都御史巡撫寧夏。隆慶初，都三邊，改宣、大。萬曆5年(1577)陞兵部尚書，未幾歸。16年(1588)卒。在宣、大時，盡俺答事、定封貢、縛叛人、約屬夷，邊患遂息，最為卓絕。他在宣、大期間，曾奏〈議修邊險疏〉(《公餘漫稿》未收，引自《明經世文編》卷318頁3382-3)，說明工程的內容與進度。

　　「宣府居庸關外東路延永之南，號稱南山。……始因嘉靖二十九年(1550)大虜自薊鎮入犯，震驚畿輔。……逼近南山，……烽火內傳居庸，致驚昌(平)、薊。」這是背景說明，接下來解說內守南山的代價：「後因盡撤宣、大、山西之外藩，歸重南山之內守，歲費銀十餘萬。二十年來費餉三百餘萬(兩)。」

　　「南山為陵(寢)後重地，見在墩墻間有踈矮，仍當增修。……又本山係皇陵來龍正脈，但可因勢設防，有難斬山斷崖，恐有觸犯。」那該怎麼辦呢？「今據侍郎吳某議照薊鎮臺規，岔東修臺一百六十餘座。……合南山見在守兵七千餘名，先年除月糧外，仍給客餉行糧。……先儘岔東急要衝口敵臺，上緊修築；……其餘稍待邊工告成，另議包砌。」

方逢時

　　方逢時是嘉靖20年(1541)進士，由知縣累陞僉都御史巡撫大同，總督薊、遼。把漢之降、俺答之款與有力焉；累陞太子太保、兵部尚書，44年(1565)卒。他曾為宣府修墻事，上疏〈為開疆阨要以重陵寢以衛孤懸事〉(《大隱樓集》未收，引自《明經世文編》卷320頁3407-8)，內容具體，論點井然。

　　問題在哪裡呢？「查得三鎮各題有邊工，但恐已題者尚未經修；應修者尚未議及，座廢良時，有誤防守。……務將已題者上緊興修，未議者從實踏勘間。……國家建重鎮於宣府，所以厚陵(寢)京之肩臂。……獨石挺然出于宣府之極北，……陵寢重地，屹為金湯，獨石孤懸，勢相聯絡矣。」

　　具體的工程內容是：「其間應建墩臺，安設哨所軍人。查得龍門盤道墩起，以至寧遠祚口墩止，計一百餘座。……今大工已有次序，尤當乘此

人力稍暇之時，一概逐為勘修，……三年報完。」

經費需多少？從何處來？「照南山官軍事例，日給行糧，及每台散給犒賞銀一百兩，免支鹽菜。……俱以今年報完，合用鹽菜等銀二萬七千七百一(2.7701萬)兩，仍于河南見解班價內支給。應用口糧四萬二千二十八石七斗(4.20287萬)，合無查照戶(部)七(分)兵(部)三(分)事例。在戶部所出七分，計該糧三萬一百二十石一斗(3.01201萬)，于見在修工支剩客餉內支給。在兵部應出三分，計該糧一萬二千九百八石六斗(1.29086萬)，每銀一兩買米九斗，該銀一萬四千三百四十二兩九錢(1.43429萬)，於太僕寺馬價內解發。惟復仍照上年事規，俱于修工支剩客餉內支給。乞勅該部查施行。」很少見到這麼明確的人力、物力、財力說明書，大概這是方逢時在兵部尚書任內所上之疏，否則語氣不會這麼明確篤定。

以上4小節是7個邊鎮的大致情形，這些片斷資料尚不足以建構出約略的圖像，但這是一個值得持續探索的題材。我對延綏鎮、寧夏鎮、甘肅鎮、固原鎮也蒐集了一些相關資料，因篇幅所限無法完整呈現，可以提供給有興趣的研究者。

五、《會計錄》的相關記載

《會計錄》內與修築邊牆相關的記載，是在卷17-29內有13邊鎮的簡略「修邊項」，主要內容是修邊方面的公文往來。13邊鎮中的要鎮(如遼東、薊州)，與修邊相關的記載不出2、3頁。在次要的邊鎮中，永平鎮自嘉靖44年(1565)從薊州鎮分出，距萬曆6年(1578)只十餘年，因而無修邊項。此外，密雲、甘肅兩鎮亦無修邊項目，原因不明。在這種情況下，對本章的主題而言，《會計錄》的內容只有配角功能，比不上《明史》、《明實錄》、《明經世文編》的資料有用。以下舉8例說明《會計錄》資料的性質。

(1)「正德十六年(1521)巡撫李承勛題：開原、慶雲等堡，沿邊墩台年久未修，乞於抄沒銀兩動支二十萬兩修理。尚書楊潭覆：准發兩淮已掣未

責、已支未掣現在鹽銀三萬三千一百七十八兩八錢（33,178.8兩）支用。」（《會計錄》17:685）遼東巡撫請求抄沒銀20萬兩，尚書只肯給鹽銀3.3萬兩。

（2）「嘉靖二十八年（1549）兵部咨稱：遼東修邊，欲本（戶）部發銀五萬七千七十（57,070）餘兩。尚書夏邦謨覆：修邊係兵部職掌，原無取給本（戶）部之例。奉聖旨：修邊銀兩著兵部查處。欽此。」（17:685）兵部要修邊，但要戶部出錢，戶部說無例可循，推回兵部，皇帝裁決由兵部自理。前面有幾個例子都是戶部出錢，否則為何登錄在戶部主編的《會計錄》內？或許是因為戶部只肯出口糧，不肯付材料費用，這可由下列薊州鎮的記載看出。

（3）「正德九年（1514）本（戶）部題：參都御史王偉議修邊牆，擅支糧銀五千兩，兵部不行，本部查議應否輒議。准給。合無行移王偉將前項糧價銀五千兩，仍聽管糧郎中作正月月糧支用；若已支過，照數取還。其修邊合用石灰，宜從兵部於太僕寺馬價及缺官、柴薪、皂隸銀兩徑自借支，兩不妨誤。仍乞敕兵部，今後但遇動支錢糧事情，務要移咨本部查議，奏請定奪。」（18:719）兵部擅動錢糧，戶部勉強同意月糧部分，材料仍要兵部負責；戶部趁機告誡兵部下不為例。

（4）薊州鎮在「嘉靖三十一年（1552）……修造營房一萬九千一百三十（19,130）間，每間合用工料銀六兩，通共銀十一萬四千七百八十（114,780）兩，并將領衙門五所用銀二百兩，共銀一千兩，派戶、兵、工三部分出。」（18:719）戶部的分攤額是69,240兩，工部27,780兩，兵部18,580兩，可見修邊費用的牽涉複雜。

（5）有時除了戶、兵兩部的經費，還要動用到宮廷庫銀。「嘉靖二十年（1541）總督題：黃花鎮至山海關營堡牆塹，并各倉場及喜峰口遠樓，俱應修築。除兵部發馬價銀五萬兩外，仍請給內帑。尚書李如圭覆：准。發銀二萬兩，挖運通倉米二萬石。」（21:770）

（6）這種經費窘迫的狀況，在易州鎮的例子裡尤其明顯。「嘉靖三十五年（1556）兵部咨稱：該總督王忬題：紫荊、馬水口一帶，天雨水漲衝倒城牆，乞要發帑銀三、四萬修理。該部題：准。現有支剩修邊銀及本部募軍銀共一萬八千四十（18,040）兩外，仍咨戶部於內帑銀內動支一萬二千兩，解

運修築整理。本部看得太倉銀庫現今缺乏，無處取辦，查易州鎮存有月糧麥價銀兩，相應借支九千兩應用。覆：准。」(22:790)此事牽扯到兵部、戶部、太倉、易州鎮存糧，最後共籌到9千兩，而兵部所要的是1萬2千兩。

(7)修邊費用牽涉兵、戶兩部，兵部有時擅用，戶部不耐，在嘉靖41年(1562)題出一項原則性的方案：「以後凡遇奏討修築銀兩，兵部會同本部行查應修某處、原係何人修築、何官管理、因何倒塌。如有前官修築不堅，罪坐所由，查勘明白，方准修理。先儘該鎮贓罰及無礙銀兩轉用，餘不敷之數，以十分為率，戶部暫出銀七分，兵部暫出銀三分。仍令各該督撫將修完某處用銀若干，造冊送部查考。如有冒破，聽本部與該科指實參奏。」(23:831)隆慶元年(1567)再度確定這項原則(23:831)，皇帝也表示了意見。「聖旨：這給發邊費銀兩，你每既會議停當，今後都著查照行，不許推諉誤事。欽此。」(23:831)

(8)但問題仍未因此解決。「萬曆元年(1573)巡撫朱笈題，本部覆：各鎮修邊原議先儘本鎮贓罰及無礙銀兩，不敷之數戶七兵三轉用。近來各鎮不行先期會計奏討，輒自挪借，主軍餉缺乏，卻請發帑銀。是兵部三分，盡歸本(戶)部，豈能支持？今後如遇修築邊牆，各備查合明錢數目、本鎮現在堪動銀若干？實少若干？明白具題，不許擅將主客軍餉徑自動支。」(27:945)。全漢昇與李龍華(1973)〈明代中葉後太倉歲出銀兩的研究〉頁216-7對戶、兵兩部的分擔比例，也有一些類似的解說，但以《實錄》的資料為主[1]。

整體而言，邊鎮的修邊費用並無編列預算，或東挖西補，或向戶、兵兩部奏討，或請發內帑，或挪主客軍餉，造成兵、戶兩部的緊張關係，一

1　全、李(1973)〈明代中葉後太倉歲出銀兩的研究〉頁216-7的證據大略如下。(1)嘉靖25年(1546)2月，宣、大間增築城牆，預算費用29萬兩；戶部發太倉銀20萬兩，兵部發太僕寺馬價銀9萬兩：比例約是戶2兵1。(2)翌年大同修邊需銀21萬兩，戶、兵兩部會議，結果是戶1兵2。(3)27年密雲修邊及墩台，共4萬兩，戶兵各半。(4)32年(1553)築京師外城，費銀60萬兩，比例是戶4兵3工(部)3。(5)37年(1558)12月，楊博在大同築邊，耗銀15萬兩，戶3兵1。(6)萬曆3年(1575)會議之後，議定戶7兵3的原則，一直延用到崇禎初年(1628)，大致沒有改變。

切都因財政窘迫與邊防需索過度(用支嚴重不足)所致。

六、要點和結語

1.要點

　　第4節引述許多邊鎮修築邊牆的奏疏,若單從修邊經費的角度來看,我們從這些奏疏中只看到少數例子,明確提出修邊的工程項目與經費數額。如果有人想要估算明代修築長城的大略成本,本章研究的結果可以提供明確答案:既不可行也不可能。

　　第4、5兩節的諸多例子,其實都是較有名望的官員所正式提出者,那是他們先估量可能取得的資助之後,才上疏爭取。整個明代將近3百年,13邊鎮的將領不知凡幾,我們現在只能整理出數量有限的修邊經費需求,由此可想見當時有多少修邊的開支,必須各自努力想辦法解決,而不敢冀望於朝廷。換句話說,若想要從《明史》、《明實錄》、《明經世文編》、《會計錄》所記載的資料,來推估明代修築邊牆的成本,所得到的數字,必然遠低於真正耗費的人力與物力。

　　從第4、5兩節的例子也可以看到,13邊鎮的地理條件迥異,所需要的防禦工事,在結構、材料上、戰術上都很不同。在這種極大差異性之下,朝廷很難事先規畫或編列所需的修邊預算。各邊鎮的將領,在國家財力窘困的狀況下,也不太能預期會獲得固定修邊的資源。第4節的內容也讓人感受到,只有少數特別有實力、有威望或得寵的將領,如毛伯溫、戚繼光、余子俊、翁萬達,才能依照原計畫修築成功。在第4節內常可看到,就算是由兵部尚書兼任的總督,也未必能有多少具體的修邊成效。

　　修邊時所遭受的人事干擾,第4節內顯現過好幾個實例:余子俊受到兵部尚書的反對、楊一清受到劉瑾的掣肘、秦紘受到巡撫寧夏都御史劉憲的杯葛、梁材受到監苑牧丁和苑牧官員的反對。

　　若以篇幅來看,第4節內以延綏鎮所占的頁數最多(因篇幅所限,沒有呈現),資料也最豐富;那是因為西北邊患嚴重,最需修築邊牆。其次是第

4小節的宣府鎮和大同鎮，那是因為戰略地位重要，北患的威脅急迫所致。

　　整體而言，最主要的困難還是老問題：國家財政窘迫。較屬於個別的困難有：邊人疲敝、邊鎮軍臣反對、邊軍阻撓、邊地荒旱、糧草不足、城隘民貧、積沙問題(延綏鎮的積沙比牆高，需要扒沙)。

2.結語

　　朝廷並未固定編列十三邊鎮的修邊經費，大都是依邊將奏討才個別批准，茲舉3例。第1個例子，是《萬曆會典》卷33頁608(陝西)：「嘉靖十四年(1535)題准靈州小鹽池三萬一千五(3,105)引，專供花馬池一帶修邊支用。其加增鹽三萬引，召商開中(陝西)三邊，輪流買馬或接濟軍餉。」第2個例子，是隆慶3年薊昌修墩台時，戶部發太倉銀3萬5千兩、戶部發馬價銀15,000兩(見第4.2節)。第3個例子，是在本書附錄4(〈楊司農奏疏〉解析)表1遼東鎮內，有一項「(6)防修邊工行糧銀18,000兩」，而在同一附錄內，其他諸鎮就無此項。從這3個例子可以看出，修邊經費並非在各鎮有固定經費的編制，而是看敵情狀況、將領才幹等諸項因素，依個例撥發。

　　本章的主旨，是要呈現13邊鎮修築邊牆的簡史，以及修邊所耗費的人力、物力、財力。就邊牆建置史而言，目前只對遼東與薊州區段有較系統的理解，其餘11邊鎮的修邊簡史，都還處於零碎狀態。這是第1項缺點，也是日後應投入研究的切入點。第2項缺陷，是只對成化至萬曆中期這段期間的事情稍有理解，對明初與明末這兩大段的邊牆修築狀況，還很不夠明白。原因是：明初那段的細節記載較少，明末那段超出本書範圍，所以有些材料就未能包括在內。

　　從本章所得到的結果來看，似乎只取得一些零散的記載，有些甚至還談不上具有代表性。更重要的是：所得到的訊息，很難顯現出各邊鎮築牆的複雜成本。也就是說，目前的知識與當時的實況有顯著落差，所以本章只是對這個龐雜的問題開了一個頭。

第11章
其他雜項

　　這是《會計錄》內與邊鎮糧餉相關的最後一個題材，處理6個與邊鎮只有部分相關或重要性較低的題材：邊鎮茶引、馬市與馬價銀、賑濟、開納、撫夷與犒賞、倉廒。從項目的角度來說，以邊茶為例，東面的邊鎮如遼東、薊州，就無此項目。從數額大小的角度來看，賑濟、撫夷這些業務的預算額，和第5章內各邊鎮軍馬錢糧的數額相較，重要性就顯得相當低。從文獻記載的完備性來看，邊茶和馬政有較多的史料可徵引，但若拿來和軍馬錢糧方面的文獻對比，就又稀少許多。與邊鎮賑濟、開納、撫夷相關的文獻，就只能說是相當零散了。從上述的說明，大致可以理解本章為何以「其他雜項」為名，讀者也可以預先知曉，本章的內容較不易拼湊出有系統的圖像。

一、邊茶與茶馬貿易

　　《會計錄》內，只有延綏鎮(卷26，頁913)和甘肅鎮(卷28，頁954-5)有「茶引」，附載於「鹽引」項的後面(共約2.5頁)。若把邊茶放在第7章內和鹽引並論，有2點不相容之處：(1)鹽引的數量龐大，在邊鎮糧餉內的比重高，而邊茶的重要性卻相當有限。(2)鹽引是13邊鎮都有的項目，而邊茶只有西北邊鎮才有，不宜相提並論。邊茶其實帶有「易馬」和「撫夷」的功能，所以併入此章和類似的題材合論。

　　雖然邊茶在13邊鎮糧餉中的重要性不高，但對西北邊防有政治與軍事上的重要性。西北地區的「番人嗜乳酪，不得茶，則困以病。故唐、宋以

來，行以茶易馬法，用制羌、戎，而明制尤密。有官茶、有商茶，皆貯邊易馬。」(《明史・食貨志4》)與西北地區易馬的茶，主要產於四川、陝西(四川約是陝西產量的40倍)，用來和陝、甘、寧、青、藏一帶的部族互市。中原缺馬、西北民族需茶，對朝廷而言，馬、茶、邊防3者結為一體。明代軍馬十之七、八取自茶馬，尤其在中葉之後，馬政敗壞，牧馬日少，以茶易馬成為邊鎮戰馬的主要來源。

　　明代的西北茶馬交易，從政治、軍事、經濟上來看，都有其重要性。相對地，宣府、大同、遼東的馬市，則不准以茶易馬，以防北寇用茶誘引西北方的部族。本書的主要焦點，是十三邊鎮每年的軍馬錢糧約耗費多少，對國家財政造成多沈重的負擔。從這個觀點來看，西北的茶馬貿易，在十三邊鎮的財政內所占比重並不高，因而不是本書的重點項目。但反過來看，明代茶馬貿易對西北邊防的軍事與政治意義相當重要，很值得以專書的規模，對其中的諸多議題作深入探討(參見谷光隆(1972)《明代馬政 研究》)。

　　以下說明幾項與邊茶密切相關的文獻。《明史・食貨志4》對西北茶馬貿易的記載相當簡明可讀，架構也很清晰，是深入此題材的良好切入點。和田清(1957《明史食貨志譯註》頁626-81)、王雷鳴(1991《歷代食貨志注釋》[第4冊：明史]頁173-94)，對〈食貨志〉內容有很好的解說，加添不少有用的背景說明。Rossabi (1970): "The Tea and Horse Trade with Inner Asia during the Ming Dynasty"、王宏志(1974)〈明代馬政與邊茶〉對邊茶的背景與發展史，有簡明的系統解說。在史料方面，《明實錄》內有33段與邊茶相關的記載，從電子資料庫內很容易查索，其內容大多是具體的事項記載。《古今圖書集成・食貨典》卷287頁1386-9，對明代邊茶也有許多記載。《明經世文編》的索引頁11，有10項與茶相關的奏疏。《楊一清集》卷3有5項與茶馬相關的奏議文。

　　上述的文獻中，很少談及邊茶與邊鎮糧餉之間的關係。其中較顯著也較值得一提的例子，是四川的茶引。川茶的引數在嘉靖初年定為5萬引，每年約可收稅銀1萬兩。這5萬引又分「邊茶」(邊貿用)與「腹茶」(內地用)兩類。到了嘉靖40多年時，邊茶不敷、腹茶滯銷。〈食貨志5〉記載：「隆

慶三年（1569），裁引（一）萬二千，以三萬引屬黎、雅，四千引屬松潘諸邊，四千引留內地，稅銀共（一）萬四千餘兩，解部濟邊以為常。」也就是說，把原先的5萬引裁減掉1.2萬引，剩下3.8萬引。其中的3萬引給黎、雅，剩下8,000千引，平分給諸邊和內地，每年共可得稅銀1.4萬餘兩。重要的是，這筆茶稅銀依規定要解送到戶部，用來接濟各邊鎮的耗費，且以為常例。

　　這是個邊茶與邊餉直接相關的例子，不易在其他文獻中看到，這也顯示邊茶與邊餉之間的關係並不密切，〈食貨志〉才會記載這項特殊事情。再說，1.4萬兩對13邊鎮每年的耗費（表12-4估算萬曆10年[1582]時約有827.9萬兩），大概只有0.17%的貢獻度，相當微小。

　　西北的邊茶雖然對國家財政的意義不大，但對邊鎮的戰馬來源則非常重要。王宏志（1974）〈明代馬政與邊茶〉頁262說：「明代腹地及邊鎮合計有戰馬四十萬匹，每年傷殘老死，約占十分之一，則每年應補新馬四萬匹，……此四萬匹新馬，取自茶馬者，年有三萬匹，取自官牧民牧者一萬匹。是可知有明一代，戰馬四分之三取自邊茶市馬，則邊茶與明代安危存亡之關係如何，無待多言矣。」

二、馬市與馬價銀

　　馬市對邊鎮的意義，基本上與邊茶類似：軍事與政治上的目的，遠大於邊鎮糧餉的財政意義。上一節的邊茶，主要是談西北邊區的茶馬交易。此處的馬市，主要是指北邊（宣府、大同）和遼東（開原、廣寧）的馬匹交易。

　　主要的差異點是：（1）西北的茶馬是貿易性質，而北方與遼東的馬市，是朝廷（太僕寺）提供經費，由邊境的督撫管理，以內地的商品和蒙古、滿洲部族交換馬匹。（2）上一節看到，四川的邊茶可以給政府帶來稅銀，然後解部濟邊，以為常例。而北方與遼東的馬市，則以軍事與外交為主要考慮，每年花費朝廷相當多經費，完全沒有稅收的性質（參見黃仁宇[2001]《十六世紀明代中國之財政與稅收》頁303）。整體而言，北方馬市開罷無

常，所取得的馬匹數量也多寡不一，對十三邊鎮馬匹的供給，並無絕對的重要性。北方馬市的主要功能，還以羈縻為主。

研究馬市的文獻相當多，《明史‧食貨志5》內的「馬市」，架構最簡明，和田清(1957《明史食貨志譯註》頁909-23)與王雷鳴(1991《歷代食貨志注釋》第4冊：明史，頁257-65)的註釋，對理解這項正史文件相當有助益。萬表輯《皇明經濟文錄》卷13有15篇與馬政相關的奏疏。《明經世文編》的索引頁27-8，有64篇與馬政相關的奏疏。

較早的馬市研究，至今仍廣受引用的，是侯仁之(1938)〈明代宣大山西三大鎮馬市考〉。有兩本日文著作，對茶馬和馬市有深入的研究：(1)谷光隆(1972)《明代馬政 研究》；(2)江 壽雄(1999)《明代清初 女直史研究》（第3篇頁217-408內有7章以遼東馬市為主題）。另可參考松本隆晴(2001)《明代北邊防衛體制 研究》（第7章〈翁萬達 嘉靖年間 馬市開設問題〉）。

較近的中文著作有王宏志(1974)〈明代馬政與邊茶〉、張明富(1995)〈楊一清與明代西北馬政〉、余同元(1998)〈明代馬市市場考〉，以及姚繼榮在1993-8年間，有一系列的論文析述遼東、宣大、西北的馬政。

以上這些文獻，對明代馬市已做了很好的研究，不需在此重述其內容。另一項更重要的原因：本書的性質，是分析邊鎮糧餉對國家的財政負擔，馬市雖然與邊防相關，但主管機構是太僕寺，而非主管邊鎮糧餉的戶部。

若要談論馬政與邊鎮經費的關係，可以從「馬價銀」這個角度來看。宣府、大同兩鎮有馬價項目(《會計錄》卷23:821-2; 24:865-6)，主要內容是兩邊鎮購馬的經費來源與數額。以大同鎮為例，歷年的經費如下：

年度	馬價銀
嘉靖29年(1550)	11,000兩
嘉靖33年(1554)	12,414.1兩
嘉靖37年(1558)	2,400兩
隆慶2年(1568)	48,000兩
隆慶5年(1571)	10,000兩附餘23.5兩
隆慶6年(1572)	8,100兩附餘6.8兩

年度	馬價銀
萬曆元年(1573)	37,412兩
萬曆3年(1575)	34,000兩
萬曆4年(1576)	12,000兩
萬曆5年(1577)	14,400兩
萬曆6年(1578)	14,604兩

資料來源：《會計錄》卷24:865-6。

此表顯示歷年馬價銀的編列起伏不定，差距不小。這段期間的變動以及朝廷的決議，可從下列的例子看得很清楚，時間是萬曆3年(1575)。

「兵部覆：准於客餉內支用。去後今三鎮(宣府、大同、山西)馬額計三萬四千餘匹，較之初市幾至五倍，而馬價遂加至二十三萬餘兩，將來何所底止？合無以後馬市，宣府以一萬八千匹為率，該銀十二萬兩，除客餉并朋合銀外，少銀五萬四千兩，於減哨并變賣馬價內支用。大同以一萬匹為率，該銀七萬兩，除各餉朋合外，少銀二萬二千兩，照數給發。山西以六千匹為率，該銀四萬兩，除馬價朋合外，少銀五千兩，於積剩撫賞銀內動支。奉聖旨：是。這市馬既議定額數，以後不許加增。欽此。」(《會計錄》23:821-2)。

馬價銀是由誰發給的？有兩個來源：一是從兵部的經費內所發，二是太僕寺從樁朋銀、地畝銀等等收入中，撥給各邊鎮購買馬匹。這兩個來源的馬價銀，都沒有固定編列預算，這在谷光隆(1972)《明代馬政の研究》頁425-69已有很好研究，不贅。谷光隆的書末(頁458-69)有一個重要的統計表，列舉成化6年(1470)至天啟6年(1626)之間，太僕寺在各年分別發出多少太僕銀，以及這些銀兩的諸多用途：買馬為主，賞功、糧餉、修邊、撫賞等用途次之。

馬價銀的事情若要細說相當複雜，我們只舉黃仁宇的研究來提供一個基本面貌。據黃仁宇(2001《十六世紀明代中國之財政與稅收》頁303)估計，「在十六世紀晚期，這項事務每年花費政府300,000兩白銀。1594年，為了同入侵朝鮮的豐臣秀吉作戰，中央政府僅撥給遼東的馬價銀就達550,000兩。」

三、賑濟

《會計錄》內，大同(卷24)、山西(卷25)、延綏(卷26)3鎮有「賑濟」項；寧夏鎮的賑濟項只有7行，附在「開納」項後，其餘諸鎮皆無。此3鎮對賑濟的記載簡略，各只有1頁篇幅，可分3類情事：地方災傷荒餓、被虜殘害、軍民貧窘。以下各舉一例說明。

「嘉靖九年(1530)巡撫蕭淮題稱：本(延綏)鎮凶荒，餓死軍馬。奉聖旨：這所奏地方飢荒，朕不忍聞。戶部便著議處置了來說。欽此。本部覆：行巡撫將本鎮庫銀每糧一石，比舊規加銀三錢，以紓軍士目前之急。一面發銀五萬兩，補還庫貯銀數及糴買糧草；又摘發鹽銀二萬兩，交付主事劉耕，行令保德、汾州糴糧，聽本鎮搬運接濟。」(《會計錄》26:918上)

較慘不忍睹的，是敵患之後的災情。嘉靖「二十五年(1546)給事中鮑道明題：延綏大被虜害，宜加優恤，應徵租稅悉與蠲豁。本部覆：發銀六萬兩，查照被殺者，成丁銀各一兩二錢，未成丁并婦女被傷者各八錢；搶去畜馬每匹三錢、牛二錢、驢騾羊豬(每)五隻各一錢，房每間二錢；租稅差徭，被害重大者免二年，稍輕免一年。奉聖旨：是。這銀兩便作速發去，不許稽遲。欽此。」(26:918上)

第3類是純綷救濟性的。「弘治十五年(1502)都御史劉宇題：大同軍民貧窘，乞將弘治十四年山西起運糴米銀，除給商外，見貯。大同之數，查照原徵每石折銀一兩四錢，以一兩准作一石，餘銀四錢作為賑濟，酌量給散軍民，置買口糧、牛具、種子，仍將七、八月月糧於三月內預支，以濟目前飢窘。尚書侶鐘覆：准。」(24:866下)

還有1項是寧夏地震災後的救濟。「嘉靖四十年(1561)巡撫謝淮題稱：本鎮地震異常，乞將被災營堡應徵糧草停徵，及發銀兩賑濟。本部覆：准。發銀八千兩，聽其查勘賑濟或抵糧草。」(27:940)

與邊鎮賑濟的相關記載甚少見，再舉一例。戶部尚書潘潢(參見本書附錄1)在嘉靖28年上奏〈會議第一疏〉，其中提到當年各邊鎮的賑濟銀共計

6.5萬兩。(《明經世文編》卷198頁2051)

四、開納

　　邊鎮因糧草缺乏(或因拖欠或因災傷)，願納糧者可贖罪或換取官職，這些事項在延綏鎮(《會計錄》卷26)和寧夏鎮(卷27)各有1頁的篇幅記載，以下只舉1例為代表。「成化十三年(1477)都御史丁川題：要將各處軍民舍餘人等，有願冠帶者，令納銀四十兩，送廣有倉交收。折准官軍月糧及有能自備草一千二百束者，給與正九品散官；一千四百束者，給與正八品散官；一千六百束者，給與正七品散官；完日就令冠帶。本部覆：准。」(《會計錄》26:917上)

五、撫夷與犒賞

1.撫夷銀

　　和田清《明史食貨志譯註》頁916對「撫賞」所下的註解，是：「漢人因自尊態度所作出的用語，其實是為了挽取外夷的歡心，以及緩和邊患，所給與的贈賄費。」以下從《會計錄》內試舉數例。

　　「嘉靖三十四年(1555)都御史劉廷臣奏，本部覆：准將該(宣府)鎮現貯主兵銀內動支四千兩，買辦段絹布疋等項，聽撫賞各夷支用。」(23:820)這說明了撫賞的基本意思與費用來源。問題在於費用不小，而邊鎮經費不足以應付。以薊州鎮為例：嘉靖「三十一年(1552)總督何棟題：喜峰口係朵顏三衛進貢通衢，每年給放二次大賞，用銀三千八百餘兩。其小賞鹽米布疋，又有防秋傳報、哨探夷情通事，及年終筵席所費牛羊段疋等項不貲，約用銀二萬五千三百(25,300)餘兩。本部覆：准發銀四千兩。」(《會計錄》18:720上)這根本不夠，要另想他法自籌。

　　「嘉靖二十九年(1550)都御史王汝孝議處撫夷，復開山海關稅。本部覆：准自中(國)出(關)者，收六分；自遼(東)入(關)者，收四分。(山海舊

有關稅，先為修邊議開，後因主事鄔閱呈稱不便，奏革。即今朵顏三衛夷人生齒日繁，雖有備冬舍餘及內臣房地租銀三千餘兩、各路軍士灰價銀四千餘兩、景中山香錢一百五十餘兩，不夠撫賞，故復議抽稅）。」（18:720上）這說明要抽關稅充當撫夷用銀的背景與決議。

嘉靖中葉之後，虜患漸多，撫夷銀也激增。以大同鎮為例，隆慶5年（1571）「於節省客餉內動支一萬兩，聽備互市撫賞之用。」7年後，「萬曆六年（1578）銀二萬兩」（24:865上）。這是從客餉（而非主兵的年度預算）內動支。

也有些來投靠的夷人需要生活輔助。弘治2年（1489）甘肅鎮「巡撫羅明題稱：哈密等夷人來投，數多。應合要插資給糧米，賞賜布疋農具等項，以示伏恤。本部覆：准。」（28:957下）

13鎮中只有薊州、宣府、大同、甘肅4鎮有撫夷項的記載，且多以1頁篇幅簡略挑選幾年的事項，我們可從此略知梗概，但對全貌的理解助益有限。此外還有一些零散的相關記載，舉數例如下。在《太倉考》（見本書附錄3）表2內，萬曆8年（1580）時，薊州鎮有「撫夷銀一萬五千兩（比原額增一萬一千兩）」。《會計錄》卷1頁73記載：「薊州軍門撫夷防秋銀二萬八千八百（2.88萬）兩。」這類的記載，在本書第3章的表內還有一些，因較零碎，不俱引。以表3-2.2為例，萬曆10年（1582）時，薊州鎮有「撫夷銀1.5萬兩」。

張居正在隆慶6年（1572）秋，寫信給宣、大總督王崇古，其中有一句話：「辱示《撫賞冊》，據三鎮二歲之中，所費（撫賞銀）不過萬餘（兩），而所省已百餘萬（兩）。若所全活邊氓老穉，又不啻數百萬（兩）矣。」（《張居正集》第2冊頁316）這是對韃靼部實行「封貢互市」時，所支出的萬餘兩撫賞銀發揮功效，張居正對此相當肯定。

戚繼光在《戚少保奏議》頁145-7內，有一項奏疏〈議撫賞〉，對薊州鎮的屬夷問題有確切分析。他認為此事有7弊：「將官不親撫賞，委之管墩夜人員。彼秩微力薄，曷能彈壓？隨其索求，信口聽許。弊一。守提而下，左右厮役，率以為利，任意侵剋。供撫夷者什三，充私囊者什七。弊二。錢糧給發，每至後期，萬夷叩關，急如星火。不免揭貸出息，或增價

買物，耗費不貲。弊三。居常有坐門之夷，臨時有後賞之夷，日日宴賞，動輒百金，不作正數。弊四。賊夷稍不遂意，輒作歹撲人。該關畏罪，恣行科派，甚至千金贖人以自免。弊五。或因錢糧不數，支吾無計，則權與賞票，以自寬目前。他日夷人持票而至，信如左券，數且加倍以為例。弊六。屬夷到關，不問人數，不責非時，不論非額，一概濫與。此關與之，彼關相援。弊七。如此則竭軍之力，無以厭夷之欲，有增無已，將何底極？」(隆慶6年(1572)2月)[1]

另有一種撫賞銀，並非賞與個人或部族，而是當作請夷兵作戰(進兵)的撫賞費用。這在王象乾〈請發帑金以充撫賞疏〉(《明經世文編》卷463頁5083-7)內，有很詳盡的解說。這類的撫賞銀金額甚大，歲計可達90萬兩(頁5085)。此事內容紛雜，與本書主題關係間接，不擬在此贅述。

2.犒賞銀

《會計錄》內，只有薊州鎮(卷18)有犒賞項目，附在撫夷項後，以2頁的篇幅(18:720-1)記載其性質與數額，舉2例如下。「各邊官軍初選入衛本(薊)鎮，起程每官軍先給盤費銀二兩，過關每官費銀三兩，軍二兩；秋軍又每官賞銀一兩五錢，軍一兩。」(18:720下)雖未載明年代，但應是在嘉靖36年(1557)之前的事。「萬曆四年(1576)，延(綏)、寧(夏)、宣(府)、大(同)入衛官軍，及遼東、密雲、昌平官軍犒賞銀：春防四千二十五兩五錢(4,025.5兩)，秋防八千九百六十四兩九錢(8,964.9兩)。昌平〔鎮〕總兵標下存留，陝兵止給春賞。」(18:721上)這種犒賞銀亦稱撫賞銀，是明代軍士正餉之外各種賞銀的通稱，如春秋兩防賞軍銀、邊軍入衛賞銀等，俱見前例。

《明經世文編》卷198頁2053記載，戶部尚書潘潢在〈會議第一疏〉內說：「京營、宣、大等處，七萬二千五百二十一(7.2521萬)兩謂之賞賜。」

1　此外，他在〈條呈大閱事宜〉內(隆慶6年8月，《戚少保奏議》頁148-52)，也有一段「論屬夷」，因與撫賞銀無關，不俱引。另在頁220有〈阻夷婦嬖只討賞〉(隆慶4年4月)，內有6行文字說明各寨須依例請討賞銀，否則「定將大關額賞通行革去」。這些都是具體作業上的行政說明，不俱引。

《明會典》卷33（頁607）有「固原犒賞銀七千一百二十四(7,124)兩」。這類的記載，在本書第5章的表內還有一些，但較零碎，不俱引。以表5-2.2為例，萬曆10年(1582)時，薊州鎮有「賞軍銀1.38萬兩」。

六、倉庾

《會計錄》諸邊鎮卷內都有「倉庾」項，記載各鎮之下的倉庫名稱，大都以地名為主，例如遼東鎮的「遼陽倉」。這等記載方式的意義不大，因為只載倉名而無倉儲內容與數量，對理解這個題材無助。《萬曆會典》卷21-2記載內地各布政司與州府縣的倉庾，也只載倉名而無具體內容，決策者難以掌握各地的存糧空間與實存量。各邊鎮的巡撫、總督、戶、兵部，也都不易掌握各地糧料與官軍之間的消長關係。以下略述各鎮倉庾數目與資料來源。

遼東鎮有遼陽等54倉（《會計錄》17:686上）；薊州鎮無此項（其實應有，只是未登載）；永平鎮有「界嶺口」等10倉（永平在嘉靖44年分鎮，而燕河、石門諸倉自成化年間已建立，《會計錄》19:737上）；密雲鎮有「鎮邊城龍慶倉」等10倉(20:753)；昌平鎮有「延慶」等9倉(21:771上)；易州鎮有「紫荊關新城倉」等20倉(22:791上)；宣府鎮有「宣府在城倉」等59倉(23:833)；大同鎮有「陽和城倉」等64倉(24:874-5)；山西鎮無此項；延綏鎮有「清水堡倉」等35倉(26:924)；寧夏鎮有「寧夏倉」等28倉(27:945下)；甘肅鎮有「莊浪滄」等12倉(28:964上)；固原鎮有「固原州倉」等40倉(29:989上)。

十三鎮中只有永平、密雲、昌平、延綏、甘肅4鎮有簡單的倉庾沿革大事紀，少則4行，多則1頁，內容以業務性的請示與批示為主。只有延綏鎮和固原鎮報告了幾項弊端，都是管理制度上的問題，導致「倉攢侵盜」(28:924下)，或「官攢等役懼畏賠補，是奸弊之間愈啟，案牘之煩竟無休息。」(28:964上)此外無大事可述。

第12章
綜合比較

　　本章前3節處理3項主題：(1)把第3章內十三邊鎮的軍馬錢糧數，彙整成表12-1至表12-6，比較它們在嘉靖10年(1531)前後，至萬曆30年(1602)前後的規模，以及在這70多年間的變動幅度。此外，也可以從這6個表看出，各邊鎮軍、馬、錢、糧這4項的相對重要性(以百分比表示)。(2)以這6個表為基礎，來和梁方仲(1980)《中國歷代戶口、田地、田賦統計》的乙表57〈明代各鎮軍馬額數〉、乙表58〈明代九邊兵餉數額〉相對比，說明雙方的差異何在，以及我的計算可以得到哪些新結論。(3)梁淼泰作了3篇「九邊軍餉數」研究(1994〈明代九邊的餉數并銀估〉、1996〈明代「九邊」餉中的折銀與糧草市場〉、1997〈明代「九邊」的軍數〉)，他以《會典》、《實錄》和《明經世文編》為主要史料，可和我用《九邊考》、《會計錄》、《武備志》所得的結果相對照。第4節是對本篇(3-12章)的主要發現與見解，提出綜觀性的評議。

一、軍馬錢糧的總額與分布

　　先看表12-1的合計額：嘉靖10年前後，9邊鎮的主兵官軍人數合計約37.1萬名，馬騾牛約18.3萬匹頭，銀約336萬兩，糧料約300萬石。再看表12-2：嘉靖18年前後，官軍人數合計約61.9萬名，馬騾牛22.2萬匹頭，銀約406萬兩，糧料約1,341萬石(數字可疑)。再看表12-3：嘉靖28年前後，官軍人數合計約45.9萬名，馬騾牛約19.8萬匹頭，銀約567萬兩，糧料約84.1萬石。30多年後，到了萬曆10年(表12-4)，官軍的總人數增到68.6萬名，馬騾

牛數增到28.3萬，銀則激增到828萬兩，糧料也增到約198萬石。萬曆21年（表12-5）各項的總額微幅減少。萬曆30年前後（表12-6），官軍總人數略降為64.6萬，馬騾數27.8萬（大致相同），銀約比萬曆10年時（表12-4）少了150萬兩（667萬），糧料增了約60萬石（259萬石）。

這6個表內的數字，都只能視為官方的額定數，也可說是編列的預算數額。我有幾點說明：(1)各邊鎮不一定都確實收到這些數額；(2)也不能認為這些數額就足夠邊鎮一年的經費開支；(3)第13章與附錄1(潘潢〈邊鎮主兵錢糧實數疏〉)的表10中，會析述邊鎮經費不足的現象。雖然有上述的保留，但這6個表還是目前可取得的資料中，最完整也最有系統的邊鎮軍馬錢糧數據。

表12-1　嘉靖10年(1531)九邊鎮的軍馬錢糧分布

	主兵官軍(員名)	馬騾牛駝(匹頭)	銀(兩)	糧料(石)
1遼東鎮	70,451(18.97%)	49,961(27.16%)	394,870(11.74%)	不詳
2薊州鎮	42,900(11.55%)	15,000 (8.16%)	201,438 (5.99%)	201,674 (6.72%)
3宣府鎮	不詳	不詳	913,250(27.16%)	不詳
4大同鎮	58,620(15.78%)	21,880(11.89%)	992,460(29.53%)	不詳
5山西鎮	不詳	不詳	90,168 (2.68%)	1,605,746(53.44%)
6延綏鎮	41,451(11.16%)	17,426 (9.47%)	247,658 (7.36%)	145,440 (4.84%)
7寧夏鎮	41,614(11.21%)	21,887(11.89%)	不詳	514,485(17.12%)
8甘肅鎮	40,245(10.84%)	24,919(13.54%)	389,821(11.59%)	228,990 (7.62%)
9固原鎮	76,093(20.49%)	32,901(17.89%)	132,721 (3.95%)	308,188(10.26%)
合計	371,374 (100%)	183,974(100%)	3,362,386 (100%)	3,004,523 (100%)

資料來源：附錄1內的9個相關表格之下的合計額。

表12-2　嘉靖18年(1539)前後九邊鎮的軍馬錢糧分布

	主兵官軍(員名)	馬騾牛駝(匹頭)	銀(兩)	糧料(石)
1遼東鎮	87,402(14.11%)	55,198(24.84%)	548,063(13.49%)	439,990(已折銀)
2薊州鎮	101,293(16.36%)	10,700 (4.82%)	236,960 (5.83%)	11,852,088 (88.35%)
3宣府鎮	58,062 (9.37%)	45,543(20.49%)	939,803(23.12%)	65,402 (0.48%)
4大同鎮	59,909 (9.67%)	46,944(21.12%)	755,189(18.58%)	515,196 (3.85%)
5山西鎮	27,547 (4.45%)	9,665 (4.35%)	249,015 (6.13%)	225,449 (1.68%)
6延綏鎮	58,067 (9.38%)	22,219 (9.99%)	350,017 (8.61%)	145,440 (1.08%)
7寧夏鎮	70,263 (11.34%)	19,595 (8.82%)	290,603 (7.15%)	186,346 (1.39%)

	主兵官軍(員名)	馬騾牛駝(匹頭)	銀(兩)	糧料(石)
8甘肅鎮	89,501（14.45%）	6,560（2.95%）	445,851（10.97%）	199,602（1.49%）
9固原鎮	67,294（10.87%）	5,800（2.62%）	249,015（6.12%）	225,449（1.68%）
合計	619,338　（100%）	222,224（100%）	4,064,516（100%）	13,414,972（100%）

資料來源：《九邊考》卷2-10(參見第3章內與《九邊考》相關表格之下的合計額)。

說明：薊州鎮的糧料石數11,852,088過高，甚可疑。

表12-3　嘉靖28年(1549)九邊鎮的軍馬錢糧分布

	主兵官軍(員名)	馬騾牛駝(匹頭)	銀(兩)	糧料(石)
1遼東鎮	81,443（17.74%）	60,128（30.27%）	498,944　（8.79%）	166,987（已折銀）
2薊州鎮	47,853（10.42%）	11,726（5.91%）	307,081　（5.41%）	209,200（24.85%）
3宣府鎮	82,974（18.07%）	28,693（14.44%）	1,138,355（20.05%）	271,281（已折銀）
4大同鎮	81,529（17.75%）	25,647（12.91%）	1,043,953（18.39%）	515,196（已折銀）
5山西鎮	37,818　（8.24%）	11,714（5.89%）	838,325（14.76%）	398,292（已折銀）
6延綏鎮	44,036　（9.59%）	20,557（10.35%）	513,135　（9.03%）	145,440（17.28%）
7寧夏鎮	31,890　（6.94%）	13,343（6.72%）	493,866　（8.71%）	318,661（已折銀）
8甘肅鎮	39,882　（8.69%）	18,206（9.16%）	517,883　（9.12%）	218,673（25.97%）
9固原鎮	11,755　（2.56%）	8,644（4.35%）	325,740　（5.74%）	268,550（31.90%）
合計	459,180　（100%）	198,658　（100%）	5,677,282　（100%）	841,863　（100%）

資料來源：附錄1內的9個相關表格之下的合計額。

表12-4　萬曆10年(1582)前後十三邊鎮的軍馬錢糧分布

	主兵官軍(員名)	馬騾牛駝(匹頭)	銀(兩)	糧料(石)
1遼東鎮	83,324（2.14%）	41,830（14.78%）	711,391（8.58%）	279,212（14.08%）
2薊州鎮	34,658（5.05%）	6,399（2.26%）	780,706（9.43%）	103,568（5.22%）
3永平鎮	42,871（6.24%）	15,008（5.30%）	404,935（4.89%）	61,234（3.09%）
4密雲鎮	33,569（4.89%）	13,120（4.64%）	656,506（7.92%）	211,456（10.66%）
5昌平鎮	19,039（2.77%）	5,625（1.99%）	167,256（2.03%）	189,272（9.54%）
6易州鎮	34,697（5.05%）	4,791（1.69%）	365,961（4.42%）	23,077（1.16%）
6(附井陘鎮)	不詳	不詳	60,713（0.74%）	32,545（1.64%）
7宣府鎮	79,258（11.54%）	33,147（11.73%）	1,438,736（17.38%）	132,038（6.66%）
8大同鎮	85,311（12.43%）	35,870（12.68%）	1,142,824（13.81%）	713,219（已折銀）
9山西鎮	55,295（8.05%）	24,764（8.76%）	764,541（9.23%）	50,114（2.53%）
10延綏鎮	53,254（7.76%）	32,133（11.36%）	693,619（8.38%）	154,313（7.78%）
11寧夏鎮	27,934（4.07%）	14,657（5.18%）	224,154（2.71%）	149,652（7.54%）
12甘肅鎮	46,901（6.83%）	21,680（7.66%）	450,800（5.44%）	232,434（11.72%）
13固原鎮	90,412（13.18%）	33,842（11.97%）	417,023（5.04%）	364,731（18.38%）
合計	686,523（100%）	282,949（100%）	8,279,165（100%）	1,983,646（100%）

資料來源：《會計錄》卷17-29(參見第3章內與《會計錄》相關表格之下的合計額)。

表12-5　萬曆21年(1593)十三邊鎮的軍馬錢糧分布

	主兵官軍(員名)	馬騾牛駝(匹頭)	銀(兩)	糧料(石)
1遼東鎮	83,324(12.78%)	41,830(14.98%)	937,700(13.11%)	379,200(19.96%)
2薊州鎮	31,658 (4.86%)	6,399 (2.29%)	480,580 (6.72%)	90,300 (4.75%)
3永平鎮	33,911 (5.21%)	13,506 (4.84%)	266,000 (3.72%)	61,500 (3.24%)
4密雲鎮	52,502 (8.05%)	20,768 (7.44%)	478,670 (6.69%)	168,100 (8.85%)
5昌平鎮	28,875 (4.43%)	8,737 (3.13%)	269,570 (3.77%)	39,200 (2.06%)
6易州鎮	34,697 (5.32%)	4,791 (1.73%)	474,880 (6.63%)	23,000 (1.21%)
7宣府鎮	78,924(12.11%)	32,904(11.79%)	935,200(13.07%)	188,100 (9.90%)
8大同鎮	85,311(13.09%)	35,870(12.85%)	886,090(12.38%)	78,100 (4.11%)
9山西鎮	51,746 (7.95%)	22,660 (8.12%)	675,480 (9.44%)	50,100 (2.64%)
10延綏鎮	36,230 (5.57%)	26,567 (9.52%)	605,010 (8.46%)	156,300 (8.23%)
11寧夏鎮	27,773 (4.26%)	13,919 (4.98%)	218,300 (3.05%)	166,000 (8.74%)
12甘肅鎮	46,901 (7.19%)	21,680 (7.76%)	549,730 (7.68%)	232,400(12.23%)
13固原鎮	59,813 (9.18%)	29,527(10.57%)	377,420 (5.28%)	267,700(14.08%)
合計	651,665 （100%)	279,158 （100%)	7,154,630 (100%)	1,900,000(100%)

資料來源：附錄4表1至13末的合計額。

表12-6　萬曆30年(1602)前後十三邊鎮的軍馬錢糧分布

	主兵官軍(員名)	馬騾牛駝(匹頭)	銀(兩)	糧料(石)
1遼東鎮	83,340(12.90%)	41,830 (15.04%)	570,259 (8.54%)	279,212 (10.77%)
2薊州鎮	31,658 (4.91%)	6,399 (2.30%)	571,942 (8.57%)	50,000 (1.93%)
3永平鎮	39,940 (6.18%)	15,080 (5.42%)	285,797 (4.28%)	61,234 (2.36%)
4密雲鎮	33,569 (5.20%)	13,120 (4.72%)	422,544 (6.33%)	161,458 (6.23%)
5昌平鎮	19,039 (2.95%)	5,625 (2.02%)	167,280 (2.51%)	189,272 (7.31%)
6易州鎮	不詳	不詳	386,794 (5.79%)	23,077 (0.89%)
6(附井陘鎮)	不詳	不詳	60,713 (0.91%)	32,545 (1.25%)
7宣府鎮	79,258(12.27%)	33,147(11.92%)	1,267,735(18.99%)	132,038 (5.09%)
8大同鎮	85,311(13.21%)	35,870 (12.90%)	481,650 (7.21%)	713,219(27.50%)
9山西鎮	55,295 (8.56%)	24,764 (8.90%)	691,543 (10.36%)	50,114 (1.93%)
10延綏鎮	53,254 (8.24%)	32,133 (11.55%)	673,740 (10.09%)	154,313 (5.95%)
11寧夏鎮	27,934 (4.33%)	14,657 (5.27%)	228,449 (3.42%)	149,653 (5.77%)
12甘肅鎮	46,901 (7.26%)	21,660 (7.79%)	450,802 (6.75%)	232,434 (8.96%)
13固原鎮	90,412(13.99%)	33,842 (12.17%)	417,023 (6.25%)	364,731(14.06%)
合計	645,911(100%)	278,127 (100%)	6,676,271(100%)	2,593,300(100%)

資料來源：《武備志》「鎮戍」卷1-5(參見第3章內與《武備志》相關表格之下的合計額)。

　　若不拘泥其精確度，從這6個表可以得到一個幅度上的認知：在1531-1602的70多年間，明代政府為了北方的邊防，每年固定要維持37至68萬的軍隊；這需要有18至28萬匹頭的馬牛騾驢駝等獸力搭配；要讓這套防禦體系運轉，每年須運送330多萬至800多萬的銀兩到邊鎮；這批防軍每年要耗掉85多萬至300萬石的糧料。

　　其實真正的需求通常超過上述的數字，例如當各地有急難時所徵召的客兵，就是一大筆未能預先列入預算的經費。這些龐大數額的錢糧從何處運來？各鎮的狀況不一，第3章各節內的表格，已列舉各項糧餉的來源地、項目、數額。以上是對邊鎮糧餉總額的整體性解說，以下分述這些軍馬錢糧在各邊鎮的分布狀況。

1.各鎮的軍隊比例

　　先看表12-1內「主兵官軍」的百分比排序。這項嘉靖10年的資料意義不夠代表性，因為相當重要的宣府與大同兩鎮無資料，導致固原鎮的百分比排序最高。

　　表12-2內「主兵官軍」的百分比排序，前3名是薊州、甘肅、遼東。薊鎮軍隊最大的原因，是因為在嘉靖18年時，此鎮的行政編制上還包括永平、密雲、昌平、易州(附井陘)；這4鎮分立的時間不一，見附錄7開頭的說明。甘肅與寧夏兩鎮的官軍共占25.79%，西北防區的重要性由此可見。遼東占14.11%，原因很明顯：幅地廣闊，防線甚長。比例最低的是山西鎮(4.45%)，宣府、大同等鎮都未超過10%。

　　接下來看表12-3，嘉靖28年時有了結構性的變化：宣府、大同、遼東共占53.56%，固原降至2.56%，其餘西北邊鎮的重要性劇減。

　　再下來看表12-4(萬曆10年前後)的分布狀況。最明顯的改變，是薊州降到5.05%，但若把永、密、昌、易(第2至第6項)諸鎮合計起來，則共有24%，比嘉靖18年的16.36%(表12-2第2項)還高。遼東的比例(12.14%)變動不大。較明顯的變化，是宣府(11.54%)、大同(12.43%)這一組(合計23.97%)，比嘉靖18年時(合計14.12%)幾乎高出10%。明顯下降的是寧夏

（4.07%）、甘肅（6.83%）這一組（合計10.90%），比嘉靖18年時（合計25.79%)少了15%左右。由此可見，萬曆10年前後的邊防重心，已從西北轉至正北方。

10年之後（表12-5）、20年之後的狀況（表12-6）大致不變。表12-5可略過，現在來看表12-6：遼東還是約占12%，薊、永、密、昌的合計占19.24%(因為易州與井陘的數字不詳，否則應更高到24%左右)。宣府、大同這一組合計25.48%，和表12-4的23.97%差不多。寧夏、甘肅這一組合計11.59%，與表12-4的10.90%也差不多。

整體而言，嘉靖10年至萬曆10年之間，各邊鎮軍隊結構的變化中，由於宣、大和寧、甘這兩組重要性互調，變化最明顯，其餘諸鎮的變動較少。萬曆10至30年之間，各邊鎮軍隊的分布結構還算穩定。

有一項研究可以相互對比：梁淼泰（1997）〈明代「九邊」的軍數〉估算永樂至崇禎年間，各邊鎮的「軍數」（包括主、客兵），並計算13邊鎮的合計軍數，這是縱跨明代的「邊軍」數額結構變動表(頁155)。其中的「萬曆初年」（據《會典》卷129-30），和前述表12-4的內容基本上相同，只有些微的數字差距。梁淼泰（1997）同表中的「嘉靖20年」，是根據《九邊考》所得的數字，可用來和表12-2相對照：遼東有87,402員，雙方相同；梁的表中薊州有90,443員，而表12-2內卻有101,293員（另見第3章表3-2.1的細分項數字）；梁說大同鎮有51,609員，而表12-2有59,909員。這些差額純是因計算項目的不同所引起：梁只算「實在馬步官軍」數，而我把「事故官軍」數也一併算入。另有兩個小疑點：(1)梁表中的「萬曆21年」，不知根據哪項資料而來？(2)他為何未引用《武備志》(即表12-6)的資料？

2.馬騾驢牛駝的分布

這是不易討論的項目，原因很簡單：表12-1至12-6內混合記載馬騾驢牛駝這5項獸力的總數，導致無法區分較重要的馬匹數，以及較次要的騾、驢、牛、駝數。在單位不一的情況下，對這些統計數字（及其百分比的分布）只能列而不論。

3.銀兩與糧料的分布

　　第3章諸表中有不少複雜的狀況，以其中的糧餉為例，有些已折成銀兩，而某些項目則以實物支付。更複雜的是：各邊鎮的狀況不一，某些項目在某些邊鎮可折銀，在其他邊鎮則否。這會造成一種怪現象：各邊鎮的銀兩數與軍隊人數不成正比。

　　嘉靖10年的數字不完整（表12-1內有多項不詳），暫且不論。現在看表12-2（嘉靖18年）的情形：薊鎮的軍隊有10.1萬，而銀兩只有23.7萬，每人每年平均只有2.3兩；遼東鎮有8.7萬人，銀有54.8萬兩，每人約有6.3兩。若用這種「平均每年每人分得的銀兩數」來看表12-2，會看到相當混亂的數字，甚至得不出個道理來。

　　為何表12-2內薊鎮的銀兩這麼少？有一項可能的原因：因為薊鎮鄰近京師，所以糧料都以實物送抵，不必以折銀的方式撥發。如果這項說法成立，就能解釋為何薊鎮的糧料比例最高（達88.35%），銀兩比例最低（5.83%），甚至比固原鎮（6.12%）還低。薊鎮的重要性眾所周知，況且在嘉靖18年時還轄管永、密、昌、易等鎮，這個超級大鎮卻只分到這麼少銀兩，原因大概是：糧餉以實物解送為主，銀兩是搭配性的，而偏遠的甘肅等鎮就相反（銀兩占10.97%，糧料只占1.49%）。

　　表12-2內銀兩比例最高的是宣府（23.12%）、大同（18.58%），這再度印證上面的猜測：高銀兩比例的邊鎮，通常有低糧料比例。宣府的銀兩與糧料比例是23.12%比0.48%，大同的銀兩與糧料比是18.58%比3.85%。我初見薊鎮的糧料總數額時（1,185萬石，占88.35%），直覺反應是史料有誤，但《九邊考》卷3頁12在民屯、軍屯項內，明白記載一項特殊數額：「夏稅秋糧本色絹一千一百四萬九千二百餘石。」（參見第3章表3-2.1倒數第4項），之後才猜測出有上述「低銀兩比高糧料」這種通則的可能性。這是嘉靖18年前後的狀況。嘉靖28年（表12-3）的狀況較難解釋，因為9個邊鎮的糧料中，有5個已折成銀兩。

　　到了萬曆10年前後（表12-4），這種結構出現了變化。以銀兩比例最高

(17.38%)的宣府鎮為例，它的糧料比例(6.66%)並非最低，而是排名第8。反過來看，糧料比例最高的是固原鎮(18.38%)，但它的銀兩比例(5.04%)並非最低，要比永平、昌平、易州、井陘、寧夏都高。所以在表12-2所觀察到的通則(高[低]銀兩比低[高]糧料)，在表12-4就不適用了。有什麼好的解釋呢？目前沒有。

用同樣的眼光來看萬曆30年前後的狀況：表12-6內銀兩比最高的仍是宣府(18.99%)，它的糧料比(5.09%)，都高於薊州、永平、易州、井陘、山西。糧料比最高的是大同(27.50%)，它的銀兩比(7.21%)在13邊鎮中排第6位。至此已可確定，萬曆10年至30年間，高銀低糧或低銀高糧的現象已不存在。有什麼好的解釋呢？目前沒有。

若要問：諸邊鎮中的哪一鎮，在這6個表內的變動幅度最大？大概是薊鎮。嘉靖18年前後(表12-2)，它因轄管永、密、昌、易諸鎮，所以軍馬錢糧的總數額龐大，是超級重鎮。表12-4(萬曆10年)是分鎮之後的狀況，在銀兩比例方面，薊鎮的排名第3。20年後(表12-6)降為排名第5(與遼東相近)。在糧料方面，在表12-2(嘉靖18年)中它遙遙領先(88.35%)，而在萬曆10年左右排名第9，到了萬曆30年時只占1.93%(表12-6)，倒數第3。

下個問題：若單就銀兩數來看，13邊鎮每年所耗的銀兩數，對中央政府造成多沉重的負擔？以萬曆初年為例，表12-4說：13邊鎮的官兵人數合計686,523名，軍費共銀8,279,165兩，糧料共1,983,646石。萬曆6年前後，國庫(太倉)撥發「宣府等十三鎮年例銀共3,223,046兩」[1]。十三邊鎮軍費共銀8,279,165兩，是年例銀3,223,046兩的2.57倍。為何會有2.57倍的差距？那是因為表12-4中，除了京運年例銀，還有荒田糧折銀、民運銀、開中鹽引銀等各項銀兩收入，而《會計錄》卷1的資料(即第2章表2-4內的第16項)，則只記載年例銀的部分。

這些表格性的解說到此暫停，請另參見附錄4第3節的相關比較與說明。

1　《會計錄》卷1:19-21，參見第4章表4-4內的第(16)項，這和全、李(1973)〈明代中葉後太倉歲出銀兩的研究〉表6計算「太倉支付軍費銀數」的3,223,051兩很接近。

二、與梁方仲對比

梁在《中國歷代戶口、田地、田賦統計》（1980）中，有兩個表格析述明代邊鎮的軍馬錢糧。一是乙表57〈明代各鎮軍馬額數〉（頁376），二是乙表58〈明代九邊兵餉額數〉（頁376-7）。這兩個表的內容和本章的表12-1至12-6相同，都是邊鎮的軍馬錢糧數。主要的形式差別，在於本章把各鎮的這4個項目併在同一表內，而梁是分成兩表，以下說明內容的具體差異。

1.軍馬數

梁的〈各鎮軍馬額數〉其實不只有邊鎮，還包括四川、雲南、貴州等另外13個軍鎮（可稱為「內地軍鎮」）。他的資料來源是《萬曆會典》，內無易州鎮（參見表12-2），但有保定鎮，這和《會計錄》的十三邊鎮名單不同。針對十三邊鎮的名單來說，他在乙表57內有保定而無易州，在乙表58內卻相反（有易州而無保定）。原因是乙表57根據《會典》，而乙表58根據《會計錄》。

接下來看「軍數」的問題。《會典》卷129-130用兩組數字，來對照各邊鎮的「兵馬數」：一是永樂年間（當作「原額」），二是萬曆初年（當作「現額」）。永樂間的資料，我沒其他數字可對比，但萬曆初的數字，則有《會計錄》卷17-29的明細資料可對照（參見第3章內的表格）。梁當然知道這套數字，但他未用在乙表57內作對比。試舉2例，以對比《會典》與《會計錄》中記載「軍數」的差別：薊州鎮在萬曆初年的軍數，依《會典》有31,658，依《會計錄》有34,658（見表12-4）；永平鎮是39,940（《會典》）、42,871（《會計錄》）。其餘10鎮的軍數相同。這是令人困惑的事：只有2鎮不同，其餘10鎮相同。但薊州、永平2鎮的差額都不到三千人，大體上可視為相近同。

較困擾的是「馬數」。同樣在梁的乙表57內，馬數只在十三邊鎮才有數字，四川、雲南、貴州等其他13個「內地軍鎮」則無數字。同樣地，我

們無永樂年間的邊鎮馬數可對照，現在只看萬曆初年的數字，也就是拿《會典》和《會計錄》的數字來相對比。乙表57的「編者註」說：「現額一欄：除薊州一鎮純為馬數以外，其他各鎮均把驢、騾或駝、牛合計在內。」是的，第3章內的諸表可證實此點：《會計錄》對各鎮的馬騾驢數大多混合計算，這在表12-1至12-6也都是如此。本章第1節中，認為分析這些馬驢騾在各鎮的分布比例並無意義，因為馬牛驢的單位與價值相差太大，無法得出有意義的論點。

若不考慮「質」的差別，單就「量」來比較，那我們會看到《會典》的數字與《會計錄》完全一樣，也就是梁乙表57的數字，和表12-4內「馬騾牛駝」的匹數完全相同。這讓我們得到一個結論：邊鎮的軍、馬數，《會典》和《會計錄》基本上相同，只有薊州和永平的軍數有幾千人誤差。

2.錢糧數

梁的乙表58〈明代九邊兵餉額數〉分兩大欄：「原餉額」（指明代初）、「現餉額」（指萬曆初年）。資料來源和乙表57相同：原餉額是根據《會典》卷28〈會計4〉內的「邊糧」，現餉額是根據《會計錄》卷17-29（也就是本書第3章內各節的萬曆10年數額表）。

乙表58的處理手法很單純：設計一個相當大的表格，縱軸是與各項糧餉相關的項目，把上述2項資料內的各種項目全數納入；橫軸是13邊鎮（附井陘）的名字，共14欄。建好這個大空白表格後，從上述2項資料內找出數字填入，無數字者空白（約占50%），最後一欄是「總計」，把各種項目（如屯糧料）在13邊鎮的數字加總起來。

這麼做的好處很明顯：若要查索某鎮的某個項目，立刻可知其數額，以及此項目在13邊鎮的總額。缺點是：若問「薊州鎮的銀兩共若干？」那就要讀者自行加總計算。若問「糧料共多少石？」也一樣要重算。但這些是次要的計算問題，較大的困擾是各鎮糧料時常有「折銀」，梁的表格無法說明這種情形。

舉個例子。乙表58大同鎮現餉額內的「主兵」欄內，有「屯糧料

126,744石」，梁在表下註13說明此項是「屯糧本折共」，我不明白此註的意思。若回頭看第3章的表3-8.2，可看到「(3.1)本折126,744石(該銀16,648兩)」。這126,744石既已折成銀16,648兩(表3-8.2內的[4.1]也是)，就應只計銀兩，不應重列糧料數。所以在表5-8.2的「合計」內，列出糧料總數713,219石，但說明「已折銀」。也因而在表12-4的大同鎮糧料內，只列713,219石數，但不重複計入最下一欄的「合計」內；而把這些折銀，改計入前1欄的「銀兩數」內。

換另一個說法，梁的乙表58是把第3章內與萬曆10年相關的13個表格，濃縮成一張簡明的大表格；在有限的篇幅下，不能要求他詳細說明。這不是苛責他，而是在說明解讀乙表58時，需要注意其中的諸多細節。

在篇幅寬裕的狀態下，我比梁多做了幾件事。

(1)在第3章內，對比《九邊考》(嘉靖18年前後)、潘潢〈查核邊鎮主兵錢糧實數疏〉(嘉靖10、28年前後)、《會計錄》(萬曆10年前後)、〈楊司農奏疏〉(萬曆21年)、《武備志》(萬曆30年前後)的狀況。梁未提到《九邊考》、〈實數疏〉、〈楊司農奏疏〉，也誤以為《武備志》的數字與《會典》相同，其實不然(稍後會辯解)。

(2)在第3章的各個表格之下，把邊鎮糧餉的諸多項目，簡化成軍、馬、錢、糧4大項，算出各項的總額。

(3)在第3章各節的最後一個表格，對比各邊鎮軍馬錢糧數額，據以顯現在1531、1539、1549、1582、1602年間的變動。

(4)然後在表12-1至12-6內，列出上述的數量，算出各邊鎮軍馬錢糧數額所占的百分比。這麼做的好處，是方便看出在哪個年代，有哪幾個邊鎮是屬於超級大鎮(或次要邊鎮)，以及在1531-1602的30多年間，各邊鎮的重要性有過哪些結構性的變化。

簡言之，梁的乙表57、58是簡明的十三邊鎮軍馬錢糧表，方便查索，他因受到篇幅限制，有些狀況無法細說。我在第3章和12章內，比梁做了更多的：(1)「原文呈現」；(2)簡化成4大項，方便加總、計算百分比；(3)可據以看出邊鎮糧餉的長期結構性變動。

　　附帶談個小問題。梁在乙表58「資料來源」說：「茅元儀《武備志》卷204-208〈鎮戍〉1-5亦引《會典》，個別數字稍有出入，且附有小注，可參看。」我要稍作辯解：〈鎮戍〉1-5內的數字，不能說是引《萬曆會典》，其中還有更細微之處。本書首章第2.2節內，對《武備志》的內容已有簡要解說。雖然《武備志》卷204-8〈鎮戍〉內未明確說明「原額」、「現額」是指何年份，但我認為「原額」的資料應是根據《萬曆會典》卷129-31，因為數字完全相同。「現額」則可視為萬曆30年(1602)前後的情況，因為《武備志》卷205頁2記載遼東鎮的「歲運」時，有「萬曆25年以來」的說法；卷208頁2記載固原鎮的歷史背景時，有「萬曆26年出兵」的說法，這是〈鎮戍〉(卷204-8)中出現最晚的年份。

　　梁說《武備志》引《會典》，就「原額」這項來說是正確的；但《武備志》更重要的是「現額」，這才是新增添的部分。第3章內每節的最後一個表，都對比「原額」與「現額」，不論是項目或數字都有明顯差異，我確定「現額」的部分不是引自《會典》。較簡明的對照，是看表12-4(根據《會典》而來的「原額」)與12-6(是「現額」)。本章第1節內說過，萬曆10年與30年的邊鎮糧餉結構大致穩定，有好幾個項目的數字根本未變。但若仔細對比表12-4與12-6，例如遼東鎮的銀兩數，萬曆10年是71.1萬多兩，30年是57萬多兩，差別很明顯，不會是引自《會典》。可惜《武備志》未說明數據出自何處，否則梁就不會說《武備志》「引《會典》，個別數字稍有出入」。

三、與梁淼泰對比

　　梁淼泰寫了3篇估算邊鎮軍馬錢糧數額的文章：1994〈明代九邊的餉數并銀估〉、1996〈明代「九邊」餉中的折銀與糧草市場〉、1997〈明代「九邊」的軍數〉。這3篇的主要貢獻，是提出5項較有系統的數字：(1)軍數，(2)餉數，(3)估銀，(4)折銀，(5)糧草。他的研究和本書的主題直接相關，我們的差異點在於：(1)他著眼在整個明代，要看長期的變化，這是

寬而淺的做法；而我把焦點放在明代中後葉的70年間(1531-1602)，是較窄
而深的做法。(2)他所做的眾多表格都無標題，也未在表下註明數字來源。
(3)從明初(永樂)談到明末(崇禎)，在有限的頁數內塞入過多的細節，看得
眼花撩亂。(4)基本上都是在做靜態的「估算」，而非深入分析各項要點的
內在「運作機制」。

　　梁淼泰(1997)編了1個附表，列舉永樂至崇禎年間各別邊鎮的軍數，以
及十三邊鎮的合計，這已在第一節內「各鎮的軍隊比例」討論過。現在來
對比他的另一篇13邊鎮糧餉研究。梁淼泰(1994)編了6個附表(都無標題)，
估算明代九邊的各項糧餉數。這是很費心力的統計研究，但因所涵蓋的年
代甚長、項目甚多，各節既無標題，文章寫得又細瑣，看得眼花撩亂。以
作者對相關材料的熟習程度，若稍講究鋪陳排列，說服力必然大增。從腳
註中可看出作者對史料的掌握豐富，雖然提到《會計錄》卷17-29(梁淼泰
1994:54)，但並未運用到其中的豐富統計數字，也未用《九邊考》和《武備
志》的重要資料。他的主要史料，是《明實錄》和《明經世文編》。他的
計算過程相當複雜，不易在此摘錄，不如直接評論他的6個附表。

　　梁(1994)的附表1是列舉9個邊鎮內，各項糧料的折銀比例：例如宣府
鎮的「鹽引」每引折銀0.38兩，在大同鎮折0.390581055兩，在延綏鎮折
0.405兩。他共列舉13項這類的「折銀物」，包括屯糧、屯料、屯草等等。
這是各鎮糧料的折銀規定，他能整理出簡明的對照表，當然方便查對，但
缺點是：此表適用於明代的哪個時期？他主要是根據《明經世文編》卷199
潘璜〈查核邊鎮主兵錢糧實數疏〉(嘉靖29年)，以及其他史料製成此表。
然而折銀兩的規定必然各地、各朝不一，單是宣府鎮的鹽引折銀，在整個
明代必然有過好幾次的調整。所以不能把這個附表視為可適用於整個明代
的數字，而是某個邊鎮在某個時點的個別數據。

　　他的附表2至附表6，是在估算各邊鎮的糧草數(如屯田子粒與屯草秋青
草)，以及這些糧料約可折成多少銀兩。其中最重要的是附表3，他把「成
化以前」至萬曆21年之間，十三邊鎮的糧餉都折算成銀兩數，可用以對比
各鎮的糧餉規模，以及十三邊鎮在不同年代的總額。這當然是一項大努

力，但有一項基本性的大疑問：從第3章的諸表中可以看到，某部分的糧料、鹽引、布、花絨確實可以折銀，但未必各鎮都這麼做。以第3章第1節遼東鎮為例，表3-1.1在嘉靖時已完全折成銀兩，方便計算；但另兩個表（萬曆10年、30年前後）就未必如此：有太多項目根本是以實物計算，不能折成銀兩。

在這個理解下，為何梁（1994）的附表3至附表6，能把整個明代的邊鎮糧餉全部改估算成銀兩數？潘璜〈邊鎮主兵錢糧實數疏〉是這麼做，但《九邊考》、《會計錄》、《武備志》就不是一概折成銀兩數，因為有些項目是以實物計算，不能折成銀兩。更不易明白的是：他辛苦地把表格算出之後，並不進一步說明其意義。他希望讀者如何理解這些複雜的表格呢？梁方仲的乙表57、58也是做表格而無解說，但那是整本書的體例。梁淼泰所估算的邊鎮糧餉過程辛苦，但是：（1）不如我的表12-1至12-6來得簡明，且能據以推論邊鎮糧餉的整體結構與長期的變化趨勢。（2）若以各鎮的具體糧餉內容而言，梁淼泰的成果又不如我第3章內的各個表格，來得清楚明確。

四、本篇回顧

本篇（第3-12章）的主要成果，是整理出邊鎮的官軍人數、糧料石數、耗銀總數。（1）可知大約有70萬主兵常駐在十三邊鎮，有敵情時尚需調派不定額的客兵；（2）各鎮所需耗的銀兩數，比太倉撥給各邊鎮的年例銀還高出2.57倍，達八百多萬兩。這是明史學界之前所未充分明瞭的重要數字。每年的實際邊防軍費，除了八百多萬兩是官方紀錄之外，還要包括各式各樣不易以銀兩計算的財貨與勞務，例如動員兵士與土著修繕邊牆與城堡、動員兵士長途搬運糧食、補充倒死的馬驢牛駝，這些林林總總，以及許多在外表不易看出的耗費，總加起來恐怕要比八百多萬兩還要高出許多。

表12-2告訴我們，嘉靖18年（1539）時諸邊鎮約有主兵官軍61.9多萬名；表12-4說萬曆10年（1582）時有68.6萬多名。嘉靖、隆慶、萬曆年間諸邊鎮的

官軍人數雖然多少不一，但要維持這六十多萬大軍的糧食，以及二十多萬匹頭馬騾牛駝的料草，單就這點來說就是個龐大的問題。

明朝採取3種供給邊糧的政策：屯田（見第4章）、民運（第5章）、開中法（第7章）。第6章的邊鎮漕運，只運送到靠近京師的幾個邊鎮，整體而言並非主要的邊糧供給來源。這3種供給邊糧的方式，換個說法就是：(1)軍士屯種自補（屯糧），(2)民間向邊鎮輸納（民糧），(3)商人運糧中鹽（鹽糧）。這3套制度同時運作，可說是「三位一體」的邊糧供給制。這3項中何者居首、居次、居末？若以萬曆10年（1582）遼東鎮為例（詳見第3章表3-1.2），(1)屯糧有279,212石（不知可確實折成多少銀兩），(2)民運銀共159,842兩（已把糧料改折為銀兩），(3)兩淮、山東鹽引共該銀39,076兩。就這3個數字來看，應是屯糧居首位，民運糧居次，鹽糧居末。但各邊鎮在各時期的狀況不一，不能據此一概推論。

這個數字印證了高春平（1996）〈論明代中期邊方納糧制的解體：兼與劉淼先生商榷〉頁59的觀察：「可以說軍屯是北邊糧餉供應體制的主體枝幹，民運糧為其供血源，開中法有如體外輸液。」這三者的敗壞過程，在第6、7、9章內已有分析，不贅。

高春平（1996）頁58另有一項本質性的觀察。他以開中法為例，認為明代中期北方邊鎮納糧制的體解，「是牽涉諸多政治、經濟、軍事狀況的體制轉換問題。它與屯田制的廢弛，民運糧的負欠，開中法的破壞密切相關。其根由則在明中期社會經濟的發展變化，特別是與商品貨幣經濟發展帶來的田賦折徵，民運糧折納，運司納銀制一系列變化有關」。他的觀察提醒我們一個重點：在探討邊鎮糧餉問題時，不能只把眼光放在邊鎮上，更重要的，是內地社會經濟結構的改變，這才是邊鎮糧餉變化的根源。以開中法的破壞為例，其實要以(1)勢要占窩、(2)王府奏討食鹽、(3)太監（魯保）掌控鹽引，這類非邊鎮的因素，才是遠方的強力破壞者。

十三邊鎮糧餉所牽扯的問題，面向龐雜、情事眾多，《會計錄》卷17-29提供研究此問題最集中的豐富史料。由於篇幅所限，我的重點不在於建構各章子題的完整細節，而只求彰顯各個題材的特徵與主要問題。這種寫

法的優點，是能較簡潔地顯出邊鎮糧餉的主要徵貌，缺點是不能細節地解說各項題材的精微動態運作過程。

從第2篇(3-12章)與附錄1至4的內容，我們看到「邊鎮糧餉」所牽連的關係相當複雜，比深入研究之前所想像的還要多角化；不但主題眾多，其下的諸多子題都各自有繁複的內容。以下進入第3篇，討論2個主題：邊鎮糧餉的限制與對策(13章)、對全書的總結與省思(14章)。

第三篇
困境與省思

第13章
糧餉的限制與對策

　　從本書第2篇的諸章(3-12)可以看到，13邊鎮的條件與狀況不一，年例銀占邊鎮耗費的比重在各鎮不同，但都須靠屯糧、民運、開中、漕運等方法來補充。所以第3章內的諸多表格，以及附錄1至4的諸多表格，所呈現的13邊鎮歷年軍費數額，必然遠低於各邊鎮的實際耗用。兩者的實際差距有多大？不知道。

　　為什麼不知道各邊鎮的實際經費額？因為《會計錄》在性質上屬於國家的財政預算書，是規劃性的收支項目與數額，而非執行之後的實際數額。所以我們不能把第3章與附錄1至4內的數字，視為真正的邊防經費，也不能以本書第2篇內的統計表格，當作實際的耗費，因為那只是預算額。

　　那麼誰才知道13邊鎮的實際耗費數字？各邊鎮總兵的說法會較可靠，各邊鎮的幕僚與高層行政人員會更清楚，但不會有這種數字流傳下來，因為其中有太多說不清楚的「黑帳」、「亂帳」、「混帳」。我們能做的，是從各邊鎮向朝廷的奏書，看出困窘的狀況、原因、對策，這是本章的主旨之一。

　　本章第1節是從宏觀的角度，來看「邊儲日虛」的結構性變化，以及邊臣曾經提過哪些基本的對策。第2節從另一個角度，來看原本已有先天結構性困難的邊餉，還碰到哪些人為的侵蝕：貪污、驕縱、奢侈。第3節延續第2節的主題，探討一個較獨特的現象：邊鎮將領中有一部分，向高官贈賄以取得職位的，稱為「債帥」。本節分兩部分：先整理出與債帥相關的史料記載，然後估算債帥對邊餉的侵蝕程度。這方面的研究，目前只有谷口規矩雄(1996)〈明末北邊防衛における債帥について〉。我認為他的估算結

果，由於基本假設的失誤，以及對邊鎮餉銀的低估，而誇大了債帥對邊餉的侵蝕程度。第4節從12篇奏疏中，選出能說明邊儲日虛的分析，以及從這些邊臣所提出的對策，來評論他們的想法是否能解決邊餉不足的問題。

一、邊儲日虛

《明史‧食貨志四》：「明初，各邊開中商人，招民墾種，築臺堡自相保聚，邊方菽粟無甚貴之時。成化間，始有折納銀者，然未嘗著為令也。弘治五年(1492)，商人困守支，戶部尚書葉淇請召商納銀運司，類解太倉，分給各邊。每引輸銀三、四錢有差，視國初中米直加倍，而商無守支之苦，一時太倉銀累至百餘萬。然赴邊開中之法廢，商屯撤業，菽粟翔貴，邊儲日虛矣。」

這段話說明3個要點：(1)明初實行開中法的良好成果，以及成化年間開始有「納銀中鹽」的情形。(2)弘治5年葉淇主政後，正式實施納銀中鹽，結果是太倉銀累大增至百餘萬兩。(3)赴邊開中之事因而名存實亡，邊地長久以來的商屯制也隨而衰撤，導致邊鎮糧價高昂，邊儲日虛。

本節的重點，是呈現嘉靖、隆慶、萬曆年間邊儲日虛的狀況，以及邊將與撫臣如何應付經費日縮的局面。這個議題並無具體的數字可引述，只能從當時的描述性奏疏中，說明各地的狀況，以及他們的因應之道。

和經費不足平行的問題，是13邊鎮的防線過長，官軍人馬也明顯不足。以魏煥《九邊考》卷3頁15對薊州這個重鎮的描述為例，他說：「查東邊墩軍，每堡多者不過數十人，少者僅得二、三人，軍單弱莫此為甚，欲撥補加增。查得各衛官軍，除通涿、武清等衛額有京班差操，其餘衛分各已選補邊堡在衛守門者，多係老幼，操守者止存餘丁。所留正軍，不過局匠數人而已。……既無鼓舞之利，誰肯棄父母妻子而樂為守邊哉。」

同樣的情況，也在邊糧問題上顯現。他說：「弘治間坐派本處倉支放官軍甚便。今各倉廢壞，俱赴薊州、密雲、昌平等處支糧，或一、二百里，或三、四百里，守候住返，動經數日。每遇支糧，塞堡一空，偶有邊警，其

何以禦？況薊州倉每歲所入，僅足終歲之用，而密雲、昌平二倉尤為空乏。各軍有至三、四月不得支糧者。……按月支給，猶為不足，必待半年之後，加利揭借，所得幾何？欲其不削軍士，固守邊圉，胡可得哉？」

魏煥在《九邊考》卷4頁16，說明宣府鎮邊軍糧餉的困苦情況。「按邊軍月餉法，曰折色者，六月本色者。六月在邊者，折銀七錢；在內者，折銀六錢。又曰：本折間支，此諸邊之通例也。然春夏之月，禾稼未登，粟價騰踴，邊臣苦於蓄積之未多也，則固與之折銀。秋冬之月，粟價稍平，倉廩稍積，則始與之本色。當其騰踴也，銀一錢或止易粟六、七升或四、五升。是一月折銀猶不及半月之粟，如之何其不饑而疲且至死也。欲責其死綏之節不亦難哉？」

那該怎麼辦？有何上策呢？「說者謂：宜于歲例之外，每鎮發銀十餘萬兩，遇大熟之歲，則於歲例招買之外，糴粟六、七萬兩；中熟亦糴三、四萬兩，俱別儲之。每春夏粟價騰踴，若歲例之粟尚足支持者，勿動。惟騰踴之甚不可支持者，借支二、三月，秋熟之後，即於歲例內招買者補償，仍別儲之。此則士得實惠，而所省亦且數倍。」

這個建議並非新創，賤價時購買儲存以待騰踴之時，是古代商人熟知的事。對邊鎮而言這有幾項困難，對軍士的福利也未必有想像中的美好，原因是：(1)若「每鎮發銀十餘萬」來做此事，13邊鎮就要130多萬，國家財政如何有這筆餘錢？(2)若真有這筆預算，掌握糧食者必然惜售，以待高價時獲高利。(3)商人與官員勾結，雙方獲利。(4)有錢未必能買到糧食，尤其在荒歉之時；若買糧的銀錢預算多，很有可能使原已高價的糧食火上添油。由於上述4點因素，若要解決邊鎮缺糧的困難，並非想像中的容易。

邊鎮糧餉不夠用，還有幾個原因，這在全漢昇、李龍華(1972)〈明代中葉後太倉歲入銀兩的研究〉頁236註176有詳細解說。(1)朝廷欠年例銀：在萬曆29年或以前，10個邊鎮的年例共欠150餘萬兩未發。(2)民運的糧餉通欠：陝西人民18年來輸過邊餉150萬兩，但也逋欠邊餉204萬兩(萬曆44年

8月陝巡撫龍遇奇所說）。以上只是2個例子 [1]，全、李(1972註176)還有許多例子，因屬於明末的情況，在此不俱引。

二、貪污驕縱奢侈

1.貪污

邊儲糧餉的不足，在各鎮已是普遍現象。除了防線過長、軍士過多、冗員充斥這類的結構性問題，還有朝廷內部的行政阻礙與人謀不贓。以嘉靖朝的嚴嵩為例，《明史》卷210〈張翀傳〉內有驚人的陳述。

「國家所恃為屏翰者，邊鎮也。自嵩輔政，文武將吏率由賄進。……託名修邊建堡，覆軍者得廩子，濫殺者得轉官。……而祖宗二百年防邊之計盡廢壞矣。戶部歲發邊餉，本以贍軍。自嵩輔政，朝出度支大門，暮入奸臣之府。輸邊者四，饋嵩者六。臣每過長安街，見嵩門下無非邊鎮使人。……私藏充溢，半屬軍儲。邊卒凍餒，不保朝夕。而祖宗二百年豢養之軍耗弱矣。」

《明史》卷209〈沈鍊傳〉內，對嚴嵩與邊鎮之間的關係還另有描述。「(嚴)嵩貴幸用事，邊臣爭致賄遺。及失事懼罪，益輦金賄嵩。(沈)鍊時時搤腕。……遂上疏言：……今大學士嵩，貪婪之性疾入膏肓，愚鄙之心頑於鐵石。……姑舉其罪之大者言之。納將帥之賄，以啟邊陲之釁，一也。」（另見韋慶遠1999《張居正和明代中後期政局》頁91-8的相關綜述）。

2.驕縱

遼東鎮總兵李成梁(參見附錄9〈邊鎮鎮守總兵表〉第1節的說明)，因有戰功，而驕縱奢侈無度。《明史》卷238〈李成梁傳〉說：「成梁鎮遼二十二年，先後奏大捷者十，帝輒祭告郊廟，受廷臣賀，蟒衣金繒歲賜稠疊。邊帥武功之盛，二百年來未有也。其始銳意封拜，師出必捷，威振絕

1 　譚綸《譚襄敏奏議》卷5頁701-3有〈客兵錢糧不敷請乞早賑疏〉，頁711-3有〈乞討班軍行糧以資防守疏〉，具體說明邊軍缺糧的狀況。

域。已而位望益隆，子弟盡列崇階，僕隸無不榮顯。貴極而驕，奢侈無度。軍貲、馬價、鹽課、市賞，歲乾沒不貲，全遼商民之利盡籠入己。以是灌輸權門，結納朝士，中外要人無不飽其重賕，為之左右。每一奏捷，內自閣部，外自督撫而下，大者進官廕子，小亦增俸賚金。恩施優渥，震耀當世。而其戰功率在塞外，易為緣飾。若敵入內地，則以堅壁清野為詞，擁兵觀望；甚或掩敗為功，殺良民冒級。閣部共為蒙蔽，督撫、監司稍忤意，輒排去之，不得舉其法。」

3.奢侈

邊鎮糧餉缺乏，但邊將奢侈之說常有所聞。以戚繼光為例，清代陳田在《明詩紀事》卷24〈庚籤〉內有生動的陳述。「史稱隆慶後，款市既成，烽燧少警，輦下視鎮帥為外府。山人雜流，乞朝士尺牘往者，無不饜所欲。薊鎮戚繼光有詩名，尤好延文士，傾貲結納，取足軍府。……一時風會所尚，諸邊物力為耗，識者嘆焉。」（參見張士尊1997〈明代總兵制度研究〉頁23-4)但有人認為這是當時官場的風氣，《國榷》卷72〈萬曆11年2月戊子附〉內，林之盛就說：「余嘗行邊，一老弁語余：『此中大將最苦，要人以為金窟，文人以為墨莊，不得不相加遣，否則孰卵翼之，而孰游揚之？又安能懸斗大印而擴老上？』」（參閱韋慶遠(1999)《張居正和明代中後期政局》頁676註2)

三、債帥

債帥之說起於唐朝。當時為了求當地方節度使，有人與宦官勾結以求幸進，不惜重利借貸來賄賂。一旦得到節度使的頭銜，就運用職權聚斂還債，稱為債帥。唐朝代宗大曆(766)以後，節度使多出於禁軍，據《舊唐書‧高瑀傳》說：「其禁軍大將資高者，皆以倍稱之息，貸錢于富室，以賄中尉，動逾億萬，然後得之，……至鎮則重斂以償所負。」直到裴度為相時，才打破宦官任免節度使的慣例，「天下無債帥」，或「債帥鮮矣」。

債帥的問題在宋代也有，但那是另一個主題，與唐朝和明代的情況有本質上相通之處，也有個別性的差異，在此不擬申述。

明代的債帥問題，是在北邊防衛體系逐漸鬆弛之後，也就是在嘉靖時期，才成為軍事與政治上的問題。明代債帥的基本性質與唐、宋相通，大都是向商人高利借鉅款，向政府高官和宦官賄賂，以求得邊鎮高級軍官的職位。然後用種種手段從軍士的糧餉，以及各種邊鎮經費中榨取，來償還債務。也就是說，從朝廷撥發給邊鎮的經費，透過債帥的榨取之後，有一部分會流回京師或內地，使得原本就拮据的邊鎮經費更為困難，進而影響邊鎮軍士的生活資源。

1.相關史料

目前對明代債帥的研究，谷口規矩雄(1996)〈明末北邊防衛債帥　　　　〉可能是惟一的文獻。其實債帥的問題並不複雜，相關的史料也不多，有了谷口的研究，問題也就大致明白，進一步發揮的空間有限。

谷口所蒐集的資料，有《明史》、《實錄》、《明經世文編》、《萬曆疏鈔》、《東林列傳》，以及個別的明人文集，內容相當豐富。谷口寫作此文時，尚無《明實錄》與《明史》的電子漢籍全文資料庫可搜尋，他能找到這麼多相關文獻，確實不容易。若當時能運用電子資料庫，還可以找到更多的史料：他從《明史》內引用1條資料，其實共有6筆；從《實錄》內也只引用1條資料，其實共有41筆可用。由於谷口的研究已掌握明代債帥問題的大要，所以本節基本上是以他所運用的素材，加上我自己的解說，得出另一個結論：谷口的估算明顯偏高，誇大了債帥對邊餉的侵蝕程度。

所謂的邊鎮將帥，狹義地說是指鎮守總兵。但13邊鎮只有13名鎮守總兵(參見附錄9〈邊鎮鎮守總兵表〉)，人數未免過少；況且總兵職位重要，並非高官或宦官所能完全掌握或授受(參見張士尊1997、1998〈明代總兵制度研究〉的優秀分析)，所以應從廣義的角度來解釋。以《萬曆會典》卷

126「鎮戍一」下的「將領」為例，薊州鎮內列為「將領」的有：鎮守(總兵)1員、協守(副總兵)3員、分守(參將)11員、遊擊將軍16員、坐營官8員、守備8員、把總1員、提調官26員，合計74員。各邊鎮的編制大小不一，若平均以70員計，13鎮共約有910個職位，這才足以構成一個具相當規模、可以運作的「債帥市場」。

谷口(1996頁14)估計，債帥約占邊鎮將官人數的一半，這是根據《明經世文編》卷265胡宗憲〈題為陳愚見以裨邊務事疏〉(頁2796-2803)的說法：「今之邊將半是債帥，剋軍以自肥，剝下以奉上。既有豺狼無厭之心，必成貓鼠同眠之勢。……昔者孟獻子曰：與其有聚斂之臣，寧有盜臣，是聚斂之為害甚於盜也。」這種「邊將半是債帥」的說法，是在形容問題的嚴重性，不必當成50%來解釋。

以賄賂取得將官的職缺，更早在《實錄》弘治17年(1504)5月壬寅條就有記載：「兵部覆奏禮科都給事中李祿及監察御史饒鏜所言三事。一、將官有缺，多以納賂而得。及至鎮所，則大肆掊克，以償前費，請痛加禁格。今後有缺，務所司從公推舉。」這表示弘治時期已有債帥之事，但還沒嚴重到無法糾舉的程度。

陳于陛是隆慶2年(1568)進士，萬曆22年(1594)陞至禮部尚書。他在〈披陳時政之要乞採納以光治理疏〉內說：「又當是時，柄臣貪墨，債帥交關，表裡為奸，氣焰薰灼。故帑藏解發，或未出都而瓜分，或已抵境而葦還。……至于各邊傚傚，饕竊成風，私囊侵給，數又不貲。是年例之額數多，而實用于邊塞者尚未及半。」(《意見》[1卷]未收，引自《明經世文編》卷426頁4650)這類的說法，在《明經世文編》內還有好幾處，谷口的研究已經羅列：(1)鐘羽正〈條議閱視事宜以圖實效疏〉(卷412)、(2)薛三才〈覆議薊鎮事宜疏〉(卷443)、(3)余懋衡〈敬陳邊防要務疏〉(卷471)，有興趣的讀者可以進一步查索。

2.估算債帥對邊餉的侵蝕程度

下一個要理解的問題，是賄賂買官的行情：大約用多少銀兩，可以買

到哪個職等的官位？這當然沒有一定的行情，要看當事人的才能、職缺是否肥美、受賄者的官階、能力與膽量、邊鎮是處於戰事多或和平時期，等諸多因素而異。谷口（1996頁19）提供2項參考訊息：（1）位於中間職等的「守備」，約需用銀2、3千兩；（2）最高職等的「總兵」，約需數萬兩。

谷口接著做一項有趣，但也容易引起爭議的計算。他說若以「機械的計算方式」來推估，則薊州鎮在萬曆初年時，假設74位官員中有一半屬於債帥，那麼大約有14%或甚至20%的兵餉額，會因賄賂買官而從薊鎮流回京師的高官或宦官手中。他的推估方式是：（1）74員官職中有半數（37員）是買來的。（2）買官的行情以「守備」這個職位當作平均值，每個官位值2千兩。（3）所以共約有7.4萬兩（=2千兩×37）流回京師。（4）萬曆初年薊鎮的兵餉額約54.3萬餘兩，所以流回京師的賄款比例是13.62%（7.4萬兩÷54.3萬餘兩，約14%）。（5）如果「守備」的平均行情是3千兩，就有11.1萬兩流出，占薊鎮總餉額的20.44%（約20%）。

這是個很驚人的數額，但我覺得他明顯高估了，因為他的計算方式隱含一項假設：這些債帥只在職位1年，也就是說每年都要更變職位（或重新賄賂）。其實不會這麼頻繁。我假設：（1）每個官位的平均行情是2千兩，（2）每個官位可以做3年，則谷口估算的總賄款7.4萬兩，還要除以3（=2.46萬兩），約占薊鎮1年餉額的4.5%左右；也可以用谷口算出的14%÷3=4.6%左右。

若假設（1）每個官位的平均行情是3千兩，（2）每個官位可當3年，則賄款額占總餉額的7%左右（=20%÷3）。也就是說，谷口因假設每個官位只當1年，所以會過度高估債帥對邊餉的侵蝕度。

下一個要和谷口爭論的問題是，他根據梁方仲（1980）《中國歷代戶口、田地、田賦統計》頁376的乙表58，計算出薊州鎮在萬曆初年的兵餉額是54.3萬餘兩。而我的計算則要明顯高出許多：第12章表12-4內，薊鎮在萬曆10年的銀兩是78萬兩左右。我的計算為何和梁方仲有這麼大幅度的差別？這已在第12章第2節「與梁方仲對比」中詳細說明了。

依我的計算，薊鎮在萬曆初年的銀兩餉額是78萬兩，假如依谷口的計

算，每年流回京師的賄款是7.4萬兩，那就只占10%左右。如果平均每個官位的任期是3年，那就只有3.3%左右了，並沒想像中的可怕。

如果流回京師的賄款，依谷口的估算是11.1萬兩，那就約占78萬兩的14.23%左右；若再除以3(年任期)的話，等於每年4.74%左右，也都小於5%。如果每個官位的任期長於5年乃至10年，那麼賄款占餉額的比例就更低了。我有理由相信，平均的官位任期應會有5年左右，否則投資3千兩買到官位的債帥，怎麼會有充足的時間撈回成本？

換個角度來說，就算賄款占餉額的比例不超5%，但真正可怕的是：這些債帥在任職期間，為了撈回投資的銀兩，以及累積日後更往上攀升的資本，必然會盡可能地侵吞。可惜我們無法估算這種貪污的數額。

簡言之，谷口的研究相當有意思，但因隱含假設每個官位的任期只有1年，以及低估薊鎮的餉額，使得他估算賄款占餉額的比例(14%至20%之間)明顯偏高。雖然我的估算把債帥的賄賂金比例，降低到占邊餉的5%以下，但這些債帥在任職期間的總貪污額，有可能會占邊餉總額的14%至20%。

四、分析與對策

本節從12篇奏疏中，選出較能說明邊鎮糧餉日虛問題的文字，以及這些邊臣所提出的對策，來評論他們的想法是否能解決糧餉不足的問題。

1.于謙

于謙是永樂19年(1421)進士，宣德5年(1431)陞兵部右侍郎，巡撫晉豫，時年33。景泰時加兵部尚書、太子太保。大概是在兵部尚書任內，他奏呈〈急處糧運以實重邊以保盛業疏〉(《于肅愍公集》(8卷)未收，引自《明經世文編》卷33頁244-5)，對陝西地區的邊鎮缺糧問題有緊急的析述。

「陝西一省之民，供四(邊)鎮之軍，賦繁役重，食少人多，故每歲有收，用猶不足，不免於內帑取給也。前此連歲遭凶，今歷時不雨，夏麥失望，秋糧未期，軍民皇皇如在湯火。彊者肆劫奪，壯者流他鄉，老弱者甘

心死亡，變在不測，此可憂者一也。」

還有3項可憂者。「今榆林之兵旅方殷，甘（肅）、寧（夏）之聲息且至。秋高大舉，將何以支？此可憂者二也。……今附邊既搜括殆盡，腹裡又侵削無遺，一旦有事，束手無策，此可憂者三也。……今河南、湖廣赤地千里，麥禾一空，雖有高價，無處告糴，此可憂者四也。」

為何會造成這4項可憂之事呢？根本的原因在於「國家於歲用，不蓄米糧，及遇不時告給，俱是發銀，徒以輕齎便事也。然亦不過買米而已。至于各邊糧草缺乏，召商納報，……亦不過買之附邊而已。一方所產止有此數，買用既多，則米價不得不貴矣。附邊既盡，則腹裡不得不擾矣。財費於內帑，利歸於商人，害及于百姓，未有能濟者也。」

這是很好的分析，那要怎麼辦才是上策呢？「然者則如之何？亦在修腹裡糧運而已矣。」既然只能依舊法從內地運糧到邊地，那就要「乞嚴限各該撫按官，急將河南運道照舊修復，……」；若想要「其永久之利，乞將附近河南一府陝州等處，每歲夏秋折色京邊糧米內，扣二十八萬石，改納本色，坐派陝西，……以後不再解銀，著為定例。」

簡言之，邊鎮缺糧的問題在明代前期就出現了，于謙並無特殊良方，只能請朝廷每年從河南運糧28萬石，俱解本色，不再解銀，並為定例。這是對陝西一帶邊鎮缺糧問題的對策。

2.楊鼎

楊鼎是正統4年（1439）進士，授翰林院編修，常建言修飭戎備、通漕三邊，不果行。後撫守近畿有功，累遷至戶部尚書，成化15年（1479）致仕，21年卒。

他對大同、甘肅邊地缺糧之事，有下列的建議。「太原等府州縣歲運邊方糧草，因山路險遠，止是輕齎銀貨買納。如薄收價貴，則積蓄者高價以罔利。如有收價賤，則納者侵欺肥己。」楊鼎有何高見呢？「宜令有司遇價賤，則督令全買，貴則使納至六、七分，其餘收銀與官軍，准作俸糧。」（〈會議大同等處事宜〉，《明經世文編》卷40頁317-8）

這是人人能懂的原則，問題仍在執行上：有司手上有這麼多銀兩嗎？官商不會勾結嗎？這樣就能解決結構性的根本問題嗎？恐怕楊鼎把事情看簡單了。日後他當戶部尚書時，就能體會到事情沒那麼單純。邊糧所牽涉的問題雜多，不是這類簡單的提議所能解決。

3.韓文

邊鎮糧餉不足的原因，除了上述的各種狀況，還有一種難以啟齒的情形，這是韓文〈為預審軍國大計以安內攘外事〉（《韓忠定公集》卷2頁6-7）所提到的：守軍閉關不出，儲糧坐食而盡。

「宣、大二鎮俱遭荼毒，寧武以北腥羶偏（徧）野，千里蕭然，如屢無人之境。今各主兵并調集京營、延綏、偏頭關等處兵馬，不下八萬，俱閉門不出，束手無策。假眾寡不敵之名，為怯懦自全之計，節年儲蓄，被其坐食而盡。稍有不繼，則將罪歸於司國計者矣。以故乞糧乞草，日議於朝堂，送銀送鹽，絡驛於道路，徒費百萬之資，未聞一矢之利。……設若攻克戰勝，雖費何惜？今乃不攻而餐，不戰而食，師老銳屈，他變必至。」（弘治18年(1505)7月初8日）

4.楊一清

楊一清對西北邊鎮缺糧的問題，有很好的分析與對策提議。「但京師儲蓄有限，各邊（鎮）仰給無窮，……求其獲利多而取效速者，莫如開中引鹽為便。……合無於陝西開中兩淮等運司，常股、存積等課鹽百餘萬引，及今招商，於夏秋收成之後，糴買糧、料、草束，查撥固、靖、蘭州、環慶各該邊堡屯駐軍馬缺乏去處上納。……如果虜賊在套，盡收本色，量寬斗頭，使人樂趨（趨），……若無緊急賊情，又當酌量年歲豐歉，年豐有收，則廣為招糴，不厭其多。如歲歉收薄，則量收一半本色，……仍存一半銀兩，以為來歲之圖。……此愚臣迂腐，為兵事謀，兼為民事謀，為治體謀之惓惓也。」（〈為預處邊儲以備緊急供餉事〉，《楊一清集》卷4頁116-7）

　　整體而言，這項建議並無多少原創性，因為這只是把開中法(納糧中鹽)用在西北邊鎮而已。我們無法得知朝廷對這項建議的反應，也不知是否依楊一清的建議施行。

5.康海

　　康海(1475-1540)是弘治15年(1502)進士第一人，歷任翰林院修撰、經筵講官，以鄉里指為劉瑾黨人，罷歸，卒。他在〈與陳元吉論寧夏糧運〉(《對山集》未收，引自《明經世文編》卷140頁1398-9)內，析述民間運糧到邊鎮的諸多困難。

　　「日者起運寧夏糧餉者，百姓騷擾不寧。詢之人言，比往時幹運丁糧過倍，……況小民湊糧之際，計慮打點及盤費等項，已數倍掠歛，而又使之備車、朋事，則一車之歛又將若何？……請以乾州協濟論之，其每車之費且不下三、四兩也，而又遠數千里至寧夏耶，……廢馳如弊(敝)邑者，又何以能辦也？……故貧下少糧之戶，尤被其苦。危動浮言，無足怪也。」

　　既然有這麼多困難，康海有何對策與高見？「願量照愚畫，再加詳定。星夜移下州縣，令勿騷擾，務量多寡追價，仍舊責付大戶，免起車量丁轉之屬。再擇能幹官員，以為布運而去，……前後兩月之間，寧夏倉廩復有不完者，吾未之信也。」也就是說，康海希望主其事者，仍請大戶負責運糧之事(參閱本書第5章〈民運糧餉〉第5節「大戶制與民運邊鎮糧餉」)，再派官員督導。這樣百姓就可消除憂慮，運糧之事必可完成任務。

6.鄒守愚

　　鄒守愚是嘉靖5年(1526)進士，由戶部主事歷陞僉都御史，巡撫河南，晉戶部侍郎。34年(1555)奉命秩祀河嶽，卒於秦。大概是在任職戶部時，他上疏〈邊儲議〉(《明經世文編》卷201頁2100-1)，對邊鎮解糧問題有不錯的分析與政策建議。

　　首先他說明兵多糧少的基本問題。「今隆慶諸倉，貯米不過七千餘石，而隆慶衛所官軍，月糧、口糧歲該米八萬七千餘石，況兼閏月之餘。

而山東解戶，運納本色、折色，歲供米四萬六百石，僅供半年之用。夫召募之兵有增，而無減歲額之派。」

接下來說明解戶的種種困難。「名曰八錢，實過一兩。解戶困於幫貼，商人苦於搬輸。平準之法雖行，貿邊之道未盡。與其食不足而財有餘，不若財不足而食有餘。」他的建議對策是：「歲正稔而顧糴，民樂與官而為市，或先請太倉銀兩，即乘時召商糴買。每石減一錢，則百可省十，⋯⋯俟大戶解至之日，照數還官寄庫。其多餘銀兩，或募粟或解部，另行請呈定奪。至下年收成之後，即先自召商上納，以半積明年之儲，則伸縮由己，欲導因時，商賈樂貿易之便，解戶寬幫貼之困，邊倉有常積之粟。」

聽起來順理成章，官商民皆便，只是未聽說鄒守愚建議之後，在嘉靖、萬曆年間的邊糧問題因而得以解決，恐怕沒取得實效。

7.蘇祐

蘇祐是嘉靖5年(1526)進士，徵為御史，出按宣、大監軍，討平亂卒。28年(1539)以兵部左侍郎總督宣、大邊務凡十年。進兵部尚書，削籍為民，萬曆元年(1573)復官，致仕，卒。

他在宣、大任內，呈〈陳時弊、度虜情、宣大錢糧以保治安疏〉(《明經世文編》卷216頁2258-9)，說明此「二鎮一切公費，在宣府止有公務餘地、新增驛傳租糧。在大同止有牛具、尖丁、戶口、鹽糧、商稅、煤課各銀兩。(即)使每歲盡數徵完，尚不足供一歲之用。⋯⋯以致宗室冠服、房墳祭價，併各項公費等項，積欠數多，⋯⋯已難支持。」

蘇祐別無他法，只能向朝廷請願。「伏望皇上軫念宣、大重鎮，百凡供億，俱在緊急。乞勅戶、禮、兵、工四部，從長計議，將各鎮所請⋯⋯等項銀兩，俱照舊存留該鎮公用。⋯⋯如戶部必欲更革，乞勅禮、兵、工三部，另議請發銀兩，以給各鎮買補採馬，并驛遞馬騾、草糧、草料，及各宗室冠服、房墳祭價等項應用。庶公務不致偏廢，而邊臣亦得少盡職矣。」

這篇奏疏讀起來令人可憐。以宣、大重鎮，竟然連公務費用都這麼缺乏，還要直接向皇上乞請，甚至連冠服、墳祭的費用都不夠。其他12邊鎮

的情況，大概也好不到哪裡。

8.徐階

　　徐階是嘉靖2年(1523)進士，累遷至禮部尚書。31年召入閣，嚴嵩去，公為首揆凡7年，隆慶2年(1568)致仕，卒。他在〈請處宣大兵餉〉(《世經堂集》卷2頁14-5)中，對宣大實況有切實的觀察與具體建議。「臣近日訪聞宣、大二鎮，邊墙坍塌，烽堠不明，虜賊出入無忌。加以內逆勾引，邊堡被其攻破甚多。自(目)今虜營移駐大同邊內，蓄謀巨測，其軍士又皆苦於飢饉，迫於貧殘，不能聊生，逃亡相踵。」

9.翁萬達

　　這是多麼嚴重的狀況，我們不知這是嘉靖哪一年的事。但他在31年入閣，所以應是在他任禮部尚書(28年2月至31年3月)之前的事。徐階的觀察和嘉靖27年(1548)翁萬達對宣大的觀察，幾乎是同年或前後相差幾年，但翁的說法卻迥然大異。翁說山西、宣、大「三鎮邊墙長千餘里，美完足恃，前此所無，億萬人之耳目，安可欺耶？」這是翁在〈上介谿嚴(嵩)閣老書〉內所言(《翁萬達集》文集卷15頁548)。他還說：「三鎮止用銀七十七萬三千(77.3萬)兩，省其大半。」

　　徐階的觀察正好相反。「又二鎮米麥每石值銀三兩以上，而軍士每月支銀七錢，僅買米麥二斗二、三升，豈能養贍？欲盡照時估給價，戶部又難應付。」那怎麼辦呢？徐階建議：「今北直隸、山東、河南等處，……二麥大熟，每石止值銀四錢以下。若乘此時收買數十萬石，每石加腳價四、五錢，便可運出居庸關，以給宣府月糧。加腳價七、八錢，便可運出紫荊關，以給大同月糧。通融計算，在內不過用銀一兩以上，軍士卻得一月飽食，費省惠博。……而在財乏兵疲之時，似尤不宜守文泥常，坐失便利。」(《世經堂集》卷2頁14-5)

　　對比徐階和翁萬達的文字，可以感覺到徐階所言較實，建議的對策也合情理。相對地，翁的文字以節省為主軸，屢稱又節省多少，「省而又

省」。以嘉靖27年前後的軍事狀況來看(參見附錄10〈邊鎮大事記〉),應以徐階的說法較可靠。

10.胡宗憲

胡宗憲是嘉靖17年(1538)進士,以倭警拜僉都御史,總督浙直江福軍務,屢戰奏捷。晉少保兼太子太保兵部尚書,以人言落職,械至京師,卒于獄,天下惜之。他在〈遼東軍餉論〉(《海防圖論》卷1頁16)內,對遼東軍餉的運送有急切的建言。「但所虞者,以地方千有餘里,衛所軍旅凡九萬九千八百七十五員名。除新募應援兵不計,區區止藉山海關一路饋餉。我朝北都燕而遠漕江南粟,又自京師達于遼陽,飛輓不繼。」

在糧餉不繼的情況下,「邊卒輒叫呶待哺。甚至凶荒,士卒相食。……此其患不在兵之不疆,而在食之不足。……邇者登(州)、萊(州)運米達遼(東)甚便,惜其不多旋復止」。有關漕糧海運遼東的簡史,已在第6章〈邊鎮漕糧〉的第5節「海運遼東」內析述。其中解說遼東漕糧海運有過幾次明顯的起伏,就整個明代而言,大約是「通者什七,禁者什三」。胡宗憲所談的時間,不知是在嘉靖幾年,但大概是正好在禁運時期,所以他才說「邇者……甚便,惜其不多旋復止。」

他有何建議呢?恢復軍屯(參見第4章)和商人開中制(參見第7章):「愚謂國初軍屯、商中之制,至為精當,而大壞極敝。當國計者當深念而亟圖之,不當專責之幕帥而已也。」

11.江東

江東是嘉靖8年(1529)進士,巡撫遼東,尋總督三邊,陞兵部侍郎,協理戎政,兼督宣、大、薊、遼等6鎮。嘉靖44年(1565)卒。他在兼督6鎮時,呈奏〈條議宣府錢糧疏〉(《明經世文編》卷287頁3028-9),解說宣府錢糧開支過大的主因之一,是「客兵守墻,煩費不貲,而出塞為尤甚。故一歲之支,至有四、五十萬以上者,自(嘉靖)十九年至四十年,總用京運銀及鹽引銀五百九十五萬六百兩。此皆年例之所未有,歲入之不會者也。

虛耗財用，孰大於此。」

　　江東有何對策呢？其實很簡單：趁秋收糧廉之時，「預發名買」，以省開支。「今更宜趁秋成價平，預發銀兩召買，……務使軍餉國儲各有所濟，而小民膏脂，不至妄靡。其省費惜財之方，庶有小補。」

12.王崇古

　　王崇古是嘉靖20年(1541)進士，隆慶初總督三邊，改宣、大。萬曆5年(1577)陞兵部尚書，未幾歸，16年卒。他在〈陝西歲費軍餉疏〉(《公餘漫稿》未收，引自《明經世文編》卷318頁3386-9)內，對邊鎮軍費有長篇的析述。「歷查爾年戶部之議邊費，謂嘉靖初年止五十九萬(兩)；至二十八年(1579)，加至二百二十一萬；至三十八年，加至二百四十餘萬；四十三年，又加至二百五十一萬矣。」這筆數額，和第2章表2-6內的數額大致相符。

　　這麼大筆的邊費，「以致歲入不給歲出，是誠然矣。……至于各邊之增費，大都十分：在薊鎮十(之)七，在宣、大、遼東、山西十(之)二，而陝西四鎮，惟延綏因增入兵馬之支，稍增十(之)一。」這是全面性的經費概觀。接下來，王崇古指出造成邊費大增的主因之一，就是軍職冗濫與虛冒軍糧，而又無法徹底解決。

　　「又邊腹之費，惟軍職冗濫為尤甚。軍不加多，而官增數倍，俸增鉅萬。一官之俸數，數軍之糧也。故各邊軍有逃之而糧無附餘者，冗官食之也。臣愚於受命督臨之初，亦嘗條議一節冗俸，……但軍職世襲，月支俸米皆祖宗舊制，……若遽如所議更變減折，恐武職官員貧塞者多，而益不能自立也。……而戶(部)、兵(部)二部未即允行者，誠以在京武職之眾，議論之多，憚于定制而不敢輕議也。」

　　既然更變不得，那怎麼辦呢？他建議要落實稽核邊軍實數，即可省減支糧。「伏乞勅下戶部，悉心檢查各鎮邊儲之報。某鎮視嘉靖初年為增多，而兵馬是否已增強眾？某鎮視以前年分為仍舊，為既減而兵馬僅未消耗。某鎮兵馬之支為獨重，可量議裁減。某鎮客兵之支為獨費，可量議節省。勿以地之遠近而異其支，勿以議論利害而忘其實。……官之冗食既

節，而歲省將不下數萬，帑藏庶可繼供，而各鎮咸遂裒矣。」

這項建議恐怕還是行不通。何以各邊鎮不肯削減冗員？基本的原因，是各級軍士的俸餉月糧不夠生活，只好靠冗員虛數來冒領，作為變相的加薪。王崇古要落實稽核，雖可省邊費，實際上是在削減邊費，各邊鎮的反彈阻力自然強大。

五、長期的結構性困擾

上一節解說12位與邊鎮糧餉業務相關的邊臣，對邊儲日虛問題的看法與對策。整體而言，他們大概都看到了要點，但所提的對策也似乎都難有實效，因為基本的問題是結構性的：邊鎮防線過長，軍士人數過多，內地補給有限，糧食轉運路途遙遠、困難度大、成本太高。如果以現在的後見之明回顧此事，我們只能說：邊餉日虛是明代國防的長期結構性困擾，不易因某人的某項對策就能挽回或改變，這也是逼使明朝走向敗亡的過程之一。

第14章
總結與省思

　　本章討論4個與邊鎮相關的整體性議題。首先是一個較外圍但讀者必然關心的問題：邊鎮軍兵的戰鬥能力如何？綜合戚繼光與其他朝野人士的觀察，答案是負面的。第2節說明，若從朝廷的立場來看，「北虜」只是一個較嚴重的環節，朝廷還要應付「南倭」的龐大軍費，也要維持全國規模不小的軍隊，此外還有各地沒完沒了的動亂與叛變。在有限的資源與幾乎無窮盡的需求下，13邊鎮的軍費長期普遍性缺乏，也就不足為怪了。第3節綜述邊鎮地區的各種弊端，從這些龐雜的缺失看來，13邊鎮必然無法發揮應有禦敵的效果。第4節對全書的主旨作一個總評。

　　有人說「明代亡於邊防」，這種說法或許聳人聽聞，但分析嘉靖、隆慶、萬曆年間，邊防軍費占國庫支出的比例之後，我得到3項結論：(1)13邊鎮糧餉是國家財政危機的主因；(2)若無邊鎮的負擔，政府的財務結構應該會有明顯的改善；(3)若無北虜的侵擾，明代中後葉的經濟會有更好的榮景，朝代的壽命也能顯著地延長。

一、邊鎮的戰鬥力

　　有一個問題雖非本書主旨，但讀者必然關心：邊鎮軍兵的戰鬥力如何？如果還可以，為何在附錄10〈邊鎮大事記〉中，總是看到敵方輕易地入侵奪掠？回答這個問題較好的人選，還是以戰功聞名的戚繼光較合適。

　　他在〈練兵修議疏〉（隆慶2年[1568]10月，《戚少保奏議》頁49-54）內，詳細說明：(1)兵多亦少的7項原因；(2)兵不練之失的6理由；(3)雖練

無益的4點道理；(4)邊事可憂之勢何在；(5)何謂因形戰守之宜。以下只引述其中的2個要點：(1)為何邊兵「雖多亦少」？(2)為何「雖練無益」？看了這兩項分析，大致可以理解邊軍的作戰能力。

「何謂雖多亦少？夫今之憂薊事者，不過曰兵不足、食不足耳。以臣計之，見今薊之主客兵將及十五萬，……而荷戈者纔十之四五。有時點閱，暫執軍器以應名；平居練習，悉恃將領以偷安。惟老弱之卒赴邊，其冒名頂替腴糧肥己者，又不知幾何？所謂雖多亦少者，一也。……至如架砲守墩、尖夜守垛應援等兵，一遇諸司並臨，撥充夫馬猶且不足，所謂雖多亦少者，二也。各關寨相去有百里、二、三百里者，遇賊入寇，上司調遣，不計遠近，不約程限。將領畏恐督責，捲甲疾馳。癈人瘦馬，喘息無暇，豈能禦虜？況一時不能遽集。所謂雖多亦少者，三也。各省班軍四萬有奇，到邊則分守于各區，將領留于鎮城，回則聽其散漫，惟入邊始一識軍面。約束不明，行伍不整，張空拳而無裨實用。所謂雖多亦少者，四也。步兵不能趨急，馬兵臨陣，皆舍馬藏于林藪。即人控三馬，亦占軍一千，不得向敵，況又多不在軍者。所謂雖多亦少者，五也。厚養家丁，而以營軍充其役，馳其馬，且聽其騷擾，腴軍食而供之，家丁盛則軍心離矣。苟能使軍為家丁，其力孰眾。所謂雖多亦少者，六也。薊十區，延袤二千餘里。每一垛二三軍守之，無所不備，則無所不寡。如險不能犯處，止需墩哨守望，而併軍于衝所，則何患其哉！所謂雖多亦少者，七也。」

「何謂雖練無益？以火器言之，一銃數子，腳踏銃而發，惟求分數，不念臨陣之宜否。甚而一營之軍，以十分之七充銃手，不知五兵以長衛短，以短救長。所謂雖練無益之弊，一也。三軍之事，鎗刀鈎棒，皆有用法；他如司金鼓者，亦有起止緩急之節，今皆置之不問。所謂雖練無益之弊，二也。今之攝虜者，火器耳。然惟邊銃、快鎗二者，且製造不精，放演無法；外此則弓矢耳。夫弓矢不強于虜，且虜堅甲兜鍪，矢不能貫。所謂雖練無益之弊，三也。教練之法，自有正門。須求經練之人，始有實用。苟或用私智以取予，任喜怒以高下，皆虛應故事耳。所謂雖練無益之弊，四也。」

　　「北虜南倭」是明代的大患，若從軍事的觀點來看，何者較難應付？汪道昆〈大將軍戚長公應詔京師序〉(《太函集》卷3頁7-10)內，引述戚繼光的說法，是相當有意思的專家之見。

　　「其言曰：西北視東南，難者五。島夷航海至，其大舉不過二萬人，匈奴伺邊，往往不下數十萬。邊地凡數千里，備廣而力分，彼以全力而趣一軍，無堅不入。一難也。島夷袒裸跳梁，鬥在五步之內，匈奴控弦鐵騎，卷甲長驅，疾若飄風，士馬辟易不暇。二難也。中國所恃者火器耳，北風高厲，胡塵蔽天，我當下風，火不得發。三難也。島夷來去有時，非時輒不能沙海去。譬之射隼，亡能出吾彀中。匈奴所至無留行，去則鳥舉，終不可制。四難也。薊、遼、宣、大藩衛京師，或在咽背，或在肘腋，以故列鎮相望，畫地守之。彼界此疆，不啻秦越，號令不一，烽堠不通，雖有聲援，鮮克有濟。五難也。有一于此，猶將將不振，況五乎。」

　　還有一個類似的問題：以中國面積之大、人口眾多，為何與蒙古部族交戰時，常處於敗勢？有兩種說法引述如下。

　　(1)「夫匈奴之眾，不過漢一大縣，然中國常失利，虜常得志者，何歟？益虜人法令簡易，約束嚴明。凡舉一事，必集眾謀。眾謀既同，數言即決，朝發夕至，疾如風雨，此其取勝一端也。今吾中國議論苦於異同，文移傷於煩滯，姑以邊事言之。有會議會推數日而不決，屢奏而不定，或有建言，奉旨：兵部看了來說者。故金酋謂宋人曰：待汝家議論定時，我已過河矣。此往事之明鑑也。」(儲巏〈題議防虜患〉《柴墟文集》卷12頁6-16)

　　(2)「北虜自十歲以上，就學弓馬射生度日，不待督責，所以弓馬便捷。我之軍士，弓馬自不能及，凡遇小寇固能擒斬其一二，若遇大敵，多不能支，以其無可勝彼之器具也。……今各邊軍士，止用弓箭腰刀，何以勝彼？往往致敗。」(馬文升《馬端肅奏議》未收，引自《明經世文編》卷64〈為大修武備以豫防虜患事疏〉頁541)

二、朝廷的困難

　　我們從第2、3、12三章中得到一個印象：13邊鎮的經費吃緊，國家的財政負荷也很重，使得各邊鎮要人沒人，要錢沒錢；每當有戰事或邊亂時，只能用挖肉補瘡的手法應付一時。這是從邊鎮的立場，看出國家的援助既有限又勉強。現在換個角度，從朝廷的立場來看，為何無法充分支應邊鎮的需求。

　　對朝廷而言，13邊鎮固然重要，但全國各地需索錢糧的，除了軍事部門外，還有宗藩王府、整治河患、各地水旱災、民間動亂，等等不勝枚舉。單就軍事部門來說，明代的長期大患是「北虜南倭」。本書對北虜的狀況比較熟知，現在稍微看一下「南倭」的經費需求。以下要引述的一段文字，出自抗倭名將戚繼光在嘉靖41年(1562)12月所奏的〈議處兵馬錢糧疏〉。戚繼光在隆慶2年(1568)5月，被任命以都督同知總理薊州、昌平、保定練兵事務，節制3鎮與總督同，翌年正月總理兼鎮守薊州、永平、山海關等處軍務，他的北虜南倭經驗，以及對軍費的需求很具有代表性。

　　他在奏疏中說：「臣所以計費十萬(兩)者，因用舊兵同往，須無失信。如去歲援閩、援江西，身經數戰，斬首三千，官兵白衣在行間者，日夜望一介之命，今尚未蒙勘覆。況浙江原認福建功賞八萬兩，旋以總督被逮，已解中途而輒還，士心寧無失望乎？且兵士俱係名門大族，各有身家之累。今遠戍福建，必優恤安家，以二萬兵計，共得六萬兩；再量給舊功，約四萬兩。此所以請十萬之數也。今閩倭寇往來無時，登犯莫測，防禦之兵必二萬。預備之糧須兩年，而閩上無庫藏，下乏徵輸，倉忙空匱之際，將士枵腹以執銳。此勢之必不能者也。」(〈議處兵馬錢糧疏〉，《戚少保奏議》頁3)

　　他要求10萬銀兩的支援，說出上述的幾項理由，聽起來也合理。但這些事情並無急迫性，又無立即的危害性，恐怕朝廷無法全數應允。我不知道此事有何下文，但此疏中說：上次戰功所請求的銀兩，至「今尚未蒙勘

覆」，「士心寧無失望」。現在又要10萬兩，恐怕希望也不大。

戚是全國性的知名重要將領，所立的戰功相當輝煌，連他的需求都「尚未蒙勘覆」，其他較次要的將領，若無重要的戰事，有機會得到「年例銀」之外的經費嗎？全國各地的軍事經費總需求，對朝廷而言幾乎可以說是接近「無限大」，自然無法兼顧應付，以致各軍區缺銀成為常態。連有功勳的戚將軍都顧不了，其他較無名氣的將領，怎敢開口奢求額外的經費。

戚繼光在隆慶2年(1568)鎮守薊州時，上奏〈請兵破虜疏〉，又提出類似的要求：「授臣以十萬之師，假臣便益。……然後分此十萬之眾，以訓九邊。……今臣以十萬請，幸而聽臣，所費不貲，欲取辦於度支與內帑。必不能給，宜于練兵該省應解錢糧，各給其半。俟調集之日，通計該省兵若干，預備二年之食，于解京銀徵足，……既免空虛之患，亦無轉運之難，庶為兩便。」(《戚少保奏議》頁35-40)這又是不切實際的獅子大開口。我們不知道隆慶年間(1567-72)13邊鎮的軍馬錢糧數額，但從第12章表12-4看到，萬曆10(1582)年前後，13邊鎮已共有主兵官軍68.6萬多人，每年約耗828萬銀兩。若照戚繼光的期望，想再多設10萬之兵，這樣的話，軍費總共恐怕會超過1千萬兩，哪有可能？

以上的說明顯示幾個論點：(1)13邊鎮的軍費，只是全國各地軍事需求的一部分，「南倭」的重要性與耗費，不一定比「北虜」少。(2)以戚繼光對北虜南倭的經驗，當然知道國家財政的困難；他在南在北時，都提出十萬銀兩、十萬兵的需求，由此可見各地軍事單位缺錢缺人的嚴重性。(3)以戚的知名度和重要性，都無法得到足以成事的經費與人力支援，其他較不知名的將領，必然有更多的需求不敢表達，也必然無法滿足。(4)這種局勢與結構之下的軍隊，在面對長期的北虜南倭、全國各地不定期的動亂時，恐怕無法發揮基本的功能。

三、邊鎮的弊端

　　張居正〈答薊鎮撫院王鑑川(崇古)論薊邊五患〉(《張居正集》第2冊頁144)內，對邊鎮的5大憂患有很好的分析。此信寫於隆慶4年(1570)，是王崇古從陝西三邊調到宣、大之時。原主題為「薊鎮撫院」，應是「宣大總督」之誤。張居正分析說：「但此中事情與關西(即王崇古原任的陝西三邊)稍異，虜強，一也。雲中(指大同)北直虜廷，板升叛逆，倚虜為患，二也。士無鬥志，惟務賄免，三也。卒情而玩，將令不行，四也。密邇畿甸，畏避情深。小入，則大虜勢以為解脫之地；小勝，則虛聲以邀式遏之功；積習故套，牢不可破，五也。」張居正所說的這5項缺失，其實不只在宣、大、薊鎮才有，應是13邊鎮的通病。

　　吳仲在〈預處邊儲以圖治要疏〉(《明經世文編》補遺卷3頁5558-9)內，說明宣府地方邊軍困苦與驕矜犯上的諸多情事。「債帥不能體恤，懦將不能振率，包攬上納行糧折乾，多方剝削，靡所不至。……至於糧草久缺，略不經心，凍餓而死，全無顧惜。一有聲息，乃使之裂膚枵腹以禦強壑，所以大失人心。」更糟的是虛報戰果：「且如關山全軍敗沒，鎮巡奏報殺傷才20年。人命死于無辜。……馴致今年殺都堂，明年殺總兵。當時廟廊處置未善，姑息太過，所以今日威令蕩然而無所忌憚矣。」

　　翁萬達在〈廣儲蓄以備軍需以防虜患疏〉(嘉靖25年[1546]，《翁萬達集》文集卷6頁148)內，說明山西鎮歷年間的大幅度耗費狀況。「自嘉靖二十年(1541)虜賊大舉深入之後，戶部年例之外，發過銀兩不下數百餘萬(兩)。帑資已耗，兵役無期，若不勾考裁(捐)，費出無經，將來勢豈能繼？」

　　這段話也點明了13邊鎮的共同問題：除了戶部每年的年例銀(參閱第8章〈京運年例銀〉的表8-1至表8-3)外，若遇有戰事與災情，都還要另行撥發大筆額外銀兩。這些溢發的數目，都不在國家的財政預算額內，而是緊急地東挖西補，對朝廷而言自然是沈重的負擔。

　　王宗沐在〈贈濡川楊公序〉(《敬所王先生文集》卷2頁30-2)內，對邊

鎮的窘境有很生動的描述。(1)在軍士方面:「諸邊虜一報警,即稱軍疲不能戰,或叫號不用命。主帥無以禁,姑徐徐燠休之。士習見久,以為帥不能如何,則驕悍不可使,遂成固俗。」(2)所導致的結果是:「畏敵如將,以故虜得歲擾邊,……沿邊堡屯被蹂躪殘破矣。見烽火起,更為縮汗,幸其不出吾地,無能遺一鏃以恐虜者。」(3)接著析述邊軍的苦狀:「凡天下言役,苦無過邊。寒甚,又晝夜乘城,刁斗在生死間。而縣官衣食不時給,少有所調輸,又以其半入將領,不得顧饔飧妻子。乃責之戰,其勢固當爾,奚足怪也。」

　　張居正在〈陳六事疏〉內的「飭武備」項中說:「臣惟當今之事,其可慮者莫重於邊防;廟堂之上所當日夜圖畫者,亦莫急於邊防。……今譚者皆曰:『吾兵不多,食不足,將帥不得其人。』臣以為此三者皆不足患也。……臣之所患,獨患中國無奮勵激發之志,因循怠玩,姑務偷要,則雖有兵食良將,亦恐不能有為耳。……至於目前自守之策,莫要於選擇邊吏,……每歲或間歲季冬農隙之時,恭請聖駕親臨校閱,……皆知皇上加意武備,整飭戎事,以伐狂虜之謀,銷未萌之患,誠轉弱為強之一機也。」(《張居正集》第1冊頁9-10)此疏的要點,是張居正認為「兵不多、食不足、將帥不得其人」不是邊患的主要問題,國內的畏敵怯戰、聖上不振才是問題的核心。

　　其實明代的朝野人士,對邊鎮的弊端早有各式的評斷,韋慶遠(1999)《張居正和明代中後期政局》(頁320, 333)對這個問題已有一些解說。我在閱讀相關文獻時,蒐集不少相關的評語,現在用簡單的方式列舉20多項如下:兵不多、食不足、將帥不得其人、荒嬉自欺、誇大敵焰、冒名占役(吃空頭、有籍無兵)、精壯逃沒、疲弱充數、臨時烏合、訓練全無、軍費半入私囊、戰士成餓莩、城堡失修、防禦怠廢、軍令不明、指揮不專、責任不清、將帥狡黠退縮(畏敵怯戰)、賄寇求和(苟且偷安)、冒濫軍功、地方殘破、兵馬單弱、邊臣欺玩、芻糧匱乏、法令縱馳。楊選在〈條上地方極弊十五事疏〉(《明經世文編》卷196頁2024-5)裡,列舉15條類似的缺失,也有較詳細的舉例說明。談論這類邊鎮缺失的文獻還很多,以上所舉已可略

見大貌。

四、邊鎮糧餉與國家興亡

2002年初，我向國科會申請研究本書的計畫時，有位評審者建議我探索一個問題：「嘉(靖)、隆(慶)、萬(曆)時，也就是相當於(本)計畫(所)研究的這段時期，中國似乎出現了經濟隆景，大陸學者以前稱之為『資本主義的萌芽』。(在)繁榮的經濟下(，)卻出現了政府的財政危機，這實在很令人費解。」另一位評審用不同的說法，建議我研究相同的事情：「但是(本研究)似乎比較看不出對明代中國經濟總體性的觀察與描述。或許在這方面給予適當篇幅的說明，可更能(讓)讀者了解到(，)何以邊防的經費造成政府財政的重大負擔，進而成為明代亡國的原因(之一)。」

綜合這兩位的建議，我整理出下列3個子題，嘗試稍作解說。

(1)有哪些統計資料，可用來呈現明代的經濟總體性？從這些資料，可以看出嘉隆萬時期的經濟，真的是處於資本主義萌芽繁榮期嗎？

(2)如果全國經濟處於繁榮期，為何政府的財政一直給人緊繃與捉襟見肘的印象？

(3)北虜南倭的沉重支出，是政府財政危機的主因嗎？若無邊鎮糧餉的負擔，政府的財政結構會有明顯的不同嗎？整體性的經濟會有更好的榮景嗎？明朝的壽命可以顯著地延長嗎？

1.嘉靖、隆慶、萬曆3朝的經濟較繁盛嗎？

要判斷某個經濟的體質，現代的方法是同時檢驗幾個主要的經濟指標，包括：經濟成長率、平均國民所得、物價指數、農工商業的產值結構、進出口額、人口數、就業率、貨幣供給量、利率、匯率、外匯存底，等等。明代的經濟指標當然不可能這麼完整，依據梁方仲(1980)《中國歷代戶口、田地、田賦統計》的資料，我們從甲表51至73(頁185-247)中，可以查索到明代歷朝的戶口、田地、稅糧數字。這些數字包括在13個布政司

的情形，有些還能細分到縣級的層次。在乙表28至60(頁331-79)中，梁方仲進一步提供稅糧數、實徵米麥額等項目的數字，及其百分比的變化。這些豐富的細節表格，給明史研究者提供莫大的便利，這種歷史統計是歐美諸國無法相比擬的。

雖然梁方仲用了許多篇幅，來呈現這麼多細節的數字，但整體性地歸納起來，能用來作長期相互比較的項目卻不多，大概只有戶數、人口數、田地畝數這3大項，以及從這3大項所衍生計算出來的每戶平均口數、每戶平均畝數、每口平均畝數。這些數字已在第2章的表2-1內呈現過了。也就是說，現在的明代經濟指標中，我們無法找到經濟成長率的變化、平均國民所得的變化、貨幣供給量、利率、失業率這些重要的經濟體質指標，只有戶數、口數、田地畝數這3項基本指標，可用來顯示明代經濟的長期變化。

我要用第2章的表2-1來回答第一個問題：本書所研究的時段(嘉靖、隆慶、萬曆年間)，是明代經濟較繁盛的時期嗎？請看表2-1的最後3欄數字，那是以明初洪武年間的數字為底(= 100%)，來對比其他各朝的戶、口、田地數額的升降起伏。以戶數來說，嘉隆萬3朝約是洪武年間的90%至94%之間，和洪熙、宣德、弘治年間差不多。就口數來說，從正德到隆慶年間的口數介於103%和107%之間，明顯高於其他朝代。就田地畝數來說，嘉隆萬期間的田畝數確實有很明顯的成長。從這3項的成長率看來，我們可以接受一項判斷：如果表2-1的數字可靠，那麼嘉隆萬期間的經濟，在整個明代約3百年間來說，是屬於較繁榮的階段。至於這個階段是否為資本主義的萌芽期，由於這個問題的爭議性甚大，且非本書的主題，暫且不論。

2.嘉隆萬時期的政府財政狀況較佳嗎？

表2-2對比洪武26年(1393)、弘治15年(1502)、萬曆6年(1578)的「夏稅麥」和「秋糧米」。我們只需看全國的總額變化即可。在「夏稅麥」方面，洪武年間有4.7百萬餘石，弘治年間降到4.6百萬餘石，萬曆時還要略少。在「秋糧米」方面，這種遞減的情形也一樣。若和表2-1對照，我們會得到一個印象：在經濟較繁盛、人口數明顯增加的嘉隆萬時期，財政收入

卻是累退的。張居正在萬曆時期的財政目標，是要「原額可以漸復」，可見政府收入累退的情況嚴重。為何經濟繁盛期間的財政收入反倒減少呢？張居正主政時期頒布的《會計錄》卷1頁21說，那是由於「田沒於兼併，賦詭於飛隱，戶脫於投徒；承平既久，姦偽日滋，其勢然也。」

本書首章一開始，就引用錢穆《國史大綱》對明代財政三項危機的精闢解說。他認為「明室財政……其弊端之大者，一曰內府，……二曰宗藩，……三曰冗官，……」。宗藩與冗官對財政的影響，較不易用量化的方式表達，內府的消耗則較有明確的帳目可查，以下針對這個子題提出較細節的證據。

第2章的表2-3與表2-4，詳細列舉皇室在萬曆6年（1578）歲入與歲出的項目與數額。以表2-3的「內承運庫」為例，歲入是：（1）慈寧、慈慶、乾清3宮的子粒銀共4.925萬兩；（2）金花銀共10.12729萬兩；（3）黃金2千兩。這些數額夠不夠內府使用呢？以《張居正集》內的記載為例，萬曆7年3月，神宗下令要張居正擬旨，傳工部鑄錢以供內庫賞用。張居正因而上奏〈請停止輸錢內庫供賞疏〉，請求暫停鑄錢，神宗才罷住這個念頭。神宗的需求有多大呢？

昨該文書官姚秀口傳聖旨：「內庫缺錢賞用，著臣等擬旨，傳該部鑄造進用。欽此。」臣等查得萬曆四年二月，奉聖旨：「萬曆通寶制錢，著鑄二萬錠，與嘉靖、隆慶等，相兼行使。戶、工二部知道。欽此。」本月又該工部題鑄造事宜。節奉聖旨：「錢式照嘉靖通寶，鑄金背一萬四千錠，火漆六千錠，著以一千萬文進內庫應用。欽此。」萬曆五年二月內，該戶部進新鑄制錢。又奉聖旨：「這錢錠還查原定二萬之數，以一半進內庫應用，一半收貯太倉。欽此。」及查工部題議，制錢二萬錠，該錢一萬萬文，用工本銀十四萬九千兩，大半取之太倉銀庫。此奉旨鑄錢之大略也。（《張居正集》第1冊頁391）

此段文字的要點在最後一句：鑄這些錢需要花費工本銀14.9萬兩，這筆錢從哪裡來？「大半取之太倉銀庫」。也就是說，表2-3內每年皇室內府的歲入非但不夠用，還要從國庫內取15萬兩銀子來鑄錢花用。張居正以首輔

和皇帝老師的身分，制止了這項旨意，神宗被迫止念。

這類的事在隆慶年間也發生過。例如隆慶2年(1568)穆宗命戶部從國庫中支取30萬兩花用，張居正那時是內閣大學士，上奏〈請停取銀兩疏〉勸阻。「昨者，恭睹聖諭，欽取戶部銀三十萬兩。隨該戶部奏稱：邊費重大，國用不足，欲乞聖明停止取用等因。」(《張居正集》第1冊頁41)

張居正在奏疏中有進一步的解說，讓人讀起來悲觀。「自嘉靖二十九年(1550)，虜犯京師之後，邊費日增，各處添兵添馬，修堡修城，年例犒賞之費，比之先朝，數幾百倍，奏討請求，殆無虛日。加以連年水旱災傷，百姓徵納不前，庫藏搜括已盡。臣等備查御覽揭帖，計每歲所入，折色錢糧及鹽課、贓贖事例等項銀兩，不過二百五十餘萬，而一歲支放之數，乃至四百餘萬，每年尚少銀一百五十餘萬，無從措處。生民之骨血已罄，國用之廣出無經。臣等日夜憂惶，計無所出。方與該部計議設處，支持目前，尚恐不給。若又將前項銀兩取供上用，則積貯愈虛，用度愈缺，一旦或有饑荒、盜賊之事，何以應之？該部所以懇切具奏，誠事勢窮蹙，有萬不得已者也。」

萬曆初年的國家財務結構，要比隆慶年間緩和許多，這和邊鎮糧餉有密切關係：「北虜款貢，邊費省減。」當時的國家財政狀況，也可從張居正的奏疏看出：「今查萬曆五年，歲入四百三十五萬九千四百餘兩。而五年所入，僅三百五十五萬九千八百餘兩。是比舊少進八十餘萬兩矣。五年歲出，三百四十九萬四千二百餘兩。而六年所出，乃至三百八十八萬八千四百餘兩，是比舊多用四十萬餘矣。」雖然赤字不嚴重，張居正在奏疏中仍勸神宗以節儉為上：「總計內外用度，一切無益之費，可省者省之；無功之賞，可罷者罷之。」(《張居正集》第1冊頁385-6)

3.明代亡於邊防嗎？

這當然是較聳人聽聞的表達方式，可以換個較中性的問法：明代的軍事支出，嚴重到足以威脅國家存亡的程度嗎？答案：「是的。」從第2章表2-6可以看到一項重要的指標：嘉靖27年(1548)到萬曆45年(1617)之間，從

太倉(國庫)所支付的軍費銀兩數，占太倉歲出銀兩數的百分比。表2-6內所謂的「軍費」，在各年度的定義與範圍略有不同，但所得到的百分比，都高到令人驚訝的程度。

這一系列的百分比當中，以萬曆14年(1586)的53.37%最低。此表中只有兩個年份低於60%；有3個年份在60%-70%之間；從萬曆18年(1590)之後，都超過85%，甚至有高到97.25%者(萬曆40年，1612)。雖然13邊鎮糧餉只是其中一項，但這可能是最沈重的單項。如果沒有北方的外患，也就是說，假如13邊鎮的糧餉額為零的話，我們有理由相信，明代的財政結構會明顯不同，整體經濟會有更好的繁榮，明代的壽命也可以顯著地延長。

證據何在？第12章的表12-1至表12-6告訴我們，從嘉靖10年(1531)到萬曆30年(1602)間，13邊鎮的主兵官軍數，從37.1萬(嘉靖10年)增到61.9萬(嘉靖18年)、到68.6萬(萬曆10年)；每年所編列的銀兩數，從嘉靖10年的336萬餘兩，暴增到萬曆10年的827萬餘兩。這827萬兩的邊鎮軍費，是萬曆6年太倉銀庫(國庫)每年收入367萬餘兩(表2-3)的2.25倍！單看這個數字就可以推測，明朝大概不能延續多久了。如果現代某個集團企業的財務狀況如此(支付給北區的警衛保全費用，竟然是公司總部年度收入的2.25倍)，那我們就可以判斷，這家公司應該會迅速倒閉。

這種窘困的情境，我們從趙世卿《司農奏議》卷4頁17-8的〈差官分催錢糧疏〉，可以看到淒慘的描述。趙世卿從萬曆30年(1602)3月任戶部尚書，至39年(1611)9月為止，他對邊餉匱乏與太倉空乏的狀況，有第一手的觀察。「題為九邊告急，萬不能支，懇恩暫借老庫銀兩，以救目前危困事。……連日細查省直拖欠，自(萬曆)二十九年至三十二年，約二百萬有奇，即三十三年未完，已至百萬，加以近日典禮，河工虧減，又不下百萬。夫臣(戶)部歲入歲出僅此四百萬耳，茲就一歲而言，入有百萬之歉，出有百萬之增，合計歲額共虧二百萬金。則邊餉之告匱而太倉之一空，又何待於臣之詞畢乎？」萬曆末年邊餉告急的狀況，在《司農奏議》卷5〈借請〉、卷6〈籌邊〉內的諸多奏疏內，還有不少東借西挪、憂心如焚的描述，因篇幅所限不俱引。

　　從另一個角度來看，嘉靖10年(1531)到萬曆30年(1602)間，邊鎮軍費占太倉銀庫每年收入的比例，還不是最嚴重的階段。表2-6顯示，萬曆40年(1612)之後，由於遼東軍事狀況危急，有過剿餉、練餉、遼餉等「三餉」加派(共4次)，邊鎮餉額更大，虛耗、拖欠、侵吞的情況也很嚴重，基本上已是無力回天的狀態。分析此時期的邊鎮糧餉與國家財政危機，雖然統計資料更豐富，情節更驚心動魄，但那已是在屋倒牆塌的階段，所具備的分析意義，不能與本書所研究時段(嘉靖10年至萬曆30年)，那種互有勝敗、媾和、封王、離間、互市的拉鋸狀態相提並論。

後　記

　　1991年11月，我無意間看到《萬曆會計錄》（1988年影印本）之後，感覺到邊鎮糧餉是個值得進一步理解的大題材。那時我對明史幾乎一無所知，對相關文獻也不熟悉，但未曾聽聞過有人系統地分析這個議題。這麼重要的題材，當然應該由明代經濟史的學者處理；我等了10年還是沒看到有人認領，只好自己包攬下來。至於能力是否足夠，是否有可能完成，是否有機會成功，那就暫且不管，先跳上虎背再說；就算摔下受傷，也是一件大過癮的事。

　　我至今仍不明白，為何明代經濟史學界不處理這個明顯的大議題？真的那麼不重要嗎？有那麼困難嗎？這是個比硬工夫的題材，主要是看史料的掌握與解說能力，沒有多少思辯的空間，不是高智慧密度型的工作。這本書對我而言純屬外遇：意外的邂逅，盲目的投入，漫長的糾纏，折磨的收拾。

　　2002年春季開始寫這本書時，我正好50歲。我是經濟學出身，正式的歷史課程只上到大一中國通史。我的歷史知識都是東拾西檢、邊做邊學來的，完全沒有系統性的架構，連朝代的順序都常搞錯。我的古漢文知識也相當脆弱，到處是生字，隨查隨忘，標點斷句更時常出錯。這樣的人要做這個大題材，知識背景足夠嗎？我自己問過這個問題，2002年初向國科會申請此項計畫時，有一位評審也說：「但是對於明代制度與明代歷史的理解仍不夠熟悉。突然跳入計畫中的研究，即使……，恐怕事倍功半。」這是共同的疑惑與不信任。

　　我是怎麼被此書的題材吸引住？中間經過哪些波折與困擾，才走到今

天的形式？1991年11月11日星期一上午9時半，我還沒完全清醒，心想也做
不了什麼事，就走進清華大學人社院的到館新書架上，看到兩排《北京圖
書館古籍珍本集刊》。雖然這和我的研究領域不相干，心想翻翻看也好。
我看到兩冊《萬曆會計錄》（《集刊》第52-53冊），突然眼睛一亮，頓時愣
在那裡，這豈不就是明代政府歲入歲出的完整記錄嗎？我一下子反應不過
來，不明白它的內容意義，但已警戒地清醒了：這是重要的材料，1988年
由北京書目文獻出版社影印，3年後我才看到，全書共43卷縮印成1,373頁；
我沒看過相關的研究，我能做什麼事？

　　我那時完全不知道歷史上何時有過「會計錄」，更不明白為何在萬曆
時期，就能發展到這麼精細龐雜的程度。再看其中諸卷的內容，益發對自
己的無知感到慚愧。在這種刺激下，我整理出好幾頁筆記，看看將來能如
何研究這項材料。弄了一個月，累積了一些想法，就被迫回到之前中斷的
工作上；之後除了片段的構想，就沒任何進展了。

　　從1991年底開始，我一直有個錯誤觀念：要把整套《會計錄》43卷研
究清楚。這是典型外行無知的大膽，還自以為有大氣魄，敢做大事。這個
遠超出能力的想法，讓我吃了不少苦頭，稍後再說。就是在這個「整套全
做」的念頭引導下，1994年7月我動手寫〈《萬曆會計錄》初探〉。用意很
簡單：(1)若要較真切地了解這套史料，就必須動手整理出它的結構與主要
內容；(2)了解它和其他明代經濟史料(如《明實錄》、《萬曆會典》、
《明史·食貨志》)之間的關聯；(3)釐清中國的會計錄，和西洋歷史上國
民所得帳記載的異同。

　　這篇文章進行得相當順利，兩個星期寫好初稿，覺得還算清晰可讀，
就投稿給《漢學研究》。更順利的是很快就被接受，1994年12月就刊印了
(詳見附錄5)。當時感到相當得意，沒想到我這個對明史完全外行的人，一
出手就能發表論文。隨著年歲與經驗的增長，我體會到這是不好的開始：
如果棒球選手第一棒就打出全壘打，如果打麻將第一把就自摸胡個大牌，
那不一定是好兆頭。

　　我很快就發現，這條路不是想像中的舒坦。〈初探〉的好處是解說清

晰，讀者很快就能理解一大套史料的內容、結構與功能。之後呢？能從其
中提煉出哪些具有新意義的問題來？能從《會計錄》得出哪些新訊息，解
答之前學界不夠理解的面向？這個研究計畫有什麼挑戰性？能做出什麼具
體有用的成果？

　　如果非要從《會計錄》做出個東西才甘心，那我就挑選邊鎮糧餉，原
因是：(1)歲出歲入與夏稅秋糧是眾所熟悉的題材，相關的研究已多；就算
《會計錄》能提供新理解，大概也是資料性的加添，不會是重要的新面
向。(2)相對地，我沒看過有人研究邊鎮糧餉問題，而明史學界都知道有
「明亡於邊防」的說法。我想，在萬曆初年張居正當國期間，明代財政已
出現危機，《會計錄》正好能提供這個階段邊鎮糧餉的詳細數字。

　　那就挑這個題目深入做下去吧！有了這個想法，隨即想到自己的明史
知識不足，如果能找明代社會經濟史的專家合作，應該有互補的效果。但
歷史學界和經濟學界的文化很不同，我試探之後，就明白苦果終究是要獨
吞的。

　　2001年12月中旬我下了決心，要向國科會申請4年期的專題計畫，把這
個題材寫出來。忙了兩星期稍微弄出眉目，有了一些信心，再忙兩個月找
尋相關文獻後再修改，在2002年2月中旬提交計畫，7月初獲知審查通過。
這是國科會人文處給的最高年限，也是經濟學門該年唯一得到4年補助的案
子。回想1991年末初次接觸《會計錄》，竟然要經過10年之久，才找到其
中的一個題材準備做進去。依照國科會計畫的進度，我必須在4年內(2006
年7月底為止)，完成全書的初稿。

　　從2002年初起，因為其他稿債已大致清理，所以能專心寫這本書，但
在心境上已有明顯差異：50歲之前寫書會有一股激情，之後則是靠責任感
來督促。2004年8月初步草樣完成後，請唐立宗、邱仲麟提供意見；讓他們
看那麼粗糙的初稿，真是過意不去。

　　寫完這本書之後，我最想聽到誰的意見？張居正。因為這項研究用現代
的話來說，就是在審查嘉靖至萬曆年間的邊鎮糧餉情事，系統地陳列九邊十
三鎮的諸項相關數字、解說歷年間的變化趨勢、分析各項影響因素、報告經

費的限制與解決方法、說明管理的問題與困境，最後提出總結與反思。

如果張居正能棺中復起，我很想知道這位當時主掌國政者，以他在邊鎮人事物方面的深入理解，對將近450年之後研究者所提出的證據、見解、判斷，有何反應與辯駁？我的分析和他身歷其境的經驗，有哪些吻合或失真之處？有無比他所理解的還更廣泛深入？如果他下個結論說：「嗯！倒是有用的綜述和診斷。」那我所投入的心力就值得了。說不定他還下令「著置百冊諸部通覽」，賜七品官，賞白銀千兩，候傳咨研軍事財政大計。

寫這本書的感覺，就好像在完成一幅尺寸寬廣、細節繁雜的拼圖遊戲。這個題材或許會引起相關學者的好奇，然而就算做得再好，終究也只是拼圖之作，並無原創性與穿透性可言。這項工作需要相當的耐心與勞力，談不上什麼洞見，主要看是否整理得完整流暢，以及是否符合歷史學界最在意的「史料扎實」。我的經濟學背景，習於做命題論證性的題材，對煩瑣的剪裁拼湊時感不耐。主要的自我批評是：如果把紛雜的表格和眾多的引文拿掉，這本書就只剩下一個架構，和一些顯而易見的推論與結論。

承國科會專題研究計畫資助4年(2002年8月至2006年7月)，特此致謝。經過冗長緩慢的修正、投稿、評審、再修改、等待出版、終於出書；我不後悔16年前在研究道路上的這段出軌，我付出超乎想像的代價，才把事情收拾乾淨。

1999年秋我在中研院經濟所訪問時，開始計畫要寫作此書，但腦中茫然找不到著力點。那時在王業鍵院士的研究室內，看到韋慶遠教授的新著《張居正和明代中後期政局》(1999)。他說韋教授寄贈他五本，要我拿一本參考。我早聽說過韋教授的大名，也翻閱過他的著作，他這本書正好和我要研究的時段密切相關。

拿著這本950頁的厚書，我開始考慮要花多少時間在上面。讀了徐泓教授的12頁長序之後，我就放心地深入，果然大有幫助。我對自己的明史知識相當無自信，讀者恐怕也會擔憂此書是否值得一讀。所以敦請徐教授寫一篇類似的序文，一方面替我壯膽，二方面點撥閱讀的角度，更重要的，是請他批評指正。

參考書目

工具書與資料庫

大澤顯浩(2002)〈日本有關中國學的資料庫〉，《明代研究通訊》，5:81-2。

山根幸夫(1960)編《明代史研究文獻目錄》(東京：東洋文庫明代史研究室)。

山根幸夫(1993)編《新編明代史研究文獻目錄》(東京：汲古書院)。

中國社會科學院歷史研究所明史研究室(1981)編《中國近八十年(1900-1978)明史論著目錄》(北京：中國社會科學院)。

吳智和(1976)編《明史研究中文報刊論文專著分類索引》，編者自印(油印本)。

東洋文庫明代史研究委員會(山根幸夫等)編(1986)《明代經世文分類目錄》(東京：東洋文庫)。

徐泓(2002)〈明史研究入門要籍簡介〉，《明代研究通訊》，5:57-72。

國立中央圖書館編(1978)《明人傳記資料索引》(台北：文史哲出版社)。

國家圖書館漢學研究中心《明人文集聯合目錄及篇目索引資料庫》(http://nclcc.ncl.edu.tw/ttsweb/sample2.htm)。

劉申寧(1990)《中國兵書總目》(北京：國防大學)。

戴逸(1993)主編《二十六史大辭典》，吉林：吉林人民出版社(3冊：事件卷、典章制度卷、人物卷)。

明代奏議與文編

丁守和(1994)等編《中國歷代奏議大典》(明朝卷：第3冊頁857-1505)(哈爾濱：哈爾濱出版社)。

中國第一歷史檔案館、遼寧省檔案館(2001)編《中國明朝檔案總匯》(101冊)(桂林：廣西師範大學出版社)。

王國光(明1582)輯《萬曆會計錄》(43卷)(北京：書目文獻出版社，1988)。

任夢強、李莉(2004)輯《明代基本史料叢刊‧奏摺卷》(北京：線裝書局〔100冊〕)。

朱國禎(明1631)輯《皇明大政記》(36卷)(台南：四庫全書存目叢書，1997, v. 16)。

何喬遠(明萬曆間)輯《名山藏》(107卷)(北京大學圖書館藏善本叢書，1993)。

余繼登(明萬曆間)輯《皇明典故紀聞》(18卷)(北京：書目文獻，1995)。

吳亮(明1609)輯《萬曆疏鈔》(50卷)(上海：續修四庫全書，1995, v. 468-9)。

沈節甫(明1617)編《紀錄匯編》(216卷)(北京：中華全國圖書館縮微複製中心，
　　1994)。

汪口(明1588)編《皇明奏疏類鈔》(61卷)(台北：傅斯年圖書館善本室〔10冊〕)。

孫旬(明1584)編《皇明疏鈔》(70卷)(上海：續修四庫全書，1995, v. 463-4)。

徐學聚(明萬曆間)編《國朝典匯》(200卷)(北京大學圖書館藏善本叢書，1993)。

張鹵(明萬曆間)輯《皇明嘉隆疏抄》(22卷)、《嘉隆新例附萬曆》(6卷)(上海：續修四
　　庫全書，1995, v. 466-7)。

張萱(明1627)輯《西園聞見錄》(107卷)(上海：續修四庫全書，1995, v. 1168-70)。

張瀚(明1551)輯《皇明疏議輯略》(37卷)(上海：續修四庫全書，1995, v. 462-3)。

陳九德(明1549)輯《皇明名臣經濟錄》(18卷)(北京：四庫禁燬書叢刊，1997, v. 9)。

陳子壯(明1626)輯《昭代經濟言》(14卷)(台北：藝文印書館，1966)。

陳子龍(明1638)等選輯《明經世文編》(508卷)(北京：中華書局，1962)。

陳仁錫(明崇禎刻本)纂輯《皇明世法錄》(92卷)(北京：四庫禁燬書叢刊，1997, v. 13-
　　16)。

陳其愫(明1627)輯《皇明經濟文輯》(23卷)(台南：四庫全書存目叢書，1997, v. 369)。

焦竑(明1616)輯《國朝獻徵錄》(120卷)(上海：續修四庫全書，1995, v. 100-6)。

黃仁溥(明1612)編《皇明經世要略》(5卷)(台北：傅斯年圖書館縮影資料，NF 134, Roll
　　1828)。

黃光昇(明萬曆間)編《昭代典則》(28卷)(北京大學圖書館藏善本叢書，1993)。

黃訓(明隆慶間)編《(皇明)名臣經濟錄》(53卷)(台北：臺灣商務印書館景印文淵閣四
　　庫全書，1983, v. 443-4)。

黃鳳翔(明1597)《嘉靖大政類編》(不分卷)(上海：續修四庫全書，1995, v. 433)。

萬表(明1554)輯《皇明經濟文錄》(41卷)(北京：全國圖書館文獻縮微複製中心，
　　1994)。

賈三近(明1586)輯《皇明兩朝(嘉靖、隆慶)疏抄》(20卷)(上海：續修四庫全書，1995,
　　v. 465)。

雷禮(明1602)等輯《皇明大政紀》(25卷)(台南：四庫全書存目叢書，1997, v. 7-8)。

譚希思(清1895)《明大政纂要》(63卷)(台南：四庫全書存目叢書，1997, v. 14-5)。

顧爾行(明1578)輯《皇明兩朝(嘉靖、隆慶)疏抄》(12卷)(台南：四庫全書存目叢書，1996, v. 73-4)。

明代個人文集與著作

于謙(明1527)《于肅愍公集》(8卷)(台北：藝文印書館，1971)。

方孔炤(明1633)輯《全邊略記》(12卷)(上海：續修四庫全書，1995, v. 738)。

方逢時(清1777)《大隱樓集》(17卷)(北京：四庫未收書輯刊，5輯第19冊)。

毛伯溫(清1766)《毛襄懋先生奏議》(20卷)(台南：四庫全書存目叢書，1995, v. 59)。

王一鶚(明1588)《總督四鎮奏議》(10卷)(台北：正中書局影印，1985)。

王士琦(明萬曆間)《三雲籌俎考》(4卷)(上海：續修四庫全書，1995, v. 739)。

王以旂(明1573)《王襄敏公集》(4卷)(台南：四庫全書存目叢書，1996, v. 68)。

王在晉(明1614)《通漕類編》(9卷)(台南：四庫全書存目叢書，1996, v. 275)。

王宗沐(明1573)《敬所王先生文集》(30卷)(台南：四庫全書存目叢書，1996, v. 111)。

王家屏(明1617)《王文端公尺牘》(8卷)(台南：四庫全書存目叢書，1996, v. 149)。

王崇古(明1568-71)《公餘漫稿》(5卷)(台北：國家圖書館，1捲縮影捲片MF005894，1997)。

王象乾(明1607)《經理牂牁奏議》(14卷)(台北：傅斯年圖書館善本室，東京都：高橋寫真會社複印紙燒本，1977)。

王瓊(1990)《漕河圖志》(8卷)(北京：水利電力出版社，姚漢源、譚徐明點校)。

王瓊(明1544)《晉溪本兵敷奏》(14卷)(上海：續修四庫全書，1995, v. 475-6)。

王瓊(明嘉靖間)《北虜事跡》(1卷)(台南：四庫全書存目叢書，1995, v. 31)。

丘濬(1972)《丘文莊公叢書》(2冊)(台北：丘文莊公叢書輯印委員會)。

朱廷立(明1529)《鹽政志》(10卷)(上海：續修四庫全書，1995, v. 839)。

余子俊(明1523)《余肅敏公奏議》(3卷)(北京：四庫禁燬書叢刊，1995, v. 57)。

兵部(明1548)《兵部問寧夏案》(1卷)(成都：巴蜀書社，中國野史集成，1993)。

呂坤(明1598)《實政錄》(9卷)(上海：續修四庫全書，1995. v. 753)。

呂坤(清1694)《呂新吾先生去偽齋文集》(10卷)(台南：四庫全書存目叢書，1996, v. 161)。

沈越(明1599)《皇明嘉隆兩朝聞見紀》(12卷)(台南：四庫全書存目叢書，1997, v. 7)。

沈德符(明1606)《萬曆野獲編》(30卷，補遺4卷)(成都：巴蜀書社，1993)。

汪砢玉(明，清抄本)《古今鹾略》(9卷)、《古今鹾略補》(9卷)(上海：續修四庫全書，1995, v. 839)。

汪道昆(明萬曆間)《太函集》(120卷)(台南：四庫全書存目叢書，1996, v. 117-9)。

岳和聲(明1624)《餐微子集》(5卷)(台北：偉文圖書出版社據明末刊本影印，1977)。

胡宗憲(明嘉靖間)《海防圖論》(1卷)(台北：新文豐，叢書集成續編，1988, v. 243)

胡松(明1585)《胡莊肅公文集》(8卷)(台南：四庫全書存目叢書，1997, v. 91)。

茅元儀(明1621)輯《武備志》(240卷，卷204-8鎮戍)(上海：續修四庫全書，1997, v. 963-6)。

茅元儀(明崇禎間)《石民四十集》(98卷)(北京：四庫禁燬書叢刊，1995, v. 109)。

唐龍(明1532)《漁石集》(4卷)(台南：四庫全書存目叢書，1997, v. 65)。

孫承澤(明／清)《春明夢餘錄》(70卷)(北京：北京古籍出版社，1992)。

徐日久(明萬曆間)集《五邊典則》(24卷)(中央民族學院圖書館編印，1985)。

徐階(明萬曆間)《世經堂集》(26卷)(台南：四庫全書存目叢書，1997, v. 79)。

秦紘(明1538)《秦襄毅公自訂年譜》(北京：北京圖書館藏珍本年譜叢刊，40)。

翁萬達(1992)《翁萬達集》(18卷，3項附錄)(上海：古籍出版社)。

馬文升(明1547)《馬端肅奏議》(12卷)(台北：臺灣商務，景印文淵閣四庫全書，1983, v. 427)。

高拱(明1614)《高文襄公集》(44卷)(台南：四庫全書存目叢書，1997, v. 108)。

涂宗濬(明1606)《撫延疏草》(8卷)(台北：中研院傅斯年圖書館善本室，全彩光碟代號： 901303-1310)。

康海(明1545)《對山集》(19卷)(台南：四庫全書存目叢書，1996, v. 52)。

張四維(明1595)《條麓堂集》(34卷)(上海：續修四庫全書，1995, v. 1351)。

張雨(明1547)《邊政考》(12卷)(蘭州市：古籍，中國西北文獻叢書78，1990)，頁307-499。

張舜徽(1987-94)主編《張居正集》(4冊)(湖北：荊楚書社、湖北人民出版社)。

張鼐(明1620)《遼籌》(2卷，附《遼夷略》)(台北：正中書局影印，1981)。

張瀚(明1573)《臺省疏稿》(8卷)(台南：四庫全書存目叢書，1997, v. 62)。

戚繼光(2001)《戚少保奏議》(4卷，補遺2卷)(北京：中華書局，張德信校釋)。

戚繼光(明崇禎年間)〈薊鎮邊防〉，陳仁錫纂輯《皇明世法錄》(卷58-9)(北京：四庫禁燬書叢刊，1997, v. 15)。

許論(明1621)《九邊圖論》(1卷)(北京：四庫禁燬書叢刊，1997, v. 21)。

郭造卿(明1610)《盧龍塞略》(20卷)(台北：學生書局影印，1987)。

陳于陛(明萬曆間)《意見》(1卷)(台南：四庫全書存目叢書，1996, v. 87)。

馮瑗(明萬曆42年之後)輯《開原圖說》(2卷)(台北：正中書局影印，1981)。

黃承玄(萬曆中期)《河漕通攷》(2卷)(台南：四庫全書存目叢書縣，1996, v. 222)。

楊一清(明)《楊一清集》(2冊)(北京：中華書局，2001，唐景紳、謝玉傑點校)。

楊時寧(明1603)編《宣大山西三鎮圖說》(3卷)(上海:續修四庫全書,1995, v. 739)。

楊博(明1586)《楊襄毅公本兵疏議》(24卷)(上海:續修四庫全書,1995, v. 477)。

葉向高(明萬曆刻本)《蒼霞草》(20卷)(北京:四庫禁燬書叢刊,1997, v. 124)。

葉盛(明1631)《葉文莊公奏疏》(40卷)(台南:四庫全書存目叢書縣,1996, v. 58)。

廖希顏(明1633)《三關誌》(7卷)(上海:續修四庫全書,1995, v. 738)。

熊廷弼(明1611)《遼中書牘》(2卷)(北京:四庫禁燬書叢刊,1995, v. 122)。

趙世卿(明1634)《司農奏議》(14卷)(上海:續修四庫全書,1995, v. 480)。

劉大夏(明,清光緒元年刻本)《劉忠宣公遺集》(9卷)(北京:四庫未收書輯刊,2000,6輯v. 29)。

劉效祖(明1576)《四鎮三關志》(10卷)(北京:四庫禁燬書叢刊,1997, v. 10)。

劉斯潔(明1580)《太倉考》(10卷),《北京圖書館古籍珍本叢刊56》(北京:書目文獻出版社,1988)。

鄭文彬(明1590)《籌邊纂議》(8卷,上下冊)(北京:中華全國圖書館文獻縮微複製中心,1999)。

鄭曉(明1552)《皇明北虜考》(1卷)(台北:廣文書局,1972)。

鄭曉(明1571)《鄭端簡公奏議》(14卷)(上海:續修四庫全書,1995, v. 476-7)。

盧象昇(清道光刊本)《盧象昇疏牘》(12卷)(杭州:浙江古籍出版社點校本,1984)。

錢薇(明1613)《海石先生文集》(28卷)(台南:四庫全書存目叢書,1997, v. 97)。

霍冀撰、兵部輯編(明1569)《九邊圖說》(不分卷)(台北:正中書局影印,1981)。

霍韜(明1576)《渭崖文集》(10卷)(台南:四庫全書存目叢書,1997, v. 68-9)。

儲巏(明1525)《柴墟文集》(15卷)(台南:四庫全書存目叢書,1996, v. 42)。

薛三才(明萬曆末)《薛恭敏公奏疏》(14卷)(台北:偉文圖書出版社據抄本影印,1977)。

韓文(明1573)《韓忠定公集》(4卷)(台北:國家圖書館,1捲縮影捲片MF002941,1975)。

瞿九思(明1612)《萬曆武功錄》(14卷)(上海:續修四庫全書,1995, v. 436)。

魏煥(明1542)《皇明九邊考》(10卷)(台南:四庫全書存目叢書,1996, v. 226)。

龐尚鵬(明1599)《百可亭摘稿》(7卷)(台南:四庫全書存目叢書,1996, v. 129)。

譚綸(清1781)《譚襄敏奏議》(10卷)(台北:商務,景印文淵閣四庫全書,1983, v. 429)。

嚴嵩(明1545)《南宮奏議》(30卷)(上海:續修四庫全書,1995, v. 476)。

蘇祐(明1552)《逌旃璅言》(2卷)(台南:四庫全書存目叢書,1996, v. 103)。

地方志

《大同縣志》（清道光10年刊本，20卷）（山西：人民出版社，1992）。

《山海關志》（明嘉靖14年刊本，詹榮纂修，8卷），續修四庫全書（1995, v. 718）。

《井陘縣志》（清雍正8年刊本，8卷）（台北：成文出版社，1976）。

《太原府志》（明萬曆40年刊本，26卷）（太原：山西人民出版社，1991）。

《太原縣志》（明嘉靖30年刊本，6卷）（台北：新文豐出版公司，1985）。

《永平府志》（明弘治14年刊本，10卷）（上海：上海書店，1990）。

《永平府志》（清康熙50年刊本，24卷）（台南：莊嚴文化事業，1996）。

《永平府志》（清光緒5年刊本，72卷）（台北：臺灣學生書局，1968，12冊）。

《全遼志》（明嘉靖44年刊本，6卷）（上海：上海書店，1994）。

《固原州志》（清宣統元年刊本，8卷）（台北：成文出版社，1970，3冊）。

《延綏鎮志》（清康熙12年抄本，6卷）（台北：成文出版社，1970）。

《易州志》（明弘治15年刊本，20卷）（台北：新文豐出版公司，1985）。

《易州志》（清乾隆12年刊本，18卷）（台北：臺灣學生書局，1968，4冊）。

《昌平州志》（明隆慶刊本）

《昌平外志》（清光緒18年刊本，6卷）（台北：成文出版社，1969）。

《昌平州志》（清光緒12年刊本，18卷）（北京：北京古籍出版社，1989）。

《宣府鎮志》（明嘉靖40年刊本，42卷）（台北：成文出版社，1968）。

《重修居庸關志》（明萬曆14年抄本，張紹魁修纂，6卷）（台北：成文出版社，1968）。

《密雲縣志》（民國3年鉛印本，8卷）（台北：成文出版社，1968）。

《榆林府志》（清道光21年刊本，50卷）（台北：臺灣學生書局，1968，4冊）。

《寧夏志》（明萬曆5年抄本，4卷）（台北：臺灣學生書局，1967，2冊）。

《寧夏府志》（清嘉慶3年刊本，22卷）（台北：成文出版社，1968）。

《寧夏新志》（明弘治14年刊本，8卷）（台北：成文出版社，1968）。

《遼東志》（明正統8年刊本，9卷）（上海：上海書店，1994）。

《薊州志》（清道光11年刊本，10卷）（台北：臺灣學生書局，1968，4冊）。

《薊縣志》（民國33年鉛印本，10卷）（台北：成文出版社，1969，2冊）。

近代論文與專著

于志嘉（1996）〈明代江西衛所的屯田〉，《中央研究院歷史語言研究所集刊》，
　　67(3):655-742。

中山八郎(1940)〈開中法 占窩〉,《池內博士還曆記念東洋史論叢》。劉淼(1988)譯
〈開中法和占窩〉,《徽州社會經濟史研究譯文集》(合肥:黃山書社),頁234-
43。

內蒙古社科院歷史所蒙古族通史編寫組(1991)編《蒙古族通史》(北京:民族出版社,3
冊)。

文物編輯委員會(1981)編《中國長城遺跡調查報告集》(北京:文物)。

方弘仁(1982)〈明嘉靖朝五次兵變初探〉,《明史研究專刊》,4:63-82。

方鐘鋒(2004)《明代陝北防衛體系與濤餉供應之研究》,國立成功大學歷史學系碩士論
文(etd-0707104-161002.pdf)。

毛佩奇、王莉(1994)《中國明代軍事史》(北京:人民出版社)。

王宏志(1974)〈明代馬政與邊茶〉,《中山學術文化集刊》,13:221-67。

王紅(1997)〈韓文與明代中期鹽法〉,《鹽業史研究》,4:3-16。

王純盛(1987)等編著《中國兵書集成》(50冊),北京:解放軍出版社。

王國良(1927)《中國長城沿革考》(台北:明文書局,1988)。

王崇武(1936)〈明代的商屯制度〉,《禹貢》,5(12):465-79。

王崇武(1937)〈明代民屯之組織〉,《禹貢》,7(1-3):237-44。

王毓銓(1965)《明代的軍屯》(北京:中華書局)。

王雷鳴(1991)編註《歷代食貨志注釋》(第4冊:明史)(北京:農業出版社)。

田村實造(1954-9)編《明代滿蒙史料:明實錄抄》(10冊)(京都大學文學部)。

田村實造(1958)〈明代の九邊鎮〉,《石濱先生古稀記念東洋學論叢》(大阪:關西大
學),頁290-300。

田村實造(1963)編《明代滿蒙史研究:明代滿蒙史料研究篇》(京都大學文學部)。

田澍(1998)〈明代甘肅鎮邊境保障體系述論〉,《中國邊疆史地研究》,3:27-38。

伊志(1968)〈明代棄套始末〉,收錄於《明代邊防》(台北:臺灣學生書局)頁189-204。

全漢昇(1970)〈明代北邊米糧價格的變動〉,《新亞學報》,9(2)。收錄於《中國經濟
史研究》中冊,頁261-308。

全漢昇(1971)〈自宋至明政府歲出入中銀錢比例的變動〉,《中央研究院歷史語言研究
所集刊》,42(3):391-403。

全漢昇、李龍華(1972)〈明代中葉後太倉歲入銀兩的研究〉,《香港中文大學中國文化
研究所學報》,5(1):123-57。

全漢昇、李龍華(1973)〈明代中葉後太倉歲出銀兩的研究〉,《香港中文大學中國文化
研究所學報》,6(1):169-244。

向燕南(2000)〈明代邊防史地撰述的勃興〉,《北京師範大學學報》(人文社會科學

版），1:137-43。

寺田隆信(1962a)〈明代における邊餉問題の一側面：京運年例銀について〉，《清水
　　博士追悼紀念‧明代史論叢》(東京：大安)，頁251-82。

寺田隆信(1962b)〈民運糧と屯田糧〉，《東洋史研究》，21(2):196-217。

寺田隆信(1972)《山西商人の研究》(東京：東洋史研究會刊，同朋社刊行)。

朱東潤(1945)《張居正大傳》(台北：開明書店，1968)。

朱偰(1955)〈萬里長城修建的沿革〉，《歷史教學》，12:17-32。

朱偰(1956)〈明代疆域圖所標示的邊疆是否是長城的延長？為什麼叫邊牆？〉，《歷史
　　教學》，8:55-6。

江應樑(1935)〈楊一清與明代中國之西北邊疆〉，《新亞細亞》，10(1):63-78。

何炳棣(1995)《中國歷代土地數字考實》(台北：聯經出版公司)。

余三樂(1988)〈明龐尚鵬疏鹽對策〉，《鹽業史研究》，4:20-7。

余同元(1998)〈明代馬市市場考〉，《民族研究》，1:62-70。

吳廷燮(1982)《明督撫年表》(6卷)(北京：中華書局)。

吳柏森(1993)編《明實錄類纂‧軍事史料卷》(武漢：武漢出版社)。

吳緝華(1961)《明代海運及運河的研究》(台北：中央研究院歷史語言研究所，專刊
　　43)。

吳緝華(1970)《明代社會經濟史論叢》(上下冊)(台北：臺灣學生書局)。

吳緝華(1980)〈論明代北方邊防內移及影響〉，《新亞學報》，13:363-408。

吳緝華(1981)〈論明代邊防內移與長城修築〉，《東海大學歷史學報》，4:25-41。

吳緝華(1982)〈論明代築萬里長城守邊的失策〉，《東海大學歷史學報》，5:13-36。

吳晗(1937)〈明代的軍兵〉，《中國社會經濟史集刊》，5(2):159-212。

李三謀(1996)〈明代遼東都司衛所的農經活動〉，《中國邊疆史地研究》，1:31-7。

李三謀(2006)〈明代食鹽貿易與邊防屯墾〉，《鹽業史研究》，1:11-5。

李文治、江太新(1995)《清代漕運》(北京：中華書局)。

李光濤(1947)〈論建州與流賊相因亡明〉，《中央研究院歷史語言研究所集刊》，
　　12(2):193-236。

李洵(1982)校註《明史食貨志校注》(北平：中華書局)。

李珂(1992)〈明代開中制下商灶購銷關係脫節問題再探：鹽商報中不前與灶戶的鹽課折
　　徵〉，4:79-85。

李剛(1996)〈論明清陝西商人對中央政策的有效利用：兼論明清陝西商幫的產生〉，
　　《西北大學學報》，26(4):40-3。

李晉華(1934)〈明代遼東歸附及衛所都司建置沿革〉，《禹貢》，2(2):30-4；收錄於

《明代邊防》（台北：臺灣學生書局，1968），頁27-32。

李焯然（1990）〈丘濬《大學衍義補》對明代邊防的檢討〉，《山根幸夫教授退休紀念・明代史論叢》（東京：汲古書院），頁627-44。

李漱芳（1936）〈明代邊牆沿革考略〉，《禹貢》，5(1):3-16。

李學智（1956）〈明代初置建州衛衛址考〉，《大陸雜誌》，13(1):8-14；收錄於《明代邊防》（台北：臺灣學生書局，1968），頁253-70。

李龍華（1971）〈明代的開中法〉，《香港中文大學中國文化研究所學報》，4(2):371-492。

沈雲龍（1984）選輯《明清史料彙編》（台北：文海山版社，9集）。

汗崇贇（2000）〈明中葉鹽政問題分析〉，《鹽業史研究》，4:9-17。

汪崇贇（2001）〈明代隆慶年間鹽政狀況分析〉，《鹽業史研究》，3:3-9。

谷口規矩雄（1969）〈明代華北の「大戶」について〉，《東洋史研究》，27(4):112-43。收錄於：谷口規矩雄（1998）《明代徭役制度史研究》（京都：同朋舍，東洋史研究叢刊54），頁195-236。

谷口規矩雄（1996）〈明末北邊防衛における債帥について〉，收錄於：小野和子編（1996）《明末清初の社會と文化》（京都：京都大學人文科學研究所），頁1-25（京都：明文舍）。

谷光隆（1972）《明代馬政の研究》（京都：京都大學東洋史研究會）。

足立啟二（1990）〈初期銀財政の歲出入構造〉，《山根幸夫教授退休紀念・明代史論叢》（東京：汲古書院），頁681-98。

其其格（1996）〈張居正與「俺答封」〉，《內蒙古師大學報》（哲學社會科學報），2:58-63。

和田清（1957）編《明史食貨志譯註》（東京：東洋文庫，2冊）。

和田清（1984）著、潘世憲譯《明代蒙古史論集》（上下冊）（北京：商務印書館）。

孟森（1968）等著《明代邊防》（台北：臺灣學生書局）。

孟森（1982）《明清史講義》（台北：里仁書局）。

岡野昌子（1989）〈嘉靖十四年の遼東兵變〉，收錄於：岩見宏、谷口規矩雄（1989）編《明末清初期の研究》（京都：京都大學人文科學研究所），頁35-65。

岡野昌子（1996）〈萬曆二十年寧夏兵變〉，收錄於：小野和子編（1996）《明末清初の社會と文化》（京都：京都大學人文科學研究所），頁587-623（京都：明文舍）。

岩井茂樹（1989）〈張居正財政の課題と方法〉，收錄於：岩見宏、谷口規矩雄（1989）編《明末清初期の研究》（京都：京都大學人文科學研究所），頁225-69。

岩井茂樹（1996）〈十六、十七世紀　中國邊境社會〉，收錄於：小野和子編（1996）《明

　　末清初の社會よ文化》（京都：京都大學人文科學研究所），頁625-59（京都：明文
　　舍）。

岩井茂樹(2004)《中國近世財政史の研究》（京都：京都大學學術出版會）。

岩見宏(1989)〈晚明財政の一考察〉，收錄於：岩見宏、谷口規矩雄(1989)編《明末清
　　初期の研究》（京都：京都大學人文科學研究所），頁271-300。

林延清(1995)〈論明代兵變的經濟原因和歷史作用〉，《明史研究論叢》
　　4:368-82。

林美玲(1987)〈遼餉與晚明財政〉，《史原》，16:91-136。

松本隆晴(2001)《明代北邊防衛體制　研究》（東京都：汲古書院）。

侯仁之(1938)〈明代宣、大、山西三鎮馬市考〉，《燕京學報》，23:183-237。

姚偉軍(1993)等編《明實錄類纂‧經濟史料卷》（武漢：武漢出版社）。

姚繼榮(1997a)〈明代西北馬政中的中鹽馬制度〉，《寧夏大學學報(社會科學版)》，
　　19(1):109-11。

姚繼榮(1997b)〈明代宣大馬市與民族關係〉，《河北學刊》，6:102-7。

姚繼榮(1998)〈明代遼東馬市述論〉，《遼寧師範大學學報》，4:85-8。

星斌夫(1963)《明代漕運の研究》（東京：日本學術振興會）。

星斌夫(1982)《大運河發展史：長江から黃河へ》（東京：平凡社，東洋文庫410）。

星斌夫(1989)《明清時代社會經濟史　研究》（東京：國書刊行會）。

胡凡(1998)〈論明穆宗對北部邊防的整頓〉，《中國邊疆史地研究》，2:44-52。

范中義(1995)〈明代九邊形成的時間〉，《大同職業技術學院學報》，4:25-8。

范中義(2003)《戚繼光傳》（北京：中華書局）。

范中義、王兆春、張文才、馮東禮(1998)《中國軍事通史》第15卷：《明代軍事史》
　　（上下冊）（北京：軍事科學出版社）。

韋占彬(2002)〈明代「九邊」設置時間辨析〉，《石家庄師範專科學校學報》，
　　4(3):44-7。

韋祖松(2005)〈明代邊餉結構與南北轉運制度〉，《鹽業史研究》，2:18-26。

韋慶遠(1999)《張居正和明代中後期政局》（廣東：廣東高等教育出版社）。

唐仁粵(1997)主編《中國鹽業史‧地方編》（北京：人民出版社）。

唐文基(1990)〈「三餉」加派：明末反動的財政政策〉，《山根幸夫教授退休紀念‧明
　　代史論叢》，頁979-1000。

唐文基(1991)《明代賦役制度史》（北京：中國社會科學出版社）。

孫晉浩(1999)〈開中法的實施及其影響〉，《晉陽學刊》，4:83-8。

孫晉浩(2000)〈明代開中法與鹽商守支問題〉，《晉陽學刊》，6:74-80。

孫媛貞(1935)〈明代屯田制度研究〉,《食貨》,3(2):66-82。

徐泓(1974)〈明代前期的食鹽運銷制度〉,《台大文史哲學報》,2:221-66。

徐泓(1975)〈明代中期食鹽運銷制度的變遷〉,《台大歷史學系學報》,2:139-64

徐泓(1977)〈明代後期的鹽政改革與商專賣制度的建立〉,《台大歷史學系學報》,
　　4:299-311。

徐泓(1982)〈明代的私鹽〉,《明史研究論叢》,1:525-92。原載《台大歷史學系學
　　報》,1980年第7期,1982年修正。

徐泓(1990)〈明代的鹽務行政機構〉,《台大歷史學系學報》,15:197-206。

高春平(1996)〈論明代中期邊方納糧制的解體:兼與劉淼先生商榷〉,《學術研究》,
　　9:55-8。

高鳳山、張軍武(1989)編著《嘉峪關及明長城》(北京:文物出版社)。

張士尊(1997、1998)〈明代總兵制度研究〉(上、下),《鞍山師範學院學報》,18卷3
　　期頁20-4、19卷3期頁12-7。

張明富(1995)〈楊一清與明代西北馬政〉,《三峽學刊》,2:66-70。

張哲郎(1995)《明代巡撫研究》(台北:文史哲出版社)。

張偉仁(1986)主編《明清內閣大庫檔》(台北:中研院史研所/聯經出版公司)。

張維華(1934)〈遼東邊牆建置沿革考〉,《史學年報》,2(1):267-73。

張麗劍(1998)〈明代的開中制〉,《鹽業史研究》,2:37-44。

張寶釵(1997)〈明繪本《邊鎮地圖》考〉,《東南文化》,4:119-23。

曹永年(2002)《蒙古民族通史》(第3卷)(呼和浩特:內蒙古大學出版社)。

曹樹基(2000)《中國人口史(第4卷:明時期)》(上海:復旦大學出版社)。

梁方仲(1935)〈評介《萬曆會計錄》〉,《中國近代經濟史研究叢刊》,3(2):292-9,
　　收入《梁方仲經濟史論集補編》,頁233-8。

梁方仲(1980)《中國歷代戶口、田地、田賦統計》(上海:上海人民出版社)。

梁方仲(1984)《梁方仲經濟史論文集補編》(河南:中州古籍出版社)。

梁方仲(1989)《梁方仲經濟史論文集》(北京:中華書局)。

梁方仲(1990)《梁方仲經濟史論文集集遺》(廣州:廣東人民出版社)。

梁方仲(2001)《明代糧長制度》(上海:上海人民出版社,第2版)。

梁淼泰(1994)〈明代九邊的餉數并銀估〉,《中國社會經濟史研究》,4:46-56。

梁淼泰(1996)〈明代「九邊」餉中的折銀與糧草市場〉,《中國社會經濟史研究》,
　　3:27-39。

梁淼泰(1997)〈明代「九邊」的軍數〉,《中國史研究》,1:147-57。

清水泰次(1919)〈明末の軍餉〉,《市村博士古稀紀念・東洋史論叢》(東京:富山

房)，頁435-60。

清水泰次(1927)〈商屯考〉，收錄於《明代土地制度史研究》(東京：大安株式會社，1968)，頁367-83。

清水泰次(1968)《明代土地制度史研究》(東京：大安株式會社)。

清水泰次(方紀生譯1936)〈明代軍屯之崩壞〉，《食貨》，4(10):433-47。

清水泰次(王崇武譯1936)：〈明代之漕運〉，《禹貢》，5(5):35-50。

許立坤(1998)〈明代移民政策及其對邊疆民族地區的影響〉，《廣西民族學院學報》(哲學社會科學報)，9:284-5。

許保林(1990)《中國兵書通覽》(北京：解放軍出版社)。

許賢瑤(1983)〈明代的勾軍〉，《明史研究專刊》，5:133-92。

郭正忠(1997)主編《中國鹽業史‧古代編》(北京：人民出版社)。

郭厚安(1989)編《明實錄經濟資料選編》(北京：中國社會科學出版社)。

郭紅(2000)〈兩幅大同鎮圖比較研究〉，《中國歷史地理論叢》，1:239-47。

郭道揚(1982, 1988)編著《中國會計史稿》，北京：中國財政經濟出版社(上下冊)。

陳文石(1972)〈明代馬政研究之一：民間孳牧〉(上中下)，《食貨月刊》，2(3):27-42、2(4):7-19、2(10):7-19。

陳文石(1977)〈明代衛所的軍〉，《中央研究院史語所集刊》，48(2):177-203。

陳鋒(1992)《清代軍費研究》(武昌：武漢大學出版社)。

曾凡英(1994)〈龐尚鵬鹽政思想研究〉，《鹽業史研究》，1:20-9。

紫西(1998)〈戚繼光與薊鎮長城防務〉，《文物春秋》，2:65-7。

華夏子(1988)《明長城考實》(北京：檔案出版社)。

黃仁宇(1985)《萬曆十五年》(台北：食貨出版社)。

黃仁宇(2001)《十六世紀明代中國之財政與稅收》(台北：聯經出版公司)。

黃仁宇(2005)《明代的漕運》(1964年Michigan大學博士論文，張皓、張升譯)，北京：新星出版社(台北：聯經出版公司，2008)。

奧山憲夫(1986)〈明代巡撫制度的變遷〉，《東洋史研究》，45(2):55-80。

奧山憲夫(1990)〈明代の北邊における軍士の月糧について〉，《山根幸夫教授退休紀念‧明代史論叢》(東京：汲古書院)，頁149-64。

楊永漢(1998)《論晚明遼餉收支》(台北：天工書局)。

楊淑英(1936)〈明代薊昌邊牆之建置〉，《大公報》，1936年7月31日第11版〈史地周刊〉第96期。

楊暘(1988)《明代遼東都司》(鄭州：中州古籍)。

楊暘(1993)《明代東北史綱》(台北：臺灣學生書局)。

楊暘主編、袁閭琨、傅朗雲編著(1982)《明代奴兒干都司及其衛所研究》(河南：中州書畫社)。

楊潤平(2000)〈宣府、萬全及長城九邊重鎮〉，《張家口職業技術學院學報》，13(1):49-52。.

楊艷秋(1997)〈論明代洪熙宣德時期的蒙古政策〉，《中州學刊》，1:123-7。

萩原淳平(1956)〈アルタン・カーンと板升〉，《東洋史研究》，14(3):17-29。

萩原淳平(1972)〈明代嘉靖期の大同反亂とモンゴリア：農耕民と遊牧民との接點〉，《東洋史研究》，30(4):30-54(上)，31(1):64-81(下)

萩原淳平(1998)《明代蒙古史研究》(京都：同朋舍)。

靳潤成(1996)《明朝總督巡撫轄區研究》(天津：天津古籍)。

趙獻海(2005)《明代九邊軍鎮體制研究》(東北師範大學歷史文化學院博士論文)。

劉仲華(1999)〈試析分權制衡和以文制武思想對明代九邊防務體制的影響〉，《寧夏社會科學》，6:92-7。

劉清陽(1985)〈明代開中制度下商人的社會作用〉，《明史研究論叢》3:87-111。

劉祥學(1996)〈論于謙的民族政策與邊防思想〉，《廣西師範大學學報》(哲學社會科學報)，36(1): 72-6。

劉淼(1996)《明代鹽業經濟研究》(廣東：汕頭大學出版社)。

劉淼(2005)〈明代國家與民間資本的聯繫：開中鹽糧的比價關係研究〉，《鹽業史研究》，2:5-11。

劉謙(1989)《明遼東鎮長城及防禦考》(北京：文物)。

潘承彬(1936)〈明代之遼東邊牆〉，《禹貢》，6(2-3):61-80。

蔡泰彬(1992)《明代漕河之整治與管理》(台北：商務印書館)。

諸星健兒(1990)〈明代遼東の軍屯に關する一考察：宣德─景泰年間の屯糧問題おめぐつて〉，《山根幸夫教授退休紀念・明代史論叢》，東京：汲古書院，頁165-86。

鄧沛(1999)〈明代「九邊」考述〉，《綿陽師範高等專科學校學報》，18(4):57-9。

蕭立軍(1994a)〈九邊重鎮與明之國運：兼析明末大起義首發於陝的原因〉，《天津師學報》，2:53-61。

蕭立軍(1994b)〈明嘉靖九邊營兵制考略〉，《南開學報》，2:43-9。

蕭立軍(1998)〈明代邊兵與外衛兵制初探〉，《天津師大學報》，2:37-45。

蕭立軍(2001)《明代中後期九邊兵制研究》(長春：吉林人民出版社)。

遼寧省檔案館(1985)編《明代遼東檔案彙編》(瀋陽市：遼寧書社[2冊])。

錢穆(1988)《國史大綱》(台北：商務印書館)。

鮑彥邦(1995)《明代漕運研究》(廣東：暨南大學出版社)。

薄音湖(1998)《明代蒙古史論》(台北：蒙藏委員會)。

薄音湖、王雄(1994, 2000)編輯點校《明代蒙古漢籍史料匯編》(第1、2輯)(呼和浩特：內蒙古大學)。

叢佩遠(1998)《中國東北史》(佟冬主編)第3-4卷〈明代東北篇〉(長春：吉林文史出版社)，頁533-1277。

藤井宏(1941)〈開中的意義及び起源〉，和田清(1941)編《加藤博士還曆記念東洋史集說》(東京：山房)。

藤井宏(1943)〈明代鹽商の一考察〉，《史學雜誌》54(5-7)。劉淼(1988)譯〈明代鹽商的一考察：邊商、內商、水商的研究〉，《徽州社會經濟史研究譯文集》(合肥：黃山書社)，頁244-346。

藤井宏(1963)〈「占窩」的意義及其起源〉，《清水博士追悼紀念・明代史論叢》。劉淼(1988)譯，《徽州社會經濟史研究譯文集》(合肥：黃山書社)，頁347-67。

西文書目

Braudel, F. (1949): *La Méditerranée et le monde méditerranéen à l'époque de Philippe II*, Paris: A. Colin (2 volumes), 9e édition (1990). Translated from the French by S. Reynolds in 1972, Fontana (1995, 15th impression): *The Mediterranean and the Mediterranean World in the Age of Philip II*, 2 volumes.

Huang, Ray (1970): Military Expenditures in 16th Century Ming China, *Oriens Extremus*, 17(1-2):39-62.

Huang, Ray (1974): *Taxation and Governmental Finance in 16th Century Ming China* (Cambridge University Press)(中譯本見黃仁宇2001)。

Huang, Ray (1998): The Ming Fiscal Administration, *The Cambridge History of China*, volume 8, pp. 106-71.

Molinier, J. (1957): Les calcul d'agrégats en France antérieurement à 1850, *Revue d'économie politiaue*, 67(6):875-95.

Rossabi, Morris (1970): The Tea and Horse Trade with Inner Asia during the Ming Dynasty, *Journal of Asian History*, 4(2):136-68.

Serruys, Henry (1960): Four Documents Relating to the Sino-Mongol Peace of 1570-71, *Monumenta Serica*, 19:1-66.

Stone, Richard (1997): *Some British Empiricists in the Social Sciences, 1650-1900* (Cambridge University Press).

Studenski, Paul (1961): *The Income of Nations, Part one: History* (New York University

Press).

Twitchett, D. and F. Mote eds. (1988, 1998): *The Cambridge History of China*, volumes 7-8, *The Ming Dynasty, 1368-1644*. 《劍橋中國明代史》（北京：中國社會科學出版社，卷 7-8, 2006）。

Waldron, Arthur (1989): *The Great Wall of China: From History to Myth* (Cambridge University Press).

附　錄

　　附錄1至10是背景資料的整理與說明，分兩部分：（1）至（4）是重要的統計數字解析；（5）至（10）是與邊鎮相關的背景：《會計錄》的結構與內容、明代軍事體系與邊防指揮、十三邊鎮簡史、邊鎮鎮守總兵表、管理的問題與困境、邊鎮大事記，供讀者翻閱查索。因篇幅所限，不刊出，請參閱我網頁www.econ.nthu.edu.tw內「書稿」的PDF檔。

1　潘潢〈查核邊鎮主兵錢糧實數疏〉解析
2　〈神宗實錄卷51〉解析
3　《太倉考》解析
4　楊俊民〈邊餉漸增供億難繼酌長策以圖治安疏〉解析
5　《萬曆會計錄》的結構與內容
6　軍事體系與邊防指揮
7　十三邊鎮史略
8　管理的問題與困境
9　邊鎮鎮守總兵表
10 邊鎮大事記，1368-1631

索　引

　　說明：本書內的人名、地名、事物相當繁雜，若全做索引，篇幅必然過大，所以只挑較重要的條目供一般查索。專業研究者請用全書的Word檔（含10個未刊出的附錄），查索較細的事項：參見www.econ.nthu.edu.tw我網頁內的「書稿」。

書目類

十劃

中央研究院叢書⑥

邊鎮糧餉：明代中後期的邊防經費與國家財政危機，1531-1602

2008年4月初版　　　　　　　　　　　　　　　　　定價：新臺幣600元
2019年8月二版
有著作權・翻印必究
Printed in Taiwan.

著　　　者	賴	建	誠	
叢書主編	沙	淑	芬	
校　　對	陳	龍	貴	
封面設計	蔡	婕	岑	
編輯主任	陳	逸	華	

出　版　者	中　央　研　究　院	總　編　輯	胡	金	倫
	聯經出版事業股份有限公司	總　經　理	陳	芝	宇
地　　　址	新北市汐止區大同路一段369號1樓	社　　長	羅	國	俊
編輯部地址	新北市汐止區大同路一段369號1樓	發　行　人	林	載	爵
叢書主編電話	(0 2) 8 6 9 2 5 5 8 8 轉 5 3 1 0				
台北聯經書房	台 北 市 新 生 南 路 三 段 9 4 號				
電話	(0 2) 2 3 6 2 0 3 0 8				
台中分公司	台 中 市 北 區 崇 德 路 一 段 1 9 8 號				
暨門市電話	(0 4) 2 2 3 1 2 0 2 3				
郵 政 劃 撥 帳 戶 第 0 1 0 0 5 5 9 - 3 號					
郵 撥 電 話	(0 2) 2 3 6 2 0 3 0 8				
印　刷　者	世 和 印 製 企 業 有 限 公 司				
總　經　銷	聯 合 發 行 股 份 有 限 公 司				
發　行　所	新北市新店區寶橋路235巷6弄6號2F				
電話	(0 2) 2 9 1 7 8 0 2 2				

行政院新聞局出版事業登記證局版臺業字第0130號

本書如有缺頁，破損，倒裝請寄回台北聯經書房更換。　　ISBN　978-957-08-5353-7 (精裝)
聯經網址 http://www.linkingbooks.com.tw
電子信箱 e-mail:linking@udngroup.com

國家圖書館出版品預行編目資料

邊鎮糧餉：明代中後期的邊防經費與國家財政
危機，1531-1602 / 賴建誠著 . 二版 . 新北市 . 聯經 .
中研究 . 2019.07 . 392面；17×23公分 .（中央研究院叢書：6）
ISBN　978-957-08-5353-7（精裝）
[2019年8月二版]

1.財政史　2.軍事史　3.邊防　4.明代

560.9206　　　　　　　　　　　　　　　108010928